高等院校财政金融专业应用型教材

国际商法(图解版)

韩宝庆　编著

清华大学出版社
北　京

内 容 简 介

国际商法是法学教育中的一门重要学科，随着经济全球化的深入和"一带一路"倡议的推进，它在实务中发挥的作用越来越重要。本书采用图解、案例并适时穿插相关知识等新颖的形式来讲解抽象的理论知识，化繁为简，并注重学习的趣味性和可读性。本书就国际商法中最核心的内容进行了较为系统的介绍，主要包括商事组织法、代理法、合同法、国际货物买卖法、国际货物运输与保险法、产品责任法、知识产权法、国际结算法，以及国际商事争议的解决等内容。

本书既适合高等院校国际经济与贸易专业及其他财经类专业的学生使用，同时也可供从事国际商务工作的人员及相关法律工作者学习参考。

图书在版编目(CIP)数据

国际商法：图解版/韩宝庆编著. —北京：清华大学出版社，2020.6（2023.1 重印）
高等院校财政金融专业应用型教材
ISBN 978-7-302-55584-1

Ⅰ. ①国… Ⅱ. ①韩… Ⅲ. ①国际商法—高等学校—教材 Ⅳ. ①D996.1

中国版本图书馆 CIP 数据核字(2020)第 089945 号

责任编辑：孟 攀
装帧设计：杨玉兰
责任校对：李玉茹
责任印制：宋 林
出版发行：清华大学出版社
    网 址：http://www.tup.com.cn, http://www.wqbook.com
    地 址：北京清华大学学研大厦 A 座   邮 编：100084
    社 总 机：010-83470000   邮 购：010-62786544
    投稿与读者服务：010-62776969, c-service@tup.tsinghua.edu.cn
    质量反馈：010-62772015, zhiliang@tup.tsinghua.edu.cn
    课件下载：http://www.tup.com.cn, 010-62791865
印 装 者：三河市龙大印装有限公司
经 销：全国新华书店
开 本：185mm×260mm 印 张：20.75 字 数：504 千字
版 次：2020 年 7 月第 1 版 印 次：2023 年 1 月第 4 次印刷
定 价：59.00 元

产品编号：084123-01

前　　言

本书自第一版问世至今正好十年的时间。这十年间，由于本书运用轻松的图解、鲜活的案例、穿插式知识板块，并通过简明通俗的语言呈现抽象复杂的法学专业知识的特点，在国内同名教材中独树一帜。这既是一种创新，也是一种尝试。幸运的是，这种尝试得到了读者的认可。比如，当当网的读者给了本书五星好评，2014年本书还被当当网评为"人气好书"。本书也被国内许多高校作为指定教材，普遍反映教材内容设置易学、易用，具有较强的实用性及可操作性。这一切都是对我莫大的激励，也让笔者有了使本书更加完善的强大动力。本次图解版在保持第一版的风格和体例基本不变的基础上，主要在以下几个方面进行了充实和完善。

第一，图解的特色更为突出。国内同名教材和其他法学类教材通常通篇都是纯文字描述，鲜有采用图解法的。然而，图解法最大的好处就是形象直观，可以化繁为简。该方法的运用使得本书特色鲜明，在国内同类教材中脱颖而出。经过多年的教学实践，这种方法受到了学生及读者的高度认可。本版图解的特色更为突出，不仅新增了大量的图表，更对原有的图表进行了升级完善，阅读起来更加轻松容易。

第二，妥善处理学科严谨性与知识实用性之间的矛盾。理论往往是教条的，而现实却是生动的。国际商法在性质上属于私法，但是从事国际商事活动涉及的却不仅仅是私法。可非法学专业的学生，却不能像法学专业的学生那样有条件系统、全面地学习法律知识。因此，为了保持国际商法学科的严谨性，本书正文保持了传统的国际商法学科体系的必要内容(如公司法、买卖法、票据法)，同时考虑到应对实际问题所需知识的实用性需要，又以专栏的形式在正文之外适时穿插不考虑学科分野的相关实用知识(如国际经济法、国际公法、国际私法)，从而解决了保持学科严谨性与知识实用性之间的矛盾，而且通过穿插可以反映事情来龙去脉的相关知识，不仅有助于学生加深对正文内容的理解，还可以培养学生探索知识的良好习惯和能力。

第三，完善了体系，充实了内容。第一版只有八章，考虑到货物运输与保险对于国际贸易顺利实现的重要性，以及知识产权在企业国际化过程中的战略意义，本书在原来的基础上增加了两章，即运输与保险(第六章)及国际化经营中的知识产权(第八章)，使本书最终变为十章。此外，本书在个别章中还增加了若干小节，如第二章增加了一节，即第四节"海外经营企业组织形式的选择及关注点"；第九章国际结算与融资也增加了一节，即第四节"境外融资"。从而使本书的体系更完善，内容更充实。

第四，每章章首新增引导案例。为了激发学生的学习兴趣，引导学生带着问题去主动学习，提升学习的效果，本书在每一章开头补充了引导案例，这些案例都是来自实践的典型案例，既鲜活又接地气，更富有启发性。

第五，紧跟时代步伐，与时俱进。本书根据最新国际惯例与法律法规，比如 Incoterms®2020 年、2017 年《民法总则》、2018 年《公司法》修正案、2019 年《商标法》《反不正当竞争法》修正案、《外商投资法》、2017 年发改委《企业境外投资管理办法》和国资委《中央企业境外投资监督管理办法》，以及 2015 年贸仲委仲裁规则等，对相关内容进行了补充、修改和完善，还增补了大量新的国内外案例，充实了新的资料，并对教材中过时的数据进行了更新。

第六，大大增加了极具启发性的思考题("小思考")的数量。与第一版相比，本书不仅增加了思考题的数量，而且根据对应内容把思考题灵活分散在各章节正文中，以便趁热打铁，帮助学生有针对性地及时巩固所学内容，而不是像一般教材那样机械地罗列在每一章最后。

此外，本书还修正了部分文字表述不合理和错误之处。

本书由韩宝庆编著，在本书的编写过程中，参考并吸收了众多学者的著作和研究成果，谨在此表示诚挚谢意。同时，也非常感谢清华大学出版社的编辑和有关工作人员付出的辛勤劳动。由于笔者的学识和水平有限，书中难免存在疏漏、不当甚至谬误之处，欢迎读者批评指正。

编　者

目　　录

第一章　国际商事交往中的通行规则
——国际商法引论

引导案例

在可口可乐公司的美国总部，董事长办公室的隔壁，不是行政办公室，而是首席法务官(CLO)办公室。在欧美国家，董事长往往在靠近角上的一个大办公室里办公，他的一侧通常是首席财务总监(CFO)，另一侧就是首席法务官。中国公司在与西方公司进行谈判时，西方公司 CEO 带的"哼哈二将"往往是 CFO 和 CLO，这已经成为一种国际商业规则。

当中国人去外国尤其是欧美发达国家做生意时，第一件应该知道的要事其实不是"关系"，而是"法律"。一些中国人给美国人的印象是不重视合同；中国人则认为美国人动不动就喜欢打官司。许多中国商界人士不喜欢与律师打交道，因为他们认为他们只需要律师去打官司。这些认知实际上都有失偏颇。当你处于一个新的商业环境中，特别是在海外，法律法规与自己国家有所不同，商业活动是否成功的关键点在于能否保证你的行为不会和当地的体制有所冲突。

在进行国际商事交往时，我们经常听到这样的话：按国际通行规则办事。这里的"国际通行规则"其实主要指的就是国际商法。

第一节　国际商法概述

一、国际商法的概念

所谓国际商法(International Business Law)，简单地说，是指调整国际商事关系的法律规范的总称，或者说是调整商事组织在从事国际商事活动过程中形成的各种商事关系的法律规范的总称。

商事组织，俗称"企业"，是从事国际商事活动的主体，如公司、合伙等。因而，国际商法中所称的"国际"并非指一般意义上的"国家与国家之间"(International)，而是指"跨越国界的"(Transnational)，也就是"位于不同国家的商事组织之间"的意思，如图 1-1 所示。因此，准确地说，国际商法应该叫跨国商法。不过，鉴于习惯上一直都称其为国际商法，我们仍沿用这一称谓。

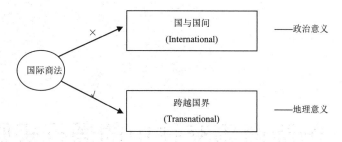

图 1-1 "国际商法"中"国际"的含义

(扫一扫 相关链接 1-1 "国际"的含义)

(扫一扫 案例 1-1 国家并非国际商法的主体)

国际商法调整的对象是国际商事关系。其中的"商",侧重点不在于商的方式,而在于是否具有商的目的,即是否以盈利为目的。凡是商事主体从事营利性经营活动,即为"商"。所谓商事关系,是指商事主体基于营利性目的而与他人形成的社会关系,主要包括商事组织关系和商事交易关系。国际商事关系涉及的范围非常广泛,已经从传统的商事组织、合同、代理、买卖、海商、保险、票据等领域,拓展到知识产权、投资、金融、产品责任等众多的领域。随着经济全球化的不断深入,国际商事活动的内容会更加丰富,国际商法的调整对象也会更加广泛,如图 1-2 所示。

🔊 小贴士

与"国际商法"容易混淆的概念

1. 商法

提到商法,一般多指国内商法,属于国内法的范畴;而国际商法属于国际法的范畴。不过,技术性和同源性决定了国际商法与国内商法同一化的可能性最大、速度最快。

2. 国际经济法

尽管国际商法与国际经济法都调整跨国商事关系,但本质上,国际商法属于私法,其主体不包括国家和国际组织;而国际经济法属于公法范畴,还调整涉及国家和国际组织参与的经济关系。

3. 国际贸易法

国际贸易法属于国际经济法的一个分支,本质上也属于公法,除了调整与商事交易(如

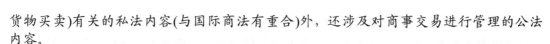

货物买卖)有关的私法内容(与国际商法有重合)外，还涉及对商事交易进行管理的公法内容。

4. 国际私法

尽管同为私法，都具有涉外因素，但不同之处在于国际商法主要是实体法规范和国际法规范；国际私法以解决法律冲突为中心任务，以冲突规范为最基本的规范，而且国际私法基本为国内法。

如前所述，国际商法涉及的范围非常广泛，我们可以将其大致分为两大块，即商事主体法和商事行为法，如图 1-2 所示。随着时代的发展，国际商法(尤其是商事行为法)的内容会越来越丰富。考虑到经管类、财经类专业课程设置和教学的需要，本书选择业内普遍认可的国际商法的重要内容，即商事组织法、代理法、合同法、国际货物买卖法、国际货物运输与保险法、产品责任法、知识产权法、国际结算法，以及国际商事争议的解决等内容予以介绍。

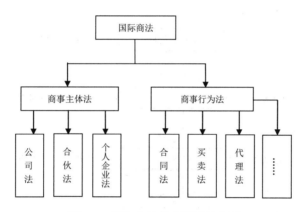

图 1-2　国际商法的主要调整范围

二、国际商法的产生与发展

商法是随着商品经济的发展而产生并发展起来的，国际商法则是随着国家之间商事交往的开展而产生的。早在古罗马时代，就曾制定过调整涉外商事关系的法律规范。但是，当时并无独立的国际商法。真正成为一项专门法律的国际商法产生于中世纪的意大利。当时的地中海是世界各国贸易中心，意大利的一些城市，如威尼斯、热那亚等则是这一贸易中心的"中心"。这些城市中的商人从封建主那里买得了自治权，便组成商人法庭，适用他们在商事交往中形成的习惯规则，因而这种法律被称为"商人法"(Lex Mercatoria)。其内容涉及商事合同、汇票、海上保险、破产等。这种"商人法"后来随着世界贸易中心转移至大西洋沿岸而传播至法国、西班牙、荷兰、德国和英国。国际性和自治性是"商人法"的典型特征。

17 世纪以后，随着欧洲中央集权国家的强大，欧洲各国都采用各种方法把商法纳入本国的国内法，使之成为国内法的一部分，从而使商法失去了它原有的国际性。法国于 1807年制定了著名的《商法典》，德国和日本分别于 1897 年和 1899 年制定了独立的《商法典》。19 世纪下半叶以来，出于商业上的需要，英、美等国还制定了一系列商事方面的单行法规，如 1893 年英国的《货物买卖法》、1906 年美国的《统一买卖法》。

第二次世界大战后，商法进入了一个新的发展阶段，主要特点是恢复了商法的国际性和统一性。原因是随着生产力的发展，各国之间的经济联系日益密切，国际经济的这种新发展要求建立统一的国际商法，避免由于各国民商法之间的差异而造成法律适用上的冲突和不便。为此，自 20 世纪初以来，一些国际组织发起了国际商事统一立法运动。其中最有影响的是联合国国际贸易法委员会(The United Nations Commission on International Trade Law，UNCITRAL)和国际商会(International Chamber of Commerce，ICC)。由联合国国际贸易法委员会负责起草的国际贸易统一法的文件有：1974 年《国际货物买卖时效公约》、1978 年《联合国海上货物运输公约》(汉堡规则)、1980 年《联合国国际货物销售合同公约》等。国际商会在统一国际商事惯例方面起着重要的作用，由它负责制定的国际贸易惯例有《国际贸易术语解释通则》《跟单信用证统一惯例》《托收统一规则》等。国际商法的历史发展简图如图 1-3 所示。

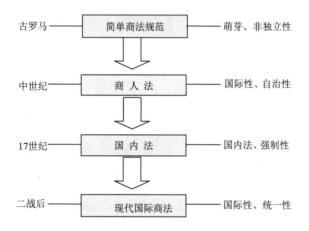

图 1-3　国际商法历史发展简图

从以上国际商法的产生和发展过程中可以看出，其主要经历了三个阶段：第一阶段为中世纪的"商人法"，在这一阶段，体现了其国际性和自治性的特性；第二阶段为 17—19 世纪，在这一阶段，中世纪的"商人法"被纳入各国国内法体系，体现的是国内法性质；第三阶段为二战后，也就是当代，国际上形成了以国际条约、国际惯例、国际商事判例及各国国内法等为核心的国际商法体系，国际商法回归其国际性和统一性。

小思考

同样具有国际性，你认为中世纪"商人法"的国际性和"二战"后国际商事立法的国际性有何不同？

三、国际商法的渊源

国际商法的渊源，主要是指国际商法具体表现为哪些形式，我们可以将其分为两大类，即国际法规范和国内法规范，如图 1-4 所示。

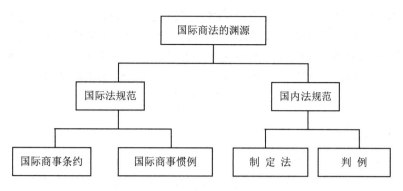

图 1-4 国际商法的渊源

(一)国际法规范

国际法规范包括国际商事条约与国际商事惯例。

1. 国际商事条约

各国缔结的有关国际经济活动的国际条约或公约历来被普遍认为是国际商法的重要渊源。按照 1969 年《维也纳条约法公约》第 2 条第 1 款(甲)的规定:"称'条约'者,谓国家间所缔结而以国际法为准之国际书面协定,不论其载于一项单独文书或两项以上之单独文书内,亦不论其特定名称为何。"条约可分为双边条约和多边条约(又称公约)。双边条约如两国间的通商航海条约、贸易协定、相互保护和促进投资协定等。多边条约如 1980 年《联合国国际货物销售合同公约》、1883 年《保护工业产权巴黎公约》、1924 年调整国际海上货物运输的《海牙规则》等。

条约对缔约国有约束力,国家必须遵守,这是根据"有约必守"(Pacta Sunt Servanda)的古老的国际法原则得出的结论。各国通过缔结条约(或公约),就可以将某些强制性的法律规范加之于当事人,当事人必须予以遵守。

(扫一扫 小知识 1-1 条约的名称)

2. 国际商事惯例

国际商事惯例是指那些在国际商事活动的长期实践中形成并被普遍接受和遵循的、规范国际商事活动当事人之间权利义务关系的习惯做法,如国际商会编纂的《国际贸易术语解释通则》《跟单信用证统一惯例》等。国际商事惯例属于任意性规范,只有当事人自愿采用时,才对当事人具有法律约束力。此外,当事人还可以对其进行变更、修改或补充。

法律上的惯例与习惯有着本质的区别,前者一旦被当事人加以采用,便对该当事人具有法律约束力,而后者只是一种习惯的行为。从这个意义上说,虽然国际惯例没有普遍的约束力,无法与国际条约的效力相比,但在某些具体的当事人之间却有着像国际条约一样的强制力。有些国际惯例已经被某些国家纳入其国内的成文法,从而具有了法律的普遍约束力。还有些国家的国内法规定,国际惯例的适用无须当事人明确表示同意。由此可见,目前国际惯例与国际条约在强制力上的这种区别已经被渐渐淡化了,采用国际惯例已经成为国际上的一种趋势。我国对国际商事活动中的国际惯例,历来给予高度的重视,并严格予以遵守。

(二)国内法规范

尽管已参加或承认大量的国际商事条约或惯例,但出于对自身利益的考虑,各国仍在很多商事领域中保留独占的立法权。即便在国际商事条约或惯例调整的领域,很多国家也以国内法的方式加以确认。国内法规范主要体现为制定法和判例两种形式。

1. 制定法

现在几乎没有一个国家不重视制定涉外商事法规的。包括我国在内的世界上绝大多数国家或地区现在已很少在所有商事领域区分国内商事活动与涉外或国际商事活动两套不同的法律。不过,对涉外或国际商事活动中的特殊问题,如在服务领域的外国人待遇或市场准入等,很多国家在不违反有关国际条约或公约的前提下也有另作规定的。

目前,对世界各国国内、涉外或国际商法的制定最有影响力的是西方两大法系国家的法律。就制定法的形式而言,英国、美国及受其影响的普通法系国家的商法或国际商法皆采取单行形式;而以法国、德国为代表的大陆法系国家的商法或国际商法则主要采取法典的形式,随着情况的变化,这些国家也常以单行法补充法典之不足。

2. 判例

判例一直是英美法系国家的重要法源,上级法院的判决对下级法院的审判有约束力已成为这些国家的通例。因此,研究这些国家的商法或同这些国家的人做生意时绝不能无视这些国家的商事判例。

判例虽不是大陆法系国家的正式法源,但是,由于存在上诉制度,这些国家的下级法院在审判时很可能要考虑上级法院的态度,否则,自己的判决很可能会被上级法院在审判时推翻,而斟酌上级法院态度的最好途径就是查阅上级法院以前的有关判例。这样,判例在这些国家的很多场合中便扮演着准法律的角色。

国际商法渊源三种形式的比较,如表1-1所示。

表1-1 国际商法渊源三种形式比较

形 式	举 例	产 生	效 力
国际商事条约	《联合国国际货物销售合同公约》《海牙规则》《保护工业产权巴黎公约》	国家间主动缔结	一般只对缔约国有约束力。但是,非缔约国的商人在合同中自愿约定受其条约约束的,不在此限
国际商事惯例	《国际贸易术语解释通则》《跟单信用证统一惯例》	商人实践中自发形成	在合同中约定适用时,具有和法律一样的效力。未纳入合同的情况下,也可在其他法律未规定时参照适用

续表

形　式	举　例	产　生	效　力
有关国内法	《德国民法典》《英国货物买卖法》《中华人民共和国合同法》	各国立法机关制定(判例法则为法官造法)	有关国内法原则上只在本国领土对本国国民有约束力。但合同双方自愿适用,或者在无国际商事条约或惯例可资适用时,可依据规则适用

第二节　世界两大法系

　　西方国家的法律制度,主要可以分为两大法系,即以法国、德国为代表的大陆法系和以英国、美国为代表的英美法系。两大法系对世界各国的立法,尤其是对各国民商法的形成和发展,以及国际商法的产生和发展有着重大的影响。

(扫一扫　小知识 1-2　法系与法律体系)

一、大陆法系

(一)大陆法系的概念

　　大陆法系(Continental Law Family)名称的由来就是由于该法系首先是在欧洲大陆出现和形成的,是指以罗马法为基础,融合日耳曼部落规则而形成和发展起来的一个完整的法律体系的总称,即罗马—日耳曼法系(Roman—Gernamic Family),简称罗马法系。

　　大陆法系具有成文法的法典的特征,因此,大陆法系又称为成文法系、法典法系(Code Family)。

　　大陆法系还有一个重要的名称,即民法法系(Civil Law Family)。法国在 19 世纪初制定的《法国民法典》和德国 19 世纪末制定的《德国民法典》对大陆法系的发展都具有强大的推动作用,以至于大陆法系又可直接称为民法法系。

(扫一扫　相关链接 1-2　大陆法系的分布范围)

(二)大陆法的结构

大陆法强调成文法的作用,在结构上强调系统化、条理化、法典化和逻辑性。

1. 大陆法各国把全部法律分成公法和私法

罗马法将法律区分为公法和私法。著名的罗马法学家乌尔比安说"公法是与罗马国家状况有关的法律,私法是与个人利益有关的法律",当时,公法包括调整宗教祭祀活动和国家机关活动的法规,私法包括调整所有权、债权、家庭与继承等方面的法规。大陆法继承了这一思想并在此基础上进一步将公法细分为宪法、行政法、刑法、诉讼法和国际公法;把私法分为民法、商法等。

2. 大陆法各国主张编纂法典

各国因为法学理念和体系的不同,有民商合一和民商分立之分。比如,德国、法国就实行民商分立,分别制定有民法典和商法典;而意大利则实行民商合一,关于商法的规范体现在民法典里。

(三)大陆法的渊源

理论上,宪法、法典、法典以外的法律和条例等成文法是大陆法的重要渊源。判例不构成大陆法系的渊源,在司法过程中,法官的判决只是起着加强对法律的解释作用。但是,从现状来看,在大陆法系国家,判例发挥的作用越来越大。

(四)大陆法各国的法院组织

在大陆法系国家,法院基本上分为三级,即第一审法院、上诉法院和最高法院,如图 1-5 所示。

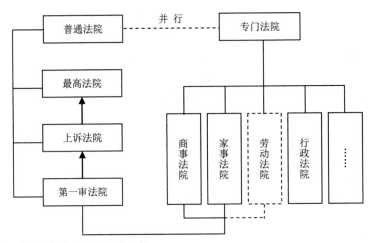

注:图中虚线表示有两种可能。

图 1-5 大陆法系各国的法院组织系统

1. 第一审法院

有的国家根据诉讼的性质和金额的大小设立各种不同的第一审法院。有的国家,除普通法院外,还设有商事法院、家事法院和劳动法院,专门受理有关商事关系、家庭关系和劳资关系的第一审案件。

2. 上诉法院

上诉法院主要受理对第一审法院判决不服的上诉案件,但对上诉的条件和程序各国有不同的规定。

3. 最高法院

最高法院有的国家是上诉审法院或再上诉审法院。有的国家规定,最高法院只能维持或撤销原判决,不能进行实体审理。

此外,有的国家比如德国、法国、意大利等还设立了与普通法院并行的行政法院。有的国家还设有独立的诸如劳动法、税法等专门法院。

二、英美法系

(一)英美法系的概念

英美法系(Anglo—American Family),又称普通法系(Common Law Family),是指英国自中世纪以来的法律,特别是以普通法为基础的与以罗马法为基础的民法法系相比较而存在的一种法律制度。其产生于英国,后扩大到曾经是英国殖民地、附属国的许多国家和地区。英美法系以英美为代表,因此而得名。

普通法系以英国普通法为基础,但并不仅指普通法,它是指在英国的三种法律,即普通法、衡平法和制定法的总称。

美国法律,作为一个整体来说,属于普通法法系,但它有自己的、不同于英国法的很多特征。

(扫一扫　相关链接 1-3　英美法系的分布范围)

(二)英美法系的结构:普通法与衡平法

普通法是由法院通过一定的诉讼形式发展起来的,当事人要向法院起诉,必须请求国王的枢密大臣(Chancellor)发给一种书面形式的"令状"(Writ),每一种令状都有它固定的程序,如诉讼事项、能否委托代理人出庭、收集证据的条件、执行判决的办法等。每一种诉讼程序都有一套专门的术语,不得在另一种诉讼程序中使用。如不符合要求,法院就不会受理。

随着诉状的日益增多，当事人诉讼的难度和成本大大增加，引起了贵族的不满。在 13 世纪的时候，他们要求国王不要再增加令状的数目。因此，如果遇到某种诉争无适当的令状可供依凭时，当事人就无法获得救济。在这种情况下，当事人就直接请求国王解决，国王命令枢密大臣审理这些案件。枢密大臣在审理时，可以不受普通法的约束，而按照所谓"公平与正义"的原则作出判决，这些判决形成了所谓的"衡平法"。14 世纪下半叶，衡平法院成为独立的法院，与普通法院同时存在。由于衡平法院有精通罗马法的僧侣，而他们又可以参酌罗马法的规定来处理案件，因此，罗马法渗透进了衡平法。

(三)普通法与衡平法的区别

1. 救济方法不同

普通法只有两种救济方法，一种是金钱赔偿，另一种是返还财产。衡平法法院发展了一些新的救济方法，主要是实际履行、禁令。实际履行又称依约履行，即衡平法院可判令负有义务的一方当事人按照合同的规定履行其应负的义务，但是以违约所遭受的损害不能以金钱赔偿得到满足，或者损害的金额无法确定者为限。禁令(Injunction)是衡平法院在下列情况下可以采取的一种法律措施：防止不法损害动产或不动产；防止发生违约行为；防止违反信托的行为；防止官员或政府机构的不法行为；制止不法征收租税。

2. 诉讼程序不同

与普通法法院相比，衡平法法院诉讼制度有以下特点：普通法法院有陪审团制度，衡平法法院不设陪审团；普通法法院听取口头答辩，采取口头询问方式审理案件，而衡平法法院则采取书面诉讼程序。

3. 法院的组织系统不同

14 世纪下半叶，衡平法法院成为独立的法院，此后，两种法院并存了很长一段时间。直到 1875 年，法院组织法的颁布，才取消了普通法法院和衡平法法院的划分，建立了统一的法院体系，普通法和衡平法都由同一法院适用，而且把衡平法优先于普通法的原则在法律上确定了下来。经过改革之后，在高等法院设有王座法庭(Queen's Bench)，适用普通法的诉讼程序；另外设有枢密大臣法庭(Chancery)，适用衡平法的书面诉讼程序。现在普通法包括刑法、合同法和侵权行为法，衡平法则包括不动产法、公司法、信托法、遗嘱与继承法等。

4. 法律术语不同

为了避免与普通法法院发生冲突，衡平法法院在司法活动中使用它自己特有的法律术语，如在衡平法中起诉称为 Suit 而不是 Action；权利称为 Interests 而不是 Rights；判决称为 Decree 而不是 Judgment；判令支付损害赔偿称为 Compensation 而不是 Damages。

普通法与衡平法的比较具体如表 1-2 所示。

表 1-2　普通法与衡平法比较

项　目　＼　类　别	普通法(Common Law)	衡平法(Equity Law)
救济方法	金钱赔偿、返还财产	(还包括)实际履行、禁令
诉讼程序	必设陪审团，口头答辩询问	不设陪审团，书面诉讼程序
包括内容	刑法、合同法、侵权行为法等	公司法、破产法、继承法等
法律术语	各自有不同的法律术语，律师和法官也分两类，一类适用普通法，另一类适用衡平法	

(四)英美法系的渊源

1. 判例法(Case law)

判例法是英美法系国家法律的重要渊源。英国判例法有一个重要的原则叫"先例约束力原则"(Rule of Precedent)。这一原则包括三项内容。

(1) 最高法院[①]的判决是具有法律约束力的先例，对全国所有的审判机关均具有约束力，一切审判机关均要遵循。最高法院不受先例的约束，它的一个重要角色就是通过对案件中法律问题的审理来进一步发展法律。

(2) 上诉法院的判决可构成对下级法院有约束力的先例，并且对上诉法院本身也有约束力。

(3) 高等法院的每一个庭的判决对一切低级法院均有约束力，对高等法院的其他各庭以及对皇家法院也有很大的说服力。

因此，只有最高法院、上诉法院和高等法院的判决才能构成先例，才具有约束力，至于其他法院或准司法机关的判决则只有说服力，没有约束力。

同时，即使是具有先例约束力的判决，也不是整个判决的全文均构成先例。英国构成先例的判决分为两个部分：一部分是法官作出该判决的理由(Ratio Decidendi)；另一部分是法官解释判决的理由时所阐述的与判决有关的英国法律规则，其目的是说明该判决，而不是该判决所必需的，称为题外的话(Obiter Dicta)。只有前者可以成为先例，才具有判例法的约束力；而后者则不能构成先例，它只是凭借作出该判决的法官的威望，以及他所作的分析的正确与否而具有不同程度的说服力。这种先例约束力原则，对普通法和衡平法均适用。

美国的判例法的原则包括以下几个方面的内容。

(1) 在州法方面，州的下级法院须受上级法院判例的约束，特别是受州最高法院判例的约束。

(2) 在联邦法方面，须受联邦法院判例的约束，特别是受美国最高法院判例的约束。

(3) 联邦法院在审理涉及联邦法的案件时，须受上级联邦法院判例的约束；而在审理

---

① 2009 年，依据《2005 年宪制改革法案》成立的英国最高法院(Supreme Court of the United Kingdom)开始运作。英国最高法院继承了上议院的司法权力，审理来自英格兰、威尔士及北爱尔兰三个司法管辖地区的上诉案件，并且对于苏格兰的上诉案件依据 1998 年苏格兰法令进行审理。

涉及州法的案件时，则须受相应的州法院判例的约束，但以该判例不违反联邦法为原则。

(4) 联邦和州的最高法院不受它们以前确立的先例的约束，它们可以推翻过去的先例，并确立新的法律原则。

2. 成文法(Statute)

现在，成文法在英美法系国家中起的作用越来越大。不过，应当指出，尽管成文法的地位在提高，但判例法仍是基础，成文法只是对判例法所作的补充或修正。

3. 习惯(Custom)

在英国，只有在 1189 年①已经存在的习惯才有约束力。不过，现在习惯在英国法律中所起的作用极小。

(五)英国法院的组织体系

英国的法院体系分为中央法院和地方法院两级(见图 1-6)。

图 1-6　英国法院组织体系

中央法院包括高等法院、上诉法院、最高法院、枢密院司法委员会。地方法院包括治安法院和郡法院等。

各类法院又可以分为民事和刑事两类。郡法院、高等法院、民事上诉法院属于民事法院；治安法院、皇家法院、刑事上诉法院属于刑事法院。最高法院对绝大多数上诉案件享有终审权。涉及教会、殖民地等的上诉案件由枢密院司法委员会享有终审权。

此外，还有军事法院、少年法院、劳资关系法院和行政裁判所等专门的法院。

英国的法官由委任产生。大法官、常任法官、上院议员和上诉法院法官由首相提名，国王任命。高等法院法官由大法官提名，国王任命。其他法官由大法官任命。法官一般很难被免职，而除大法官外，专职法官保持政治中立。

---

① 关于英国法的起点，英国法律史上比较一致的看法是 1189 年，这一年理查一世执政，被称为法律的记忆年份(Legal Memory)；而那些后来成为普通法的习惯，通常会被认为是超出了法律记忆年份的。

高等法院审理的案件必须有由普通公民组成的陪审团参加，由陪审团确定被告是否犯有被指控的罪行。

(六)美国法院的组织体系

美国法院分为联邦法院和州法院两个体系(见图1-7)。

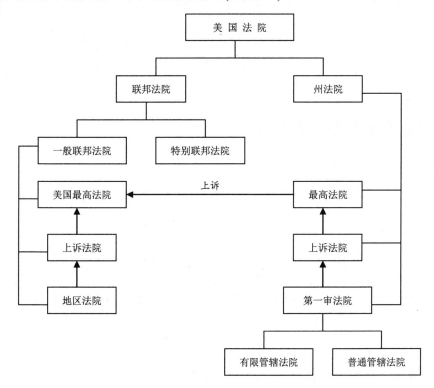

图 1-7　美国法院组织体系

1. 联邦法院

美国的联邦法院主要有地区法院(U.S. District Court)、上诉法院(U.S. Court of Appeals)和最高法院(U.S. Supreme Court)。地区法院共有 94 所，分散在全国各州境内，由一名法官独任审理。上诉法院有 13 所，是第二审级法院，上诉案件由三名法官审理。最高法院设在华盛顿，由首席大法官(Chief Justice)一人、大法官(Associate Justice)八人组成。最高法院是行使司法权的最高机构，其法官由总统经参议院 2/3 的多数议员同意后任命，并任职终身。在涉及国际法和一方当事人为州的案件中，最高法院系第一审法院，最高法院还是州最高法院判决后上诉案件的第二审法院。美国最高法院有权对是否符合宪法行使监督权。

2. 州法院

美国各州都有自己的法院系统，而且各州的法院设置有所不同。但一般来说，各州设有两个审级，即第一审法院和上诉审法院。

第一审法院主要包括两类法院：①有限管辖法院(Court of Limited Jurisdiction)，设在市县，主要审理轻微的刑事案件和金额较小的民事案件，如违反治安、交通和金额在 10000

美元以下的案件；②普通管辖法院(General Jurisdiction Courts)，对涉及州法的一般民事和刑事案件享有管辖权。

上诉审法院(Appellate Courts)，包括州的上诉法院和最高法院。

3. 联邦法院和州法院的管辖权

联邦法院仅在美国宪法或国会法律授予审判权的范围内才有管辖权，在确定管辖权时，主要的依据如下。

第一，诉讼的性质：凡涉及联邦宪法、条约的条件，联邦法院都有管辖权。

第二，当事人的状况：凡涉及属于两个州当事人之间的诉讼案件而且诉讼标的金额在10000美元以上者，联邦法院都有管辖权。

三、两大法系的比较与发展趋势

(一)两大法系的比较

通过上面对两大法系的了解，我们可以发现它们主要存在以下区别。

1. 法律渊源不同

大陆法系是成文法系，其法律以成文法即制定法的方式存在，它的法律渊源包括立法机关制定的各种规范性法律文件、行政机关颁布的各种行政法规，以及本国参加的国际条约，但不包括司法判例；英美法系的法律渊源既包括各种制定法，也包括判例，而且，判例所构成的判例法在整个法律体系中占有非常重要的地位。

2. 立法途径不同

大陆法系国家的法律主要是由立法机关通过严格的立法程序制定的；而英美法系国家的法律主要是由高等法院的法官以判例的形式发展起来的，从这个意义上讲，它们的法律是由法官发现和宣布的，即所谓的"法官造法"。

3. 推理方式不同

大陆法系国家的法官在审理案件时，先考虑法典和成文法中的规定，然后再就具体案件作出判决，采用"一般到个别"的演绎推理；英美法系国家的法官在审理案件时，先参照以往类似的案件的判决，并从中抽出适合于本案的一般原则，然后再作出判决，采用"个别到一般"的归纳推理。

4. 法律分类不同

大陆法系国家把法律分为公法和私法；英美法系国家则把法律分为普通法和衡平法。

5. 诉讼程序不同

大陆法系的诉讼程序以法官为重心，具有纠问程序的特点，实行合议制；而英美法系的诉讼程序以原告、被告及其辩护人和代理人为重心，具有对抗式(或称抗辩式)的特点，同时还存在陪审团制度。

大陆法系与英美法系的比较具体如表 1-3 所示。

表 1-3 大陆法系与英美法系比较

项 目 \ 类 别	大陆法系	英美法系
法律渊源	成文法	判例法
立法途径	立法机关制定	法官造法
推理方式	演绎推理	归纳推理
法律分类	公法与私法	普通法与衡平法
诉讼制度	纠问制与合议制	对抗制与陪审制

(二)两大法系的发展趋势

进入 20 世纪以后，两大法系发生了一定的变化，主要表现在以下三个方面。

1. 大陆法系中判例的作用日益增强

大陆法系国家在传统上不承认判例与成文法具有同等的法律效力，但进入 20 世纪以后这一观念已经有所变化，如法国采取了赋予法官对法律作"扩展解释"的权力的改革措施。德国则已明确宣布联邦宪法法院的判决对下级法院具有强制性约束力。虽然大陆法系国家中判例的地位和作用迄今还不能与英美法系国家相提并论，但已打破了原先的成文法一统天下的格局。

2. 英美法系成文法的数量迅速增多

其中以美国的情况最为典型。美国从 19 世纪下半叶起，就着手进行立法的整理编撰工作。1926 年颁布了法律汇编性质的《美国法典》，并定期修订增补。同时，通过全国统一州法委员会和美国法学会等团体拟定示范法并向各州推荐，以使各州法律趋于统一。例如，20 世纪 50 年代拟定的《美国统一商法典》《美国示范公司法》等，已被施行大陆法的路易斯安那州之外的所有州采纳。第二次世界大战后，美国还成立了各种各样的委员会，它们不但被授权制定规章、条例，而且还可以在法院诉讼程序之外，相对独立地处理案件，并不受判例约束。所有这些，对成文法的发展均产生了重要的影响。英国自 19 世纪末就开始大规模制定成文法，如 1893 年的《货物买卖法》、1906 年的《海上保险法》等。

3. 两大法系取长补短，逐渐融合

两大法系除在法律渊源领域不断靠近外，在法律种类及其具体内容上也相互吸收对方科学合理的成分。伴随着经济全球化的不断推进，在 WTO 法律规则的指导下，两大法系的融合程度预计将越来越高。不过，两大法系由于历史传统、思维定式等方面的因素造成的差异仍然很大，因此，在短期内它们不可能融合为一个统一的法系。

小思考

有人认为中国民商事法律制度受大陆法系影响更大，而有人则认为受英美法系影响更大，你认为呢？

第二章 从事国际化经营的企业

——商事组织

引导案例

一家中国公司来到美国，与一家美国公司合作销售电器，没过多久就被美国消费者告上了法庭，因为他们销售的产品导致火灾，整栋房子付之一炬。法官判令这家中国公司赔偿几十万美元。其实，如果当初这家中国公司有一个好的法律战略，这笔巨额判决是完全可以避免的。比如，这家中国公司可以在美国另行注册一个有限责任公司，那么，按照美国的法律，这家中国公司和那家美国公司都属于新设立的有限责任公司的成员，都只承担有限责任而已。

国际商事交往中首先遇到的法律问题就是在哪些主体之间发生交易关系，这些主体是如何设立和运作的，它们之间有何异同，应当怎样区别对待，这就是商事主体法或者商事组织法调整的范畴。

第一节 商事组织概述

一、商事组织的概念和特点

(一)商事组织的概念

商事组织，亦称"商事企业"，就是我们日常生活中谈到的"企业"，是指依商法规范设立的、能够以自己的名义从事营利性活动，并具有一定规模的经济组织。作为一个商事组织，一般须具备以下几个要素(见图2-1)。

(1) 自己的名称(或称商号)。

(2) 一定数量的成员。

(3) 一定自主支配的资本。

(4) 以营利为目的。

(5) 固定的场所。

(6) 法律人格，也就是法律上承认的主体资格。

图 2-1 商事组织的构成要素

(扫一扫 相关链接 2-1 企业的名称有哪些讲究？)

(二)商事组织的特点

1. 独立性

商事组织可依法以自身名义实施商事行为，享有民事权利，承担民事义务，拥有法律上可以独立存在的人格，表现为独立的名称、意志、财产、责任、能力，从而有别于其内部组织机构，与其成员有不同程度的分离。

2. 营利性

商事组织从事的是商事行为，即商事活动，以营利为目的，从而与民事主体从事的不具有营利性的一般行为，以及国家机关的行为区别开来。

3. 规模性

作为商事组织必须具备一定的规模，要求具备一定数量的成员，一定数额的资本。因为成员人数的多寡与商事组织的资产实力和治理结构息息相关。而资本是商事组织从事商事行为的物质基础，也是其承担责任的物质基础。

4. 组织性

商事组织是商人的组织表现，必须具备一定的组织形式，非经严格的法律程序，商事组织的法律形态不得随意变更。商事主体如果没有组织，必将引起其法律地位和法律关系的不稳定，进而引起社会经济生活秩序的不稳定。而有了一定的组织形式，才能保证商事组织的相对稳定性，从而有效地提高交易效率，确保交易安全。

二、商事组织的法律形式

商事组织有各种各样的组织形式，不同类型的商事组织在法律地位、设立程序、投资者的收益与责任、资金的筹措、管理权的分配、税收等方面均有很大不同。选择适当的法律形式，对于企业的发展，以及投资者期望的实现有着极为重要的意义。根据大多数国家商法的规定，商事组织主要有三种基本的法律形式，即个人企业、合伙和公司。不同的商事组织形式在经济生活中的地位如图2-2所示。

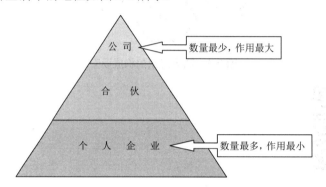

图2-2 不同的商事组织形式在经济生活中的地位

(一)个人企业

个人企业(Individual Proprietorship)，即独资企业，是由一名出资者单独出资并从事经营管理的企业。从法律性质来讲，个人企业不是法人，不具有独立的法律人格，它的财产与出资人的个人财产没有任何区别，出资人就是企业的所有人，他以个人的全部财产对企业的债务负责。出资人对企业的经营管理拥有控制权和指挥权。尽管个人企业有时聘用经理或其他职员，但经营的最高决策权仍属于出资人。出资人有权决定企业的停业、关闭等事项。个人企业是西方国家中数量最多的企业形式。它们大都属于中小型企业，对国民经济不起主要作用。在日本等国家，个人企业不得从事银行、保险等行业。

(扫一扫 案例2-1 投资人对企业债务如何承担责任？)

(扫一扫 小知识2-1 个人企业与个体工商户、私营企业的关系)

(二)合伙

合伙(Partnership),是两个或两个以上的合伙人为经营共同事业,共同投资、共享利润而组成的企业。合伙企业是一种"人的组合",合伙人与合伙企业紧密联系,合伙人的死亡、退出或破产等都将导致合伙的解散。合伙人对合伙的债务负无限连带责任。大多数国家的法律规定,合伙企业原则上不具有独立的法律人格,不是法人。但法国、荷兰等大陆法系国家及苏格兰的法律则规定合伙企业也是法人。合伙企业在资本主义国家中也是一种数量较多的企业形式。但由于其规模、组织及资金来源等方面的限制,大都也属于中小型企业,特别是家族企业,因而对社会经济生活的影响不是很大。

(三)公司

公司(Corporation),是依法定程序设立的,以营利为目的的法人组织。各国法律均规定,公司具有独立的法人资格,有权以自己的名义拥有财产,享受权利和承担义务。公司是一种"资本的组合",股东与公司之间是相互分离的。股东的死亡、退出一般不影响公司的存续,股东对公司的债务通常只负有限责任。公司的经营主要由专门的经营管理人员负责。在现代市场经济社会中,以股份有限公司为代表的公司企业已成为国民经济的主要支柱,对社会经济生活具有举足轻重的影响。

三、商事组织法的概念

商事组织法是调整各类商事组织的设立和活动的法律规范的总称。一切商事关系都是由商事主体建立和承受的,因此,规范从事国际商事活动的商事组织法在国际商法中便具有首要的地位。

我国商事组织法的分类如图 2-3 所示。

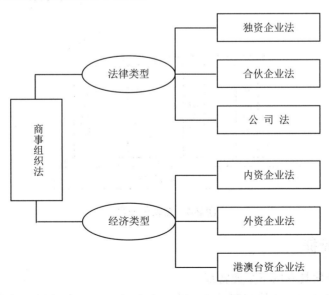

图 2-3 我国商事组织法的分类

同西方发达国家采用法律分类标准不同,我国传统上采用的是以经济类型为主(即分为内资企业、港澳台资企业与外商投资企业三大类型)、法律类型为辅的双重分类标准。西方国家的商法不仅约束国内商事组织,而且也约束进入该国的外资商事组织,因此,这些国家的商事组织法就是与这些国家有关的国际商事组织法。而我国调整商事组织的法律规范过去对内资企业和外资企业采取的是双重分类标准,这不仅不符合国际惯例与规则,也导致了立法体系的混乱局面。值得注意的是,2019年3月15日,第十三届全国人大二次会议表决通过《中华人民共和国外商投资法》,自2020年1月1日起施行,从而取代了改革开放以来制定的"外资三法"。该法规定对外商投资实行准入前国民待遇加负面清单的管理制度,清单之外的领域,按照内资外资一致的原则实施管理。这标志着我国正式实现了与国际通行的外商投资准入管理模式的接轨。可以预见,今后我国按经济类型对企业的分类将逐步淡化。

第二节 合 伙 法

一、合伙的概念和特征

(一)合伙的概念

合伙(Partnership)是两个或两个以上的合伙人共同出资、共同经营、共享收益、共担风险的契约性企业,如图2-4所示。合伙最初起源于家族共有经营形式,后来演变为一种特定的企业组织形式。但在现代社会生活中,合伙关系不仅存在于企业,也广泛地存在于其他一些营利性的事业中,如会计师事务所、律师事务所、医疗诊所、私立学校、托幼院所等允许个人投资经营的领域,均已引入合伙制。

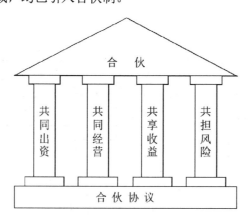

图2-4 合伙的概念

(二)合伙的特征

一般而言,合伙具有以下主要特征。

(1) 合伙是建立在合伙协议基础之上的一类企业。合伙人之间签订的合伙协议,规定各合伙人在合伙中的权利和义务。即使合伙企业设有一定的组织机构负责日常的业务，其内部关系仍然主要适用合伙协议的有关规定。

(2) 合伙强调的是"人的组合"(Aggregation)。合伙的投资人至少有两个，故而称其为"合伙人"。合伙人之间地位平等，对内可以平等地参与管理、分享利润，对外都有权代表合伙企业从事正常的业务活动，发生业务联系。合伙是基于合伙人之间的信用而成立的，因此，从法理上说，合伙人的死亡、破产、退出等都影响到合伙企业的存续。

(3) 合伙人对合伙企业的债务负无限连带责任(Joint and Several Liability)。合伙人以个人的全部财产作为合伙债务的担保。一旦合伙企业的财产不足以清偿其债务，债权人有权向任何一位合伙人请求履行全部债务。

(4) 合伙企业一般不具有法人资格，原则上不能以合伙企业的名义拥有财产、享受权利和承担义务。但法国、荷兰、比利时等国法律则规定合伙企业具有法人资格。英美国家虽不承认合伙企业的法人资格，但在某些特定场合也把合伙视为一个实体。例如，美国法律规定，合伙企业是独立于合伙人的一个组织体(a Partnership is an Entity Distinct from its Partners)，它可以合伙的名义起诉、应诉。

🔊 小贴士

如何判断一个企业是否为合伙企业？

一个组织只要具备上述特征，在实践中即会被视作合伙企业，即使它的名称中无"合伙"字样。相反，有些合作协议中尽管有"合伙"字样，但未构成具备上述特征的组织，也不能被视作合伙企业。

[扫一扫　案例 2-2　纽本诉玛斯本案(1984)；凯肯诉就业保障委员会案(1971)]

二、合伙企业的设立

(一)设立条件

设立合伙企业，一般需具备以下条件，如图 2-5 所示。

1. 有两个或两个以上合伙人，并且都承担无限连带责任

合伙人必须为两个或两个以上，如果是一人出资经营，不能成为合伙，而为独资企业。因合伙人死亡或丧失行为能力，仅剩一人时，合伙自然解散。关于合伙人数的上限，我国《合伙企业法》未作规定，其他国家如英国一般要求合伙人数不得超过 20 人。此外，我国《合伙企业法》中的合伙人仅指自然人，不包括法人或其他社会组织，而其他国家一般都没有这种限制，无论自然人，还是法人或其他社会组织均可成为合伙人。

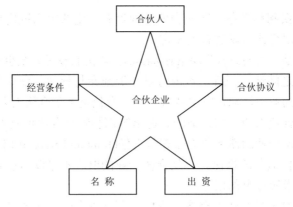

图 2-5 合伙的构成要素

2. 有书面的合伙协议

合伙协议是规定合伙人之间权利义务的法律文件,是确定合伙人在出资、利润的分配、风险及责任的分担、合伙的经营等方面权利义务的基本依据,对每一合伙人均具有约束力。合伙协议一般应采用书面形式。我国《合伙企业法》规定合伙协议应采用书面形式。有的国家如英美法系国家也可以根据合伙人间的口头方式,以及他们的行为来判定他们之间是否存在合伙关系。合伙协议一般包括以下条款。

(1) 合伙企业的名称及各合伙人的姓名。

(2) 合伙企业所经营业务的性质和经营范围。

(3) 合伙的期限。一些国家对合伙的期限加以限制,如法国法律规定,合伙的期限最多不得超过 99 年,但合伙人可以在此期限到期后请求延长。

(4) 每一合伙人出资的种类及金额。

(5) 合伙人之间利润的分配和损失的分担办法。

(6) 合伙企业的经营管理方式。

(7) 合伙人死亡或退出时,对企业财产及合伙人利益的处理方法,以及合伙企业继续存续的途径。

(8) 合伙人认为必须约定的内容。

(扫一扫 相关链接 2-2 我国《合伙企业法》规定的合伙协议内容)

3. 有各合伙人缴付的出资

合伙人应当按照合伙协议约定的出资方式、数额和缴付出资的期限,履行出资义务,即实际缴付财产。合伙人作为出资的财产,应当是合伙人的合法财产及财产权利;其出资方式可以是货币,也可以为实物、土地使用权、知识产权或者其他财产权利;经全体合伙人协商一致,合伙人也可以用劳务出资。对货币以外的出资需要评估作价的,可以由全体合伙人协商确定，也可以出全体合伙人委托法定评估机构进行评估；但对劳务出资的评估办法，应由全体合伙人协商确定。对全体合伙人的出资额，法律未规定最低限，但原则上应与所申请的合伙企业从事的经营活动相适应。

4. 有合伙企业的名称

合伙企业必须确定其合伙名称。在西方国家，很多合伙企业的名称多以合伙人的姓氏命名，在合伙人的姓氏之后可加上"商行"(Firm)或"企业"(Company or Enterprise)字样。英国合伙法对合伙的商号名称要求相当严格，合伙的商号一般应以合伙人的姓氏命名，在合伙人的姓氏之后，可加上"商号"或"企业"字样，但不得加上"有限"(Limited)字样，否则每天罚款 5 英镑。我国《合伙企业法》规定合伙企业在其名称中不得使用"有限"或者"有限责任"字样(但未禁止使用"公司"字样)。合伙企业使用的名称中含有这些字样的，责令其限期改正，可以处 2000 元以下的罚款。

5. 有经营场所和从事合伙经营的必要条件

合伙企业应有固定的营业场所，该场所可以由合伙人以出资方式提供，也可以合伙企业名义受让、租赁、借用等方式取得。"从事合伙经营的必要条件"是指从事合伙企业经营范围内的经营活动所必需的环境、设施等条件。

(二)设立程序

合伙企业设立的手续一般比较简单，但各国法律有不同的要求。例如，按照《美国统一合伙法》(Uniform Partnership Act)的规定，合伙得依合伙人的协议而组成，也可以无须政府批准，但必须要有合法的目的；如果某些行业如律师业、医师业，必须要有执照才能开业的，则必须向有关主管部门申请开业执照。英国《商号名称注册法》(Registration of Business Names Act)规定，凡在联合王国设有营业场所的商号，如在商号名称中没有包含合伙人的真实姓氏或没有包含合伙人的真实姓名的开头字母的，均须向主管部门进行注册登记，且必须在合伙企业开始营业后 14 天内完成。按照德国法律的规定，合伙企业必须在商业登记册上办理登记。全体合伙人必须事先提出合伙申请，在申请书中应载明每一合伙人的姓氏名称、职业和长期住所，企业的名称和开设地点，以及开始营业的日期等。

在我国设立合伙企业，应由全体合伙人指定的代表或者共同委托的代理人向合伙企业所在地的登记主管机关(工商行政管理机关)提出书面申请。申请时一般应提交下列文件：①全体合伙人签署的设立合伙企业的申请书；②合伙协议；③合伙人身份证明；④经营场所使用权证明。此外，委托代理人申请设立登记时，还应当出具全体合伙人签署的委托书和代理人的合法证明；企业拟从事法律、行政法规规定须报经有关部门审批的业务的，还应当在申请登记时提交有关部门的批准文件。企业登记机关应当自收到申请登记文件之日起 30 日内，作出是否登记的决定。对符合上述法定条件的，予以登记，发给营业执照；对不符合法定条件的，不予登记，并应当给予书面答复，说明理由。合伙企业以营业执照的签发日期为企业成立日期。

> **💬 小思考**
>
> 甲、乙、丙三人各出资 5 万元设立了一家企业，按比例分红，但是以甲的名义注册登记的，那么该企业是否属于合伙企业？如果甲的出资是向丁借的，丁是甲的债权人还是合伙企业的债权人或是合伙人？

三、合伙企业的内部关系

合伙人之间的权利和义务通常都在合伙协议中予以规定，因而他们之间首先是一种合同关系。与此同时，合伙人之间也是一种相互信任的诚信关系，合伙人不得为了牟取一己私利而损害合伙企业或其他合伙人的利益。

(一)合伙人的权利

1. 分享利润的权利

每一合伙人均有根据合伙协议规定的比例取得利润的权利。如果协议中没有规定，则应根据各国合伙法的规定分配利润。英、美、德等国及我国《合伙企业法》规定，合伙人应平均地分配利润，而不考虑合伙人出资的多少。法国法律则规定应按合伙人的出资比例分享利润。

2. 执行合伙事务的权利

除非合伙协议有相反的规定，每一合伙人均有平等地执行合伙事务、对外以合伙的名义进行业务活动的权利。在实际生活中，合伙协议常常规定由某一位或几位合伙人负责执行合伙事务。如果每一合伙人都参与执行合伙事务，企业的经营决策必须经每一合伙人的同意。

(扫一扫　相关链接 2-3　合伙事务的执行方式)

3. 监督和检查账目的权利

每一合伙人都有权了解、查询有关合伙企业经营状况，负责日常业务的合伙人不得拒绝合伙人随时查阅合伙企业的账目并提出质询的要求。一些国家对合伙人的这项权利加以限制，以保证合伙企业的经营管理能够顺利进行。例如，法国法律规定，不参与日常管理的合伙人一年内查阅合伙账目一般不得超过两次。

4. 获得补偿的权利

合伙人为处理企业的正常业务或维持企业的正常经营，维护企业的财产利益而垫付的个人费用或因此遭受的个人财产损失，合伙企业和其他合伙人应予以补偿。但在原则上，合伙人不得向合伙企业请求支付报酬，也不领取工资。

(二)合伙人的义务

1. 缴纳出资的义务

合伙人在签订合伙合同之后，有义务按照合同规定的时间、数额、方式缴纳出资(Contributions)。如合伙人到期拒不缴纳出资而使合伙无法成立或给其他合伙人造成损失的，其他合伙人有权要求其赔偿。合伙人一般可以金钱、实物、技术或已完成了的劳务出资。

2. 忠实的义务

合伙人对合伙企业及其他合伙人负有忠实的义务(Duty of Loyalty)。合伙人必须为合伙企业的最大利益服务；不得擅自利用合伙企业的财产为自己牟取私利；不得经营与合伙企业相竞争的事业；应及时向其他合伙人报告有关企业的各种情况和信息。合伙人违反忠实义务所获得的利益，必须全部转交给合伙企业。

[扫一扫　案例2-3　奥茨沃德诉莱凯案(1977)]

3. 谨慎和注意的义务

参与经营管理的合伙人在履行合伙业务时，必须履行谨慎和注意义务(Duty of Care)。如因其失职而给合伙企业造成损失的，其他合伙人有权请求赔偿。

4. 不得随意转让出资的义务

由于合伙人之间存在着"相互信任"(Mutual Confidence)的关系，合伙人未经其他合伙人同意不得将其在合伙中的出资及各项权利转让给第三人，也不得介绍第三人入伙。但大多数国家均允许合伙人在一定条件下将请求分配利润的权利转让或馈赠给他人。除合伙协议另有规定外，合伙人的死亡或退出，即引起合伙的解散。但一般合伙协议都订有企业存续条款(Continuation Agreement)，即如果某合伙人死亡或退出，合伙企业继续经营的条件。

5. 分担亏损的义务

合伙人不仅有权利分享合伙企业的利润，而且还应当按照合伙协议约定的比例分担亏损。当然，对于合伙企业之外的第三人则要负无限连带责任(有限合伙人除外)。

四、合伙企业的外部关系

在合伙企业中，每个合伙人在企业所从事的业务范围内，都有权作为合伙企业和其他合伙人的代理人，这就是所谓合伙人相互代理的原则，如图2-6所示。

根据相互代理的原则，合伙企业同第三人的关系具有以下几个特点。

第一，每个合伙人在执行合伙企业的通常业务(Ordinary Business)中所作出的行为，对合伙企业和其他合伙人都具有约束力。除非该合伙人无权处理该项事务，而且与之进行交易的第三人也知道该合伙人没有得到授权，否则，合伙企业和全体合伙人都要就该合伙人的行为对第三人负责。根据英国合伙法的规定，每个合伙人，特别是从事货物买卖交易的合伙贸易企业的合伙人，在处理下列事务时，都认为具有默示的授权。

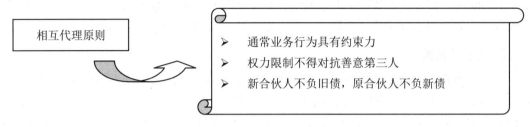

相互代理原则

➢ 通常业务行为具有约束力
➢ 权力限制不得对抗善意第三人
➢ 新合伙人不负旧债，原合伙人不负新债

图 2-6   合伙人的相互代理原则

(1) 出售合伙企业的货物。
(2) 以企业的名义购买企业业务所需要的货物。
(3) 收受企业的债款，并出具收据。
(4) 为企业雇用员工。
(5) 以企业名义承兑和开立流通票据。
(6) 以企业的信用借款或以企业的货物作抵押借款。
(7) 委托律师为企业进行诉讼。

任何合伙人就上述事项同第三人订立的合同，对合伙企业和其他合伙人都具有约束力。所有合伙人均须对合伙企业同第三人所订立的合同或所承担的债务负连带的无限责任。

第二，合伙人之间如对任何一个合伙人的权力有所限制，不得用以对抗善意第三人。但如果第三人在同该合伙人进行交易时，已经得知该合伙人的权力受到限制而无权处理该项业务，则该合伙人所作出的行为就不能约束合伙企业和其他合伙人。

第三，合伙人在从事通常的合伙业务的过程中所做的侵权行为(Torts)，应由合伙企业承担责任。但合伙企业也有权要求由于故意或过失的有关合伙人赔偿企业因此而遭受的损失。

第四，当一个新的合伙人被吸收参加一个现存的合伙企业时，他对于参加合伙之前该合伙企业所负的债务不承担责任。而当一个合伙人退出合伙之后，他对于其作为合伙人期间企业所负的债务仍须负责。至于已经退出合伙企业的合伙人，对企业日后所发生的债务是否仍须负责的问题，则须视不同情况而定。如果同企业进行交易的第三人，在他退出合伙企业之前曾经同企业进行过交易，则他必须通知该第三人，说明他已经不再是合伙人，否则他仍须对该第三人负责；如果该第三人在他退出合伙企业之前并未同该企业进行过交易，也不知道他是合伙人，则该合伙人对于他退出合伙企业之后所进行的交易可不承担责任。

[扫一扫   案例 2-4   B 银行诉帕哈姆医疗协会案(1995)]

五、合伙企业的解散与清算

合伙企业的解散有两种情况：一种是自愿解散，一种是依法解散。所谓自愿解散，是指合伙企业依合伙人之间的协议而解散。例如，当合伙协议订有期限时，合伙企业即于该期限届满时宣告解散。如果合伙章程中没有规定期限，合伙人之间也可以在事后达成协议，宣告合伙企业的解散。所谓依法解散，是指合伙企业按照合伙法的有关规定而宣告解散。依法解散主要有以下几种情况：①除合伙人之间另有协议外，如合伙人之一死亡或退出，合伙企业即告解散；②当合伙企业或合伙人之一破产时，合伙企业即告解散；③如因发生某种情况，致使合伙企业所从事的业务成为非法时，该合伙企业即自动解散；④如因爆发战争，合伙人之一系敌国公民时，合伙企业亦应解散；⑤如在合伙人中有精神失常，长期不能履行其职责，或者因行为失当使企业遭到重大损失，或者因企业经营失败难以继续维持时，任何合伙人均有权向法院提出申请，要求法院下令解散合伙企业。

(扫一扫　相关链接 2-4　我国《合伙企业法》规定的合伙解散原因)

此外，合伙人原则上有权提出退伙。但各国合伙法对此项权利都有一定的限制，以保证合伙企业的稳定发展。例如，《德国民法典》第七百二十三条规定：合伙契约如果订有期限，合伙人只有在有重大事由发生时，方可提出退伙。所谓"重大事由"，主要是指其他合伙人已严重违反合伙契约所规定的义务。如果无此重大事由发生，合伙人退伙，应对其他合伙人赔偿由此而遭受的损失。法国法律则规定，合伙人退伙不得损害第三人的权利和利益。

无论以哪种方式解散合伙组织，合伙人都应对合伙财产进行清算。如果在清偿合伙企业的债务后仍有剩余，所有合伙人都有权参与财产的分配。如合伙企业的剩余资产不足以清偿其债务，则合伙人须以其个人财产承担无限连带清偿责任。

(扫一扫　案例 2-5　合伙企业的债务如何清偿？)

六、有限合伙

以上介绍的合伙属于普通合伙(General Partnership)。此外，还有一种特殊类型的合伙，叫有限合伙(Limited Partnership)。所谓有限合伙,是指由至少一名普通合伙人(General Partner)和至少一名有限合伙人(Limited Partner)组成的企业,前者对合伙企业的债务负无限责任,后者则只负有限责任,即仅以其出资额为限对合伙承担有限责任。有限合伙能够有效地整合资源,使有资金但没有精力或管理能力和经营的人,以及有管理能力和经验却没有相应资金的人,实现优势互补,尤其在风险投资领域颇有用武之地。无论是大陆法系还是英美法系都规定了有限合伙。需要注意的是,我国原合伙企业法并不承认有限合伙,但2006年修订的《合伙企业法》已认可了有限合伙这种组织形态。该法第二条规定:"本法所称合伙企业,是指自然人、法人和其他组织依照本法在中国境内设立的普通合伙企业和有限合伙企业……有限合伙企业由普通合伙人和有限合伙人组成,普通合伙人对合伙企业债务承担无限连带责任,有限合伙人以其认缴的出资额为限对合伙企业债务承担责任。"普通合伙和有限合伙同属合伙,当然有共性,如都属非法人组织、合伙人之间承担连带责任。但二者也存在不同之处,如表2-1所示。

表2-1 普通合伙与有限合伙的主要区别

	普通合伙	有限合伙
设立手续	合伙协议	登记有限合伙章程
可否以劳务、信用出资	可	否
合伙人是否参与管理	是	否
合伙人责任	无限责任	有限责任

第三节 公 司 法

一、公司制度的演进

现代的公司制度,源于欧洲中世纪地中海沿岸的商业城市。其最初形式是家族合伙团体和海上的联合经营组织——康孟达(Commenda)。商人们为了抵御风险,最早便是由家族内的成员共同经营某一事业,这就是家族合伙团体。而所谓的"康孟达",是指随着欧洲海上贸易的发展,不同的商品所有者共同建造船舶,共同出海贩运,并以契约的形式联合经营的海上组织。这类组织通常是由一部分成员,多为陆上商人,将商品或金钱委托给另一部分成员即船东。前者往往不亲自出海冒险,其责任仅限于所委托的财物。后者借此财物从事经营并分派所获利益。上述两种经营形式,随着商业进步而逐步推广。其后,家族合伙团体组织形式发生了变化,其成员扩及家族外人员,成为一种无限责任制的标准合伙团体。这就是无限责任公司的雏形。继而因合伙团体需要集中更多的资本,于是采用"康孟达"的出资方式,扩大组织,其构成人员分成执行业务者与不执行业务者,前者负无限责任,后者仅负有限责任,这是现代两合公司的创始。至中世纪末期,大企业制度发达,企业家为谋求巨资,多采用"康孟达"制度,合伙团体无限责任制逐渐衰落。于是合伙团体改变其经营方式,与有限责任一元制相配合,从而排除人合性质,取得独立法人人格,遂演变为股份有限责任公司。之后,一些企业家为避免股份有限责任公司设立须经政府核准的麻烦，于 18 世纪末期创立股份两合公司。至 19 世纪末期，德国为适应企业家需要，又结合无限公司、股份有限公司的特点，首创有限责任公司。至此公司制度基本形成。公司制度的演进过程如图 2-7 所示。

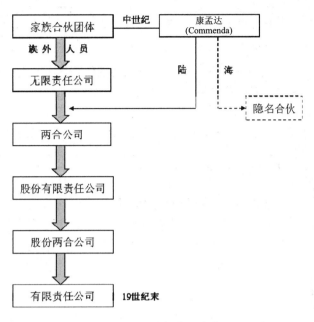

图 2-7 公司制度的演进

二、公司的概念与特征

各国的公司立法，一般都对公司下了定义，但无论从理论上还是在实践中，各国公司法对公司的定义都集中在下述三个内容上，即法定性、营利性和法人性，这也是公司最主要的法律特征(见图 2-8)。据此，公司就是指依公司法设立的，以盈利为目的的企业法人。

(扫一扫 小知识 2-2 "公司"用英文如何表示？)

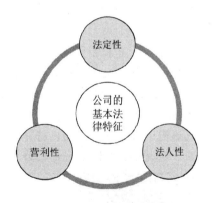

图 2-8 公司的基本法律特征

1. 法定性

法定性是指公司必须依法定条件、法定程序设立。这一方面要求公司的章程、资本、组织机构、活动原则等必须合法，另一方面，要求公司设立要经过法定程序。公司通常依公司法设立，但有时还必须符合其他法律的规定，如商业银行法、保险法、证券法等行业管理法律，有时公司还可能依据特别法或行政命令而设立。

2. 营利性

所谓营利性，即公司以营利为目的，是指股东即出资者设立公司的目的是营利，即从公司经营中获取利润。因此，营利目的不仅要求公司本身为盈利而活动，而且要求公司有盈利时应当分配给股东，某些具有营利活动的组织，如果其利润不分配给股东，而是用于社会公益等其他目的，则不具有营利性。公司的营利活动应是具有连续性的营业，一次性的、间歇性的营利行为不属于营业活动。

3. 法人性

法人性是指公司具有法人资格。公司是企业法人，应当符合法律规定的法人条件，最主要的是有独立的法人财产和能独立承担民事责任。我国《公司法》规定的有限责任公司和股份有限公司均具有法人资格，股东以其认缴的出资额或认购的股份为限对公司承担有限责任。这里的有限责任是指股东对公司的有限责任，公司对债权人的责任则是无限的，即公司要以其全部财产对公司的经营活动包括法定代表人、工作人员和代理人的经营活动产生的债务承担责任，而不是限定在股东出资或注册资本的数额范围内。

(扫一扫　小知识 2-3　法人、法定代表人和法人代表傻傻分不清)

🔊 小贴士

揭开公司面纱原则——公司法人人格的否认

英美法国家法院为了追求公平正义，维护社会利益，常常会拒绝承认一个合法成立的公司的独立法人地位，直接探究公司与股东的真实关系。这种不考虑或忽略公司独立存在特征的做法，通常用一个非常生动的比喻来表达，即"揭开公司面纱"(Piercing the Corporate Veil)。依据此原则，如果法庭认为成立公司的目的在于利用公司从事妨碍社会利益、欺诈或逃避个人责任的活动，将不考虑公司的法人资格，直接追究股东或其他行为人的民事责任。在大陆法系国家则称之为"否认法人人格"。

(扫一扫　案例 2-6　D.I.菲尔森赛尔公司诉北方保险公司案)

三、公司的分类

公司从无到有发展到现代，其类型多种多样。依据不同的标准，从不同的角度可以对公司作不同的分类。公司的分类有法律上的分类，也有理论、学理上的分类。同时在不同国家，也有不同的分类，如图2-9所示。

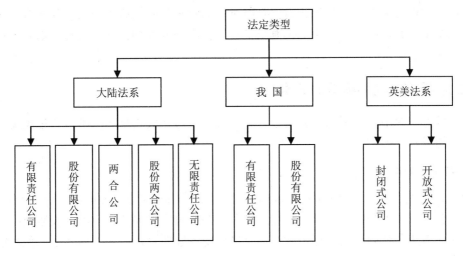

图 2-9　各国公司的法定类型

(一)以股东所负责任为标准的分类

依股东所负责任的不同，一般将公司分为无限责任公司、有限责任公司、两合公司、股份有限公司与股份两合公司五种。这是大陆法系国家对公司的分类。我国《公司法》规定的公司形式仅有有限责任公司和股份有限公司。

1. 无限责任公司

无限责任公司简称无限公司(Unlimited Company)，它是由对公司债务负无限连带清偿责任的股东所组成的公司。当公司的资本不足以清偿债务时，公司的债权人可以通过公司对公司的全体股东或任何一个股东要求清偿债务。而股东不论出资多少都对公司债务负无限清偿责任。

2. 有限责任公司

有限责任公司简称有限公司(Limited Company)，是指由法律规定的一定人数的股东所组成的，股东以其出资额为限对公司债务承担责任的公司。它是现代公司的一种基本形式。

3. 两合公司

两合公司是由负无限责任的股东和负有限责任的股东组成，无限责任股东对公司债务负无限连带责任，有限责任股东仅就其认缴的出资额为限对公司债务承担责任的公司。其中，无限责任股东是公司的经营管理者，有限责任股东则是不参与经营管理的出资者。所谓"两合"，是指经营资本与管理劳务的结合，或者是指无限责任股东与有限责任股东的结合。

4. 股份有限公司

股份有限公司(Company Limited by Shares)，又称股份公司(Stock Corporation)，是将其全部资本分为等额股份，股东以其认购的股份为限对公司承担责任，公司以其全部财产对公司的债务承担责任的公司。

5. 股份两合公司

它是由承担无限责任的股东和承担有限责任的股东共同组成的公司。与两合公司的不同之处主要是，股份两合公司中承担有限责任的资本部分被划分成了股份，而且是用发行股票的方式筹集而来的。

(二)以筹资方式为标准的分类

依筹资方式的不同，可以将公司分为封闭式公司与开放式公司两种。这是英美法系国家对公司的基本分类。

1. 封闭式公司

封闭式公司(英国称为 Private Company，美国称为 Close Corporation)，又称为不上市公司、私人公司或非公开招股公司。其特点是公司的股份只能向特定范围的股东发行，而不能在证券交易所公开向社会发行，股东拥有的股份或股票可以有条件地转让，但不能在证券交易所公开挂牌买卖或流通。

2. 开放式公司

开放式公司(英国称为 Public Company，美国称为 Public Corporation)，又称为上市公司、公众公司或公开招股公司。其特点与封闭式公司正相反，它可以在证券市场上向社会公开发行股票，股东拥有的股票也可以在证券交易所自由地买卖或交易。

从这种分类的具体内容来看，封闭式公司类似于大陆法系国家中的有限公司及股份公司中的非上市公司，而开放式公司则类似于大陆法系国家中股份有限公司中的上市公司。

(三)以公司的信用基础为标准的分类

1. 资合公司

资合公司是指以资本的结合作为信用基础的公司。此类公司仅以资本的实力取信于人，股东个人是否有财产、能力或信誉与公司无关。对公司债务股东彼此承担独立、有限的责任，共同设立公司，原则上不以相互信任为前提(对公司控股股东或实际控制人除外)。因此，资合公司通常具有健全的制度与法人治理机制，以此保障相关利害关系人的利益。资合公司以股份有限公司为典型，有限责任公司也在一定程度上具有资合公司的特点。

2. 人合公司

人合公司是指以股东个人的财力、能力和信誉作为信用基础的公司，其典型形式为无限公司。人合公司的财产及责任与股东的财产及责任没有完全分离，其不以自身资本为信用基础，法律上也不规定设立公司的最低资本额，股东可以用劳务、信用和其他权利出资，企业的所有权和经营权一般也不分离。因此，人合公司的信用依赖于股东个人，股东对公司债务承担无限连带责任，共同设立公司以相互信任为前提。

3. 资合兼人合的公司

资合兼人合的公司是指同时以公司资本和股东个人信用作为公司信用基础的公司，其典型形式为两合公司和股份两合公司。一般认为，有限公司中具有家族性或规模较小者也具有人合性质，甚至主要属于人合性质。

(四)以公司组织关系为标准的分类

公司的组织关系有外部和内部之分，外部组织关系是指不同公司之间在组织上的相互联系；内部组织关系是指某一公司内部的隶属关系。

(1) 母公司和子公司。这是按公司外部组织关系所作的分类。当不同公司之间存在控制与依附关系时，处于控制地位的是母公司，处于依附地位的则是子公司。母子公司之间虽然存在控制与被控制的组织关系，但它们都具有法人资格，在法律上是彼此独立的企业。

母公司及直接或者间接依附于母公司的公司(子公司、孙公司等)，以及存在连锁控制关系的公司，属于关联企业的范畴。由于母子公司、关联企业都是独立法人，但彼此间又存在可能影响公司正常经营决策的控制和依附关系，为了防止控制公司滥用子公司法人人格与控制从事损害子公司少数股东及债权人利益的经营决策与交易，破坏社会经济秩序，法律上须对其相互关系加以控制和调整，由此形成调整关联企业暨关联交易的法律制度。

母公司与子公司是由持股关系形成的。此外，公司之间还可能由于其他原因形成控制与依附关系，成为控制公司与附属公司，如表决权控制、人事关系、契约关系(支配契约、康采恩契约等)、信贷及其他债务关系、婚姻、亲属关系等。因此，控制公司与附属公司的概念要大于母公司与子公司的概念。

(2) 总公司和分公司。分公司是公司依法设立的以分公司名义进行经营活动，其法律后果由总公司承担的分支机构。相对分公司而言，公司称为本公司或总公司。总公司和分公司是从公司内部组织关系上进行的分类，不能把它们的关系视为公司间的关系。因为"分公司"实际上只是公司的分支机构，并非真正意义上的公司。分公司没有独立的公司名称、章程，没有独立的财产，不具有法人资格，但可领取营业执照，进行经营活动，不过其民事责任由公司承担。商业银行、保险公司等从事社会信用要求较高业务的企业，通常采取设立分公司，而不是设立责任独立的子公司的方式来拓展业务和活动领域。

子公司和分公司的主要区别如表 2-2 所示。

表 2-2　子公司与分公司的主要区别

	子公司	分公司
法律地位	具有独立的法人人格	不具有独立的法人人格
设立成本	设立程序和手续相对烦琐，设立成本较高	设立程序和手续相对比较简单，设立成本较低

续表

	子公司	分公司
设立方式	由股东按照公司法规定的公司设立条件和方式投资设立	总公司在其住所地之外向当地工商部门申请设立，属于设立公司的分支机构
承担责任	以自身财产独立承担民事责任	由总公司承担民事责任
税收负担	承担全面纳税义务	承担有限的纳税义务

(五)以公司国籍为标准的分类

以公司的国籍为标准，可将公司分为本国公司、外国公司和跨国公司。

(扫一扫　相关链接 2-5　公司的国籍如何确定？)

1. 本国公司

凡依本国法律在本国境内登记设立的公司，无论有无外国股东，无论外国股东出资多少，如各种形式的外商投资公司，都是本国公司。

2. 外国公司

外国公司则是相对本国公司而言的。外国公司是非依所在国(东道国)法律并非经所在国登记而成立的、但经所在国政府许可在所在国进行业务活动的机构。外国公司均为外国总公司在他国设立的分公司，对其总公司来说，称为国外分公司，而对分公司业务活动所在国来说，则称之为外国公司。外国公司在得到所在国的许可或批准并办理必要的登记手续之后即可在该国营业。一般来说，各国都允许外国公司在其境内开展业务活动，并适用普通公司法，但其业务范围会有所限制。

3. 跨国公司

跨国公司是指以一国为基地，通过对外直接投资，在其他国家或地区(东道国)设立分支机构或子公司，从事国际性生产、经营或服务活动的公司。严格地说，跨国公司的"公司"一词，并非公司法意义上的概念，它实际上是指国际性的公司集团，表示的是公司之间的一种特殊关系。在各国公司法中，也没有专门调整这种跨国公司关系的规定，跨国公司不是独立的法律实体，其内部关系实际为母公司与子公司、总公司与分公司及股东与公司之间的法律关系，并各自归属相应的法律规范调整。

四、公司的设立

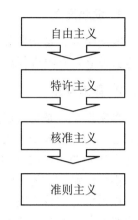

图 2-10 公司设立原则的演变

(一)公司的设立原则

从公司的发展历史来看,公司的设立原则主要经历了四个阶段,即自由主义、特许主义、核准主义和准则主义阶段(见图 2-10)。

1. 自由主义

自由主义,又称放任主义,即创办人可以自由地设立公司,国家完全不予干涉。这一原则在欧洲中世纪末商事公司刚刚兴起时盛行,由于它极易造成公司的任意滥设,损害社会秩序的稳定,所以,这一原则很快为特许主义原则所代替。

2. 特许主义

特许主义是指公司只有经过国王或国会的特许才可设立。这一原则带有浓厚的政治色彩和垄断效果,曾在 17—19 世纪的英国、荷兰等国家采用。美国受英国法的影响,在公司的设立上,直到 19 世纪初仍采取特许主义,由州立法机关签发特许状以成立公司。虽然这种做法杜绝了滥设公司的现象,但公司设立过于严格。

3. 核准主义

核准主义,又称许可主义,即公司设立除符合有关法律规定外,还须经有关行政机关审查批准。在这一原则下,公司的设立能够得到有效的控制,但其设立程序的严苛,有碍于公司的发展,因此,采取这种设立原则的国家亦不普遍。

4. 准则主义

准则主义,也叫登记主义,是指公司设立的必要条件由法律作出统一规定,凡是公司创办人认为符合法定条件的,无须经任何行政机关的审批,公司即可设立。英国 1862 年率先采用了这种制度。目前最为典型的莫过于美国,其大多数州的公司法规定,只需要创办人(Incorporator)向州务卿(Secretary of State)递交经创办人签署的公司章程并获得州务卿受理即可设立公司。准则主义设立公司手续简便。不过,也会出现滥设公司的现象。

我国《公司法》对公司的设立原则上采取准则主义,例外采取核准主义。这种例外表现在:法律、行政法规规定设立公司必须报经批准的,应当在公司登记前依法办理批准手续。需要核准的公司主要是指那些经营特许行业或从事特殊经营的公司,如金融机构。至于一般的商事公司则无须核准。我国《公司法》这种准则主义与核准主义相结合的原则既反映了现代公司立法的自由化发展趋势,又考虑了对特殊行业予以管制的必要性。

(二)公司的设立方式

公司的设立方式主要有两种,即发起设立和募集设立。

1. 发起设立

发起设立，是指发起人认购公司的全部资本而设立公司。各种类型的公司都可采用这种方式设立，有限责任公司只能采取这种方式设立公司。

2. 募集设立

募集设立，是指发起人只认购公司资本总额的一部分，其余部分通过向社会公开募集设立公司。只有股份有限公司可以采取这种方式设立公司。以募集方式设立公司，各国对发起人认购的股份比例均有限制性规定，以防止发起人完全凭借他人资本开办公司，自己不承担任何财产责任。比如，《中华人民共和国公司法》(以下简称《公司法》)第 84 条规定：以募集方式设立股份有限公司的，发起人认购的股份不得少于公司股份总数的 35%，其余股份向社会公开募集。

(扫一扫　相关链接 2-6　公司的开办、设立与成立)

(三)公司设立的条件

各国对公司设立的具体要求虽然各不相同，但关于公司设立的主要条件都大体相同，分为实质要件和程序要件。

1. 实质要件

我们可以把公司设立的实质要件概括为"人、财、物"三个要素(见图 2-11)。所谓"人"，是指对股东或发起人的人数和资格要求。所谓"财"，是指对公司资本的要求。而所谓"物"，则是指发起人协议、公司章程及组织机构等方面的要求。

(1) 股东或发起人符合法定人数。多数国家对公司股东人数都有法定要求。由于有限责任公司具有人合性和封闭性，一般都对其股东人数有上限要求，而股份有限公司因可能涉及向公众发行股份，所以不可能对其股东人数作上限要求。不过，对股份有限公司的股东人数则有下限要求。比如，我国《公司法》对有限责任公司的股东人数仅

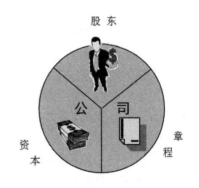

图 2-11　公司的三大要素

作了 50 人以下的上限规定。股份有限公司股东人数的下限为 2 人以上(发起人应当在 2 人以上 200 人以下，而且须有半数以上在中国境内有住所)。

(2) 资本的确定与缴纳。公司资本决定了股东的责任范围，也是公司承担债务责任的基础，因此，为了保证公司拥有一定的责任能力，也为了保证公司达到一定的经营规模，很多国家的公司立法规定了公司资本的最低限额，并将其作为公司资本制度的一项重要内

容。我国的旧公司法也一直采用法定资本制，不过，从 2014 年起，公司法顺应潮流彻底放弃了对注册资本的最低限额要求，并对出资的缴纳采用认缴制。有限责任公司的注册资本为在公司登记机关登记的全体股东认缴的出资额。股份有限公司采取发起设立方式设立的，注册资本为在公司登记机关登记的全体发起人认购的股本总额。但需要注意的是，以募集方式设立的股份有限公司，其注册资本依然表现为实收的股本总额。而且，注册资本最低限额，以及资本实缴制的废除并不包括特殊公司在内。

股东可以用货币出资，也可以用实物、知识产权、土地使用权等可以用货币估价并可以依法转让的非货币财产作价出资；但是，法律、行政法规规定不得作为出资的财产除外。对作为出资的非货币财产应当评估作价，核实财产，不得高估或者低估作价。法律、行政法规对评估作价有规定的，从其规定。

(3) 依法订立章程。章程是记载公司组织、活动基本准则的公开性法律文件。设立公司必须依法制定章程。公司章程对公司、股东、董事、监事、高级管理人员均具有约束力。

根据公司立法的不同要求，通常将公司章程记载的内容分为三类，即绝对必要记载事项、相对必要记载事项、选择性记载事项或任意记载事项。绝对必要记载事项，是公司立法规定章程必须具备的内容，如有缺少便导致章程无效。相对必要记载事项，是公司立法规定应当在章程中载明的内容，但如未加载明，可由法律规定推定其内容，不影响整个章程的效力。选择性记载事项或任意记载事项，是公司立法无强制记载规定，股东认为应当记载于章程之中的内容。

根据我国《公司法》的规定，有限责任公司章程应当载明下列事项：①公司名称和住所；②公司经营范围；③公司注册资本；④股东的姓名或者名称；⑤股东的出资方式、出资额和出资时间；⑥公司的机构及其产生办法、职权、议事规则；⑦公司法定代表人；⑧股东会会议认为需要规定的其他事项。此外，《公司法》对股份有限公司章程应当载明的事项也作了相应的规定。

我国有限责任公司与股份有限公司关于公司设立的实质要件的比较如表 2-3 所示。

(扫一扫　小知识 2-4　一块钱真的可以开公司吗？)

表 2-3　我国有限责任公司与股份有限公司的设立条件比较

	有限责任公司	股份有限公司
股东数量	≤50	2～200(发起人)
出资缴纳	认缴制	发起设立为认缴制，募集设立为实缴制
集资方式	不能向社会公开募股集资，无须公开公司财务信息	可以向社会公开募股集资，须公开公司财务信息
股份划分	不划分为等额股份，以不能流通的出资证明书作为股东的凭证	划分为等额股份，以股票作为股东的凭证，上市公司的股票可以流通

续表

	有限责任公司	股份有限公司
股权转让	股东间可相互转让股权,向股东以外的人转让须经其他股东过半数同意	一般无须其他股东同意
公司章程	股东制定	发起人制定,创立大会通过(募集设立)
组织机构	股东会、董事会、经理、监事会(规模较小公司可不设董事会和监事会)	股东大会、董事会、经理、监事会

2. 程序要件

公司股东或发起人制定章程、交足其所认购的出资以后,就应当去公司的主管机关申请成立登记,申请登记时除应缴纳法定的手续费外,还应提交申请书、公司章程、出资证明书等法定的文件。经主管机关审核登记发给登记证书,公司即告成立。

小思考

如果决定创办公司,你愿意选择有限责任公司还是股份有限公司?为什么?

五、公司的资本

(一)公司资本的概念

公司的资本是公司从事生产经营的前提和物质基础,是公司对外承担责任的担保。广义的"公司资本"是指公司用于从事经营、开展业务的所有资金和财产,包括公司的自有资本(亦称"衡平资本",Equity)和借贷资本(Loan)两部分(见图2-12)。狭义的"公司资本"则仅指公司的自有资本,即股本(Stock Capital),也就是在公司成立时章程规定的,由股东出资构成的公司财产总额。本书所说的"公司资本"一般是指狭义的"公司资本"。

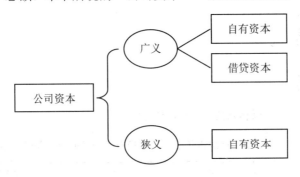

图 2-12 公司资本的构成

小贴士

资本、资产与资金

狭义的公司资本(自有资本)和公司的资产(Assets)是不同的概念。①在外延上资产大于资本。资产是公司实际拥有和控制的财产,范围上,公司的资产包括公司的资本(自有资本)

和其他股东权益及负债(借贷资本)。②表现形式不同。资产是以实体财产的形式表现出来的财产，而资本是一个单纯的供计算用的抽象数据。③性质不同。资产表现为公司的财产，属于公司法人自己的财产；资本表现为公司对股东的负债，属于股东权益的一部分。④法律要求不同。公司资本非依法定程序不能随意更改，而资产的增减变化无须履行特定手续。广义的公司资本的范围也比公司资产的范围小，前者包括自有资本和借贷资本，后者还包括其他股东权益。

所谓资金(Fund)，是指以货币形式表现出来的公司资产的价值，而资产则是公司资金的存在形式。与资金来源相对称的就是资金的运用。资金的运用是指公司企业的资金存在的具体形式，说明企业的资金投放在何处，或者说它在企业的分布状况。因此，在资产负债表中，资金的运用都列在表的资产方，从这个意义上来说，资金的运用也就是资产的同义词。

(二)公司的资本制度

公司资本是通过股份或资本的发行而形成的，它可以在公司设立时一次性形成，也可以在公司成立后分次形成。各国公司法对资本的形成方式有不同的设计，并制定了其相应的法律规则，由此产生了以下三种相对稳定的资本形成制度。

1. 法定资本制

(扫一扫　相关链接2-7　资本三原则)

法定资本制，是指在公司设立时，必须在章程中明确规定公司资本总额，并一次性发行、全部认足或募足，否则公司不得成立的资本制度。其主要内容如下。

(1) 公司设立时，必须在公司章程中明确规定资本总额。

(2) 公司设立时，必须将资本或股份一次性全部发行并募足，由发起人或股东全部认足。

法定资本制为多数大陆法系国家所采用。它有以下优点：利于公司资本的稳定和确定；利于防止公司设立中的欺诈行为；使公司从成立伊始就有足够的资金担保债务履行；利于提高市场交易的安全性。但这一制度也因给某些大型公司设立形成资金障碍、导致某些公司资本的闲置和浪费、增资程序烦琐、费时费钱等弊端而受到批判。为此，大陆法系不少国家公司法逐渐放弃了以往严格的法定资本制，吸收了英美法系国家公司法的做法，改采折中资本制，如德国、法国等。

2. 授权资本制

授权资本制，是指在公司设立时，虽然应在章程中载明公司资本总额，但公司不必发行资本的全部，只要认足或缴足资本总额的一部分，公司即可成立。其余部分，授权董事会在认为必要时，一次或分次发行或募集。授权资本制的内容如下。

(1) 公司设立时，必须在章程中载明资本总额，这一点与法定资本制相同。但同时章程亦应载明公司首次发行资本的数额。

(2) 公司章程所定的资本总额不必在公司设立时全部发行，而只需认足或募足其中的一部分。

(3) 公司成立后，如因经营或财务上的需要欲增加资本，仅需在授权资本数额内，由董事会决议发行新股，而无须股东会议变更公司章程。

授权资本制的主要特点是资本或股份的分期发行，而不是法定资本制的一次发行、分期缴纳。正是在授权资本制之下，才有了授权资本与发行资本的概念和区别，公司章程所定的只是授权资本，发行资本则取决于公司决定发行的数额。

授权资本制具有如下优势：其一，公司不必一次发行全部资本或股份，减轻了公司设立的难度；其二，授权董事会自行决定发行资本而无须经股东会决议变更公司章程，简化了公司增资程序；其三，董事会根据具体情况发行资本，既适应了公司经营活动的需要，又避免了大量资金在公司中的冻结和闲置，能充分发挥财产的效益。但授权资本制也有其弊端，由于公司章程中的资本仅是一种名义上的数额，同时又未对公司首次发行资本的最低限额及其发行期限作出规定，因而极易造成公司实缴资本与其实际经营规模和资产实力的严重脱节，也容易发生欺诈性的商业行为，并对债权人的利益构成风险。

授权资本制是英国和美国公司法长期发展的产物。从总体上看，它是比较成功的一种制度，基本上能满足市场经济的需要，因而，许多大陆法系国家纷纷采用授权资本制或修改原有的法定资本制向授权资本制靠拢，甚至有学者认为由法定资本制到授权资本制是现代西方国家公司法的发展趋势之一。

3. 折中资本制

折中资本制，是在法定资本制和授权资本制基础上衍生和演变而成的资本制度，具体又分为许可资本制和折中授权资本制两种类型。

(1) 许可资本制。许可资本制亦称认许资本制，是指在公司设立时，必须在章程中明确规定公司资本总额，并一次性发行、全部认足或募足。同时，公司章程可以授权董事会在公司成立后一定期限内，在授权时公司资本一定比例的范围内，发行新股，增加资本，而无须股东会的特别决议。原实行法定资本制的大陆法系国家，包括德国、法国、奥地利等基本上都实行了认可资本制，如德国《股份法》第二百零二条至二百零六条规定，公司章程可以授权董事会在公司成立后 5 年内，在授权时公司资本的半数范围内，经监事会同意而发行新股，增加资本。

许可资本制是在法定资本制的基础上，通过对董事会发行股份的授权、放宽限制、简化公司增资程序而形成的。这种制度既坚持了法定资本制的基本原则，又吸收了授权资本制的灵活性。但认可资本制的核心仍是法定资本制。

(2) 折中授权资本制。折中授权资本制，是指公司设立时，也要在章程中载明资本总额，并只需发行和认足部分资本或股份，公司即可成立，未发行部分授权董事会根据需要发行，但授权发行的部分不得超过公司资本的一定比例。它与许可资本制的相同点都是授权董事会发行，但许可资本制是在资本总额之外发行，而折中授权资本制是在资本总额范围内发行。原实行法定资本制的一些大陆法系国家和地区，如日本和我国的台湾实行的就是这种折中授权资本制。日本《商法》第一百六十六条规定，公司设立时发行的股份总数不得低于公司股份总数的 1/4。我国台湾公司法第一百五十六条规定"股份总数得分次发行，但第一次应发行之股份不得少于股份总数的四分之一"。

折中授权资本制是在授权资本制的基础上通过对董事会股份发行授权的限制、规定其发行股份的比例和期限形成的。这种制度既坚持了授权资本制的基本精神，又体现了法定资本制的要求，而其核心则是授权资本制。

小思考

有人认为，经过 2013 年的修订，我国《公司法》的资本制度已从原来的法定资本制转变为授权资本制，你同意这种观点吗？为什么？

(扫一扫　相关链接 2-8　公司资本的不同形式)

(三)股份

1. 股份的概念

广义的股份，是公司资本的构成单位，是资本的组成部分，包括股份有限公司发行的股份和有限公司的出资。狭义的股份，只是股份有限公司发行的严格意义上的股份，它是计量公司股本的最小单位。这里所说的股份是指狭义的严格意义上的股份。

股份具有以下特征。

(1) 平等性。股份所代表的资本额一律平等，股份所表示的权利义务也一律平等。同一次发行的同类股份，其发行条件与发行价格相同。

(2) 不可分性。股份是公司资本构成的最小单位，不可再分。但股份的不可分性并不排除某一股份为数人所共有，当股份为数人所共有时，股权一般应由共有人推定一人行使。共有人可以对股份利益进行分享，不是对股份本身的分割。

(3) 可转让性。股份表现为有价证券形式(股票)。除法律对特定股份的转让有限制性规定外，股份可以自由转让和流通。

股票则是股份有限公司签发的证明股东所持股份的凭证(股份证书)，是股份的外在表现形式。公司的股票与公司债券(Debenture or Bond)同属有价证券，都是公司筹集资金的重要形式。但二者仍有很大的区别(见表 2-4)。

表 2-4　公司股票与债券的比较

	股　票	债　券
性　质	所有权关系	债权债务关系
发行主体	股份公司	股份公司、有限公司

续表

	股 票	债 券
发行时间	公司设立时与设立后	公司设立后
持有人	股东	债权人
本金返还与否	否	是
利率固定与否	否(普通股)	是
持有人是否参与决策	是	否
公司解散时持有人受偿顺序	后	先
投资风险	大	小
面额大小	小	大

2. 股份的种类

根据不同的标准,可以把股份分成不同的种类。下面我们介绍几种主要的和常见的分类。

(1) 依股东承担风险和享有权益的大小,可将股份分为普通股和优先股。

① 普通股(Common Share)。普通股是指对公司财产权利都平等的股份,是公司资本构成中最基本的股份,也是公司中风险最大的股份。普通股是公司财务的基础,其期限与公司相始终。普通股的股东在公司把股息分派给优先股股东之后,才有权参与分红;普通股的股息是不固定的,最终能分得多少取决于公司的经营状况;公司解散或清算时,在公司的财产满足了公司债权人、优先股股东之后,普通股股东才有权参与公司剩余财产的分配。此外,普通股股东一般有发言权和表决权,有权就公司重大问题进行发言和投票表决。

② 优先股(Preferred Share)。优先股又称特别股。顾名思义,这类股票是指对公司资产、利润享有更优越或更特殊的权利的股份。西方国家公司法一般都规定,优先股具有以下三项特别权利:一是优先获得股息权。优先股在普通股之前优先分得股息,而且其股息往往是固定的,不随公司经营业绩的好坏而起伏变化;二是优先分配公司剩余资产权,当公司因破产或解散而被清算时,优先股将比普通股优先以票面值参加分配公司的剩余资产;三是优先股对公司经营管理无表决权。但如果公司连续若干年(各国规定不一,一般为 3~4 年)不支付优先股的股息,这无表决权的优先股也可获得一股一票的权利。

🗨 小思考

振东股份有限公司股本总额为 100 万元,其中普通股 80 万元,优先股 20 万元,优先股股息为 10%。扣除开支及提取公积金后,公司尚有 20 万元的红利,那么普通股股息率为多少?

(2) 依股票有无记名,可将股票分为记名股和无记名股。

① 记名股(Named Share)。记名股是在股票上载有股东姓名并将其载入股东名册的一种股份。记名股的转让,一定要把受让人的姓名或法人名称记载于公司股票之上,并将受让人的姓名或名称及住所记载于公司股东名册之中,方能生效。只有记名股的股东才有资格行使股权。

② 无记名股(Non-named Share)。无记名股是在股票上不载有股东姓名的股份。凡持有股票者，即为取得股东资格者。在买卖股票时，仅交付股票于受让人，即可发生法律效力。公司依公司章程规定可以发行无记名股票，其发行数量依公司的需要而定。

(3) 依股票有无票面金额，可将股票分为有票面值股和无票面值股。

① 有票面值股(Par Value)。有票面值股是在股票票面标示一定金额的股份。一般来说，股票原则上不得以低于票面值的价格发行。

② 无票面值股(Non-par Value)。无票面值股票又称比例股或部分股，即股票票面不标示一定金额的股份。这种股票，仅仅表示其占公司全部资产的比例，它的价值是随公司财产的增减而增减。公司始终处于动态之中，其资产值一直是变化的(Going Value)，因此，无票面值股实际上占公司资产总额的比例也是一个变数。公司法允许发行无票面值股的国家为数不多，到目前为止只有美国、加拿大及卢森堡等少数国家。

(扫一扫 小知识2-5 耳边常听到的一些股票)

3. 股份的发行

股份的发行分为设立发行与新股发行两种(见图2-13)。

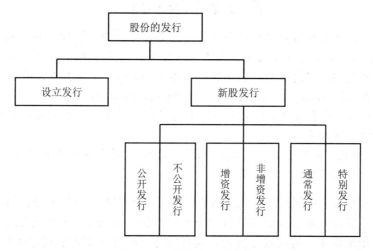

图2-13 股份的发行方式

(1) 设立发行。设立发行，是指公司在设立过程中发行股份。公司的设立方式有发起设立和募集设立两种。依这两种方式发行股份，都属设立发行，其发行主体为设立中的公司，其发行目的是募集公司设立所需的资本。

(2) 新股发行。新股发行，是指公司在成立之后再次发行股份。其发行主体是已经存续的公司，其发行目的是增加公司资本、改变公司股份结构或股东持股结构。新股发行除具备设立发行的一般条件外，公司法通常会对其规定更严格的条件，其中主要是经营业绩方面的严格要求。新股发行又可分为不同的种类。

① 公开发行与不公开发行。这是按股份发行是否面向社会、投资者是否特定进行的区分。

公开发行,亦称为公募发行,是指面向社会、向不特定的任何人发行股份。公开发行在资本募集规模方面具有巨大的优势,同时也具有募集速度快、便于操纵控制的优点,因此,成为最为普遍的发行方式。其不足则是条件严格、程序复杂和发行费用高。公开发行由于涉及公众和社会的利益,各国立法对其规定有较为严格的条件和较为复杂的程序。根据《中华人民共和国证券法》(以下简称《证券法》)的规定,设立股份有限公司公开发行股票,应当报经国务院证券监督管理机构核准。相应地,《公司法》也规定,以募集方式设立股份有限公司公开发行股票的,还应当向公司登记机关报送国务院证券监督管理机构的核准文件。

不公开发行,又称为私募发行,是指向特定的投资者、采取特定的方式发行股份。不公开发行的特定对象包括个人投资者和机构投资者。不公开发行一般不得采用广告或公开劝诱性的方式进行宣传。不公开发行具有操作便捷、发行成本低廉、条件灵活、易于掌握等优点,但也存在投资者数量有限、股份流通性差等缺点。各国对不公开发行通常制定特别的法律规范。我国《公司法》在 2005 年第二次修订时,根据现实存在的各种私募现象,以及依法规范的需要,合理区分合法募集与非法集资的界限,首次从立法上明确允许了私募发行,即向特定对象募集而设立公司。

小贴士

此"私募"非彼"私募"

提到"PE",人们通常将其同私募画等号。事实上,PE 是"Private Equity"的英文简称,经常译为私募股权,是指非上市公司或私人公司股权(包括所有权益性资本,如优先股、可转换债等);与其相对应的概念是公众股权(Public Equity),是指上市公司或公众公司股权。

私募(Private Placement)对应的概念是公募(Public Offering),这是两种不同的资金募集方式。私募股权一般采取私募方式;公众股权既可采取公募方式,也可采取私募方式。例如,我国 B 股发行大都采取私募方式。

因此,所谓的 PE,准确而言并非私募,而是私募股权。为了避免与私募(Private Placement)混淆,翻译为"私人股权"似乎更妥。

② 增资发行与非增资发行。这是按股份发行是否增加公司资本进行的区分。

增资发行是指公司在增加资本的情况下发行股份,即公司章程所定的资本总额全部发行完毕后,为增加资本而再次发行股份。这种发行须按增加资本的程序进行,即由股东大会决议修改公司章程并办理公司变更登记。

非增资发行是指在公司资本总额范围内,不增加公司资本而发行股份。非增资发行一般发生在授权资本制之下,公司的股份可以分次发行。除公司设立时第一次发行的股份外其后所进行的股份发行均属于非增资发行,这种发行只需董事会决议即可。

③ 通常发行与特别发行。这是按新股发行的目的进行的区分。

通常发行,是指以募集资金为目的而发行新股,一般所说的新股发行都指通常发行。通常发行的结果既增加公司的资本,也增加公司的资产。

特别发行,是指不以募集资金为目的,而是基于某些特殊目的发行新股,如为向股东分配公司盈余、把公积金转为资本、把公司债券转换成股份、与其他公司合并而置换股份等目的而发行股份。除与其他公司合并而置换股份的情况外,特别发行的结果通常只会增加公司的资本总额,而不增加公司的资产总量,只是改变公司资产的性质和结构,而不改变其价值金额。特别发行在我国被广泛采用,实践中,以向股东送股、配股的方式分配公司盈余成为多数上市股份有限公司的做法。

4. 股份的转让

流通性是股票的一个重要特征,股东可以随时将股票卖出换成钞票。卖出股票者,经过法定的手续后,就将股票所代表的股份资本所有权转让给了受让人。因此,股份有限公司的股份以自由转让为原则,以法律限制为例外。我国《公司法》2005 年修订之后,从各方面放宽了对股份转让的法律限制。根据《公司法》的规定,股东持有的股份可以依法转让。股东转让其股份,应当在依法设立的证券交易场所进行或者按照国务院规定的其他方式进行。上市公司的股票,依照有关法律、行政法规及证券交易所交易规则上市交易。

(1) 记名股的转让。由于记名股票将股东的姓名或名称记入股票和股东名册,所以不能随意转让,必须由原股票持有人盖章以背书的形式出让。背书是股票出让人在股票背面签字盖章的行为,为记名股票转让所必需。受让人随之在股票背面的“受让人”栏盖章,再由发行证券公司加盖公司印章,股票交付给受让人,则记名股票的转让就实现了。

我国《公司法》第一百三十九条规定:记名股票,由股东以背书方式或者法律、行政法规规定的其他方式转让;转让后由公司将受让人的姓名或者名称及住所记载于股东名册。股东大会召开前 20 日内或者公司决定分配股利的基准日前 5 日内,不得进行股东名册的变更登记,但法律对上市公司股东名册变更登记另有规定的,从其规定。因此,中国股份有限公司记名股票的转让,要经背书或其他法定方式,转让后在股票上及股东名册中都要记载股票受让人的姓名或名称及住所。在一定期限内不进行股东名册的变更登记是为了方便股东大会的通知及股利分配的顺利进行,保护股东的合法权益。

(2) 无记名股的转让。无记名股票因股票票面不记载股东姓名或名称,只要将股票交付给受让人,对方就成为持股人,转让行为即告成立。无记名股票的转让,可按票面价进行,也可按发行价或市价进行,主要由转让方与受让方商定。

我国《公司法》第一百四十条规定:“无记名股票的转让,由股东将该股票交付给受让人即发生转让的效力。”在现代证券市场上,这种转让一般是通过证券商(经纪人)在证券交易所发出指令,由计算机系统撮合成交的,无须持股人与受让人见面,转让效率比记名股票显然要高。

股份转让自由,并不是绝对的,为了保护公司及其他股东的利益,法律往往对某些特定人像发起人、董事、监事、经理所持股份的转让及股票受让人范围作必要限制。例如,我国《公司法》规定,发起人持有的本公司股份,自公司成立之日起 1 年内不得转让。公司公开发行股份前已发行的股份,自公司股票在证券交易所上市交易之日起 1 年内不得转让。公司董事、监事、高级管理人员应当向公司申报所持有的本公司的股份及其变动情况,在任职期间每年转让的股份不得超过其所持有本公司股份总数的 25%;所持本公司股份自公司股票上市交易之日起 1 年内不得转让。上述人员离职后半年内,不得转让其所持有的本公司股份。公司章程可以对公司董事、监事、高级管理人员转让其所持有的本公司股份作出其他限制性规定。除有法定情形外，公司不得收购本公司股份。为防止变相违规收购本公司股份，公司不得接受本公司的股票作为质押权的标的。此外，为防止上市公司滥用股份回购制度，引发操纵市场、内幕交易等利益输送行为，《公司法》在 2018 年修订时增加上市公司收购本公司股份应当依照《证券法》的规定履行信息披露义务的规定，除国家另有规定外，上市公司收购本公司股份应当通过公开的集中交易方式进行。

六、公司的组织机构

公司的组织机构主要有股东会、董事会与监事会三种。不过，在不同的公司治理结构模式下，三者的地位和作用有所不同(见图 2-14)。此外，公司还有经理人和经理机构等辅助机关。

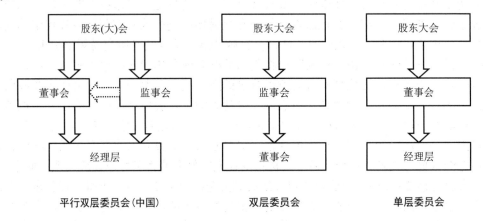

图 2-14　不同的公司治理结构模式

(扫一扫　相关链接 2-9　公司治理结构的三种模式)

(一)股东会

1. 股东会的性质和职权

股东会(有限责任公司称其为股东会，股份有限公司称其为股东大会)，由全体股东组成，是公司的最高权力机构。无论在上述哪种治理结构模式下，它均处在金字塔的顶端。股东会仅以会议的形式存在，它是一种非常设机关。它拥有决定公司生存、发展与解散等一切重大事项的权力。我们可以把股东会行使的职权概括为以下三类。

(1) 重大事项的决定权，包括决定公司的经营方针和投资计划，对注册资本的增减、债券发行、股东出资的外部转让和公司组织的变更等作出决议，修改公司章程。

(2) 重要人事的任免权,包括选举和更换董事、监事(股东代表),以及决定其报酬事项。

(3) 审批权,包括审议批准董事会、监事会的报告,公司的年度财务预(决)算方案、利润分配方案和亏损弥补方案。值得指出的是,现代各国的公司法对股东会的权限都在不同程度上加以限制,股东会的地位和作用有下降的趋势。

(扫一扫 案例2-7 出售公司资产案)

2. 股东会的议事规则及决议

股东会一般通过会议的形式行使职权。股东会会议一般分为普通股东会(Annual General Meeting,AGM)与临时股东会(Special Meeting 或 Extraordinary Meeting)两种。普通股东会,是指依法定期召开的全体股东会议,一般每年至少召开一次,如我国有限责任公司的定期会议与股份有限公司的股东年会。临时股东会,是指根据情况需要临时召开的不定期的全体股东会议,如我国有限责任公司的临时会议与股份有限公司的临时股东大会。临时股东会一般由一定数量或比例的股东、董事或监事提议,由董事会召集。

在股东会议上,原则上每一股享有一项表决权,各股东的表决权以其持有的股份多少为准。股东会议作出决议时实行多数表决原则(见图2-15)。此外,根据表决事项的不同,一般还规定有不同的表决程序,对于普通决议事项,基于简单多数即可通过,即只需出席会议的股东所持表决权的半数以上通过;对于特别决议事项,如公司的合并、分立,或者解散和修改公司章程等,必须以绝对多数通过,即必须由出席会议的股东所持表决权 2/3 或 3/4 以上通过方能生效。

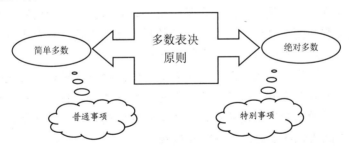

图 2-15 股东会议的多数表决原则

股东会的表决方式有直接投票制(Straight Voting)和累积投票制(Accumulative Voting)之分。所谓直接投票制,是指在行使股东会表决权时,针对某一项决议,股东只能将其持有股份代表的表决票数一次性直接投在这些决议上,它体现的是一种由大股东控制公司的权利义务对等的理念。累积投票制则允许股东将其在选举每位董事或监事上的表决票数累加,即股东的总票数为其持有股份决定的表决权票数乘以待选董事或监事的人数,股东可以选择将总票数集中投给某一位或几位候选人。这两种投票制均以"同股同权""一股一权"为基础,但在表决票数的计算和具体投向上存在根本差异。

试举例说明：假设 A 公司有两名股东(略去其他小股东的持股情况)，股东甲拥有 26 股，股东乙拥有 74 股，如果选三名董事，每位股东可各提名三名候选人。在实行直接投票制的情况下，甲投给自己提出的三个候选人每人的表决权不会多于 26 票，远低于乙投给其提出的三个候选人每人 74 票的表决权，此时甲不可能选出自己提名的董事。如果实行累积投票制，则意味着每股具有等同于待选董事人数的表决权(选三人即每股有三票)，那么股东甲总共有 78(26×3)个表决权，乙拥有 222(74×3)个表决权。甲如果将他拥有的 78 个表决权集中投给自己提名的一名董事，乙无论如何分配其总共拥有的 222 个表决权，也不可能使其提名的三个候选人每人的表决权同时多于 74 票，如此一来，就可以保障中小股东有可能选出自己信任的董事或监事。我国《公司法》2005 年第二次修订时增加了股份有限公司可实行累积投票制的规定。《公司法》第一百零五条规定："股东大会选举董事、监事，可以根据公司章程的规定或者股东大会的决议，实行累积投票制。本法所称累积投票制，是指股东大会选举董事或者监事时，每一股份拥有与应选董事或者监事人数相同的表决权，股东拥有的表决权可以集中使用。"

(扫一扫　案例 2-8　关于累积投票制的案例)

(二)董事会

1. 董事会的地位和职权

董事会是由股东会选举产生的，由领导和管理公司事务的董事组成的行使经营决策权和管理权的业务管理机构，是公司的法定常设机关，负责公司的经营管理事宜。随着董事会地位和作用的加强，董事会已成为领导企业的最重要的机构，具有十分广泛的职权。这种职权包括对内的经营管理权和对外的业务代表权。

(1) 对内的经营管理权。具体来说，董事会对内的经营管理权主要包括：①经营决策权，即对公司生产经营的方向、战略、方针及重大措施的决定权。②执行权，即执行、实施章程规定的宗旨及股东会所作的决议，负责具体业务的管理。③人事任免权，有权聘任或解聘公司经理等高级管理人员，并决定其报酬。

(2) 对外的业务代表权。董事会对外的代表权是指董事会以公司名义对外从事业务活动的权利。对于董事会在经营范围内从事的活动，公司必须承担责任。

(扫一扫　相关链接 2-10　独立董事)

2. 董事的义务

按照传统的法律观点，董事的义务是从其在公司所处的地位中派生出来的。其认为，董事对于公司具有双重身份：第一，董事是公司的代理人；第二，董事又是公司的受托人，在此基础上，董事对公司承担一种诚信责任(Fiduciary Duty)。因此，董事与公司的关系可简单地用诚信关系(Fiduciary Relation)来表示。董事必须承担起诚信责任。董事在行使权限时，必须对公司尽忠效力，谨慎行事，这一点几乎是西方国家共同接受的一项法律原则。

(1) 董事的忠实义务。董事必须履行忠实义务(Duty of Loyalty)，即董事必须忠实地、合理地以符合公司最高利益(in the Best Interest of Corporation)的方式为公司服务。所谓"忠实"，是指董事在任何时候代表公司行动时，随时将公司利益置于首位。简而言之，就是无论何时何地为公司服务时，都应把公司最高利益始终置于第一位。

英美还特别强调，董事要做到对公司忠诚和尽职，必须做到勤勉(Diligence)。董事工作不勤勉视为不忠诚，亦即勤勉是忠诚的一个前提。例如，一个董事已有理由怀疑公司某一职员有欺骗行为，但由于懒惰而没有调查并采取相应的措施，因而造成公司的损失，应被认为是严重玩忽职守，当然是对公司不忠诚的表现。

(扫一扫 案例 2-9 库普纳斯诉莫拉德和汤姆森案)

美国公司法中关于董事的忠实义务的诉讼通常涉及下列几项内容。

① 与公司竞争。

② 篡夺公司机会。

③ 与公司利益有冲突。

④ 从事内部交易(利用不公开的信息获取证券利润)。

⑤ 授权公司进行对少数股东有害的交易。其中大多数是对公司董事的竞业禁止规定。

(2) 董事的谨慎义务。董事必须履行谨慎义务(Duty of Care)，即董事必须履行其合理的谨慎和技能(Reasonable Care and Skill)来为公司服务。所谓合理的谨慎和技能，是指普通人的谨慎和才能。具体包含如下几层意思：第一，董事应以一位处于与其同样地位和类似环境的普通人(Ordinary Prudent Person)处事的谨慎态度来履行其职责。第二，董事无须显示出比其本身的知识和经验更高的技巧和才能来履行其职责。因此，他必须正确地听取专家合理的咨询和建议。如果他们在某些情况下没有首先听取专家的意见就贸然作出决定，则应被视为一种渎职行为。第三，西方国家公认的习惯是在公司遇到紧急业务要处理，或者当内部细则规定的某些事务可以留给一些公司职员去处理时，董事在没有理由怀疑上述职员不忠诚的情况下，应该相信这些职员是在忠诚地履行其职责，职员失职给公司造成损失，应由职员负责。成功地经营业务需要广泛的专业知识，因此，缺乏某一专门知识的董事显然必须依靠专家和下面的职员提供的情报进行工作。根据英国法院的审判实践，对因董事相信了一个过去的行为还没有被怀疑的职员所提供的虚假情报而作出错误的判断，以及对该职员的失职行为,董事会不负责任。

我国《公司法》设专章对董事、监事、高级管理人员的义务作了相应的规定,其中就包括忠实义务和勤勉义务。

(三)监事会

监事会是公司的监督机关,负责对董事会的活动及业务执行情况进行监督。监事由股东会从股东中选任,公司的监事享有监督权,可以随时调查公司的财务状况,查阅公司的有关文字资料,对董事、经理执行公司职务的行为进行监督。公司的各位监事组成监事会。此外,根据一些国家公司法的规定,还应从公司雇员中选任一定数量的人参加监事会,如德国、荷兰等国家都在立法中规定监事会中应有一定比例的职工代表参与公司的经营监督。我国《公司法》也规定监事会由股东代表和公司职工代表组成。

独立董事与监事会的职能定位与协调如表 2-5 所示。

表 2-5　独立董事与监事会的职能定位与协调

独立董事	监事会
事前、事中监督	事后监督
内部性监督	外部性监督
妥善性监督	合法性监督
业务性监督	财务性监督

(四)经理人和经理机构

经理人是主持公司日常经营工作的负责人。经理人一般由董事会依据公司章程的规定任免,而且一般都设有总经理、副总经理、经理等若干人组成的经理机构,作为公司的常设辅助业务执行机关,在董事会的领导下,具体负责对内管理公司的内部事务,对外代表公司与第三人进行业务活动。经理对公司的义务与董事基本相同,主要对公司负有忠实、谨慎义务(见图 2-16)。经理违反上述义务,给公司造成损失的,应对公司承担赔偿责任。

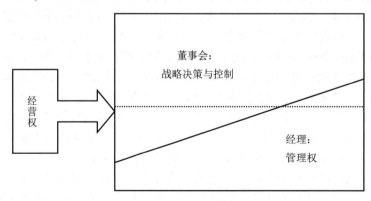

图 2-16　董事会与经理权力的分界

我国公司治理结构框架如图 2-17 所示。

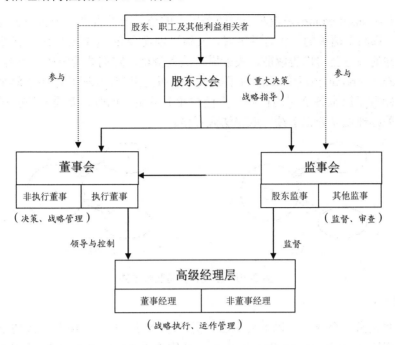

图 2-17　我国公司治理结构框架

七、公司的合并、解散与清算

(一)公司的合并

公司的合并，常被称为并购(M & A)，是指两个或两个以上公司依照法律规定或合同约定，合并为一个公司的法律行为。公司的并购分为合并(新设合并、吸收合并)与收购(见图 2-18)。

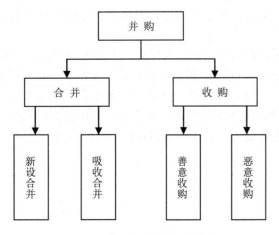

图 2-18　公司的合并的分类

1. 新设合并

新设合并(Consolidation)是指两个或两个以上的公司合并设立一个新的公司,原有各公司不复存在,都归于消灭的一种合并方式,又称"创设合并"(见图2-19)。在新设合并方式下,参与合并的各方公司均告解散,失去原有法人资格,它们共同组成一个新的法人实体。新设公司(New Corporation)无偿地接收了原来各公司的资产,同时也承担了原来各公司的债务,它全面接管了原来各公司的权利、责任与业务关系。同时,新设立的公司还应到工商行政管理机关办理设立登记手续,取得法人资格。

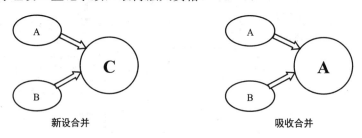

新设合并　　　　　　　　　　　　　　　　吸收合并

图2-19　新设合并与吸收合并

2. 吸收合并

吸收合并是指一个或一个以上公司加入另一个公司,加入方解散,接纳方存续,加入方财产转给存续公司(Surviving Corporation),又称"兼并"或"并吞合并"(Merger)。在吸收合并方式下,被吸收的公司解散,失去原有法人资格,其资产全部并入存续公司,其债务也要由存续公司来承担。与此同时,吸收方或称兼并方往往保留公司的原有名称、机构、品牌等,以充分发挥无形资产的作用。

3. 收购

收购(Acquisition)是指由收购公司通过其高级管理人员发出收购要约(Tender Offer),购买某个目标公司(Target Corporation)的部分或全部股票(份),以便控制该公司的法律行为。收购目标公司的对价,可以是现金、收购公司或其他公司的有价证券,通常是现金。在现金收购中,目标公司的收购价格往往要高出其市场价格的25%～50%。在收购中,如果目标公司无力顶住收购者对其股票出价的诱惑,只能把自己的股票出售给收购公司,就实现了收购公司兼并目标公司的目的。

收购公司的行为根据被收购公司是否反对,可以分为善意收购(Friendly Acquisition)和恶意收购(Hostile Acquisition)两类。所谓善意收购,是指对目标公司有利的,至少不损害其经营管理的一类收购。这类合并往往由合并双方董事会接触并协商后,按制订计划进行。而恶意收购是指受到被收购公司董事会反对的收购。在这类收购中,收购公司直接向目标公司的股东发出收购股票要约,公开地收购目标公司的股票。

(扫一扫　小知识2-6　成熟市场常用的反收购策略)

(二)公司的解散与清算

1. 公司的解散

公司的解散(Dissolution)，在公司法上就是指公司法人资格的消失。随着公司的解散，公司就丧失了进行业务活动的能力，故公司解散时应终止一切业务经营活动。但公司法人资格的消失不能被理解为公司已经解散，而只有在公司终止了业务活动，结束了对内对外的法律关系，清算了其全部资产以后，才能真正地解散。公司只有经过清算这一法律程序，才能解散。公司在清算的过程中，不能视为解散。

根据各国法律规定，公司的解散有自愿解散(Voluntary Dissolution)和强制解散(Compulsory Dissolution)两种。公司自愿解散的情况主要有：公司营业期限届满；股东大会决议解散；公司章程规定的其他解散事由出现。而导致公司强制解散的情形主要有：公司破产；公司有违法行为而被主管机关责令解散；股东人数或资本总额低于法定最低数额等。

(扫一扫 相关链接 2-11 出现公司僵局怎么办？)

[扫一扫 案例 2-10 布莱克诉格沃汉姆案(1996)]

2. 清算

所谓公司的清算(Liquidation)，就是指公司在解散过程中了结公司债务，并在股东间分配公司剩余资产，最终结束公司的所有法律关系的一种法律行为。清算的一般做法，就是首先确定清算人(Receiver)，由其负责清理公司的债权债务，然后根据债权人的先后次序偿还债务，最后，再在优先股和普通股之间根据发行时各类别股票所规定的条件，分配剩余资产(如果还有的话)。清算人的任命方式如图 2-20 所示。

图 2-20 清算人的任命方式

第四节　海外经营企业组织形式的选择及关注点

一、海外经营企业组织形式的选择

企业进军海外市场，可以选择贸易或投资两种途径(见图 2-21)。如果选择投资，则可以选择创办新企业或并购现有企业两种方式。如果选择在东道国创办新企业，企业组织形式的选择是一个无法回避的问题，涉及方方面面诸多因素，其中主要集中在责任和税赋的承担两个问题上。对于商业经营中产生的债务，投资者究竟是承担无限责任还是有限责任？所选企业形式是否可以享受税收优惠？相比较而言，税收考虑更为重要，因为不管是有限责任还是无限责任，仅仅是一种可能，而税收对投资者来说，却是一种实实在在的现实问题。比如，在美国，过去有限责任仅仅与公司相联系，也就是说有限责任必然与二次所得税相联系，但如今承担有限责任的企业同样也可以享受一次所得税。

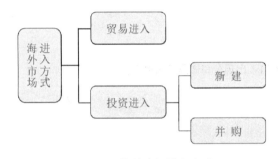

图 2-21　海外市场进入方式

需要注意的是，在海外经营的投资者采用的企业组织形式可能受到东道国法律的限制。多数国家倾向于要求外国投资者采用有当地投资者参与的合营企业或者向公众完全披露投资行为的企业形式。有当地投资者参与的合营企业是指外国投资者与当地投资者可以组成合伙、有限合伙或有限责任公司、股份公司。有的国家，如沙特阿拉伯虽然允许外国投资者设立无须当地投资者参与的企业，但是没有当地投资者参与的公司，不得享受任何税收等优惠待遇，但是如果公司股份至少有 25%沙特本土资本，则公司可以享受优惠。进军海外的投资者在选择企业形式时还需要考虑另外一个因素，即东道国关于大型企业或外国控股企业的公共披露要求。比如，巴基斯坦鼓励外国投资者创办股份公司，对于资产超过 2000万卢比的企业，不得采用有限责任公司形式，而必须采用股份公司形式，将股份向公众出售，并在交易所上市。不过，并非所有国家都鼓励外国公司披露财务和经营状况，一些所谓的避税天堂国家，为了吸引外资，通常没有披露要求。事实上，一些国家或地区，比如巴拿马、瓦努阿图、开曼、百慕大变相鼓励设立合伙或有限责任公司，这两种企业形式都不需要披露其经营状况。

二、东道国对外国投资的限制

世界上不论哪个国家一般都需要外国投资，而且大多数国家通常都制定有鼓励外国投资的法律法规，这些规则不仅对投资国有利，也有利于东道国。然而，东道国往往又会在行业和地理区域方面对外国投资有所限制，这也是企业在进军海外市场时特别需要注意的。

(一)行业限制

行业限制主要涉及禁止投资领域、限制投资领域以及外资优先领域。

1. 禁止投资领域

大多数国家不允许外资进入公共服务、关系国家命脉或战略的行业、已经充分发展的行业，以及可以由本国投资者开办的中小企业。比如，法国保留了广播、电信、铁路及燃气、电力行业，作为国营或国有产业。古巴禁止外资进入教育及健康保健业，爱尔兰禁止外资进入面粉加工行业，日本禁止外资进入皮革及皮革产品制造业。随着经济的发展和市场的开放，有些国家逐渐放开了对有关行业的限制，如中国和俄罗斯。

(扫一扫 相关链接 2-12 什么是外商投资"负面清单"？)

2. 限制投资领域

为了限制外国人对本国政治、经济和社会事务的影响，许多国家对外资在某些经济领域的投资比例加以限制。比如，澳大利亚对于外资在广播电视公司中拥有的股权进行了限制，要求外国人拥有的股份不得超过 20%。加拿大限制外资在电视、保险、信托、渔业、报纸、银行及联邦石油、天然气和矿藏租赁等行业中的投资比例。

3. 外资优先领域

对于本国资源有限而不能充分发展的行业、可能增加就业的行业以及有出口增长潜力的行业，东道国往往会鼓励外资的进入。特别是发展中国家，允许外资进入先进产业或资本密集型产业，鼓励利用先进技术，促进就业，扩大出口，还鼓励外资进入可以增加本地附加值的产业。比如，坦桑尼亚鼓励外资进入农业、养殖业、资源开发、旅游业、制造业、石油与采矿业、建筑、运输、转口贸易，以及计算机和高新技术产业。

(二)地域限制

有些国家对外国投资者开展经营活动或拥有土地的地域予以限制。例如，阿根廷限制外国投资者拥有接近其陆上或海上边界的土地和生意。智利不允许外国人参与沿海贸易，除非使用非常小的船只。印度尼西亚禁止外国人拥有土地。更有甚者,有的国家根本不允许外资涉足其领土,如苏联及其盟国。一国限制外资进入特定地域的权利因被视为主权范围内的权利而受到他国的尊重。

(扫一扫　案例 2-11　布雷迪诉布朗案)

三、海外创办企业的注意事项

(一)企业设立前与设立中的注意事项

1. 法律环境调研

在海外投资之前,需要对东道国做一个法律环境调研,而法律环境是投资环境中非常重要的一个指标,投资环境的好坏,甚至比项目的好坏更为重要。投资东道国的种种法律规定,决定了企业该如何投资,甚至是否投资。

2. 深度尽职调查

海外的尽职调查方面,尤其是当涉及发展中国家、法制不健全的国家的项目时,一定要眼见为实,要特别重视现场的调查。调查方不应仅仅局限于对资料的审查,而且要做非常深入的访谈,与项目公司的管理层、员工进行访谈,特别强调与投资东道国的政府部门进行访谈,从而发现项目本身可能存在的且通过简单的书面资料审查发现不了的问题。

3. 认真设计投资结构

在海外投资时,可以考虑为投资项目在某个国家或者地区设立离岸公司,可以获得税务减免、投资企业责任规避、投资撤出的便利性等好处。

4. 不可忽视境内审批环节

根据法律规定,中国企业去境外投资,必须经过相关主管部门如国家发改委、商务部审批,去国家外汇管理局备案。根据投资企业情况和投资领域的情况,一些项目还需要报备国资委、国土资源部等相关部门。否则,不仅会因不合规带来处罚风险,而且在项目希望上市或者转让时,交易所或者项目受让方可能据此认为未经中国境内主管部门审批构成一个瑕疵,从而延缓上市或者给转让造成困难。考虑到审批的过程较长,建议企业多与相关部门提前进行深入沟通,充分准备相应的材料。中国投资者境外投资政府审批流程如图 2-22 所示。

5. 合理设计境外投资的企业组织形式

比如,公司投资人的有限责任可以在很大程度上规避法律风险。

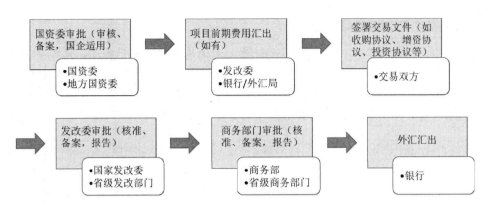

图 2-22 中国投资者境外投资政府审批流程(2018)

6. 寻找可信赖的海外代理人或机构

有时候寻找可信赖的海外代理人或机构可以收到事半功倍的效果。

小思考

如果你代表国内某公司去境外投资，在该公司向你咨询应选择子公司还是分公司形式时，你该如何分析其中利弊？

(二)企业设立后的注意事项

1. 启动标准

外国投资者的投资申请被东道国批准后，通常应当在规定的期限内开工建设或运营。比如，沙特阿拉伯为投资者颁发的许可证为期 6 个月，投资者必须在此期限内实施批准项目，否则，将撤销许可。而突尼斯的期限为 1 年。此外，大多数国家要求投资者在启动期内按时间提交进度报告。例如，印尼要求投资者在建设和试生产期内，须向印尼央行提交月报，以便该行掌握投资者投入的外汇数额，每半年向投资协调委员会报告，以便该委员会跟踪项目进展。

2. 运行中的评估

一旦外国投资企业正常运营，企业将受到定期监管。企业需要将其经营行为的各方面情况向有关部门提前报告(通常每年度进行一次)，有关部门会定期检查企业的现场、设施和记录，确保企业和投资符合当地投资管理规定或投资协议。这样的部门可以是一个专门的机构(如坦桑尼亚的投资促进中心)，也可以是几个机构分工负责(如沙特的投资部和工业电力部)。

3. 外国投资协议的修改

投资法通常规定，投资协议的任何修改，包括增减资及项目范围的变更，都应当得到东道国的批准。

4．东道国对子公司的保护与监管

同当地的自然人或公司一样，外国投资者，无论是自然人还是公司，通常拥有在东道国管理公司的同等权利。同时，外国人也不应当利用其实际上并未处于东道国境内的优势，以逃避与投资有关的全部责任。投资者及其子公司应当承担与当地企业同样的义务。此外，投资者还应当遵守相关规定，如信息披露义务，不得滥用当地子公司、子公司雇员或其债权人。

第三章 借"船"出海

——代理

引导案例

2001 年年初，华为总裁任正非发表了《雄赳赳气昂昂跨过太平洋》的著名讲话，号召华为人去开拓海外市场。也正是在这个时候，华为对欧洲市场发起了第一轮冲锋。然而，对于欧洲，华为仍然处于熟悉的阶段，还根本谈不上做生意。在国内行之有效的"农村包围城市"策略，在欧洲并不太有效。而在国内依靠销售人员个人能力打市场的传统在这里也同样不适用，因为这里谈的不仅仅是折扣和成本，而是如何通过新业务取得领先和收益，这也使得华为开始明白"Sales"和"Marketing"不是一个概念。"如果说在国内华为跳的是大秧歌，那么在欧洲市场就必须学会跳国际标准舞了，而且是典型的慢四。每一步都要对点才行"，一位华为欧洲的老员工总结道。实际上，要想在等级森严的欧洲做生意，一开始必须找到合适的代理商和合作伙伴，也只有通过代理商才有可能见到运营商。对于在国内与运营商天天见面的华为来说，这种间接的销售方式非常不习惯。但是，这也是没有办法的办法，在欧洲华为必须学会"借力打力"。为了打开局面，光代理商就要找两批。虽然有实力的代理商代理费一般都要贵一些，但是能够更快地打开市场，华为在法国的成功就是一个很好的例子(《华为的欧洲经验》)。

在国际商务活动中，许多业务工作都是通过各种代理人进行的，如普通代理人、经纪人、运输代理人、保险代理人、广告代理人，以及作为代理人的银行等。离开了这些代理人，国际商务活动将无法顺利进行。

第一节 代 理 概 述

一、代理的概念与特征

(一)代理的概念

代理(Agency)是指代理人按照被代理人的授权，代表被代理人同第三人订立合同或做其他的法律行为，由此产生的权利与义务直接对被代理人发生效力。代理涉及三方当事人，即代理人、被代理人与第三人。所谓被代理人，又称本人(Principal)，就是委托他人为自己办事的人；代理人(Agent)就是受被代理人的委托替被代理人办事的人；而第三人(the Third

Party)是泛指一切与代理人打交道的人。

在代理关系中，被代理人与代理人之间的关系称为代理的内部关系(Internal Relationship)；被代理人与代理人同第三人的关系称为外部关系(External Relationship)，如图 3-1 所示。代理人和被代理人之间的内部关系是代理关系中的基本法律关系，这种关系一般由他们之间的合同来决定，可以是委托合同，也可以是雇佣合同或合伙合同。但代理人与被代理人之间的合同只能证明他们之间存在代理关系，而代理人的权限究竟有多大、这种代理关系什么时候开始、什么时候结束对于第三人来说都是不可知的。所以，很多国家都强调委托(Mandate)与委托授权(Authorization)是有区别的，委托产生代理和被代理人之间的内部关系；而委托授权产生代理的外部关系，是代理人和第三人的外部关系的法律依据。

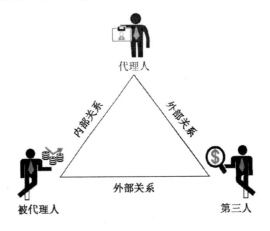

图 3-1　代理关系

👁 **小贴士**

具有人身性质的行为不能代理

并非所有的行为都适用代理。具有人身性质的行为不能代理。如果意思表示具有严格的人身性质，必须由表意人亲自作出决定和进行表达的行为，不得代理，如订立遗嘱、收养子女等；具有严格人身性质的债务不得代理为履行，如受约演出、创作字画等。

(二)代理的特征

1. 代理行为是一种法律行为

就是说通过代理人所谓的代理行为，能够在被代理人与第三人之间产生、变更或消灭某种法律关系，如代订合同而建立了买卖关系、代为履行债务而消灭了债权债务关系，这表明代理行为具有法律上的意义，同样是以意思表示作为构成要素。因此，代理行为区别于事务性的委托承办行为。诸如代为整理资料、校阅稿件、计算统计等行为，不能在委托人与第三人之间产生法律关系，不属于代理行为。

2. 代理人必须以被代理人的授权行事

这一特征有两方面的含义：①代理人有权独立为意思表示；②为了切实保障被代理人

的利益，法律要求代理人必须在代理权限范围内独立为意思表示。因此，代理人在代理权限范围内作出的意思表示才符合被代理人的利益。正是在此种意义上，代理人在实施代理行为过程中超过代理权限范围所作出的意思表示就是不真实的，其代理行为也应依法无效或被撤销、被变更。

3. 代理行为的法律后果直接归属于被代理人

既然代理行为的目的是实现被代理人追求的法律后果，那么代理人的代理行为在法律上就视为被代理人的行为，其效力直接及于被代理人，因而各国有关代理的法律一般都规定，被代理人对代理人的代理行为，承担法律责任。可见，代理人是代理行为的实施者，而被代理人则是法律后果的承受者，这是代理制度得以适用的本质属性。

(扫一扫 案例 3-1 代理人程某应否承担责任？)

代理与相关概念的联系与区别如表 3-1 所示。

表 3-1 代理与相关概念的联系与区别

相关概念	联 系	区 别
代理与委托	委托是代理产生的原因之一，但代理并不一定产生于委托	①名义不同。代理中代理人通常以被代理人名义；在委托中，受托人既可以委托人名义，也可以自己的名义。 ②事务不同。代理以意思表示为要素，故代理的一定是民事法律行为；委托不以"意思表示"为要素，从事的行为可以是事实行为。 ③涉及的人数不同。代理涉及三方当事人，即被代理人、代理人、第三人；委托只涉及双方当事人，即委托人、受托人
代理与代表	都不是为自己而是为某人服务	法人组织一定有法定代表人。法定代表人与法人是同一个民事主体；代理人与被代理人是两个独立的民事主体。因此，法定代表人实施民事法律行为视同法人实施；代理人实施民事法律行为，其效力归属于被代理人
代理与居间	都是为委托人提供服务	①居间人仅为委托人报告订约机会或为订约媒介，不得代委托人为法律行为，而代理人则代被代理人为法律行为。 ②居间通常为有偿性质的行为，而代理则还包含无偿代理(商事代理除外)
代理与传达	都涉及为别人进行表意	①传达人传达的是他人的意思，自己不作出意思表示；代理人则独立向第三人作出意思表示。 ②代理人有行为能力要求；传达人不受此限。 ③身份行为不适用代理；但可借助传达人传递意思表示

二、代理的分类

不同的国家，按照不同的标准，对代理有不同的分类(见图 3-2)。

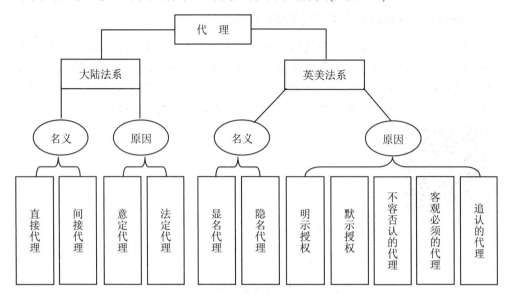

图 3-2 两大法系对代理的主要分类

(一)以代理人的身份或以谁的名义为标准的分类

1. 直接代理与间接代理

大陆法系根据代理人究竟是以代表的身份还是以他个人的名义与第三人订立合同，将代理分为直接代理和间接代理。如果代理人以代表的身份，即以被代理人的名义与第三人签约，就是直接代理。直接代理人通称为商业代理人[Agent Commercial(法)；HandelSvertreter(德)]。如果代理人以自己的名义与第三人签约，但实际上是为了被代理人的利益(on the Account of the Principal)，则为间接代理。间接代理人又称行纪人[Commissionaire(法)；Kommissionor(德)]。我国《民法通则》及 2017 年的《民法总则》中规定的代理均为直接代理。至于间接代理，我国现行法律尚无专门的明文规定。

2. 显名代理与隐名代理

根据代理人在交易中是否披露被代理人的姓名和身份，英美法上把代理分为显名代理和隐名代理。显名代理，又称公开被代理人姓名的代理(Agent for a Named Principal)，即代理人在交易中既公开被代理人的存在，也公开被代理人的姓名，在合同表述上注明代表××签订本合同。隐名代理包括两种情况：一种是不公开被代理人姓名的代理(Agent for an Unnamed Principal)，即代理人在交易中公开被代理人的存在，但不公开被代理人的姓名，如在合同中注明"代理被代理人"的字样；还有一种是不公开被代理人身份的代理(Agent for an Undisclosed Principal)，即代理人在交易中不公开被代理人的存在，以自己的名义对外签约,作为合同当事人一方。以上显名代理类似于大陆法上的直接代理,隐名代理中的第二种情况则与间接代理相似。

(二)以代理产生的原因为标准的分类

1. 大陆法系:意定代理和法定代理

(1) 意定代理。意定代理(Voluntary),又称委托代理,是由于被代理人的意思表示而产生的代理。《德国民法典》第一百六十七条规定"代理权的授予应向代理人或向代理人对其为代理行为的第三人的意思表示为之"。该意思表示具有以下特征。

① 该意思表示必须是一种有相对人的意思表示,这种相对人既可以是被授权人,即代理人,也可以是代理关系中的第三人。

② 授予委托代理权的意思表示原则上无形式上的要求,但在一些特殊情况下,法律规定赋予委托代理权的意思表示必须采取特定的形式,如《德国民法典》第1945条规定:代理人代理进行拒绝继承的意思表示时,需提交经过鉴定的代理权证书。

(2) 法定代理。法定代理(Statutory)是根据法律的直接规定,非由被代理人的意思表示而产生的代理。法定代理权的产生有以下几种情况。

① 根据法律的规定而享有代理权。例如,民法典规定,父母对于未成年的子女有代理权。

② 根据法院的选任而取得代理权。例如,法院指定的法人清算人。

③ 因私人的选任而取得代理权。例如,亲属所选任的监护人及遗产管理人等。

④ 公司的第一代理人(Primary Agent)是公司的董事,董事还有权指定其他的代理人。按照德国法律规定,法人第一代理人的权力是由法律规定的,而按照英国法律规定,法人第一代理人的权力是由法人的章程规定的。

2. 英美法系:明示授权、默示授权、不容否认的代理、客观必须的代理和追认代理

(1) 明示授权(Express Authority)。明示授权是指由被代理人以明示的方式指定某人为他的代理人。可以是口头形式,也可以是书面形式。即使代理人与第三人需要以书面形式订立合同,但被代理人仍然可以口头的形式进行授权。除非被代理人要求代理人用签字蜡封的方式(Seal)替他同第三人订立合同,如委托代理人购置不动产,才需采用签字蜡封的形式授予代理权。这种要式的授权文书叫"授权书"(Power of Attorney)。

(2) 默示授权(Implied Authority)。默示授权,是指被代理人默示地使代理人有合理根据相信自己有代理权的行为。默示的授权主要有以下几种情况。

① 以被代理人的言辞或行为而产生的代理权。例如,在国际货物买卖关系中,如果货主将货物交给代理人出售,则通常意味着货主已默示将收取货款的权利授予了代理人。

② 以身份关系推定产生的代理权。最典型的是配偶间的默示代理。根据英美法的判例,在丈夫与妻子共同生活的情况下,法庭可根据当事人的生活方式和生活标准推定妻子具有代理其丈夫购买生活必需品的默示权利,也可以推定该妻子具有代为取得生活必需品而代理其信贷和设立抵押的默示权利。

③ 以合作行为推定产生的代理权。根据英、美等国合伙法的规定,合伙人之间实行

相互代理原则；任一个合伙人依经营方式订立的合同对其他合伙人均有默示代理效力。

(3) 不容否认的代理(Agency by Estoppel)。不容否认的代理，是指一个人以他的言辞或行动使善意第三人合理相信某人是其代理人，有权以他的名义签订合同，且该第三人已基于这种相信改变了自己的经济地位，他就要受该合同的约束，而不能事后否认某人是其代理人。例如，甲经常将自己的私人印鉴交给乙保存，当乙以此向他人声称自己是甲的代理人，并与丙订立合同时，甲并未否认，而丙基于这一种情况合理地信赖乙有代理权。如果日后乙拒不履行合同，甲就不能否认乙是其代理人。这一制度根源于衡平原则，其目的在于保护善意第三人，维护市场交易的安全，类似于大陆法系的表见代理制度(后面介绍)。

小贴士

不容否认的代理与默示的授权的区别

不容否认的代理与默示的授权两者保护的对象不同。不容否认的代理保护的对象是善意第三人，因为其授权对于第三人而言是合理的。而默示的授权保护的对象是代理人，因为该授权对于代理人而言是合理的。当然，默示的授权对于第三人而言也应是合理的，否则，被代理人可以"显然无授权"对第三人进行抗辩。

(4) 客观必须的代理(Agency of Necessity)。客观必须的代理是指一个人受委托照管另一个人的财产，遇特殊情况时为保全该财产所必须的代理权。在这种情况下，虽然受委托管理财产的人并没有得到采取此种行动的明示的授权，但由于客观情况的需要而视为具有此种授权。例如，承运人在遇到紧急情况下，有权采取超出他权限的，为保护委托人的财产所必须的行动，如出售易腐烂或有灭失可能的货物，并有权抵押船舶以清偿为完成航次所必须的修理费用。根据英美法的判例，行使这种代理权必须具备以下三个条件。

① 行使这种代理权是实际上和商业上所必须的。

② 代理人在行使这种权利前无法同被代理人取得联系以得到被代理人的指示。

③ 代理人所采取的措施必须是善意的，并且必须考虑到所有有关各方当事人的利益。

(扫一扫　案例3-2　E公司诉R公司案)

(5) 追认代理(Agency by Ratification)。如果代理人未经授权或者超出了授权的范围而以被代理人的名义同第三人订立了合同，这个合同对被代理人是没有约束力的，但是被代理人可以在事后批准或追认这个合同。追认的效果就是使该合同对被代理人具有约束力，追认具有溯及力，即自该合同成立时起就对被代理人有效。

追认必须具备以下几个条件。

① 代理人与第三人订立合同时必须声明他是以代理人的身份订立合同。如果事实上没有得到授权，而是打算作为代理人替别人订立合同，但并没有把这种意图告诉给订约对方，则不适用追认。

② 合同只能由订立合同时已经指出姓名的被代理人或可以确定姓名的被代理人来追认。

③ 追认合同的被代理人必须是在代理人订立合同时已经取得法律人格的人。

④ 被代理人在追认该合同时已经知道或应当知道有关交易的基本事实。

⑤ 追认必须是对整个合同的追认。

⑥ 追认应在合理的期限内进行。

(三)以代理权限大小为标准的分类

1. 总代理

总代理(General Agency)是指委托人在代理协议中指定的在指定地区的全权代表。总代理在指定地区内，可有权代表委托人签订买卖合同，处理货物等，还有权代表委托人进行一些非商业性活动。他有权指派分代理，并可分享代理的佣金。因此，总代理人具有很大的代理权限。我国外贸企业在海外的总代理通常由我国驻外贸易机构担任，不委托外商。

(扫一扫　相关链接 3-1　分代理)

2. 独家代理

独家代理(Sole Agency or Exclusive Agency)是指在代理协议规定的地区和时期内，对指定商品享有专营权的代理人。委托人在该地区内不得再委派第二个代理人。独家代理的双方当事人是一种委托代销关系，不是买卖关系，这种关系确定的依据是双方签订的协议。按照惯例，委托人在代理区域内达成的交易，凡属独家代理人专营的商品，不论其是否通过该独家代理人，委托人都要向他支付约定比例的佣金。

3. 一般代理

一般代理又称佣金代理(Commission Agency)，是指不享有对某种商品的专营权，但其他权利、义务和独家代理一样。在同一地区、同一时期内，委托人可以选定一家或几家客户作为一般代理商，并根据销售商品的金额支付佣金。委托人也可以直接与其他买主成交，无须另给代理商佣金。

小思考

试分析总代理与独家代理有何联系与区别？

(四)以有无代理权为标准的分类

1. 有权代理

有权代理是指具有代理权的人所从事的代理行为。我们通常所说的代理即为有权代理，它是代理的正常情况。上面介绍的几种代理都属于有权代理。

2. 无权代理

无权代理有广义的无权代理和狭义的无权代理之分，广义的无权代理包括狭义无权代理和表见代理，如图 3-3 所示。

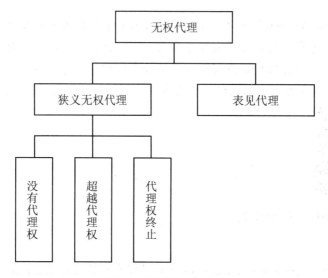

图 3-3　无权代理的分类

(1) 狭义无权代理。狭义无权代理就是我们通常所说的无权代理，是指在没有代理权的情况下所实施的代理行为。严格地说，狭义无权代理并非代理的种类，而只是徒具代理的表象却因其欠缺代理权而不产生代理效力的行为。狭义的无权代理包括三种情况，即没有代理权、超越代理权、代理权终止。无论是哪一种情况下从事的代理行为，如果没有经过被代理人的追认，被代理人不承担法律责任，一切后果由代理人自负。需要注意的是，在追认问题上，与《民法通则》的"沉默视为同意"的条款不同，我国《民法总则》把无权代理时被代理人意思认定的规则改为"沉默视为拒绝"。《民法总则》第一百七十一条第二款规定："相对人可以催告被代理人自收到通知之日起一个月内予以追认。被代理人未作表示的，视为拒绝追认。"

(扫一扫　案例 3-3　饲料玉米代理进口纠纷案)

（2）表见代理。表见代理是无权代理的一种特殊形式，是指行为人虽然没有代理权，但善意第三人客观上有充分的理由相信其具有代理权，而以之为法律行为，该法律行为的后果直接由被代理人承担。其意义在于维护代理制度的诚信基础，保护善意第三人的合法权益，建立正常的民事流转秩序。例如，被代理人向代理人授权时以口头方式规定了代理权的有效期限，但是该有效期限在书面的授权文件中却未予以记载。从而当该有效期限届满后，第三人并不能从书面授权文件中得知代理权已终止而与其进行的民事行为，就属于表见代理。大陆法系国家如德国、日本都规定了表见代理制度。英美法系没有表见代理概念，与之相似的是前述不容否认的代理。表见代理也为我国法律所确认。《民法总则》第一百七十二条规定："行为人没有代理权、超越代理权或者代理权终止后，仍然实施代理行为，相对人有理由相信行为人有代理权的，代理行为有效。"

根据上述表见代理的概念和立法规定，可知表见代理应具备以下构成条件。

① 存在无权代理行为。

② 第三人在客观上有理由相信无权代理人有代理权。

③ 第三人主观上是善意的且无过错。

表见代理依法产生有权代理的法律效力，即无权代理人与第三人之间实施的法律行为对于被代理人具有法律约束力，被代理人与第三人之间产生、变更或消灭相应的法律关系。

小思考

业务员王某受公司委托到厂家组织睡衣货源出口，看到帽子的价格合适，就用公司盖章的空白合同书与厂家签订了价值30万元的帽子购销合同，打算自己卖出赚一笔钱。后来由于市场不好，帽子卖不出去，货款无法支付。厂家起诉某公司要求支付货款，那么，该公司是否应该偿还帽子的货款？

第二节　代理法律关系

代理法律关系包括内部关系(即被代理人与代理人之间的关系)和外部关系(即代理人及被代理人与第三人的关系)。

一、代理的内部关系

代理人与被代理人之间的关系，一般是合同关系，属于代理的内部关系。通常情况下，代理人与被代理人都是通过订立代理合同或代理协议来建立他们之间的代理关系，并据以确定他们之间的权利和义务，以及代理人的权限范围及报酬。

(一)代理人的义务

1. 合理注意义务

合理注意义务，即代理人应该对被代理人委托的财产和事务给予合理注意，即应勤勉地履行其代理职责。如果代理人不履行其义务，或者在替被代理人处理事务时有过失，致使被代理人遭受损失，代理人应对被代理人负赔偿责任。

2. 亲自代理的义务

代理关系是一种信任关系。被代理人之所以委托特定的代理人为自己服务，是基于对该代理人的知识、技能和信用的信赖，因此，代理人必须亲自履行代理职责，才符合被代理人设定代理的初衷。除非经被代理人同意或有不得已的事由发生，不得将代理事务转委托他人处理。

3. 忠实义务

这是由代理的本质决定的。被代理人之所以委托代理人，是基于对代理人的信任，因此代理人必须对被代理人诚信、忠实，具体包括以下几个方面。

(1) 披露义务。代理人应把代理过程中所知道的一切真实重要的事实尽可能迅速全面地披露并通知被代理人，以便被代理人进一步作出正确的决策。

(扫一扫 案例3-4 偌蒙赛诉高邓案)

(2) 不得竞业经营。非经被代理人同意，不从事与被代理人相竞争的业务。不过代理人的这一义务只限于代理期限及代理关系结束后的一段合理的期限内。

(3) 不得滥用代理权。代理人不得以被代理人的名义同代理人自己订立合同，除非事先征得被代理人同意(禁止自己代理)。代理人未经被代理人同意，不得兼为第三人的代理人，以从两边收取佣金(禁止双方代理)，更不能与第三人串通损害被代理人的利益。

(4) 不得受贿。如果代理人接受了贿赂，被代理人有权向代理人索还，并有权不经事先通知而解除代理关系，或者撤销该代理人同第三人订立的合同，或者拒绝支付代理人在受贿交易上的佣金，被代理人还可对受贿的代理人和行贿的第三人起诉，要求他们赔偿由于行贿受贿订立合同而使他遭受的损失。即使代理人在接受贿赂或密谋私利时，并未因此而影响他所作的判断，也没有使被代理人遭受损失，但被代理人仍然可以行使上述权利。

(5) 保密义务。代理人不得泄露他在业务中所获得的保密情报和资料。在代理协议有效期限和代理终止后，都不得把代理过程中所得到的保密情报或资料向第三者泄露，也不得由他自己利用这些资料同被代理人进行不正当的业务竞争。此外，在代理合同终止后，除经双方同意的合理的贸易上的限制外，被代理人也不得不适当地限制代理人使用他在代理期间所获得的技术、经验和资料。

4. 报告义务

代理人应将处理代理事务的一切重要情况向被代理人报告，以使被代理人知道事务的进展及自己财产的损益情况。报告必须是真实的，不能包括虚假不实等可能使被代理人陷于错误的资料。在代理事务处理完毕后，代理人还应向被代理人报告执行任务的情况和结果，并提交必要的材料。

(二)被代理人的义务

1. 支付佣金

被代理人必须按照代理合同的规定付给代理人佣金或其他约定的报酬，这是被代理人的一项最主要的义务。

 小思考

(1) 被代理人不经代理人的介绍，直接从代理人代理的地区收到订货单，直接同第三人订立买卖合同时，是否仍须对代理人支付佣金？

(2) 代理人所介绍的买主日后连续订货时，是否仍须支付佣金？

按照大陆法系国家的法律规定，凡是在指定地区享有独家代理权的独家代理人，对于被代理人同指定地区的第三者所达成的一切交易，不论该代理人是否参与其事，该代理人都有权要求佣金。《德国商法典》第八十七条还有一项强制性规定，即商业代理人一经设定，他也有权取得佣金，即使被代理人不履行订单，或者履行的方式同约定有所不同，代理人都有权取得佣金。但是如果由于不可归咎于被代理人的原因出现了履约不可能的情况，则不能适用上述规定。此外，有些大陆法系国家为了保护商业代理人的利益，在法律中还规定，在被代理人终止商业代理时，商业代理人对其在代理期间为被代理人建立的商业信誉，有权请求给予补偿。

根据英美法院的判例，如果被代理人与第三者达成的交易是代理人努力的结果，代理人就有权取得佣金。因此，如果经过代理人与买方谈判，而最后买方向被代理人直接订货，或者代理人向被代理人推荐了买方，买方所出的价钱虽与标价相比偏低，代理人都可以要求佣金。但如果被代理人没有经过代理人的介绍而直接同代理地区的买方达成交易，代理人一般无权要求佣金。但这些法律规则往往可以通过双方当事人的协议或行业惯例而改变，特别是在指定地区的独家代理协议中，时常规定，代理人对所有来自代理地区的订货单都可以获取佣金。关于代理人所介绍的买方再次向被代理人订货时，代理人是否有权要求付给佣金的问题，主要取决于代理合同的规定。特别是在代理合同终止后，买方再次向被代理人订货是否应付给代理人佣金的问题，如代理合同没有明确规定，往往会在被代理人与代理人之间引起争执。因为在代理合同终止后，被代理人仍然可以利用代理人为他建立的商誉和工作的成果。根据英美法院判例，如果代理合同没有规定期限，只要被代理人在合同终止后接到买方的再次订货，仍须向代理人支付佣金；如果代理合同规定了一定期限，则在期限届满合同终止后，代理人对买方向被代理人再次订货就不能要求被代理人给予佣金。但即使是在代理人对再次订货有权要求佣金的情况下，代理人也只能要求对再次订货的佣金损失给予金钱补偿，而不能要求取得未来每次订货的佣金。

2. 补偿代理人因履行特定任务而产生的费用

除非合同另有规定，一般情况下代理人履行代理任务时所开支的费用是不能要求被代理人偿还的，因为这属于代理人正常的业务支出。但是，如果他因执行被代理人指示的特定任务而支出了费用或遭到损失时，则有权要求被代理人予以补偿。例如，代理人根据被代理人的指示在当地法院对违约的客户进行诉讼所遭受的损失或支出的费用，被代理人就必须予以补偿。

3. 允许代理人核查其账册

这是大陆法系国家的规定，主要是为了方便核对被代理人支付的佣金是否准确。这是一项强制性的规定，当事人不得在合同中加以排除。

二、代理的外部关系

代理的外部关系是指代理人及被代理人与第三人的关系。

小思考

我国外贸企业在接受国内企业委托同外商订立合同时，外贸企业究竟是作为代理人还是作为"本人"签订合同，究竟应该由谁对合同负责？

(一)大陆法系的规定

在确定第三人究竟是和代理人还是和被代理人订立合同的问题上，大陆法所采取的标准是看代理人是以代理的身份同第三人订立合同，还是以他个人的身份同第三人订立合同。当代理人是以代理的身份同第三人订立合同时，这个合同就是第三人同被代理人之间的合同，合同的双方当事人就是第三人与被代理人，合同的权利义务直接归属于被代理人，由被代理人直接对第三人负责。在这种情况下，代理人在同第三人订立合同的时候，可以指明被代理人的姓名，也可以不指出被代理人的姓名，而仅声明他是受他人委托进行交易的，但无论如何代理人必须表示作为代理人身份订约的意思，或者依订约时的环境情况可以说明这一点，否则将认为是代理人自己同第三人订立合同，代理人就应对合同负责。这就是所谓的直接代理，即代理人以代理的身份，也就是以被代理人的名义同第三人订立合同，合同的权利义务直接归属于被代理人，代理人一般不对合同承担个人责任。直接代理人又称商业代理人。

如果代理人是以他个人的身份同第三人订立合同，这个合同将被认为是代理人与第三人之间的合同，代理人必须对合同负责。这就是所谓的间接代理，亦称为行纪，即代理人尽管是为了被代理人的利益，但是以自己的名义同第三人订立合同，该合同的法律后果不能直接归属于被代理人，而先由代理人承担，然后通过另外一份合同转移给被代理人。瑞士、德国、日本等国的法律规定，行纪人的业务仅以从事动产或有价证券为限，但法国则没有这种限制，行纪人可以订立各种合同。

(二)英美法系的规定

对第三人来说，究竟谁应当对该合同承担义务，英美法采取所谓的义务标准，区分以下三种不同的情况。

1. 代理人在订约时指出被代理人的姓名(即公开被代理人姓名的代理)

被代理人应对合同负责,代理人不承担个人责任。代理人在订立合同之后就退居合同之外(Drop Out),但下列情况除外:①如代理人以他自己的名义在签字蜡封合同上签名,他就要对此负责;②如代理人以他自己的名字在汇票上签名,他就要对该汇票负责;③如按行业惯例认为代理人应承担责任者,代理人也需要承担责任,如按照运输行业的惯例,运输代理人替被代理人预订舱位时须对轮船公司负责交纳运费及空舱费。

2. 代理人在订约时表示有代理关系存在,但不指出被代理人的姓名(即不公开被代理人姓名的代理)

如果代理人在同第三人订立合同时表明他是代理人,但没有指出被代理人的姓名,在这种情况下,这个合同仍认为是被代理人与第三人之间的合同,应由被代理人对合同负责,代理人对该合同不承担个人责任。按照英国的判例,此时代理人在订约时必须以清楚的方式表明他是代理人,如写明买方代理人(as Agent for Buyer),或者卖方代理人(as Agent for Seller),至于所代理的买方或卖方的名称则可不在合同中载明。

3. 代理人在订约时根本不披露有代理关系的存在(即不公开被代理人身份的代理)

小思考

如果代理人在同第三人订立合同时根本不披露有代理关系,在这种情况下,未被披露的本人能否直接依据这个合同取得权利并承担义务呢?

代理人必须对合同承担责任,而被代理人是否承担责任要区分以下两种情况。

(1) 未被披露的被代理人有权介入合同并直接对第三人行使请求权或在必要时对第三人起诉,如果他行使了介入权(Right of Intervention),他就使自己对第三人承担个人的义务。不过,按照英国的法律规定,未被披露的被代理人在行使介入权时有两项限制:第一,如果未被披露的被代理人行使介入权时会与合同的明示或默示的条款相抵触,他就不能介入合同;第二,如果第三人是基于信赖代理人的才能或清偿能力而与其订立合同,则未被披露的被代理人也不能介入该合同。

(2) 第三人在发现了被代理人之后,就享有选择权(Right of Selection),他可以要求被代理人或代理人承担合同义务,也可以向被代理人或代理人起诉。但第三人一旦选定了要求被代理人或代理人承担义务之后,他就不能改变主意对他们当中的另一个人起诉。第三人对他们中的任何一个人提起诉讼程序就是他作出选择的初步证据;这种证据可以被推翻,如果被推翻,则第三人仍可对他们中的另一个人起诉。但一旦法院作出了判决,便成为第三人作出选择的决定性的证据,如果第三人对判决不满,他也不能对他们当中的另一个人再行起诉。

(扫一扫 案例3-5 威泰公司诉拉纳姆与克拉克案)

🔊 **小贴士**

大陆法和英美法代理制度的异同

相同点：英美法代理人在订约时指明被代理人的姓名或表示自己的代理身份但不指明被代理人姓名的情况，同大陆法上的直接代理是相同的。

不同点：英美法代理人不披露被代理人存在的情况，虽然表面上与大陆法上的间接代理有相似之处，但未被披露的被代理人与间接代理的委托人的法律地位是截然不同的。按照大陆法，间接代理关系中的委托人不能直接凭代理人与第三人订立的合同而对第三人主张合同权利，只能在代理人通过一个合同将前一个合同的权利转让给被代理人后，被代理人才能去请求第三人履行合同。但按照英美法，未被披露的被代理人有介入权，他无须经过代理人把权利转移给他，就可以直接对第三人主张权利，而第三人一旦发现了被代理人，也可以直接对被代理人起诉，即只需要有代理人同第三人间的一个合同就可以使未被披露的被代理人直接和第三人发生法律关系。

第三节　代理关系的终止

代理关系因一定的事由而产生，也会因一定情形的出现而终止。

一、代理关系终止的原因

代理关系的终止主要有三种情况，一是自然终止，二是根据当事人的行为而终止，三是根据法律的规定而终止。

(一)自然终止

1. 代理的事务完成

代理事务的完成，是指代理事务的全面完成，意味着代理目的的实现。

2. 代理期限届满

如果当事人在代理合同中约定了代理期限，除非当事人同意延长，代理期限届满代理关系即告终止。

(二)根据当事人的行为终止代理关系

代理关系可以依当事人的行为而终止，主要有以下几种情形。

1. 合意终止

如果代理合同中没有约定代理期限，当事人也可以通过达成合意终止他们之间的代理关系。此外，除法定代理外，即使代理的目的没有实现或代理期限尚未届满，双方当事人也有权协议终止代理关系。

2. 单方终止

商事代理合同属于服务性质的合同，一方单独要求终止代理关系，另一方一般不能要求强制履行，而只能要求损害赔偿。但是也不是绝对的，根据一些国家的规定，在个别情况下对被代理人单方面撤回代理权也有一定的限制。

 小贴士

对被代理人撤回代理权的限制

一些大陆法系国家为了保护商业代理人的利益，规定被代理人在终止代理合同时必须提前相当长的时间通知代理人。

根据英美的判例，如果代理权的授予是与代理人的利益结合在一起时，本人就不能单方面撤回代理权。比如，甲向乙借了一笔钱，并指定乙为代理人代其收取房租，以清偿借款。甲在其借款清偿完毕之前，不能单方面撤回乙的代理权。

(三)根据法律的规定终止代理关系

根据各国法律规定，在下列情况下，代理关系即告终止。

1. 被代理人死亡、破产或丧失行为能力

根据某些大陆法系国家民商法的规定，上述情况只适用于民法上的代理权，至于商法上的代理权，则应适用商法典的特别规定，不因被代理人的死亡或丧失行为能力而消灭。

2. 代理人死亡、破产或丧失行为能力

根据各国的法律，当代理人死亡、破产或丧失行为能力时，无论是民事上还是商事上的代理权均因此而消灭。

3. 法律规定的其他情形

比如，颁布新法使代理行为成为非法、标的物灭失从而使履行成为不可能等。

二、代理关系终止的法律后果

代理关系终止以后，无论在代理人与被代理人之间，还是在代理人及被代理人与第三人之间，都会产生一定的法律后果。

1. 当事人之间的效果

代理关系终止之后，代理人就没有了代理权，如该代理人仍继续从事代理活动，就属于无权代理。

2. 对第三人的效果

当被代理人撤回代理权或终止代理合同时，对第三人是否有效，主要取决于第三人是否知情。根据各国的法律规定，当终止代理关系时，必须通知第三人才能对第三人发生效

力。如果被代理人在终止代理合同时没有通知第三人，后者由于不知道这种情况而与代理人订立了合同，则该合同对被代理人仍有约束力，被代理人对此仍须负责，但被代理人有权要求代理人赔偿其损失。

第四节　承担特别责任的代理人

根据各国代理制度的一般原则，代理人在授权范围内同第三人订立合同之后，即退居合同之外，他对第三人不负个人责任，如果第三人不履行合同，代理人对被代理人也不承担个人责任。但除此以外，各国法律或商业习惯也承认某些代理人在一定的条件下须对被代理人或第三人承担个人责任，这种代理人叫作承担特别责任的代理人(the Agent with Special Responsibility)。这些代理人活动于国际商务各个领域，在国际商事活动中起着十分重要的作用。因为在国际商事交易中，被代理人与第三人分处两国，他们对于彼此的资信能力和经营作风都不太了解，而对与他们常有往来的代理人则往往比较熟悉。他们在进行交易时，对代理人的信任往往多于对交易对方的信任，因此，他们有时会要求代理人对他们承担个人责任，使之能放心同对方进行交易。

一、对被代理人承担特别责任的代理人

对被代理人承担特别责任的代理人，叫作信用担保代理人(Del Credere Agent)(见图3-4)。信用担保代理人的责任是在他所介绍的买方(即第三人)不付款时，由他赔偿被代理人因此而遭受的损失。采用这种办法的好处是，由于被代理人对国外市场情况了解得不多，无法判断代理人所在地区的买方的资信是否可靠，而且由于竞争的需要，往往要用赊销的方式销售货物，一旦买方破产或赖账，被代理人就会遭受重大损失。因此，如果代理人同意为国外的买方保付，被代理人就可以避免这种风险。另一种好处是，由于代理人承担了信用担保责任，他就不会为了贪图多得佣金而在替被代理人兜揽订单时只图数量而忽视买方的资信能力。从法律上来看，在被代理人与代理人之间除了普通的代理合同以外，还存在另外一份合同，即担保合同(Del Credere Contract)，代理人根据担保合同对被代理人承担个人的责任。

英美国家没有关于信用担保代理人的成文法，但判例法已形成了一套完整的规则。早期的英国法院判例认为，信用担保代理人的责任是第一位的责任，就是说被代理人在要求买方(即第三人)付款之前，就可以对代理人起诉要求代理人付款。但19世纪以后的判例修改了这一规则，认为信用担保代理人的责任是属于第二位的责任，即只有当买方无力支付货款或因类似的原因致使被代理人不能收回货款时，信用担保代理人才有赔偿被代理人的义务。同时，信用担保代理人的责任仅限于担保买方(第三人)的清偿能力，即仅对买方无力支付货款负责，至于合同的履行，代理人是不负责任的。因此，如果由于被代理人没有履行合同，致使买方(第三人)拒付货款，则代理人不负责任，根据英国的判例，这种信用担保代理合同不一定需要以书面方式做成。

在大陆法系国家，如《德国商法典》《瑞士债务法典》和《意大利民法典》，对信用

担保代理人都有专门的规定。信用担保代理在直接代理和间接代理两种情况下都可以成立。根据德国法律和瑞士法律的规定，对一般代理合同不要求以书面方式订立，但对于信用担保条款都要求以书面方式订立。

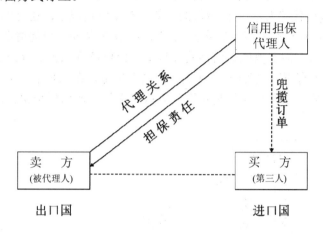

图 3-4　信用担保代理人

由于现在世界上很多国家已普遍设立了由政府经营的出口信用保险机构，专门为出口商承办国外买家无力清偿的保险业务，信用担保代理人的作用已日渐式微。关于出口信用保险可参见本书第九章企业国际化的"供血"机制——"国际结算与融资"第三节中的相关内容。

二、对第三人承担特别责任的代理人

在国际市场上，有些代理人根据法律、惯例或合同规定，须对第三人承担特别责任，其中，同国际贸易有密切关系的主要有以下几种。

(一)保付代理人

在西方成熟市场经济国家，特别是在英美等国有一种对第三人承担特别责任的代理人，叫保付商行(Confirming House)，即保付代理人(见图3-5)。在英国，这种代理人是由英国出口商协会的出口商担任的，所以又称为出口商行(Export House)。保付商行的业务是代表国外的买方(被代理人)向本国的卖方(第三人)订货，并在国外买方的订单上加上自己的保证，由他担保国外的买方将履行合同，如果国外的买方不履行合同或拒付货款，保付商行负责向本国的卖方支付货款。保付商行通常发生两方面的法律关系：一方面是和国外委托他购货的买方的关系，这通常是委托人(即被代理人)和代理人的关系；另一方面是和本国市场上的卖方的关系。这种关系，根据他们所订立的合同的性质主要有两种情况：一种情况是，保付商行自己作为买方订购货物，与卖方签订合同，从而根据合同对货款及接收货物负责；另一种情况是，保付商行以代理人的身份为国外买方订货，同本国的卖方(第三人)订立买卖合同，但同时加上代理人自己的保证，表明他自己对货物负责，从而使保付商行对作为卖方的第三人承担了特别责任，这是典型的保付安排。

保付商行的义务是,不论在上述第一种情况还是第二种情况下,他都要对本国的卖方(第三人)承担支付货款的责任。如果在合同履行前,国外买方(被代理人)无正当理由取消订单,保付商行仍须对本国卖方(第三人)支付货款。但在这种情况下,保付商行在付清货款之后,有权要求国外买方(被代理人)偿还他所付的货款,在某些情况下,还可以要求损害赔偿。

保付商行的经济作用是解脱本国卖方(第三人)在国际贸易中可能遭遇的风险。他使本国卖方不必顾虑国外买方的资信能力而接受订货单。保付商行同上面介绍过的信用担保代理人,既有相同之处也有不同之处(见表 3-2)。相同之处是,在两种情况下,代理人都要承担个人责任;不同之处在于保付商行是对第三人承担责任,而信用担保代理人则对被代理人承担责任。

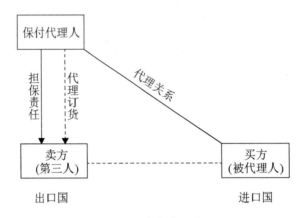

图 3-5 保付代理人

表 3-2 信用担保代理人与保付代理人的比较

类型 / 项目	信用担保代理人	保付代理人
担保对象	被代理人	第三人
责任性质	第二位责任	第一位责任
代理对象	卖方	买方
所处国家	进口国	出口国
业务范围	除了承担担保责任外,仅限于以代理人身份从事相关活动	除了代理订货与担保外,自己也可能作为买方订购货物
合同形式	不一定是书面形式	书面形式

(二)保兑银行

在国际贸易中,普遍使用信用证(Letter of Credit,L/C)方式支付货款。在采用这种支付方式时,卖方为了保证收款安全,往往要求买方通过银行对他开出保兑的、不可撤销的信用证。其办法是,由国外的买方通过进口地的银行向出口地的往来银行或代理银行开出一份不可撤销的信用证,委托该出口地的代理行对其不可撤销的信用证加以保兑,即在其上加上"保兑"字样,并将该信用证通知卖方(即第三人,在银行业务上称为受益人)(见图 3-6)。

卖方只要提交信用证所规定的单据，就可以向设在出口地的保兑银行(Confirming Bank)要求支付货款。

根据国际商会《跟单信用证统一惯例》的规定，当开证银行授权另一银行对其开出的不可撤销信用证加以保兑，而后者根据开证银行的授权予以保兑时，此项保兑就构成保兑银行的一项确定的担保，即它对该信用证的受益人承担按信用证规定的条件付款或承兑信用证项下的汇票并于到期时付款的义务。在这种法律关系中，开证银行是委托人(被代理人)，保兑银行是代理人，卖方是受益人(第三人)，由于作为代理人的保兑银行在开证银行的不可撤销信用证上加上了它自己的保证，它就必须据此对第三人承担责任。但如果它没有加上自己的保兑，而仅仅是把开证银行开出的不可撤销的信用证通知它所在地的受益人(第三人)，它对该受益人就不承担按信用证规定的条件付款的义务。

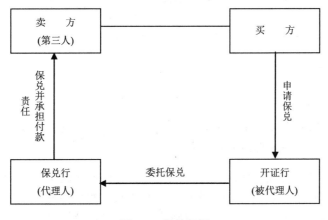

图 3-6 保兑银行

(三)货运代理人

货运代理人(Forwarding Agent)在国际贸易中起着重要的作用(见图 3-7)。这些代理人精通海、陆、空运输的复杂知识，特别是了解经常变化的国内外海关手续、运费和运费回扣、海港和机场的习惯、惯例和业务做法、海空货物集装箱运输的组织，以及出口货物的包装和装卸等。

如果货运代理人受客户(被代理人)的委托，向轮船公司预订舱位，他们自己须向轮船公司(第三人)负责。如果客户届时未装运货物，使货轮空舱航行，代理人须支付空舱费(Dead Freight)。在这种情况下，代理人可要求客户给予赔偿。如果客户拖欠代理人的佣金、手续费或其他报酬，代理人对在其占有下的客户的货物有留置权，直到客户付清各项费用为止。

图 3-7 货运代理人

(四)保险经纪人

在国际贸易中，根据有些国家保险法的规定，进口或出口人在投保货物运输保险时，一般不能直接同保险人订立合同，而必须委托保险经纪人(Insurance Broker)代为办理(见图 3-8)。根据有些国家如英国《海上保险法》的规定，凡海上保险合同由经纪人替被保险人(即被代理人)签订时，经纪人须对保险人(第三人)就保险费直接负责，保险人则对被保险人就保险金额直接负责。根据这一规定，如果被保险人不缴纳保险费，经纪人须直接负责对保险人缴纳保险费。如果保险标的物因承保范围内的风险发生损失，则由保险人直接赔付被保险人。但保险业有一个特点，在保险行业中，经纪人的佣金是由保险人(第三人)支付的，而在其他行业中，代理人或经纪人的佣金或报酬通常都是由他们的委托人(即被代理人)支付的。

图 3-8　保险经纪人

🔊 小贴士

保险经纪人与保险代理人

保险经纪人与保险代理人(Insurance Agent)不同。二者服务的对象不同，保险经纪人是被保险人的代理人，而保险代理人是保险人的代理人。

上述各种承担特别责任的代理人与传统概念上的代理人的主要不同之处在于，按照传统的概念，代理人对第三人一般是不承担个人责任的，而承担特别责任的代理人则须对第三人承担个人责任。这是为了适应现代经济生活的需要，特别是为了适应国际贸易发展的需要而出现的一种新的代理概念。有些西方国家的法学者估计，这种新的代理概念将会得到进一步的发展，并将凌驾于传统的代理概念之上，其结果将使被代理人与代理人对第三人负双重的责任，使第三人获得更大的保障。

第五节　我国的外贸代理制

建立在外贸经营权审批制基础上的我国外贸代理制的做法限制了竞争，与国际通行的做法不符。随着外贸经营权的放开，专业外贸公司面临着更加激烈的市场竞争，也会给外贸代理制带来很大冲击。但是由于专业外贸公司有多年从事外贸的经验及客户与人才等优势，还有就是国家对经营范围仍有一定限制，以及还存在暂时未取得经营权的单位与个人等原因，外贸代理制还将在一定时期内存在。

一、我国外贸代理制的主要做法及存在的问题

外贸代理制是指我国具有外贸经营权的公司、企业接受国内公司、企业、事业单位及个人的委托，代理其签订进出口合同，并收取一定佣金或手续费的制度。

(一)我国外贸代理制的主要做法

在实践中,我国的外贸代理可分为以下几种情况(见图3-9)。

(1) 国内享有外贸经营权的外贸企业之间的代理,代理人以被代理人的名义对外签订进出口合同。这种情况属于直接代理。

(2) 国内享有外贸经营权的外贸企业之间的代理,代理人以自己的名义对外签订进出口合同。这种情况属于间接代理。

(3) 国内不享有外贸经营权的单位或个人与享有外贸经营权的企业之间的代理,作为代理人的外贸企业以自己的名义对外签订进出口合同。这种情况也属于间接代理。

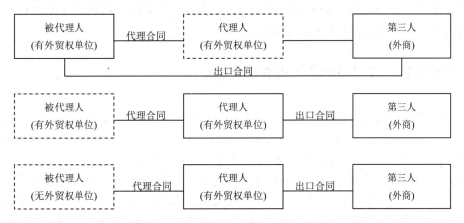

图3-9 我国外贸代理制的几种主要做法

(扫一扫 案例3-6 从一起仲裁案看外贸代理制)

此外,还存在一些实质上的代理。比如,某些无外贸经营权的企业挂靠有外贸经营权的企业或仅借用后者的合同章等以后者的名义对外签约,两者之间并无正式的代理合同。还有的外贸公司先将国内企业的货物卖出,收回货款后再付还给国内企业,自己从中收取差价作为佣金。

(二)我国外贸代理制存在的问题

我国现行的外贸代理制度属于商事代理范畴。然而,我国现行立法中规范商事代理行为的法律依据很少。《民法通则》所规定的代理,属于直接代理①,只适用于上述第一种情况,而不适用于外贸代理业务中大量存在的上述第二种,尤其是第三种情况。这样一来,

---

① 2017年颁布生效的《民法总则》仍然以直接代理作为代理的基本形式。

外贸公司在进出口合同中所处的地位就不是代理人，而是处于合同当事人的地位，结果外贸公司就必须对这种进出口合同承担法律责任。

问题一，外贸企业作为卖方对外签约后，如果国内企业未能按合同规定的条件履约，或者延迟履约、不履约，由此对外商造成的损失，依照法律规定应由为合同当事人一方的外贸企业承担。然而，外贸企业在此之前仅仅向国内企业收取了少量手续费，往往不足以支付违约赔偿。外贸企业对外理赔后，又往往得不到国内企业的相应补偿。在一些情况下，外商知道是国内企业违约，却因没有法律依据而不能直接向该企业请求损害赔偿。

问题二，当外贸企业作为买方对外签约后，如果外商未能按合同规定的条件履约，或者延迟履约、不履约，直接受损失的是国内企业。由于国内企业不是合同的当事人，也不能直接索赔，只能通过外贸企业向外商索赔。如果外贸企业由于种种客观原因对外索赔不力，国内企业的损失也得不到相应的补偿。

二、《合同法》关于外贸代理的相关规定

如上所述，在我国外贸代理制中，大量存在的是外贸公司接受无外贸经营权的企业的委托，以外贸公司自己的名义，作为买卖合同的一方同外商签订进出口合同。对于这种情况，《合同法》第四百零二条、第四百零三条作了专门的规定。

根据《合同法》第四百零二条的规定，受托人以自己的名义，在委托人的授权范围内与第三人订立合同，第三人在订立合同时知道受托人与委托人之间存在代理关系的，则该合同直接约束委托人和第三人。该条还规定，如果有确切证据证明该合同只约束受托人和第三人时，则该合同不能直接约束委托人。这一条款对外贸公司有很大意义。在实践中，国内的委托企业常常与外方当事人先谈判合同的条件，然后再找到外贸企业，委托外贸企业对外签订进出口合同。在这种情况下，外方当事人清楚地知道外贸公司只是国内企业的外贸代理人。在外贸公司完成委托事务后，如双方发生争议，根据《合同法》第四百零二条的规定，委托人或第三人一般应直接进行协商或提起诉讼、仲裁，外贸公司则可以此作为抗辩理由，不再承担合同责任。

根据《合同法》第四百零三条的规定，当受托人以自己的名义与第三人订立合同，而第三人不知道受托人与委托人之间的代理关系时，其后果分为以下几种情况。

(1) 当受托人因第三人的原因对委托人不履行义务时，即受托人对于未能履行对委托人的义务没有过错时，受托人应向委托人披露第三人，由委托人直接行使受托人对第三人的权利。但是，在第三人与受托人订立合同时，如第三人知道该委托人就不会订立合同的话，则委托人不得直接对第三人行使权利。

(2) 当受托人因委托人的原因对第三人未能履行合同时，受托人应当向第三人披露委托人。在这种情况下，第三人拥有选择权，可以选择向受托人主张权利，或者选择向委托人主张权利。但是，第三人一旦作出了选择，便不得变更选定的相对人。例如，一旦他选择向受托人主张权利，那么即使他在对受托人的诉讼中败诉，或者虽胜诉，但未能得到实际履行，也不能重新对委托人提起诉讼。可以看出，《合同法》的这一规定在很大程度上借鉴了英美法中有关未被披露本人的代理的法律制度。

第四章 国际商事交往的必备工具
——合同

引导案例

从中国贸促会商法中心日常处理大量的投诉咨询案件来看，我国企业对合同签署的重视程度仍然较低。大部分企业在出口时不签署合同，只制作形式发票(PI)或订单(PO)，而 PI 或 PO 条款简单粗糙，不利于保护企业合同权益。如果签署合同，基本也是由外方提供合同文本，中方"全盘接收"。这一现象不仅存在于交易中处于较弱势地位的中小型外贸企业，也可见于本应占据优势地位的大型企业。

某年，S 公司在广交会上结识了中东客户 H 公司，提出购买 12 吨大蒜(1X20FCL)，并再三强调为样品柜，希望长期合作。应客户要求，S 公司业务员小王现场制作了形式发票两份，外商签字后双方各执一份，外商当场支付了全部货款 3600 美元。广交会一结束，S 公司迅速安排出货，并快递了提单、发票、原产地证和植物检疫证。货物抵港后不久，外商发来传真，认为质量不错，要求再订货 1X40FCL，并希望逐渐增大发货数量，增进了解；业务流程为 H 公司传真通知购买数量和发货时间，S 公司制作形式发票传真给 H 公司，H 公司预付 30%汇款 S 公司，然后 S 公司安排出口、快递正本单据并传真快递单，H 公司在收到此传真后 4 个工作日内支付余款。S 公司认为中东的市场很重要，H 公司循序渐进的思路很合领导层的胃口，而且目前不少公司也采取这种付款办法，数量和金额不大，应该适当冒险。于是 S 公司同意了外商的要求，安排了出口。H 公司及时支付了货款。第三次外商购买了 2X40FCL，第四次 1X40FCL，第五次 3X40FCL，顺利的合作使 S 公司上上下下坚定了和客户合作的信心，小王也被提拔为出口部副经理。同年 10 月 25 日，H 公司提出购买 8X40FCL，小王马上完成了操作。然而，H 公司并没有支付余款，而是解释暂时遇到了资金的困难，保证在 15 天内付款。同时 H 公司要求立刻再发运 6X40FCL 以满足市场的需求，并再三强调了长期合作的热切意愿，还要求小王速报 2X20FCL 圆葱和 1X20FCL 大姜的实盘，并热情地赞扬了小王的工作效率。小王向领导汇报了客户的计划，但隐瞒了客户没有支付 6X40FCL 预付款的情况，S 公司经理毫不犹豫地同意了。之后的结果可想而知：H 公司摆出了无赖的嘴脸，拒绝付款：一会儿说货物的质量有问题，一会儿说 S 公司发货不及时，一会儿又说市场不好，亏损很大，甚至到后来根本不理睬 S 公司。这时候 S 公司才发现，手中除了形式发票和邮寄单外，连份合同书也没有。

合同是进行几乎一切形式的国际商事交往的基本工具。比如，在国际贸易活动中，进出口货物要签订买卖合同；把货物从出口国运到进口国要签订运输合同；为了转移货物在长距离运输过程中可能出现的风险还要签订保险合同；为了保证收到货款，还要签订支付合同等。合同的重要性决定了规范合同的法律——合同法在国际商法体系中的基础性法律地位。

第一节　合同概述

一、合同的概念与特征

(一)合同的概念

一提起合同，很多人认为一定是一份严肃而冗长的文件，但实际情况却并非如此。在当代，人们每时每刻都在使用合同安排自己的生活，合同所涉及的内容也不一定都是严肃重大的事情，购买日常用品、使用信用卡、买票看电影等行为都是合同。合同也并不都是书面的，恰恰相反，人们对口头合同的使用更为广泛。那么究竟什么是合同呢？目前，世界各国对合同的概念仍不完全相同。

英美法对合同所下的定义强调当事人所作出的允诺(Promise)，而不是达成协议的事实。合同是一个允诺或者一系列的允诺；在当事人违反其允诺时，法律会对另一方当事人采取补救措施。允诺是合同的核心要素，但并不是一切允诺都可以成为合同，而是只有法律上认为有约束力的，依法可以强制执行的允诺，才能成为合同。

在大陆法中，《法国民法典》将合同规定为一种合意(Consensus)。所谓合意，就是当事人意思表示一致，即只有当事人意思表示一致时，合同才成立。《德国民法典》将合同纳入了法律行为这一抽象的概念中，将合同作为法律行为的一种。意思表示是法律行为的基本要素，它包括两方面内容，一是当事人内在的意思，二是表示这种意思的行为，二者缺一不可。

我国《合同法》第二条也规定："合同是平等主体的自然人、法人、其他组织之间设立、变更、终止民事权利义务关系的协议。"根据这些规定，凡是民事主体之间的关于设立、变更、终止民事权利义务的协议，都是合同。

虽然各国对合同的概念在理论上有着一定的差异，但是并无本质的区别，无论是英美法系国家还是大陆法系国家，包括我国，都把双方当事人的意思表示一致作为合同成立的要素(见图 4-1)。

各国合同的概念比较如表 4-1 所示。

表 4-1　各国合同的概念比较

国　别	概　念	实　质
中国	"合同是平等主体的自然人、法人、其他组织之间设立、变更、终止民事权利义务关系的协议"	协议
德国	"依法律行为设定债务关系或变更法律关系的内容者，除法律另有规定外，应依当事人之间的合同"	法律行为
法国	"合同是一人或数人对另一人或数人承担给付某物、做或不做某事的一种合意"	合意
英美	"合同是一个允诺或一系列的允诺，对于违反这种允诺，法律给予救济，或者法律以某种方式承认履行这种允诺乃是一项义务"	允诺

图 4-1 合同概念

(二)合同的法律特征

1. 合同是一种合意

合同是一种合意，包含以下几层含义。

(1) 合同的成立必须要有两个或两个以上的当事人。一个人因缺乏订约对象而无法订立合同。合同的这一特征使其与只需一个意思表示即可成立的单方法律行为，如立遗嘱、债务免除等明显区别开来。

(2) 各方当事人须互相作出意思表示。当事人如果不向对方作出意思表示，彼此将无法了解对方的意思，不可能达成合同。

(3) 各方意思表示必须一致。合同是两个或两个以上当事人意思表示一致的产物，如果有了两个或两个以上的当事人，也相互作出了意思表示，但达不成一致，也不会产生合同。

2. 合同当事人的法律地位平等

当事人法律地位平等是合同的一个基本特征，是合同制度的应有之义，是市场经济的内在要求，也是民法的平等原则的具体体现。当事人法律地位平等，意味着合同的各方当事人，不论是自然人还是法人，不论其社会地位高低，不论其经济实力强弱，其法律地位一律平等，没有上下之分、高低之别。不存在领导和被领导、命令和服从的关系。合同当事人法律地位平等和当事人表达意思的自由是相辅相成的，没有法律地位的平等，当事人也就没有自由地、充分地表达自己意愿的可能。因此，没有当事人法律地位的平等，也就没有合同。

3. 合同以设立、变更、终止民事法律关系为目的

合同是当事人设立、变更、终止民事法律关系的协议。当事人既可以通过订立合同设立民事法律关系，也可以通过订立合同变更或终止民事法律关系。合同当事人所设立的民

事法律关系,与其他法律事实发生的民事法律关系一样,在当事人之间产生权利、义务,当事人的权利受法律保护,当事人的义务受法律约束。但是,合同关系又不同于其他的民事法律关系,区别就在于当事人的权利义务是自行约定的,是相互协商一致的。合同所确立的关系既然是一种民事法律关系,那么,不发生任何法律后果,在当事人之间不产生权利、义务的协议,就不是合同;虽然能在当事人之间产生权利义务关系,但当事人之间确立的关系不是民事法律关系的协议,也不是合同法意义上的合同。合同的这一特征又使其明显区别于一般社交中的约定行为。一般社交活动中的约定并不产生法律上的权利义务关系。

合同的以上特点其实可以概括为合同是一种双方民事法律行为。

(扫一扫　相关链接 4-1　法律行为与事实行为)

二、合同的分类

当前社会经济活动和财产流通的方式是多种多样的,当事人为了追求不同的经济目标,订立各种不同的合同,而不同的经济关系在法律上的表现形式是不同的,这就决定了合同的多样性。特别是随着全球经济不断地趋于一体化,新的交易形式不断出现,合同的种类越来越多。因此,按不同的标准对合同进行分类,有助于全面、准确地把握不同种类的合同,正确处理不同的合同关系。合同的具体分类如图 4-2 所示。

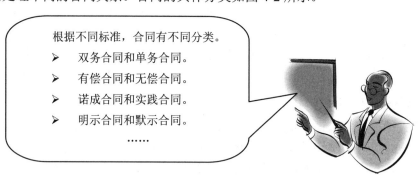

根据不同标准,合同有不同分类。
➤　双务合同和单务合同。
➤　有偿合同和无偿合同。
➤　诺成合同和实践合同。
➤　明示合同和默示合同。
……

图 4-2　合同的分类

1. 双务合同和单务合同

根据合同当事人双方权利、义务的分担方式,合同可以分为双务合同和单务合同。双务合同是指合同当事人双方互相享有权利、相互负有义务的合同。例如,买卖合同的卖方负有将出卖的物品交付给买方的义务,同时享有请求买方支付价款的权利;买方负有向卖方支付价款的义务,同时享有请求卖方交付出卖物归其所有的权利。单务合同是合同当事人一方只负担义务，而不享受权利，另一方只享受权利而不负担义务的合同。例如，赠予合同就是单务合同，赠予人只负担将赠予物交受赠人所有的义务，他对受赠人不享有权利；受赠人只享有接受赠予物的权利，而对赠予人不负担任何义务。

2. 有偿合同和无偿合同

根据当事人取得权利有无代价，可将合同分为有偿合同和无偿合同。有偿合同是指双方当事人一方须给予他方相应的利益才能取得自己的利益的合同。无偿合同是指当事人一方给予他方利益而自己不取得相应利益的合同。例如，买卖、互易、租赁等都是有偿合同；而赠予、无息贷款则是无偿合同。

3. 诺成合同和实践合同

根据合同成立是否以交付标的物为要件，可以将合同分为诺成合同和实践合同。诺成合同是指当事人意思表示一致即成立的合同。除了当事人意思表示一致外，还必须交付标的物才能成立的合同是实践合同。例如，买卖合同就是诺成合同，因为买卖双方就合同的主要条款达成一致，合同就成立；而赠予合同属于实践合同，该合同仅有当事人双方一致的协议，还不能成立，只有在赠予人将赠予物交付受赠人时，合同才成立。

4. 明示合同和默示合同

根据订立合同的方式不同，合同可以分为明示合同和默示合同。一项合同，如果当事人采用书面或是口头的形式来订立，就是明示合同；如果订立合同的意图不是通过语言而是通过行为表示出来的，那么该合同就是默示合同。明示合同的条件取决于当事人的语言，默示合同则取决于当事人的行为及具体情形。例如，病人到医院看病，顾客到饭店吃饭，虽然在看病和吃饭前未明确表示要付钱，但是也可以推断出其在接受服务后有付款的意思。

此外，按照其他不同的标准，合同还可以分为口头合同和书面合同、为订约人自己订立的合同和为第三人利益订立的合同、主合同和从合同(不依赖其他合同存在的是主合同，以其他合同存在为存在的前提的合同是从合同，如担保合同)、有名合同和无名合同(根据法律上有无规定的名称的分类)等，在此就不一一介绍了。

💬 小思考

有人认为"所有的有偿合同均为双务合同""所有的双务合同亦均为有偿合同"，你同意这一观点吗？为什么？

三、合同法的渊源

合同法是调整合同关系的法律规范的总称。合同法的渊源就是合同法的表现形式。合同法的渊源大致可分为国内渊源与国际渊源，如图 4-3 所示。

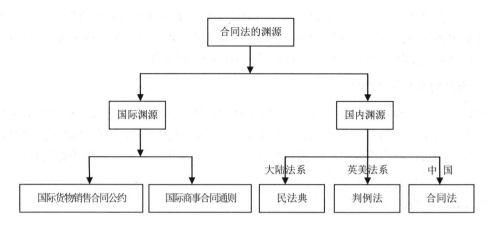

图 4-3　合同法的渊源

(一)国内渊源

1. 两大法系的合同法规范

在大陆法系国家，如法国、德国、意大利、瑞士和日本等国，合同法是以成文法的形式出现的。这些国家的合同法都包含在民法典或债法典中。大陆法系的民法理论认为，合同是产生债(债是按照合同的约定或者依照法律的规定，在当事人之间产生的特定的权利和义务关系)的原因之一，因此把有关合同的法律规范与产生债的关系的其他原因，如不当得利、无因管理、侵权行为等法律规范并列在一起，作为民法的一编，称为债务关系法或债编。例如，《法国民法典》将有关合同的事项集中在第 3 卷中规定，该卷第 3 编的标题是"契约或约定之债的一般规定"，其内容包括合同有效成立的要件、债的效果、债的种类、债的消灭等，这些都是合同法的一般原则。此外，该卷在其后各编中进一步对各种具体的合同作出了规定，包括买卖、互易、合伙、借贷、委任、保证、和解等。

(扫一扫　小知识 4-1　不当得利与无因管理)

英美法中，关于合同的法律原则主要包含在普通法中，也就是通过判例体现出来的。英美法系各国，除了印度外，都没有一部系统的、成文的合同法，英美法中的合同法主要是判例法。虽然英美等国也制定了一些有关某种合同的单行法，如英国的《1893 年货物买卖法》和美国的《统一买卖法》《统一商法典》(UCC)，但这些都是对买卖合同及其他一些有关的商事交易合同作出的具体规定，至于合同法的基本原则，仍然体现在普通法的判例之中。

2. 我国的合同法规范

《中华人民共和国合同法》(以下简称《合同法》)于 1999 年 3 月 15 日第九届全国人大

第二次会议通过，它是按照社会主义市场经济的要求，结合我国的具体情况，吸收借鉴了外国合同立法的先进经验制定的一部统一的合同法。统一合同法的制定，是我国合同立法的重大进展，构成了我国民法典的重要内容。合同法主要规定了合同的订立、效力、履行，合同的变更和转让，合同的权利义务终止，违约责任以及 15 种有名合同。需要注意的是，2017 年 3 月 15 日第十二届全国人大第五次会议通过并于 2017 年 10 月 1 日起施行的《民法总则》的"法律行为"一章，改变了《合同法》的诸多制度和规则，因此，就产生了民法总则与合同法在适用时的衔接问题。

(扫一扫　相关链接 4-2　《民法总则》与《合同法》的衔接问题)

(二)国际渊源

各国合同法内容不统一，给各国进行经济贸易交往带来了许多不便。从 20 世纪初，就有一些国际组织致力于统一各国合同法的工作。罗马统一国际私法协会于 1994 年制定了《国际商事合同通则》(Principles of International Commercial Contracts，PICC)，为国际商事合同制定了一般规则，并于 2004 年又进行了修订。《国际商事合同通则》不是国际条约，不具有强制性，完全由合同当事人自愿选择适用。尽管如此，由于它尽可能地兼容了不同文化背景和不同法律体系的一些通用的法律原则，同时还总结和吸收了国际商事活动中广为适用的惯例和规则，因而对于规范和指导国际商事活动产生了很大的影响。

目前，尚不存在具有一般法性质而广泛适用于国际商事合同各领域的综合性国际条约。但在货物买卖、运输和票据等合同领域都出现了有很多国家参加的国际公约，如《联合国国际货物销售合同公约》等。

此外，国际商会等组织在货物贸易和贸易结算等领域制定了具有普遍影响力的国际惯例，如《国际贸易术语解释通则》等，在特定的领域同样起着重要的作用。

四、合同法的基本原则

合同法的基本原则体现了合同法总的指导思想，是合同法的灵魂。它是合同当事人在合同的签订、履行、解释和争议解决过程中应当遵守的基本准则，也是法院、仲裁机构在审理、解决合同纠纷时应当遵循的原则。合同法关于合同订立、效力、履行、违约责任等内容，都是根据这些基本原则规定的。合同法的基本原则如图 4-4 所示。

(一)合同自由原则

合同自由原则，又称契约自由(Freedom of Contract)原则，是法国资本主义革命时期发展起来的。卢梭在《社会契约论》中指出人是生而自由的，人们有权自由地订立契约而不受任何胁迫。在这样的基础上，法国的立法确认了契约自由的原则。

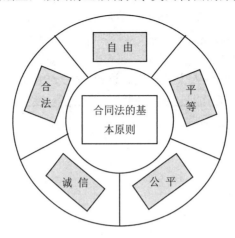

图 4-4　合同法的基本原则

契约自由的全部含义：①当事人依照自己的意愿自主决定是否订立合同；②在订立合同时，有权选择对方当事人；③所订立合同的内容由当事人在不违法的前提下自由约定；④在合同履行过程中，当事人可协商对合同的内容进行补充或变更；⑤可以约定违约责任，在发生争议时，还可以自由地选择解决方式；⑥当事人还可以自由协商解除所订立的合同。

💬 小思考

哪些情况下订立的合同是不符合契约自由原则的呢？

我国合同法没有使用"自由"，而是使用了"自愿"的字眼。其第四条规定："当事人享有自愿订立合同的权利，任何单位和个人不得非法干预。"契约不自由包括多种情形，如被胁迫、被欺诈、被人利用危险处境而订立合同或者订立不利于自己的合同。

(二)平等原则

平等是社会正义的基本前提，平等是市场主体进行公平交易的基本保障，只有确立了平等，才能保证当事人有自由平等表达自身真实意愿的可能，从而保证交易的公平。

中国传统的经济和法律制度区别所有制形式，给予不同性质的财产以不同的保护。在市场经济体制下，法律应该对其进行同等的保护。只有这样，才能保证市场主体在同等条件下进行公平的竞争，从而使社会获得最大利益和效率。

我国合同法第三条规定："合同当事人的法律地位平等，一方不得将自己的意志强加给另一方。"需要指出的是，平等不同于自愿，平等强调的是当事人双方不能相互强迫对方交易，而自愿强调的则是合同以外的第三方不得强迫当事人双方交易。

(三)公平原则

公平原则就是要求合同当事人之间的权利义务要公平合理，要大体平衡，合同中的负担和风险要合理分配。这一原则实际上也是社会公德的一种体现，符合商业道德的要求。将公平原则作为合同当事人的行为准则，可以防止当事人滥用权利，有利于保护当事人的合法权益，维护和平衡当事人之间的利益。公平既是一种道德情操，也是法律追求的最高价值目标。作为道德情操，公平要求人于利益不自取太多，而与人过少；于损害亦不自取过少，而与人太多。作为法律追求的最高价值目标，要求立法与司法都必须符合公平、正义的要求。《合同法》调整平等主体之间的权利义务关系，自然应当把公平作为一项基本原则，为诚实信用原则树立判断标准。

我国《合同法》第五条规定："当事人应当遵循公平原则确定各方的权利和义务。"

 小思考

《合同法》的平等原则与公平原则有何不同？

(四)诚实信用原则

诚实信用原则也就是指合同当事人在订立、履行、变更和解除合同或合同关系终止等各个阶段，无论行使权利，还是履行义务，都应讲诚实、守信用，相互协作配合，不得损害他人利益和社会公共利益。从其本质上来说，该原则实际上就是一个道德规范，在市场经济条件下，成为评价一切自然人、法人和其他组织行为的基本标准。因此，可以说诚实信用是我国市场经济的基石，可实现当事人各方利益均衡的意愿，维护市场经济秩序稳定，促进现代社会和谐发展。

作为一项极其重要的基本原则，诚实信用原则具有道德伦理和法律规范双重约束的作用，体现在合同订立、履行和终止的各个阶段。

诚实信用原则也是民法最基本的原则，这一原则的确立反映了法律对道德准则的吸收，这种道德准则上升为法律规范的要求，首先应用在了合同活动过程。诚实信用原则也是公平正义的法律价值在民法领域的体现，使得诚实信用原则成为司法领域的最高准则，被称为"帝王规则"。作为法律的基本原则，诚实信用原则是具有普遍约束力的法律规定，人民法院在司法过程中，如果遇到没有具体的法律规定或规定不完善的案件时，就可以依据诚实信用原则进行审理、判决案件。

我国合同法第六条规定："当事人行使权利、履行义务应当遵循诚实信用原则。"

(五)合法原则

这里的合法原则，是指公序良俗及禁止权利滥用原则。

1. 公序良俗原则

所谓公序良俗原则，是指民事法律行为的内容及目的不得违反公共秩序和善良风俗。公序良俗原则是我国民法一项重要的基本原则，在社会主义市场经济条件下，有维护国家利益及一般道德观念的功能。因为在立法时，不可能完全预见到一切损害国家利益、社会公共利益和道德秩序的行为，而有针对地作出详尽的禁止性规定，故设立公序良俗原则，以用来弥补禁止性规定的不足。公序良俗原则实质上是授权性规范，其目的在于遇有损害国家利益、社会公共利益和社会道德秩序的行为，而又缺乏相应的禁止性法律规定时，人民法院可直接适用公序良俗原则，而确认该行为无效。

2. 禁止权利滥用原则

所谓禁止权利滥用原则，是指一切民事权利的行使不得超过其正当界限，行使权利超过正当界限，则构成权利滥用，应承担侵权责任。按照这一原则，一切自然人、法人和其他组织在行使民事权利时，均负有不得超过其正当界限、不得滥用权利的义务。禁止权利滥用原则与诚实信用原则联系紧密。禁止权利滥用原则是诚实信用原则的当然内容，或者说是诚实信用原则的反面规范，即行使权利违背诚实信用原则，就是权利滥用。

我国合同法第七条规定了公序良俗及禁止权利滥用原则，即"当事人订立、履行合同，应当遵守法律、行政法规，尊重社会公德，不得扰乱社会经济秩序、损害社会公共利益"。

第二节　合同的订立

一、合同的成立要件

所谓合同的成立，是指订约当事人就合同的主要条款达成合意。合同本质上是一种合意，合同的成立说明各方当事人的意思表示已达成一致。合同生效则是指合同当事人合意的内容因具备有效要件而产生了法律效力。在大多数情况下，合同的成立也意味着合同的生效。因此，人们往往并不严格区分合同的成立与生效，进而认为合同的生效要件就是合同成立的要件。实际上，尽管合同的成立和合同的生效二者存在着密切联系，但毕竟属于不同的概念，不可相互替代。

(扫一扫　相关链接4-3　合同订立、合同成立与合同生效)

具体来说，合同的成立必须具备如下要件。

1. 存在双方或多方订约主体——主体要件

所谓订约主体，是指实际订立合同的人，一般情况下，在合同成立以后，这些主体将成为合同的当事人，即合同主体。订约主体既可以是自然人，也可以是法人和其他组织(如合伙等)。无论订约当事人的具体形态如何，合同必须存在着两个代表不同利益的订约主体，因为合同必须具有双方当事人，只有一方当事人不可能成立合同。

小贴士

订约主体与合同主体

订约主体与合同主体是不同的概念。订约主体既可以是未来的合同当事人，也可以是合同当事人的代理人；而合同主体则是合同关系的当事人，他们是实际享有合同权利并承担合同义务的人。有些合同当事人并未亲自参与合同的订立，却可以成为合同主体，如通过代理人订约。

2. 订约当事人对主要条款达成合意——内容要件

合同成立的根本标志在于，合同当事人就合同的主要条款达成合意。合同的主要条款，是合同必须具备的条款，如果缺少这些条款，合同是不能成立的。各种合同因性质不同，所应具备的主要条款也是不一样的。例如，价款是买卖合同的必要条款，但对无偿合同来说并不需要此类条款。从实践来看，当事人在从事交易的活动中常常因为相距遥远、时间紧迫等原因，不能就合同的每一项具体条件进行仔细磋商，或者因为当事人欠缺必要的合同法知识等未能就合同所涉及的每一个具体条款进行深入的协商，从而使合同规定的某些条款不明确或欠缺某些条款，但这并不一定会导致合同的不成立。只要当事人就合同的主要条款达成合意，合同就可以成立。比如，根据《联合国国际货物销合同公约》的规定，在国际货物买卖中，只要当事人就标的、价格和数量达成合意就可以使合同成立。即使合同缺乏对履行期限、地点等条款的规定，也可以根据有关规定加以解释或填补。还要看到，达成一致的协议意味着当事人意思表示一致，至于当事人的意思表示是否真实，则属于合同效力范畴的问题。

对于合同的主要条款，我国立法的规定是比较宽泛的，《合同法》第十二条规定，"合同的内容由当事人约定，一般包括以下条款：(一)当事人的名称或姓名和住址；(二)标的；(三)数量；(四)质量；(五)价款或者报酬；(六)履行期限、地点和方式；(七)违约责任；(八)解决争议的方法"。值得注意的是，该条使用了"一般包括"而未使用"必须包括"的用语，表明上述条款并不是每一个合同所必须包括的主要条款。

3. 合同的成立应具备要约和承诺阶段——程序要件

要约和承诺是合同成立的基本规则，也是合同成立必须经过的两个阶段。如果合同没有经过承诺，而只是停留在要约阶段，则合同根本无法成立。例如，甲向乙去函，询问是否有现货，乙便立即向甲发了货，甲认为该货不符合其需要，拒绝接受，双方为此发生了争议。从本案来看，甲向乙去函询问情况，属于一种要约邀请行为，而乙向甲发货属于现货要约行为。假如该货不符合甲的需要，甲拒绝收货实际上是未作出承诺，因此本案中合同并未成立，因为双方并未完成要约和承诺阶段。合同的成立应经过要约、承诺阶段，同时也意味着当事人应具有明确的订立合同的目的。因为要约和承诺是就订立合同问题提出建议和接受建议，如果没有明确的订约目的就不可能形成要约和承诺。正是基于这一原因，不宜将当事人具有订约目的作为合同成立的要件。我国《合同法》第十三条规定："当事人订立合同，采取要约、承诺方式。"

以上只是合同的一般成立要件。实际上由于合同的性质和内容不同，许多合同还可能具有其特定的成立要件。例如，对实践合同来说，应以实际交付物作为其成立要件；而对于要式合同来说，则应履行一定的方式才能成立。

二、合同的生效要件

合同经过订立签字，成立以后，不等于合同就一定生效。合同是私人之间的约定，能否被法律赋予强制执行力，还要看法律的态度，也就是看其是否具备法律规定的合同的生效要件。合同的生效要件有一般生效要件与特殊生效要件之分。前者是指对各类合同都普遍适用的生效要件；后者是指对于某一特定类型的合同，基于法律的特别规定和当事人的特别约定而需要具备的生效要件。通常所说的合同生效要件是指合同的一般生效要件，一般包括当事人的订约能力、意思表示真实性及合法性等方面的要求。此外，英美法和大陆法还有对价和约因的要求。

(扫一扫　相关链接 4-4　合同的特殊生效要件有哪些？)

(一)当事人的订约能力

当事人订立合同必须具有相应的民事权利能力、民事行为能力。

自然人具有广泛的民事权利能力，但是却因为自身成长因素决定的对事物性质的辨别能力的差别及法律的规定，而有不同的行为能力。一般而言，未成年人和精神病患者缺乏对事物性质的辨别能力，因此，各国法律一般认为未成年人和精神病患者不具备订立合同的能力，这些人订立的合同，有的是无效的，有的是可以撤销的(见表 4-2、表 4-3)。

法人的权利能力和行为能力的范围是相同的，由法人的营业范围所决定。当然，各国立法有不同的规定，如澳大利亚法律对于企业的经营范围就没有严格的限制，即使在登记时是艺术品公司也可以从事钢铁贸易等。

(扫一扫　小知识 4-2　权利能力与行为能力)

(扫一扫　案例 4-1　职业介绍所诉罗杰案)

表 4-2　世界各国的成年年龄

年　龄	国　别	说　明
15 岁	印尼、缅甸、沙特	

续表

年　龄	国　别	说　明
16 岁	柬埔寨、古巴、越南	
17 岁	东帝汶和朝鲜	完全列举
18 岁	绝大多数国家	日本曾经是 20 岁，2018 年下调至 18 岁；加拿大阿尔伯塔省、安大略省和魁北克省；美国大多数州
19 岁	韩国、加拿大(部分)、美国(部分)	韩国曾经是 20 岁，2008 年降至 19 岁；加拿大新斯科舍省；美国亚拉巴马州和内布拉斯加州
20 岁	新西兰、泰国	
21 岁	新加坡、美国(部分)	美国密西西比州和波多黎各自治邦

表 4-3　我国自然人的行为能力

类　型	范　围	订约能力
完全民事行为能力人	①18 周岁以上的自然人 ②16 周岁以上的未成年人，以自己的劳动收入为主要生活来源的人	能够独立承担民事责任，有订立合同的能力
限制民事行为能力人	①8 周岁以上的未成年人 ②不能完全辨认自己行为的成年人	①签订纯获利益的合同 ②签订与其年龄、智力、精神健康状况相适应的合同
无民事行为能力人	①不满 8 周岁的未成年人 ②不能辨认自己行为的成年人，以及不能辨认自己行为的 8 周岁以上的未成年人	签订的合同一律无效

(二)意思表示真实

契约自由的含义有一个最基本的要素，当事人能自由地表达自己的意思，这种表达不应该受到任何外来力量的干涉，而应该是当事人本身的自由的意愿。导致意思表示不真实的原因有多种，如对合同性质的误解导致错误地订立了合同，或者因为表达错误，致使表达的意思与其真实意愿产生较大的误差；或者受到外来力量的影响导致当事人进行了不符合自身真实意思的表达。

1. 错误

错误(Error or Mistake)是指合同当事人对于构成他们之间交易基础的事实在认识上发生的不一致性。

(1) 大陆法系各国关于错误的法律规定具体如表 4-4 所示。

(2) 英美法系各国关于错误的法律规定具体如表 4-5 所示。

表4-4　大陆法系各国关于错误的法律规定

国　家	法律规定	错误的认定
意大利	"因错误、被胁迫或者被诈欺而同意缔结的当事人，根据下列规定得主张契约的撤销"(《意大利民法典》第一千四百二十七、一千四百二十八条)	错误是本质性的并可为缔约另一方识别。这些本质性错误包括:(1)涉及契约性质或者标的物时;(2)标的物种类、质量认定方面的错误;(3)对缔约当事人认定的错误;(4)缔约目的的错误
法　国	"如同意系因错误、胁迫或诈欺的结果，不得认为同意已有效成立"(《法国民法典》第一千一百零九、一千一百一十条)	(1)涉及标的物本质的错误。所谓的本质性，是指基本品质、决定性的考虑、买方非此不买的品质。法国法采用主观标准。(2)对缔约当事人认定的错误
德　国	"表意人所作的意思表示的内容有错误时，或者表意人根本无意为这种内容的意思表示者，如可以认为，表意人若知其情事并合理地考虑其情况而不会作此项意思表示时，表意人得撤销其意思表示"(《德国民法典》第一百一十九条)	(1)对于意思表示内容的错误。关于人的资格或物的性质的错误，如交易上认为重要者，视为意思表示内容的错误。德国法采用客观标准。(2)对于意思表示形式的错误

表4-5　英美法系各国关于错误的法律规定

国　家	法律规定	错误的认定
英　国	普通法:"订约当事人一方的错误，原则上不能影响合同的有效性。只有当该项错误导致当事人之间根本没有达成真正的协议，或者虽已达成协议，但双方当事人在合同的某些重大问题上都存在同样错误时，才能使合同无效。"衡平法:"错误只会导致一方撤销合同"	这些错误包括:(1)在合同性质上发生错误;(2)认定当事人错误，但须当事人是订立合同的要素，且对方也明知有此误会;(3)在认定合同标的物时，当事人双方都存在着错误;(4)在合同的标的物存在与否或在合同的重大问题上，双方当事人发生共同的错误;(5)允诺一方已经知道对方有所误会，并加以利用，对方可以主张合同无效
美　国	单方面的错误原则上不能要求撤销合同，至于双方当事人彼此都有错误时，也仅在该项错误涉及合同的重要条款、认定合同当事人或合同标的物的存在、性质、数量或有关交易的其他重大事项时，才可以主张合同无效或要求撤销合同	法院综合考虑误会一方错误的轻微程度，对方是否应注意到误会一方的错误，对方因信赖误会一方的允诺已经采取了什么行动，以及有无恢复原状的可能。如果对方因信赖合同已有效成立而积极准备履约，从而改变了其地位，以致难以恢复原状或不可能恢复原状时，有错误一方就不能撤销合同。法院的态度是，宁愿让有错误一方蒙受自身错误的后果，而不把损失转嫁给对方

(扫一扫　案例 4-2　瑞福斯诉维切豪斯案)

英美法与大陆法在"错误"方面的区别如表 4-6 所示。

表 4-6　英美法与大陆法在"错误"方面的区别

	英美法	大陆法
是否允许以单方面的错误为理由使合同无效	要求较为严格，不允许以单方面的错误为理由使合同无效	允许
因错误而引起的后果	普通法与衡平法采取不同的原则，如依普通法，错误可导致合同无效，而依衡平法则是撤销合同(英国法)	对法律认定的错误或者认为合同无效(如法国法)，或者认为可以撤销(如德国法)

(3)　国际惯例——《国际商事合同通则》关于错误的规定。根据《国际商事合同通则》的规定，错误是指在合同订立时已经存在的事实或法律所作的不正确的假设。其构成要件如下。

①　必须是严重错误。主要参照主客观两个方面的标准进行考量，即在合同订立时，一个通情达理的人处在与错误方相同的情况下，如果他已经知道了事实真相时，将根本不可能订立该合同，或者合同的重要条款(如标的、规格、质量、价款等)将与原订条款明显不同，这种情况下，可以认为错误是严重的。

某些交易中出现的错误，通常不视为"严重错误"，如关于商品价值、服务、对交易的期望值，以及动机方面的错误。甚至有关对方当事人身份或个人品质方面的认识也是如此，除非合同的订立本身将此作为追求目标，如所提供的服务要求具备特定的个人资格，或者贷款是基于借款人的良好信用，而事实上服务提供者不具有这样的资格，或者借款人在信用方面有瑕疵。

②　必须是另一方(非错误方)与错误方的错误有关联。第一，应该是另一方也犯了相同的错误，他作为一个通情达理的人如处在相同的情况下也不会订立合同，即必须是双方都犯了相同的错误，或者存在共同的错误。第二，错误方的错误是由另一方当事人造成的。第三，另一方当事人知道或应该知道错误方的错误，却有悖于公共交易的合理商业标准，使错误方一直处在错误状态之中。第四，在宣告合同无效时，另一方当事人尚未依其对合同的信任行事。

(扫一扫　案例 4-3　"黄岩"蜜橘案)

(4) 中国法律关于错误的规定。我国《合同法》第五十四条规定，"下列合同，当事人一方有权请求人民法院或者仲裁机构变更或者撤销：(一)因重大误解订立的……"《民法总则》第一百四十七条规定："基于重大误解实施的民事法律行为，行为人有权请求人民法院或者仲裁机构予以撤销。"所谓的重大误解，是指对于行为内容有重大误解，包括对行为的性质、对方当事人、标的物品种、质量、规格和数量等的错误认识，使行为的后果与自己的真实意思相悖，并造成较大损失。因重大误解订立的合同，当事人可以请求人民法院撤销该合同。该权利行使的期限是一年，自当事人知道或应当知道其撤销事由之日起计算。需要注意的是，不同于《合同法》，当事人对重大误解行为既有变更权又有撤销权，之后颁布的《民法总则》没有规定"可变更"，只规定了当事人的撤销权。

2. 诈欺

诈欺(Fraud)，中国法律称为欺诈，是指一方当事人故意实施某种欺骗他人的行为，并使他人陷入错误而订立合同。

(1) 大陆法系关于诈欺的规定。大陆法系德国法与法国法对于诈欺的处理有不同的原则，具体如表4-7所示。

表4-7 大陆法系各国关于诈欺的法律规定

国 家	法律规定	法律后果
法 国	"如当事人一方不实行诈欺手段，他方当事人决不缔结契约者，此种欺诈构成契约无效的原因。诈欺不得推定而应加以证明"(《法国民法典》第一千一百一十六条)	合同无效
德 国	"因被诈欺或被不法胁迫而为意思表示者，表意人得撤销其意思表示"(《德国民法典》第一百二十三条)	撤销合同

(2) 英美法系关于诈欺的规定。英美法把诈欺称为"欺骗性的不正确说明"(Fraudulent Misrepresentation)。所谓的不正确说明，是指一方在订立合同之前，为了吸引对方订立合同而对重要事实所作的一种虚假的说明(见表4-8)。它不同于商业上的吹嘘(Puff)。

[扫一扫 案例4-4 希尔诉琼斯案(1986)]

表4-8 两种类型的不正确说明

非故意的不正确说明 (Innocent Misrepresentation)	欺骗性的不正确说明 (Fraudulent Misrepresentation)
如果作出不正确说明的人是出于诚实地相信确有其事而作的，则属于非故意的不正确说明	如果作出不正确说明的人非出于诚实地相信确有其事而作的，则属于欺骗性的不正确说明

续表

非故意的不正确说明 (Innocent Misrepresentation)	欺骗性的不正确说明 (Fraudulent Misrepresentation)
非故意但有疏忽的不正确说明:蒙受欺骗的一方有权请求损害赔偿,并可撤销合同,法官或仲裁员有自由裁量权,他们可以宣告合同仍然存在,并裁定以损害赔偿代替撤销合同 非故意且没有疏忽:受欺骗的一方可以撤销合同,但法官或仲裁员同样有自由裁量权,他们可以宣告维持原合同并裁定以损害赔偿代替撤销合同。其无权主动要求损害赔偿。但不论在什么情况下,都只有受欺骗的一方才能要求撤销合同,至于作出不正确说明的一方则不能以其自身的错误行为作为解除合同的理由	对欺骗性的不正确说明,蒙受诈欺的一方可以要求赔偿损失,并可撤销合同或拒绝履行其合同义务

英国普通法认为,单纯沉默原则上不能构成不正确说明,因为一般来说,合同当事人没有义务把各项事实向对方披露,即使他知道对方忽略了某种重要事实,或者他认为对方可能有某种误会,他也没有义务向对方说明。但是在以下情况下,英国法也认为当事人负有披露实情的义务(明示表示和默示表示)。

第一,如果在磋商交易中,一方当事人对某种事实所作的说明原来是真实的,但后来在签订合同之前发现此项事实已经发生变化变得不真实了,在这种情况下,即使对方没有提出询问,但该当事人也有义务向对方改正其先前作出的说明。

第二,凡属诚信合同(Utmost Good Faith),如保险合同、公司分派股票的合同、处理家庭财产的合同等,由于往往只有一方当事人了解全部事实真相,所以,该当事人有义务向对方披露真情,否则即构成不正确说明。

美国法院的判例表明,以不正确表述(欺诈)起诉的前提是:①被告对事实作了虚假的说明;②原告基于对该陈述的信赖采取了行动;③这种虚假说明使原告蒙受了损害。《第一次合同法重述(1932)》第四百七十七条规定,当一方通过欺骗另一方而订立合同时,双方之间没有真正的合意存在,因此,受到欺骗的一方可以撤销合同。

(3) 国际惯例——《国际商事合同通则》关于诈欺的规定。《国际商事合同通则》第3.8条规定:"一方当事人可宣告合同无效,如果其合同的订立是基于对方当事人欺诈性的陈述,包括欺诈性的语言、做法,或依据公平交易的合理商业标准,该对方当事人对应予披露的情况欺诈性地未予披露。"

(4) 中国法律关于诈欺的规定。我国合同法第五十二条规定,"有下列情形之一的,合同无效:(一)一方以欺诈、胁迫的手段订立合同,损害国家利益……";第五十四条规定,"……一方以欺诈、胁迫的手段或者乘人之危,使对方在违背真实意思的情况下订立的合同,受损害方有权请求人民法院或者仲裁机构变更或者撤销"。《民法总则》第一百四十八条规定:"一方以欺诈手段,使对方在违背真实意思的情况下实施的民事法律行为,受欺诈方有权请求人民法院或者仲裁机构予以撤销。"该法第一百四十九条规定:"第三人实施欺诈行为，使一方在违背真实意思的情况下实施的民事法律行为，对方知道或者应当知道该欺诈行为的，受欺诈方有权请求人民法院或者仲裁机构予以撤销。"可以看出，欺诈的构成要件是：①主观上具有欺诈的故意；②客观上实施了欺诈行为；③对方因欺诈方的欺诈而陷入对合同内容的错误理解；④被欺诈方因错误而作出了订立合同的意思表示。需要注意的是，《合同法》采用区分原则，规定了损害国家利益的是无效合同，损害其他民事主体利益的则是可变更、可撤销的合同，这在一定程度上减少了国家对民事法律行为的干预。《民法总则》实行平等保护，不再区分损害国家利益和他人利益，将欺诈、胁迫行为一律规定为可撤销的民事法律行为，撤销权人是否行使撤销权，完全取决于自己的利益考虑，这是对权利人意思自治的尊重。可以看出，对于欺诈行为，《民法总则》同样没有规定"可变更"，只规定了当事人的撤销权。

3. 胁迫

胁迫(Duress)是指当事人一方以暴力、暴力威胁或其他手段使对方当事人产生恐惧并因此而订立合同的行为。当一方使用胁迫的手段迫使另一方接受合同条件时，受胁迫人的意思表示是不真实或有瑕疵的，不能产生法律上意思表示的效果。

(1) 大陆法系各国关于胁迫的法律规定如表 4-9 所示。

表 4-9　大陆法系各国关于胁迫的法律规定

国　家	法律规定
法　国	"如行为的性质足以使正常人产生印象并使其担心自己的身体或财产面临重大且现实的危害者，即为胁迫"；"不仅对于缔约当事人一方进行胁迫，而且对于缔约人的配偶直系卑亲属或直系尊亲属进行胁迫均为契约无效的原因"；"对订立契约承担义务的人进行胁迫构成无效的原因，即使胁迫由为其利益订立契约人以外的第三人所为时，也相同"；"对父母或其他直系亲属仅心怀敬畏，而未进行胁迫时，不足以撤销契约"(《法国民法典》第一千一百一十一条、第一千一百一十二条、第一千一百一十四条)
意大利	"仅在涉及取得不法利益时，以起诉进行的威胁得是契约撤销的原因。"《意大利民法典》第一千四百三十八条) 例如，某蛋糕零售店代销蛋糕，结果被投诉蛋糕中有铁丝，遂致电厂家，要求给付 5 万元，否则披露给新闻媒体
德　国	因被胁迫而为意思表示者，表意人得撤销其意思表示；但如果法律行为系乘他人穷困、无经验、缺乏判断能力或意志薄弱，使其对自己或第三人的给付作财产上的利益的约定或担保，而此种财产上的利益比之于给付，显然为不相称者，该法律行为无效，如高利贷。 胁迫比诈欺更为严重，应当让受胁迫者更容易从合同的约束力中解脱出来，因此德国法认为，如胁迫是第三人所为，即使合同的相对人不知情，受胁迫的一方也有权撤销合同

(2) 英美法关于胁迫的规定。英美普通法认为，胁迫是指对人身施加威吓或施加暴力或监禁。

英美衡平法中还有"不正当影响"(Undue Influence)的概念。不正当影响主要适用于滥用特殊关系以订立合同为手段从中谋取利益的场合。比如，医生与病人、律师与当事人，他们之间订立的合同，如果有不正当的地方，即可推定为有"不正当影响"，蒙受不利的一方可以请求撤销合同。至于以揭发对方的犯罪行为进行要挟，也构成胁迫，但如以对对方提起民事诉讼为要挟，则一般不能认定为胁迫。在现代社会，采用直接暴力的手段进行胁迫的情形越来越少，更多的是利用经济或商业上的优势进行胁迫，这要从显失公平的角度进行审查。

胁迫的对象不仅包括缔约当事人本人，也包括该当事人的丈夫、妻子或近亲，如果对后者施加胁迫，迫使当事人不得不同意订立合同，也构成胁迫，当事人可以撤销合同。

(3) 国际惯例——《国际商事合同通则》关于胁迫的规定。《国际商事合同通则》第3.9条规定："一方当事人可宣告合同无效，如果其合同的订立是另一方当事人的不正当之胁迫所致，而且在当时情况下，该胁迫是如此急迫，严重到足以使该当事人无其他合理选择。尤其是当使另一方当事人受到胁迫的行为或不行为本身属非法，或者以其作为手段来获取合同的订立属非法时，均为不正当的胁迫。"

(4) 中国法律关于胁迫的规定。我国《合同法》第五十二条规定，"有下列情形之一的，合同无效：(一)一方以欺诈、胁迫的手段订立合同，损害国家利益……"《合同法》第五十四条规定："……一方以欺诈、胁迫的手段或者乘人之危，使对方在违背真实意思的情况下订立的合同，受损害方有权请求人民法院或者仲裁机构变更或者撤销。"《民法总则》第一百五十条规定："一方或者第三人以胁迫手段，使对方在违背真实意思的情况下实施的民事法律行为，受胁迫方有权请求人民法院或者仲裁机构予以撤销。"同欺诈行为一样，《民法总则》对于胁迫行为也不再区分损害国家利益和他人利益，将其一律规定为可撤销的民事法律行为。

(三)合法

合同合法也是合同的要件之一。规定合同合法性原则的目的在于维护正常的经济秩序和社会秩序。我国《合同法》明确规定，当事人订立、履行合同，应当遵守法律、行政法规，尊重社会公德，不得扰乱社会经济秩序，损害社会公共利益。凡是违法和损害社会公共利益的合同都是无效的。合同的合法包括内容合法和形式合法。

1. 合同的内容合法

在英美法中，非法的合同可分为违反法律和违反公共政策两类。违反法律的协议指的是违反宪法、成文法或其他法律规则或不违反上述规则就不可能履行的协议。一项合同的违法，可能是合同的性质本身违法，或者是允诺中含有违法因素或合同的对价违法。但是，在合同的履行过程中存在某些违法行为并不意味着合同违法，如果合同的成立合法，而且其履行也不违反法律，这个合同就不是一个违法合同。违反公共政策(Public Policy)并无确切的定义，其含义不是静止不变的，而是随着时代变化而变化，而且在美国，各州法律的理解也不同。一般地，狭义的公共政策是指除法律以外的社会道德、公序良俗、公共利益等多方面内容，广义的则包括现行的法律。在通常情况下，免责协议、限制贸易的协议和有损于公共服务的协议是违反公共政策的合同。违法的合同是不能强制履行的，即使一方已支付了对价但并未收到对方的对价，法院也不会给任何一方以救济。但是非法合同不能强制履行也有例外，如果只有一方当事人知道使合同非法的事实，而另一方完全无辜甚至是受害者，法院会给予无辜者以救济，但是不会给过错方救济。如果一份合同部分违法，部分合法，且合法的部分具有独立性和可分性，强制履行也不会引起不公正，法院通常会承认合法部分的效力。

《法国民法典》首先在总则中规定，任何人不得以特别约定违反有关公共秩序和善良风俗之法律，然后把违法、违反公共秩序和善良风俗同合同的标的与约因一同作出规定。按照法国法，构成合同非法的原因主要有两点：一是交易的标的物非法。《法国民法典》第一千一百二十八条规定，得为契约标的者，以许可交易之物为限。二是合同的约因不合法，即合同追求的目的不合法。《法国民法典》第一千一百三十一条规定，无约因之债，或者基于错误约因或不法约因之债，不发生法律效力。至于什么是不法约因，《法国民法典》进一步解释道：如约因为法律所禁止，违反善良风俗或社会公共秩序，此种约因为不法约因。

我国根据 2017 年颁布施行的《民法总则》，合同无效有四种类型：①无民事行为能力人实施的民事法律行为无效(第一百四十四条)；②虚假意思表示实施的民事法律行为无效(第一百四十六条)；③恶意串通的民事法律行为无效(第一百五十四条)；④违反强制性规定与违背公序良俗的民事法律行为无效(一百五十三条)。

2. 合同的形式合法

合同的形式是指订立合同的当事人达成的协议的表现形式。按照合同的表现形式不同，合同可以分为要式合同和不要式合同。要式合同是必须依照法定形式订立的合同，不要式合同是法律上不要求按特定形式订立的合同。在古代，由于商品经济不发达，所以，合同的形式要求比较严格，现代各国对合同形式一般不加限制，法律只规定特定种类的合同必须具备书面形式或其他形式。

英美法对合同的形式要求是宽松的，只要成文法没有相反的规定，合同既可以是书面形式，也可以用口头形式订立，或者可以部分书面部分口头。合同的形式自由，是英美法的一项基本原则，但是也有例外，根据英国《防止诈欺法》和美国《统一商法典》的规定，一些合同必须以书面形式订立。

英国法规定，汇票和本票合同、航海保险合同、消费者信贷协议和卖据(所有权因买卖而转交的字据)必须写成书面形式，此外的其他合同并不要求书面形式。但是根据 1677 年英国的"防止诈欺和伪证的法案"，通称《防止诈欺法》(Statute of Fraud)，在诉诸法律要求以书面形式作证时，合同要写成书面形式。经过多次修改，英国诈欺法大部分内容已废止，现在只有三种合同要求以书面形式作为证据，即保证合同、有关土地买卖或处分土地权益的合同和金钱借贷合同。在美国，各州以成文或不成文的形式沿用英国《防止诈欺法》，根据这一法案，必须采用书面形式的合同有遗嘱执行人或遗嘱管理人以自己的财产偿还死者债务的允诺、为他人偿还债务的允诺、以结婚为对价的协议、买卖土地和土地权益的合同、不在一年内履行的合同。此外，美国《统一商法典》规定，要求价金超过 500 美元的货物买卖采用书面合同。

在法国法中，要式合同主要有两种情况，一是以法定形式作为合同有效的条件，二是作为证据的要求。第一种合同数量较少，只有赠予合同、夫妻财产制合同、设立抵押权合同等要以公证人的文书作为合同有效成立的形式要件。第二种情况是把某种法定的形式作为证据，证明合同的存在和内容，除了法律规定的形式外，法院不接受其他形式的证据。《法国民法典》规定，如果价额在 50 法郎以上的合同没有采用公证人证书或私证书的形式，该合同不能以证人作为证据，由于缺乏证据，法院将不予强制执行。但是商事合同在法国是不要式合同，可以是口头方式，也可以是书面方式，任何证据方式都可以使用。

我国《合同法》规定，当事人订立合同，有书面形式、口头形式和其他形式。法律、行政法规规定采用书面形式的，应当采用书面形式。未采用法律规定的形式的，合同无效。有一种例外的情况是，法律、行政法规规定或者当事人约定采用书面形式订立合同，当事人未采用书面形式，但一方已经履行主要义务，对方表示接受的，该合同成立。中国立法的基准点就是，严格交易程序，加强国家对重要经济活动的监控；积极促成交易。

不同形式的合同的比较如表 4-10 所示。

表 4-10　合同不同形式的比较

形　式	优　点	缺　点	建　议
口头形式	方便迅速	举证难，不易分清责任	最好事后补充书面形式
书面形式	有据可查，便于分清责任	条款与签署烦琐	关系复杂、重要的合同，最好采取书面形式
其他形式	比较迅速(如推定行为)	易生分歧，风险大	在国际贸易中一般不宜采用

(扫一扫　案例 4-5　停车收费纠纷案)

为什么法律要强调要式合同的重要性？

(四)对价或约因

有些国家的法律规定，合同要发生法律效力，还必须具备对价或约因。

1. 对价

在英美法中，一份在法律上有效的合同，除了当事人之间意思表示一致外，还必须具备另一项因素。英美法认为，仅仅是一个人向另一个人允诺某事物的事实，还不足以产生法律上的义务，也不足以使法律补救在不履行的情况下得到适用。一个允诺必须伴随某种其他因素，才能够被强制执行。而在英美法中，只有能够强制执行的允诺才是合同。这一特殊的因素就是对价(Consideration)。

对价是英美法特有的概念，对价的定义是比较晦涩的，按照英国法的解释，对价是"按照法律观念，有价值的对价可能存在于一方当事人的权利、利益、利润或经济利益中，或者存在于一方所承担的放弃行使某些权利或所蒙受的损害、损失或所担负的义务(见图4-5)"。简单地说，对价就是一方为取得合同权利而向另一方支付的"代价"。对价可以是某种允诺，也可以是某种行为。一方的允诺或行为可以成为另一方允诺或行为的对价。近年来，英美法在解释对价时，强调的是对价的"互换性"，只要一方得到了他想要的东西，即使这种东西不能给他带来某种利益或好处，也可成为对价。

图 4-5 对价概念图解

👁 小贴士

对价的类型

(1) 待履行的对价(Executory Consideration)：双方当事人允诺在将来履行的对价。

(2) 已履行的对价(Executed Consideration)：当事人中的一方以其作为要约或承诺的行动，已全部完成了他依据合同所承担的义务，只剩下对方未履行其义务。

(3) 过去的对价(Past Consideration)：是指一方在对方作出允诺之前已经全部履行完毕的对价，它不能作为对方后来作出的该项允诺的对价。英美法系认为"过去的对价不是对价"(Past Consideration is not Consideration)，这种对价属于无偿的允诺，无偿的允诺除非是以签字蜡封的形式做成，否则是没有约束力的。

(1)、(2)和(3)的区别主要在于，待履行的对价是在对方作出允诺之后提供的，已经履行的对价是在对方作出允诺之时提供的，都是以此作为换取对方允诺的对价；而过去的对价是在对方作出允诺之前就已经完成的，并不是以此来换取对方的允诺。

要求允诺必须有对价支持才可以强制履行，其初衷是为了防止诈欺和维护公平，但是对价原则有时会给商业活动带来不便，如修改合同必须有对价支持，要约因无对价支持而无约束力等。有些英美法学者认为对价是完全多余的，只能制造麻烦并且没有实际意义。为适应现代商业的需要，美国《统一商法典》规定货物买卖合同的修改不需要对价，但双方应本着善意行事，以防止一方在没有正当理由的情况下利用规则敲诈对方。现在英美法对对价的要求日益放松，但并没有放弃。

在英美法中，一项有效的对价应当符合以下条件。

(1) 对价必须合法，法律禁止的东西作为对价无效。比如，买卖淫秽物品的合同，作为合同对价的标的是非法的，所以这种合同是无效的。

(2) 对价应是待履行的或是已履行的，过去的对价不是对价。所谓过去的对价，是指在允诺作出前业已提供的对价。过去的对价不能使后来的允诺产生约束力。例如，甲主动为乙提供某种服务，乙出于感激，答应将来给甲一定的报酬。甲的服务就构成过去的对价，即使甲后来反悔，乙也不能通过法院强制执行。但是，如果某种服务或利益是应对方的请求提供的，那么即使其支付报酬的允诺是在服务或利益提供完毕之后作出的，也有约束力，这种情况下提供的服务或利益不被认为是过去的对价。

(3) 对价与允诺须互为诱因。一方面对价须是允诺的诱因，允诺人为了得到对价而作出允诺。例如，甲对乙说：“如果你来我家看望我，就住在我家，我将热情款待你。”这种情况下甲的允诺带有恩惠性，并不存在与乙进行交易的动机，乙的前来并不构成甲作出允诺的诱因。另一方面，允诺同样须是对价的诱因。提供对价的人之所以付出对价是为了得到允诺所带来的利益。例如，有人在并未看到悬赏广告①的情况下，主动完成了广告中悬赏的事项，并不能因此得到广告中许诺的奖金。

(4) 对价应当充分，但不要求相称。对价的充分指的是“法律上的充分”(Legal Sufficiency)，并非经济上的充足(Economic Adequacy)，与对价的相称并不是一回事。英美法上有句著名的格言：一分钱或一粒胡椒籽也可以构成有价值的对价。不过，如果对价极不相称，法院可能会拒绝强制履行该合同，特别是当双方谈判力量不对等时，力量较强的一方在谈判中运用了其优势，法院若发现存在错误、胁迫、显失公平等情形时，往往会判决合同无效。

(5) 已经存在的义务不能构成合同的对价。既然义务是本来就存在的，履行或允诺履行从法律角度来看并不使其受损。例如，某人悬赏捉拿小偷，警察负有执法和捉拿罪犯的义务，因此他抓获该小偷不构成对悬赏允诺的对价。

(扫一扫　案例 4-6　应尽的义务是否构成对价？)

(6) 对价应当发自受允诺人，即只有对某项允诺提供了对价的人，才能要求强制执行该允诺。

2. 约因

法国法将约因(Cause)作为合同成立的要素。在法国法中，约因是指订约当事人产生债务所追求的最接近和最直接的目的(Immediate and Direct End)。但是约因与订约的动机

---

① 广告人以广告的方式声明对完成某种特定行为的人给予奖励。

(Motives)是不同的，如在买卖合同中，买方购买的动机可能是各式各样的，但是购买的最直接的目的，即约因只有一个，就是取得该标的物的所有权。《法国民法典》第一千一百三十一条规定：无约因之债，或者者基于错误约因或不法约因之债不发生法律效力。

《意大利民法典》第一千三百四十三条、第一千三百四十四条、第一千三百四十五条也规定：如约因为法律所禁止，或者违反善良风俗或公共秩序，或构成规避适用强制性规范的手段时，系不法约因，合同无效。当当事人双方确定缔结契约仅是为了双方共同的不法动机，则该契约是不法的。

但是，德国、瑞士、日本等大陆法系国家却未采用"约因"的制度，不以约因作为合同生效的必要条件(合同效力的情况见图4-6和表4-11)。

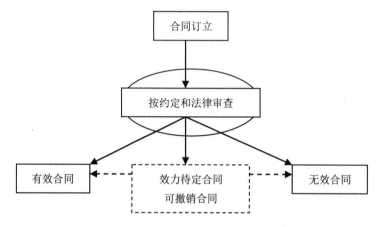

图4-6　合同效力的不同情形

表4-11　不同效力的合同的比较

合同效力类型	特　征	具体情形
无效合同	违法(自始无效)	无民事行为能力人实施
		虚假意思表示
		违反强制性规定与违背公序良俗
		恶意串通
可撤销合同	违心(已生效)	重大误解
		显失公平
		欺诈、胁迫
效力待定合同	主体资格不符合	限制民事行为能力人不能独立实施
		无权代理
		无权处分

三、合同订立的法律程序

合同订立就是双方达成协议,各方的意思表示取得一致的过程。合同订立的一般程序(见图4-7)从法律上可以分为要约和承诺两个阶段。

注：实线表示必经环节，虚线表示非必经环节。

图 4-7　合同订立的程序

(一)要约

1. 要约的概念与特征

我国《合同法》规定，要约是希望和他人订立合同的意思表示，该意思表示应当符合下列内容：①内容具体确定；②表明经受要约人承诺，要约人即受该意思表示约束。英美法认为，要约(Offer)是通过文字或行为对自愿参加订立具有法律约束力合同的一种正式通知，而且它在其提出的条款中明确地或隐含地表明，当接受的一方当事人通过行为、放弃行使某些权利或答复表示已接受其要约时，该要约开始对要约人有约束力。《国际商事合同通则》规定，一项订立合同的建议，如果十分确定，并表明要约人在得到承诺时受其约束的意旨，即构成要约。提出要约的人称为要约人(Offeror)，其相对方称为受要约人(Offeree)。

以上这些对要约概念的表述，虽然在文字上有一定的差异，但在对于要约的基本特征上并无差别，要约的基本特征如下。

(1) 要约是以缔结合同为目的的意思表示。一方虽向他方发出提议，但目的不是订立合同，或者不欲发生法律后果，该提议就不是要约。例如，A 向 B 提出星期日一起去旅游，就不是要约。

(2) 要约是由特定的当事人向相对人作出的意思表示。要约的作用在于引起相对人的承诺，以使合同成立，因此，要约人必须是特定的，否则相对人无法对要约承诺。一般地，要约的相对人也是确定的。

(3) 要约的内容足以决定合同的主要条款。当事人双方就合同的主要条款协商一致，合同才成立。因此，要约的内容必须能够足以决定合同的主要条款，这样受要约人才能决定是否接受。如一方的提议内容不足以决定合同的主要条款，即使对方接受，也无从确定当事人对合同的主要条款是否达成协议，合同也就无法成立。

2. 要约的生效要件

作为一项有效的要约，应当符合下列要求。

(1) 要约的内容应当具体确定。一份合同要具有法律约束力，其内容应当比较确定，因为要约一旦被对方承诺，合同即成立。所以合同的基本内容必须确定，能够表明双方基本的权利义务是什么。作为要约，应该包括将签订的合同的主要条件，受要约人表示承诺，就足以成立一个对双方当事人均有约束力的合同。但是，要约的内容必须明确、肯定，并不是要求要约人在要约中详细载明合同的全部内容，而只要达到足以确定合同的内容的程度即可，至于某些条件，可以留待日后确定。在这一点上，大陆法和英美法的要求基本上是一致的。

美国《统一商法典》对于这一问题则采取了比较宽松的态度。《美国统一商法典》规定,即使买卖合同中对某一项或某几项条款没有作出规定,但是,只要当事人间确有订立合同的意思,并有合理的确定的依据给予相应的补救,合同仍然可以成立。按照这一规定,在货物买卖中,要约的内容最重要的是确定货物的数量或提出确定数量的方法,至于价格、交货方式或付款的时间等内容,均可暂不提出,留待日后按照合理(Reasonable)的标准确定。

我国《合同法》规定合同一般应包括的条款有:当事人的名称或者姓名和住所,标的,数量,质量,价款或者报酬,履行期限、地点和方式,违约责任和解决争议的方法等。

(2) 要约必须表明要约人愿意按照要约中所提出的条件同对方订立合同并受合同约束的意图。要约是订立合同的提议,目的在于订立合同,而且受要约人对要约提出承诺,合同即告成立,不必征求要约人的同意。也就是说,只要受要约人对要约予以承诺,要约人就必须受约束。一方面,不是以订立合同为目的的提议不是要约;另一方面,虽然有以订立合同的目的提出的提议,但是该提议未表明当相对人对该提议承诺时,提议人愿受其约束的意思,那么该提议也不是要约。因此,为了更好地判断一项提议是否是要约,必须对要约和要约邀请加以区别。

所谓要约邀请(Invitation for Offer),是指一方为了邀请对方向自己发出要约的提议。我国《合同法》规定,要约邀请是希望他人向自己发出要约的意思表示。它和要约的区别在于,要约一经对方承诺,要约人即受此约束,合同即告成立;对于要约邀请,即使对方完全同意接受该邀请所提出的条件,发出邀请的人仍不受约束,除非他对此表示承诺或确认,否则合同仍不成立。比如,A 向 B 提出:"你是否对购买我的房子感兴趣?"B 回答:"我出 10 万元买你的房子。"在这里,A 的提议因为未表明愿受约束的意思,所以不是要约,是要约邀请;而 B 的回答构成要约,因为一旦 A 承诺,合同就成立了。在商业活动中,有些公司经常向交易的对方寄送报价单、价目表、商品目录,虽然在这些文件中,可能包括商品的价格、规格、数量等,但仍不构成要约,是要约邀请,因为其目的是为了吸引对方向自己提出订单。这种订单才构成一项要约,它须经寄送价目表的一方承诺或接受,合同才成立。如果寄送价目表的一方对订单的内容不予承诺,那么,即使订单的内容与价目表的内容完全一致,合同也不成立。要约与要约邀请的区别如表 4-12 所示。

表 4-12 要约与要约邀请的区别

类型 项目	要约	要约邀请
直接目的	订立合同	唤起对方要约
内容	包含合同主要条款	不包含合同主要条款
对象	受要约人	要约人
约束力	对要约人有约束力	对邀请人无约束力

关于要约是否要向特定的相对人发出,向非特定的相对人发出的提议是否构成要约的问题,主要是与广告有关。普通的商业广告原则上不认为是要约,而是要约邀请。但是,英美法认为,如果广告的文字明确、肯定,足以构成一项允诺,也构成要约。

[扫一扫　案例 4-7　雷恩·马歇尔公司诉普罗拉多过滤器分公司案(1982)]

我国《合同法》采用列举的方式对要约邀请作了规定："寄送的价目表、拍卖公告、招标公告、招股说明书、商业广告等为要约邀请。"可见，我国《合同法》也认为商业广告为要约邀请，但其同时又规定："商业广告的内容符合要约规定的，视为要约。"

[扫一扫　案例 4-8　卡利尔诉石碳酸烟丸公司案(1893)]

关于悬赏广告的问题，各国法律一般都认为是要约，一旦有人完成了广告要求的事项，即构成承诺，合同即成立。英美法认为，悬赏广告是一种单方允诺的行为，一旦有人完成了这种行为，悬赏人就有义务履行奖励的允诺。拍卖(Auction)是一种特殊的交易方式，拍卖公告是要约邀请，拍卖过程中竞买人的每次竞价均为要约，拍卖师击槌表示成交则为承诺。招标与投标也是常见的交易方式，招标是要约邀请，投标则是要约，投标一旦被接受，合同即成立。

3. 要约的效力

要约的效力是指要约的法律约束力。要约的效力包含两方面内容：一是时间效力，即要约何时生效；二是对人的效力，即要约对受要约人和要约人的约束力。

要约的时间效力首先涉及要约从什么时间开始生效。这既关系到要约从什么时间对要约人产生约束力，也涉及承诺期限问题。对此学术界有两种不同的观点。第一是发信主义，即要约人发出要约以后，只要要约已处于要约人控制范围之外，要约即产生效力。第二是到达主义，又称为受信主义，是指要约必须到达受要约人之时才能产生法律效力。大陆法大都采纳第二种观点。《联合国国际货物销售公约》第十五条规定："①要约于送达受要约人时生效。②一项要约，即使是不可撤销的，得予撤回，撤回通知于要约送达受要约人之前或同时送达受要约人。"《国际商事合同通则》第 2.3 条规定：要约于送达受要约人时生效。可见，二者都采纳了到达主义。我国《合同法》第十六条规定："要约到达受要约人时生效。"可见我国法律也采纳了到达主义。

一般来说，要约对受要约人是没有约束力的。受要约人收到要约，在法律上取得了承诺的权利，没有必须承诺的义务，是否承诺，可以由受要约人自行决定，并不受要约的约束，并未因取得承诺的权利而产生承诺的义务。而且，即使受要约人不予承诺，也没有通知要约人的义务，不必通知要约人对要约不予承诺。

要约对要约人有无约束力的问题,实际上是要约人发出要约后,在对方承诺之前,能否撤回要约、变更要约的内容,或者是撤销要约的问题。按照各国的法律,要约必须送达受要约人时才生效,在发出要约后至送达受要约人之前,由于此时要约尚未生效,所以要约人有权撤回要约,或者是变更要约的内容。在这一点上,各国法律基本上是一致的,我国《合同法》规定:要约可以撤回。撤回要约的通知应当在要约到达受要约人之前或者与要约同时到达受要约人。如果要约已经送达了受要约人,发生了效力,在受要约人表示承诺,合同成立前,要约人是否受要约约束、能否撤销要约的问题,各国的法律规定并不一致。

英美法规定,要约原则上对要约人无约束力,要约人在受要约人对要约作出承诺之前,任何时间都可以撤销要约或变更要约的内容。即使要约人在要约中规定了有效期限,要约人在法律上仍可以在期限届满之前随时把要约撤销。英美法的这些规定与现代经济生活是不相适应的,它对于受要约人缺乏应有的保障。因此,英美两国逐渐改变了上述法律规定。美国《统一商法典》规定,在货物买卖中,在一定条件下可以承认无对价的确定的要约,即要约人在要约确定的期限内不得撤销的要约。条件是:一是要约人必须是商人;二是要约已规定了期限,或者没有规定期限,则在合理的期限内不得撤销,但最多不能超过3个月;三是要约须以书面形式做成,并由要约人签字。只要要约符合上述三个条件,即使该要约没有对价支持,要约人仍须受其约束。

德国法认为,要约原则上对要约人有约束力。《德国民法典》规定,除非要约人在要约中注明有不受约束的词句,要约人须受要约约束,如果在要约中规定了有效期,则在规定的期限内不得撤回①或更改要约;如果没有规定有效期,则在依通常情形可望得到答复以前,不得撤回或更改要约。《法国民法典》原则上认为要约人在其要约被受要约人承诺以前可以撤销要约。

由于各国在这一问题上的法律规定不同,给国际贸易带来了很大的不便,为了适应国际贸易发展的需要,1980年3月通过的《联合国国际货物销售合同公约》对这一问题作出了规定,要约在其被受要约人接受之前,原则上是可以撤销的,但有下列情况之一则不能撤销:一是要约写明承诺的期限,或者以其他方式表明要约是不可以撤销的;二是受要约人有理由信赖该项要约是不可撤销的,并已本着对该项要约的信赖行事。

我国《合同法》规定:"要约可以撤销。撤销要约的通知应当在受要约人发出承诺通知之前到达受要约人。""有下列情形之一的,要约不得撤销:(一)要约人确定了承诺期限或者以其他形式明示要约不可撤销;(二)受要约人有理由认为要约是不可撤销的,并已经为履行合同做了准备工作"。

🔊 小贴士

要约的撤回与撤销

要约的撤回(Withdrawal),是指要约人在发出要约后,到达受要约人之前,取消其要约的行为,意在阻止其生效。要约的撤销(Revocation),是指在要约生效后使要约的法律效力

---

① 德国民法上对撤回和撤销没有作概念上的严格区分。《德国民法典》中的"Widerruf"一词,既有撤回的意思,理论上也可以有撤销的意思。

归于消灭的行为。撤回和撤销都是旨在消灭要约的约束力，且都发生于承诺之前，但其区别在于，撤回是发生在要约生效之前，而撤销是发生在要约生效之后。要约的撤回与撤销的区别如表4-13所示。

表4-13　要约的撤回与撤销的区别

项目 / 类型	撤 回	撤 销
目的	阻止要约生效	消灭生效要约的效力
发生时间	要约生效之前	要约生效之后
生效条件	在要约到达之前或与要约同时到达	受要约人发出承诺通知之前到达
有无例外	无	有

4. 要约的消灭

要约的消灭是指要约失去效力。导致要约失效的原因主要有以下几个。

(1) 受要约人拒绝或提出反要约。要约可因受要约人拒绝或反要约而终止。要约一经拒绝即终止，受要约人不能再通过承诺恢复其效力。如果承诺是附有条件的，包含了新的条款或者以某种方式改变了原要约中的条款，则构成了反要约(Counter Offer)，反要约是一项新的要约，而不是有效的承诺。反要约构成对原要约的拒绝，使原要约终止。

(扫一扫　案例4-9　合同是否已成立？)

(2) 要约人撤销要约。撤销要约目的是使已经生效的要约失效，但是由于此时要约已生效，受要约人已取得了承诺的权利，所以，撤销要约的通知必须在受要约人发出承诺通知之前到达受要约人。

(3) 要约的期间已过。要约规定了承诺的期间，而受要约人在承诺期限届满前未作出承诺，则要约自行失效。如果受要约人在承诺期满后作出承诺，只能算作新要约，只有对方再进行承诺后，合同才成立。没有规定承诺期间的要约，如果双方以对话形式磋商，则要约人发出要约后，受要约人必须对此对话要约立即承诺，否则要约失效，对话包括面对面的对话和电话对话；如果要约双方分处异地，以信函方式发出要约，如果受要约人在"依通常情形可期待要约到达的期间内"或是"合理的期限内"未作出承诺，则要约失效。

(4) 因法律原因终止。如果要约人或受要约人死亡、丧失民事行为能力、破产，标的物灭失或变得不合法，要约均自行失效。

(二)承诺

1. 承诺的概念与生效要件

承诺(Acceptance)是受要约人同意要约的意思表示。要约一经承诺，合同即告成立。一项有效的承诺，必须具备以下条件。

(1) 承诺的意思表示须由受要约人对要约人作出。非受要约人无权作出承诺，受要约人对要约人以外的人作出的接受要约的意思表示，也不是承诺。

(2) 承诺的内容与要约的内容要一致。受要约人对要约承诺，也就是对要约中足以决定合同主要条款的条件全部接受，如受要约人对决定合同主要条款的要约内容加以修改、增加或删减，则其答复就不是承诺，而是新的要约。当然，我们说承诺的内容必须与要约的内容一致，并不是说承诺的内容对要约的内容不得作丝毫的更改。随着交易的发展，要求承诺与要约内容绝对一致，客观上不利于很多合同的成立，不利于鼓励交易。因此，两大法系都允许承诺可以更改要约的非实质性内容，如要约人未及时表示反对，则承诺有效。英美法曾要求承诺必须与要约完全一致，后来，英美法放宽了要求，规定：含有新的或附加条款的承诺一般是有效的，如果该新的或附加条款未实质改变合同条件则可成为合同的一部分。

(扫一扫 相关链接 4-5 什么是合同的实质性内容？)

(扫一扫 案例 4-10 荷兰 H 公司诉英国 E 公司案)

(3) 承诺必须在要约的有效期间内作出。要约规定有效期的，须在该有效期内作出承诺；如果要约未规定有效期，受要约人则须在"依通常情形可期待要约到达的期间内"或是"合理的期限"内作出承诺。受要约人在要约期限届满后的承诺，被称为"迟到的承诺"或逾期的承诺(Late Acceptance)，它不是承诺，而是一项新的要约，经原要约人承诺后合同才成立(见图 4-8)。《国际商事合同通则》规定，如果逾期的承诺被要约人毫不迟疑地告知该承诺具有效力，则该逾期的承诺仍具有承诺的效力。

(4) 承诺的方式应符合要约所提出的要求。要约人在要约中对承诺的方式作出具体规定的，受要约人必须按照规定的方式承诺，否则承诺就不成立。如果要约人对承诺的方式未作出具体规定，受要约人一般要使用要约的限定方式进行承诺。

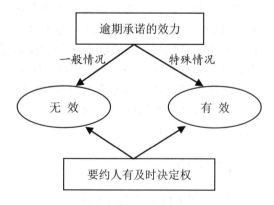

图 4-8 逾期承诺的效力及决定

(扫一扫　案例4-11　未按要约限定方式承诺的案例)

小思考

　　一方凭借以往的交易经验或通过其他途径，预先知道对方有可能向他发出要约，在收到要约之前主动向对方作出"承诺"。如果该"承诺"的内容与对方提出的要约内容刚好巧合，能否认为双方已达成了协议，合同已经成立了？

　　有时双方同时向对方发出要约，一方要买，一方要卖，条件又恰好吻合，甚至是完全一致，这称为"交叉要约"(Cross-Offer)。但这时合同并不能自动成立，因为要约还未传达至对方，还未生效。只有当要约传达至对方，而对方表示承诺后，合同才成立。

2. 承诺的效力

　　关于承诺的效力，首先是承诺生效的时间，这是合同法中的一个非常重要的问题，因为承诺一旦生效，合同就成立。在这一问题上，英美法和大陆法分歧较大。

　　英美法在这一问题上，采取"投邮主义"(Deposited Acceptance Rule)，或者称为发送主义(Doctrine of Dispatch)。在美国也常常称为"信筒规则"(Mailbox Rule)，即以书信、电报作出承诺，承诺一经投入邮筒或交付电信局，立即生效，合同即告成立。其目的在于缩短要约人撤销要约的时间。因为要约人不受要约的约束，可以在承诺生效前随时撤销，如果在承诺到达要约人才生效，那么要约人在受要约人作出承诺至承诺到达要约人前仍可撤销要约，这样对受要约人是不利的。因此英美法采取"投邮主义"调和双方的利益冲突。

　　大陆法则采取"到达主义"，即"以非对话方式作出的意思表示，于意思到达相对人时发生效力"(《德国民法典》第一百三十条)。到达主义并不要求要约人了解承诺的内容，而只要求意思表示到达要约人收信范围即可。

　　目前，在国际商事领域，合同法的发展更倾向于采纳到达主义。《国际货物销售合同公约》第十八(2)条和《国际商事合同通则》第二十六(2)条都采纳了这一规则。其最重要的理由是，如果承诺的文件在中途丢失，依投邮主义，合同已成立，要约人就可能在不知情的情况下受合同的约束。这种因邮件丢失而导致的风险由受要约人承担更公平，因为该方作为文件的投递人，可以采取措施防止这种风险发生。我国《合同法》第二十六条规定："承诺通知到达要约人时生效。"

　　那么，承诺可否撤回？各国对承诺生效时间的规定不同，因此，对承诺撤回的规定也不同。大陆法系国家由于大都采取"到达主义"，所以，承诺可以撤回，但条件是撤回承诺的通知要在承诺生效之前到达要约人(见图4-9)。在英美法系国家，承诺生效时采取的是"投邮主义"，承诺一旦发出即告生效，不存在承诺的撤回问题。承诺人如果对承诺的内容反悔，只能通过解除合同的途径来解决。

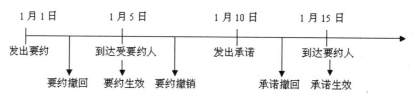

图 4-9　要约撤回与撤销及承诺撤回

小思考

承诺是否同要约一样，也存在撤销的问题？

第三节　合同的履行

一、合同履行的概念

合同履行是指合同生效后，当事人按照合同约定履行各自的义务，使合同目的得以实现的行为(见图 4-10)。

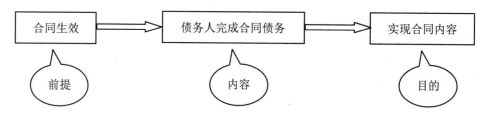

图 4-10　合同履行的概念

合同的履行是合同当事人实现合同内容的行为。各国法律都认为，合同当事人在订立合同后，都有履行合同的义务，如果违反应履行合同的义务，就要根据不同的情况，承担相应的法律责任。合同的履行具有以下法律特征。

(1) 合同的履行是债务人完成合同债务的行为，即债务人为给付行为，这是合同履行的基本要求。

(2) 合同的履行应是债务人全面地、适当地完成合同债务，使债权人实现其合同债权的给付行为与给付结果的统一。

(3) 合同的履行是依法成立的合同所必然发生的法律效果，并且是构成合同法律效力的主要内容。

(4) 合同的履行不仅是合同的法律效力的主要内容，而且是整个合同法的核心。无论是合同的成立，还是合同的生效、担保、保全等，最终都是为了合同的履行。

二、合同履行的原则

合同履行的原则，是指合同当事人在履行合同过程中所应遵循的基本准则。它可以弥补合同成文立法的不周延性缺陷；又可以限定法官在处理合同纠纷时的自由裁量权。

1. 全面履行原则

全面履行原则，又称为正确履行原则或适当履行原则，是指当事人应当按照合同的各个条款，全面、正确地履行自己的义务。这是履行当事人约定的义务，包括主体、标的、数量、质量、价款、报酬、期限、地点、方式等。任何一个条款都应不折不扣地履行，任何一个条款不履行都会使当事人不能实现合同目的。各国法律关于全面履行原则的规定如表 4-14 所示。

表 4-14 各国法律关于全面履行原则的规定

国 别	法律规定
中 国	《民法通则》第八十八条规定："合同的当事人应当按照合同的约定，全面履行自己的义务。" 《合同法》第六十六条规定："当事人应当按照约定全面履行自己的义务。"
大陆法	对履行合同义务的全面性、适当性加以约定，即使某些事项合同条款未必载明，当事人也应适当履行
英美法	当事人必须全面履行合同中的"条件"(Condition)条款和"担保"(Warranty)条款
《国际商事合同通则》	当履行到期时，债权人有权拒绝任何部分履行的请求，无论该请求是否附有对未履行部分的担保，除非债权人这样做无合法利益；因部分履行给债权人带来的额外费用应由债务人承担，并且不得损害任何其他救济方法

2. 诚信履行原则

诚信履行原则是指当事人在履行合同义务时，秉承诚实、守信、善意、不滥用权利和规避义务，根据合同的性质、目的和交易习惯履行通知、协助、保密等义务。这是当事人履行法定的义务。各国法律关于诚信履行原则的规定如表 4-15 所示。

表 4-15 各国法律关于诚信履行原则的规定

国 别	法律规定
中 国	《合同法》第六十条规定："当事人应当遵循诚实信用原则，根据合同的性质、目的和交易习惯履行通知、协助、保密等义务。"
德 国	《德国民法典》第二百四十二条规定："债务人应依诚实信用原则，并参照交易上的习惯，履行给付义务。"
美 国	《统一商法典》第 1 章第二百零三条规定："本法范围内的任何合同或义务都使当事人承担了履行或执行该合同或义务的过程中善意行事的义务。"第 2 章第一百零三条规定："涉及商人时，善意是指事实上的诚实和遵守该行业中有关公平交易的合理商业准则。"
《国际商事合同通则》	第 5.1 条规定："各方当事人的合同义务可以是明示的，也可以是默示的。" 第 5.3 条规定："每一方当事人应与另一方当事人在履行其义务时，有理由期待另一方当事人的合作。"

诚信原则被称为私法活动的"帝王"原则，相应条款被称为"帝王"条款。遵循诚实信用原则，除了强调各方当事人按照法律规定或合同约定履行义务这一基本内涵外，更重

要的是强调各方当事人应当履行附属义务，这些附属义务包括通知、协助、保密等。

通知，如义务人准备履行义务前，通知权利人做好准备；债权人分立、合并的情况及住所变更的情况及时通知债务人等。协助，如债权人要及时受领标的物，为债务人提供必要的条件等。因为合同内容往往涉及商业秘密，诚实信用原则要求当事人履行保密义务，尤其是在合同义务履行完毕，合同终止后或发生合同纠纷后。

这些义务应根据合同性质、目的和交易习惯来确定。合同性质通常指合同类型，如是单务合同还是双务合同、有偿合同还是无偿合同、实践合同还是诺成合同等。合同类型的确定体现着不同合同内在的质的差异性，影响着合同的履行。合同目的是指订立合同所要达到的目标和愿望，如是转移财产、提供劳务还是完成工作。这也影响合同的履行。交易习惯是指在经济交往中通常采用的，并被多数交易人普遍接受的传统习惯做法。在法律没有规定，合同也没有约定的情况下，依据交易习惯履行合同，有利于平衡合同当事人的利益，公平地实现合同目的。

(扫一扫　案例4-12　沃特诉伯德案)

三、合同履行中的抗辩权

所谓抗辩权，是指对抗请求权或否认对方权利主张的权利，又称异议权。而合同履行中的抗辩权是指合同履行过程中，一方当事人有依据法律，根据事实和理由对抗对方要求或否认对方要求的权利。根据享有并行使抗辩权所依据的理由，抗辩权主要有同时履行抗辩权、顺序履行抗辩权和不安抗辩权。

(一)同时履行抗辩权

1. 概念

同时履行抗辩权，是指双务合同的当事人一方在他方未为对待给付之前，有权拒绝自己的履行。这一规则来自于"一手交钱、一手交货"的交易原则。同时履行抗辩权是由双务合同的关联性(牵连性)所决定的。所谓关联性，是指给付与对待给付具有不可分离的关系。

2. 构成要件

(1) 在同一双务合同中双方互负对待给付义务。这是同时履行抗辩权的前提条件。

首先，须由同一双务合同产生债务，即双方当事人之间的债务是根据一个合同产生的。

其次，双方所负债务之间具有对价关系。该对价力求公平，但并不意味着价值完全相等。

(2) 互负的义务均已到清偿期。同时履行抗辩权制度，旨在使双方当事人所负的债务同时履行，因此，只有双方的债务同时届期时，才能行使同时履行抗辩权。

(3) 须对方未履行债务或未提出履行债务。

(4) 须对方的对待给付是可能履行的。

(二)顺序履行抗辩权

1. 概念

顺序履行抗辩权，又称先履行抗辩权，后履行抗辩权，是指当事人互负债务，有先后履行顺序的，先履行一方未履行之前，后履行一方有权拒绝其履行请求，先履行一方履行债务不符合债务的本旨，后履行一方有权拒绝其相应的履行请求。例如，买卖合同中约定，甲出售一批货物给乙，价格条件是 CFR 汉堡，即期信用证付款。在乙根据合同约定的义务开立信用证之前，甲没有义务将该批货物装船。

(扫一扫 案例 4-13 中韩平板电视纠纷案)

2. 构成要件

(1) 须双方当事人互负债务。

(2) 两个债务须有先后履行顺序，至于该顺序是当事人约定的还是法律直接规定的，在此不问。如果两个对立的债务无先后履行顺序，则适用同时履行抗辩权而不成立顺序履行抗辩权。

(3) 先履行一方未履行或其履行不符合债务的本旨。

(三)不安抗辩权

1. 概念

不安抗辩权是指在双务合同中，如果有证据表明，后履行合同的一方当事人届时将不能履行其合同义务，先履行债务的一方在对方未履行或者未提供担保前，可以拒绝先履行自己的合同义务的权利。这是为了保证交易安全和公平。

2. 构成要件

(1) 双务合同当事人互负债务，并有先后履行顺序。

(2) 后履行债务一方当事人的债务尚未到履行期限。

(3) 后履行债务的一方当事人有丧失或可能丧失履行债务能力的情形。

根据我国《合同法》第六十八条、第六十九条规定，应当先履行债务的当事人，有确切证据证明对方有下列情形之一的，可以中止履行：①经营状况严重恶化；②转移财产、抽逃资金，以逃避债务；③丧失商业信誉；④有丧失或者可能丧失履行债务能力的其他情形。当事人没有确切证据中止履行的，应当承担违约责任。当事人中止履行的，应当立即通知对方，对方提供适当担保时，应当恢复履行。中止履行后，对方在合理期限内未恢复履行能力并且未能提供适当担保的，中止履行的一方可以解除合同。

(扫一扫　案例4-14　加拿大与泰国公司中止履行合同争议案)

合同履行中的三种抗辩权的比较如表4-16所示。

表4-16　合同履行中的三种抗辩权比较

种　类	履行顺序	权利人	对方违约责任	效　力
同时履行抗辩权	无	双方	无违约责任	延期
顺序履行抗辩权	有	后履行方	现实违约责任	中止
不安抗辩权	有	先履行方	预期违约责任	中止

第四节　合同的变更、转让与终止

一、合同的变更

(一)合同变更的概念

合同变更(Modification of Contract)，有广义与狭义之分。广义的合同变更，包括合同内容的变更与合同主体的变更。前者是指当事人不变，合同的权利义务予以改变的现象；后者是指合同关系保持同一性，仅改换债权人或债务人的现象。不论是改换债权人，还是改换债务人，都发生合同权利义务的移转，移转给新的债权人或者债务人，因此合同主体的变更实际上是合同权利义务的转让。此处仅讨论合同内容的变更，即合同的变更采用狭义说，不包括合同主体的变更。

合同变更的内容包括：①标的变更；②标的物数量的增减；③标的物品质的改变；④价款或报酬的增减；⑤履行期限的变更；⑥履行地点的改变；⑦履行方式的改变；⑧结算方式的改变；⑨所附条件的增添或除去；⑩单纯债权变为选择债权；⑪担保的设定或消失；⑫违约金的变更；⑬利息的变化。

(二)合同变更的注意事项

合同成立后，合同内容的履行不是绝对不可改变的，经双方当事人协商一致，可以进行变更，但是在变更合同时须注意以下事项。

(1)　一定要采取书面形式。

(2) 法律、行政法规规定变更合同应当办理批准、登记等手续的，应依照其规定。

(3) 合同变更的内容约定不明确的，推定为未变更，仍按原合同约定履行。

(4) 擅自变更合同内容的，应承担违约责任。

(扫一扫 案例 4-15 改换包装导致的违约责任)

二、合同的转让

合同的转让(Assignment of Contract)，是指合同的主体发生变化，即由新合同的当事人将合同的全部或部分权利义务转让给第三人，但合同的客体，即合同的标的不变。

在合同转让的关系中，合同关系的当事人有债权人、债务人和第三人。合同的转让表明，合同的权利义务由新的当事人，即第三人承担，在合同的转让中，转让人与受让人形成新的合同关系。合同的转让包括合同权利的转让、合同义务的转让与合同权利义务的概括转让。

1. 合同权利的转让

合同权利的转让，亦称债权让与(Assignment of Creditor's Rights)，是指合同的债权人将债权转让给受让人，受让人成为原合同新的债权人，取代了原债权人的地位。

债权让与时，债权人不必征得债务人的同意，就可以将债权转让给第三人。第三人基于债权人债权的转让，取得了债权人的地位，成为新的债权人，如果债务人不履行义务，新的债权人有权以自己的名义向债务人提起诉讼，请求法院判决债务人履行债务(见图 4-11)。

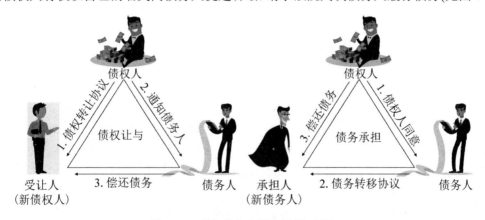

图 4-11 债权让与和债务承担(我国)

债权让与涉及三个方面：让与人，即出让债权的当事人；受让人，即从债权转让中取得债权的当事人；债务人。债权转让实际上是让与人与受让人之间订立的一种合同，合同成立后，债务人就要向新的债权人履行债务，与债务人的关系密切。因此，在债权让与中，也应当注重保护债务人的权利。

英美法中，原则上承认债权可以转让，多数合同的权利是可以转让的，而且可以全部或部分转让，也允许受让人以自己的名义向债务人提起诉讼，这种让与也无须经合同另一方的同意。但是，美国法规定，以个人关系为基础的合同、合同中规定禁止转让或者限制转让、一方基于对另一方的人品或信誉的信赖而签订的合同和法律限制转让的合同不经合同另一方当事人，即义务人同意不能转让。英国法对合同权利的转让规定得比较严格，英国《1925年财产法》规定了债权让与的三个要求：①必须以书面做成，并由让与人签字；②债权让与必须是绝对的、无条件的，应包括全部债权，而不是部分债权；③必须以书面形式通知债务人。但是在某些情况下，虽然债权让与欠缺所要求的条件，但是如果当事人确有债权让与的意思表示，衡平法仍认为有效。而美国《统一商法典》则认为，除当事人另有约定外，买方和卖方都可以把他们的权利转让给第三人，除非这种转让会大大改变对方的义务，或者大大增加对方的负担，或者严重损害对方获得履行的机会。如果债权人把同一债权先后转让给两个人，英国法规定首先把债权让与的事实通知债务人的受让人取得该项债权，而美国法则认为第一受让人取得该项债权。

法国法也规定了债权让与制度，债权人有权不经债务人同意而把债权转让给第三者。在法国法中，债权让与是一种买卖行为，让与人作为卖方出售债权，受让人作为买方购买债权。在债权让与中，债权让与合同一成立，就发生效力，让与人就不能再把该项债权转让给其他人，而对于债务人，必须在接到债权让与通知后，或者在公证文书中对债权让与作出承诺后，才能发生效力。如果债权人在订立债权让与合同后，又将同一债权转让给其他人，到底由谁取得债权，则与英国法相似，取决于谁先把债权让与的事实通知给债务人。

我国《合同法》也规定了债权让与制度。在债权让与中，并不要求征得债务人的同意，但是债权人转让权利，应当通知债务人，如果未通知，则对债务人不发生效力。

2. 合同义务的转让

合同义务的转让，亦称债务承担(Assumption of Debts)，是指由新的债务人代替原债务人履行债务，新债务人被称为承担人。与债权让与不同，债权让与一般不会影响债务人的履约能力，但债务转移却是更换债务人，不同的债务人的履约能力有可能不同，就可能会对债权人的利益带来严重影响。因此，各国法律对这一问题有着不同的规定。

英美法中，英国法要求合同的债务，非经债权人的同意，不能转移。如需要进行债务转移，要采取债的更新的办法，即应债务人的请求，债权人同意新的债务人代替原债务人履行债务的一种新的合同。更新后，原债务人的债务解除，并把这项债务加之于新的债务人之上。美国法对这一问题比较灵活，它在债务并不一定非由原债务人履行的情况下，允许他人代替原债务人履行债务，但是原债务人并不因此解除自己的义务。如果代为履行债务的一方没有履行，原债务人仍应承担责任。

法国法原则上允许由他人代替债务人向债权人履行债务。《法国民法典》规定，债亦可由在其中并无利害关系的第三人清偿。在法国法中，债的转移也要通过债的更新来实现，即消灭旧债务，成立新债务。

我国《合同法》也允许债务人将合同的义务全部或者部分转移给第三人，但是将合同义务转移，应取得债权人的同意，而债务人转移义务后，新债务人对于不是专属于原债务人自身的、与主债务有关的从债务，也要承担。

3. 合同权利义务的概括转让

合同权利义务的概括转让，亦称概括承受，是指合同当事人一方将其权利义务一并转移给第三人，而第三人一并接受其转让的权利义务。合同权利义务的概括转让既可以根据当事人之间的协议而发生，又可以根据法律规定而发生。

(1) 协议性的合同权利义务概括转让。这种转让是通过合同一方与第三人达成协议的方式进行的。这种协议需要经过合同对方的同意，即仅转让方与第三人的转让协议还不能生效，还必须有合同相对人同意的意思表示作为补充。

(2) 法定的概括转让。就企业而言，存在着合并和分立问题。当事人订立合同后一方发生合并的，该当事人的权利义务都由合并后的企业概括继受，即由合并后的法人或其他组织行使合同权利，履行合同义务。当事人订立合同后发生分立的，除债权人和债务人另有约定外，由分立的法人或其他组织对合同的权利和义务享有连带债权，承担连带债务。

三、合同的终止

合同的终止(Termination of Contract)，又称合同的消灭(Discharge of Contract)，是指由于某种原因合同当事人双方终止合同关系和合同确立的权利与义务，合同不复存在(见图4-12)。合同消灭是英美法中的概念，在大陆法中，合同是债的一种，合同消灭实际上就是债的消灭的一种，因此包括在债的消灭之中。

(一)英美法对合同消灭的规定

在英美法中，合同消灭有以下几种方式。

1. 合同因双方当事人协议而消灭

合同是依双方当事人的协议而成立，当然可以因双方协议而消灭。但是双方协议解除一方履行合同的义务，必须有对价，否则不能强制履行；如果协议免除的是各自对尚待履行合同的义务，就不需要另外的对价。协议方式消灭合同有以下几种做法。

(1) 废除。双方当事人同意终止合同义务，任何一方均无须再履行合同，就是废除。

(2) 以新的合同代替原合同，原来的合同消灭。

(3) 更新合同。与以新合同代替原合同相似，不同之处在于，合同更新至少要有一个新的当事人加入，新加入的当事人享有原合同权利并承担原合同义务。合同更新后，原合同消灭。

(4) 依照合同自身规定的条件解除合同，使合同消灭。

(5) 弃权，合同一方当事人自愿放弃依合同所享有的权利，从而解除对方的履约责任。

2. 合同因履行而消灭

当事人按约履行了合同义务，合同一经履行完毕，债权债务关系即告消灭。

3. 合同因违约而消灭

违约不能当然导致合同消灭，当一方当事人违反合同，表示不愿意履行合同，以自己的行动使履约成为不可能或不履行其合同义务时，可能使对方取得解除合同的权利，行使解除权导致合同的消灭。

4. 依法使合同归于消灭

合并、破产和擅自修改书面合同是法律规定合同消灭的主要条件。

(二)大陆法合同消灭的规定

大陆法对合同消灭规定的情形主要有以下几种。

1. 清偿

清偿是债务人向债权人履行债的内容。债权人接受债务人的清偿时,债的关系即告消灭。

2. 提存

提存是指债务人履行债务时,由于债权人受领迟延,债务人有权把应给付的金钱或者其他物品寄托于法定场所,从而使债的关系归于消灭。提存的条件是债权人受领迟延或不能确定谁是债权人。

3. 抵消

如果两个人彼此互负债务,而且债务种类相同,并均已过清偿期,因而双方均得以其债务与对方的债务在等额的范围内归于消灭。

4. 免除

债权人免除债务人的债务,也就是债权人放弃其债权。

5. 混同

混同是指同一人就同一债务具有债权人与债务人的资格时,即一个人既是债权人又是债务人,那么就发生债的混同,债权债务归于消灭。

(三)我国《合同法》关于合同消灭的规定

我国《合同法》中并无合同消灭的概念,但是规定了合同权利义务的终止。从规定上看,合同权利义务终止的情形同大陆法中合同消灭的情形是相同的,如图 4-12 所示。因此在我国,可以将合同权利义务的终止看作是合同的消灭。《合同法》规定了合同权利义务终止的七种情形:债务已经按照约定履行、合同解除、债务互相抵消、债务人依法将标的物提存、债权人免除债务、债权债务同归于一人和法律规定或者当事人约定终止的其他情形。

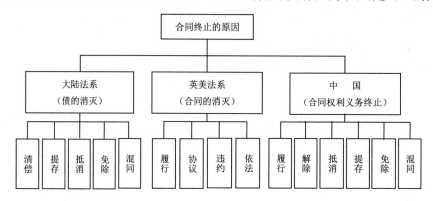

图 4-12　合同终止的原因

第五节　违约责任

一、违约责任及归责原则

违约责任即违反了合同的民事责任，是指合同当事人一方不履行合同义务或者履行合同义务不符合约定时，依照法律规定或者合同的约定所应承担的法律责任。

责任的认定必须有一定的归责原则，合同法上的违约责任也要遵循归责原则。归责就是责任的归属。归责原则是指在进行违约行为所导致的事实后果的归属判断活动时应当遵循的原则和基本标准。

各国民事立法在合同责任的归责原则方面，主要采纳了过错责任或者严格责任(又称无过错责任)原则，不同的归责原则的确定，对违约责任制度的内容起着决定性的作用。在合同法上，严格责任与过错责任是相对立的归责形式。一般认为，大陆法系沿袭了罗马法后期的传统过错原则，强调要有债务可归责事由(即过错)才能承担合同责任，因不可归责于债务人的事由导致债务不履行时，债务人可免除责任；而英美法系则奉行严格责任原则，认为只要没有法定的免责事由，当事人违约后即要负损害赔偿责任，主观上无过错并不能成为抗辩事由。

严格责任原则明确规定在我国《合同法》的总则中，是违约责任的主要归责原则，它在《合同法》的适用中具有普遍意义。但我国违约责任采用的是多元的归责体系。在严格责任原则下，如对债务人承担的责任无任何限制，则对债务人过于苛刻。这将限制人们参加交易活动的积极性，不利于社会经济的发展。因而，在坚持严格责任的前提下，按照《合同法》的特别规定适用过错责任原则。在《合同法》分则中，多处使用"故意""重大过失""过错"等主观心理上的概念，并规定因这些主观因素，当事人一方承担或不承担民事责任。《合同法》的有些条文虽未出现"过错"字样，但要求主观上存在过错才承担责任的，也就适用过错责任原则。其中有些属债权人的过错，但大多数属债务人的过错，应适用过错责任原则。综观《合同法》分则，涉及过错问题的有下列几类。

(1) 债务人因故意或重大过失造成对方损害的，才承担责任。这类合同主要是无偿合同，如《合同法》第一百八十九条、第一百九十一条、第三百七十四条、第四百零六条规定的赠予合同、无偿保管合同、无偿委托合同等。

(2) 因债务人过错造成对方损害的，应承担损害赔偿责任。例如，《合同法》第三百零三条和第三百二十条的规定等。这些条文明确规定，债务人有过错才承担责任，没有过错不承担责任，而且直接出现了"过错"字样。

(3) 因债务人过错造成对方损害，在《合同法》的条文中未出现"过错"字样，但在主观上确实存在过错的，如《合同法》第三百七十四条、第三百九十四条的保管合同和仓储合同中，保管人保管不善即相当于保管人有过错，故应承担违约责任。

(4) 因对方过错造成的损失，违约方可不承担责任。这种情形主要体现在《合同法》第三百零二条、第三百一十一条条和第四百二十五条等条文中。这些条文不是以违约方有无过错作为违约方是否承担责任的构成条件，而是在这种情形下，法律赋予违约方以抗辩权。违约方可以证明该违约后果系对方过错行为所致，而与自己的违约行为无关。严格来说，这不是过错责任原则，只是违约的一种特殊情形。

过错责任原则主要出现在分则中，在分则有特别规定的时候适用。也就是说，我国《合同法》虽然采用严格责任和过错责任二元违约归责原则体系，但二者的地位和作用是不同的，严格责任规定在总则中，过错责任规定在分则中；严格责任是一般规定，过错责任是例外补充；严格责任为主，过错责任为辅。只有在法律有特别规定时，才可适用过错责任，无特别规定则一律适用严格责任。

小思考

如果当事人一方的违约不是由于自己的原因，而是由于第三人的原因造成的，根据我国《合同法》应如何处理？

二、违约的形式

违约有各种各样的情况。因违约的情况不同，违约方所承担的责任也是不同的。

(一)英美法的违约形式

(扫一扫　案例4-16　杰克波斯公司诉肯特案)

在英美法中，英国法将违约区分为违反条件(Breach of Condition)和违反担保(Breach of Warranty)。违反条件是指违反合同的主要条款，即违反与商品有关的品质、数量、交货期等要件。在合同的一方当事人违反条件的情况下，另一方当事人即受损方有权解除合同，并有权提出损害赔偿。违反担保是指违反合同的次要条款，如在货物买卖合同中，买方支付货款的时间视为担保。在违反担保的情况下，受损方只能提出损害赔偿，而不能解除合同。至于在每份具体合同中，哪个属于条件，哪个属于担保，只是根据"合同所作的解释进行判断"。这样，在解释和处理违约案件时，难免带有不确定性和随意性。在美国法中，并不使用这两个概念。美国法将违约分为轻微违约(Minor Breach)和重大违约(Material Breach)。轻微违约是指债务人在履行中尽管存在一些缺点，但债权人已经从中得到该项交易的主要利益。当一方部分违约时，受损害的一方有权要求赔偿损失，但不能拒绝履行自己的合同义务。重大违约是指由于债务人没有履行合同或履行合同存在严重和重大的缺陷，致使债权人不能得到该项交易的主要利益或是有理由相信整个交易已经落空。在全部违约中，受损害的一方可以解除合同，同时要求赔偿全部损失。

在英美法中，还规定了预期违约(Anticipatory Breach)这一概念，它是指在规定履行期到来之前，一方向另一方表示他将不会履行合同，或者有充分证据表明到期他将不能履行合同。当发生预期违约时，另一方可以立即停止自己的履行，并提起违约之诉，而不必等对方事实上违约时再采取措施。但是，预期违约有比较严格的规定，一方预期违约的表示，必须非常明确和清楚，仅是履行合同态度消极，并不能构成预期违约。预期违约与前面讲到的大陆法系的不安抗辩权制度非常类似，均是对合同预期不履行的救济制度，但二者也有着很大的区别(见表4-17)。

表4-17 不安抗辩权与预期违约的比较

比较项目	不安抗辩权	预期违约
前 提	债务履行有先后之别	债务履行无顺序要求
适用范围	对方财产订约后明显减少并有难为对待给付之虞	不限于财产减少，还包括债务人经济状况不佳、商业信誉不好、其他情况表明有违约危险
过错是否为要件	无须对方主观上有过错	对方主观上有过错
法律救济	中止履行，对方不提供担保时，才可以解除合同	可以选择直接解除合同，要其赔偿损失

(扫一扫 案例4-17 STC公司诉比灵斯市议会案)

(二)大陆法的违约形式

大陆法将违约分为给付不能和给付延迟。给付不能是指债务人由于某种原因不可能履行其合同义务，而并非指有可能履行而不履行。给付不能主要有两种情况：一是自始不能，也就是合同成立时即不可能履行；二是嗣后不能，是指合同成立时是可以履行的，但是合同成立后，由于种种原因使合同不可能履行。给付延迟则是指债务已届期满，而且是可能履行的，但是债务人没有按期履行其合同的义务。

(三)我国的违约形态体系

我国《合同法》从我国的实际情况出发，总结我国成功的立法与司法实践经验，同时还借鉴了两大法系的先进方法和经验，重塑了我国的违约形态体系(见图4-13)。根据我国《合同法》第九十四条、第一百零七条、第一百零八条等的规定，违约可分为预期违约和实际违约两种。预期违约包括明示的预期违约和默示的预期违约；实际违约包括不履行和不完全履行，不完全履行包括迟延履行、不适当履行、其他不完全履行。

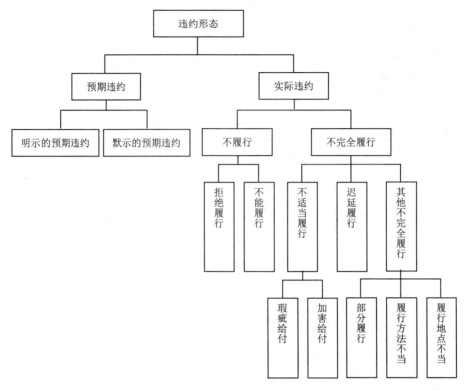

图 4-13   我国的违约形态体系

三、违约的救济

违约的救济(Remedies)目的是保护非违约方的合同利益。各国法律对于不同的违约行为,规定了相应的救济方法。

(一)英美法的违约救济措施

在英美法中,金钱赔偿是最主要的救济措施。但在有些情况下,金钱赔偿不足以弥补违约造成的损失,信守合同的一方可以要求其他的救济措施。金钱赔偿主要是为了弥补信守合同一方因对方违约而导致的损失。当虽然存在违约,但并未造成实际损失时,法院会判违约方象征性赔偿金(Nominal Damages),还有一种惩罚性赔偿金(Punitive Damages),旨在惩罚犯错者并警示他人。在衡平法中还规定了实际履行(Specific Performance)的救济办法,它是指强迫违约方按照合同规定履行合同义务。但是,实际履行只能在赔偿金不足以弥补另一方损失时才适用,要获得实际履行的救济,当事人必须证明合同的标的物是独一无二、不可替代的。此外,英美法中还有禁令(Injunction)、撤销合同(Rescission)和恢复原状(Restitution)等救济措施。

(扫一扫　案例4-18　萨里郡议会诉布利得居家公司案)

(二)大陆法的违约救济措施

大陆法将实际履行作为对不履行合同的一种主要的救济方法。当债务人不履行合同时，债权人有权要求债务人实际履行。法国法规定，合同一方不履行其债务时，债权人可在实际履行和解除合同并要求损害赔偿中选择。但是，在法国法中，实际履行的救济措施也不是没有限制的，《法国民法典》规定，凡属作为或不作为的债务，在债务人不履行的情形下，转变为损害赔偿的责任。损害赔偿也是大陆法的主要救济措施。在大陆法中，损害赔偿责任的免除的成立，必须有损害的事实，有归责于债务人的原因，损害发生的原因和结果必须有因果关系。损害赔偿的方法有恢复原状和金钱赔偿两种，赔偿的范围包括违约造成的实际损失和所失利益两方面。

我国《合同法》规定，当事人一方不履行合同义务或是履行合同义务不符合约定的，应当承担继续履行、采取补救措施或者赔偿损失等违约责任。

小思考

违约金与损害赔偿都是用金钱来承担违约责任的方式，二者有无区别？

第六节　违约责任的免除

违约责任的免除是指法律规定或当事人约定的情况出现时，当事人对其不履行合同或迟延履行合同不承担违约责任。在一般情况下，当事人违反合同都要负违约责任，但在个别情况下，由于某些客观条件所造成的违约，法律却不要求违约者对其违约承担责任。违约责任的免除可以分为法定免责和约定免责。

一、法定免责

法定免责的情况主要是指不可抗力。

(一)不可抗力的概念

不可抗力(Force Majeure)是指不能预见、不能避免并且不能克服的客观情况。根据引致不可抗力的外在力量来源的不同，可将其分为自然原因引起的不可抗力和社会原因引起的不可抗力。因此，不可抗力俗称为"天灾人祸"。前者如地震、水灾、龙卷风等；后者如罢工、战争、禁运等。其特点如下。

(1) 它应该是在签订合同之后发生的。

(2) 它不是由于任何一方当事人的过错所造成的。

(3) 它是双方当事人不能预见、不能避免并且不能克服的。

不可抗力是许多国家的一项法律作则，但是，对其内容和范围的解释并不统一。从各个国家的立法和判例来看，一般都是做严格解释的。某些事故，如签约后的价格上涨和下跌、货币的突然升值和贬值，虽然对当事人来说是无法控制的，但这是交易中的常见现象，并不是不可预见的，所以不属于不可抗力的范畴。只有签约后发生了当事人不能预见、无法预防和避免的自然力量或社会力量造成的自然灾害和意外事故，如地震、洪水、旱灾、飓风、暴风雪或战争，以及政府禁令才属于不可抗力事故，但是对上述解释各国并非完全一致。

(扫一扫 案例4-19 温迪特诉国际收割机有限公司案)

大陆法系类似的制度叫情势变更(Rebus Sic Stantibus)，是指在法律关系成立之后，作为该项法律关系的基础的情势，由于不可归责于当事人的原因，发生了非当初所能预料的变化，如果仍然坚持原来的法律效力，将会产生显失公平的结果，有悖于诚实信用的原则，应当对原来的法律效力作相应的变更。英美法系类似的制度叫合同落空(Frustration of Contract)，是指在合同成立之后，非由于当事人自身的过失，而是由于事后发生的意外情况而使当事人在订约时所谋求的商业目标受到挫折。在这种情况下，对于未履行的合同义务，当事人得予免除责任。

[扫一扫 案例4-20 克雷尔诉亨利案(1903)]

(二)不可抗力的法律后果

不可抗力事故发生导致的法律后果有两种，即解除合同或延迟履行合同。具体如何处置要根据不可抗力的大小和持续时间来定。一般而言，如果不可抗力使合同的履行成为不可能，则可解除合同；如不可抗力事故只是暂时阻碍了合同的履行，则只能延迟履行合同。

我国《合同法》第一百一十七条规定：“因不可抗力不能履行合同的，根据不可抗力的影响，部分或者全部免除责任，但法律另有规定的除外。当迟延履行后发生不可抗力的，不能免除责任。本法所称不可抗力是指不能预见、不能避免并且不能克服的客观情况。”

第一百一十八条规定："当事人一方因不可抗力不能履行合同的，应当及时通知对方，以减轻可能给对方造成的损失，并应当在合理期限内提供证明。"

至于应当把哪些意外事故列入合同的不可抗力条款中，双方当事人可以在订立合同时自行商定。

（扫一扫　案例4-21　发生战争可否免除违约责任？）

不可抗力、情势变更与合同落空的比较如表4-18所示。

表4-18　不可抗力、情势变更与合同落空比较

	不可抗力	情势变更	合同落空
概念	不能预见、不能避免并且不能克服的客观情况	法律关系成立后，作为其基础的情势，发生了不可归责于当事人的非当初所能预料的变化	合同成立后，非由于当事人自身过失，而是由于事后发生的意外情况而使当事人在订约时所谋求的商业目标受挫
表现	灾难性事变	社会经济形势的剧变	除不可抗力、情势变更外，还包括当事人死亡、标的物灭失、履行方式不存在等原始履行不能及合同违法
外延	较广泛	较广泛	最广泛
判断标准	不能预见、不能避免、不能克服。一般是由于合同部分或全部不能履行	显失公平。适用于导致履行困难之情境，无须于合同履行不能之情形出现时	合同履行不能或履行非常艰难和昂贵
法律后果	合同的变更或解除，直接通知对方当事人即可	并不必然导致合同终止，只是赋予一方当事人请求变更或解除合同的权利，是否变更或解除，取决于法院或仲裁机构的裁判	合同自动终止，合同效力随之消灭

> **小思考**
>
> 请你说说不可抗力与商业风险有何区别。

二、约定免责

约定免责发生在双方当事人在合同中签订了免责条款的情况下。

　　根据合同自由原则,合同当事人可以自由约定合同内容,当然也应包括免责条款。通过签订免责条款,债务人可以对未来的风险有明确把握,这对鼓励交易是十分必要的,而且也有利于当事人方便、快捷地解决违约纠纷,节省交易成本。但是,基于公序良俗、诚实信用原则的考虑,各国法律对免责条款一般都规定得较为严格。从形式上看,要求免责条款必须足以引起对方的注意;从内容上看,免除基本义务的条款无效,免除其故意或重大过失责任的条款无效。比如,我国《合同法》第五十三条规定,"合同中的下列免责条款无效:(一)造成对方人身伤害的;(二)因故意或者重大过失造成对方财产损失的"。

(扫一扫　案例4-22　切佩顿诉佩雷案)

第五章 国际商事交易的最基本形式
——国际货物买卖

引导案例

某中外合资经营企业，合资合同约定由外方董事长负责产品外销。于是基于对外方的信任，合资公司在没有签订合同的情况下，将生产的产品通通交由外方董事长销往国外一家从未联系过的公司。其中的交易过程全部凭外方董事长一人的指令，期间外方董事长也曾以个人名义汇过一笔货款。但是随着经济危机的发生，外方开始拖欠货款，外方董事长也曾来函表示，他个人确实拖欠了货款，然而其拖欠的不是合资公司的货款，而是合资公司某中方股东的货款，因为其认为货物是合资公司某中方股东生产的，与合资公司无关。可是事实上所有的出口单据，包括发票、装箱单、提单、报关单等都是以合资公司的名义出具的。几经索要无果，合资公司迫于无奈只好拿起法律武器维护自身权益。同时为了防止外方逃避责任，合资公司与中方股东一起作为原告，将外方董事长与国外的买家一并作为被告提起了诉讼。

人类每天都进行着大量的买卖活动。在国际商事交往中，买卖活动也是极为重要的内容。因此，无论各个国家还是有关国际组织都制定了调整买卖关系的法律规范——买卖法。买卖法中的问题很多，也很复杂，各国法律差异较大。本章主要围绕买卖法中的核心，即货物买卖合同，以《联合国国际货物销售合同公约》为基本依据，结合相关国家法例和主要国际惯例，着重介绍关于买卖法的实体规定。

第一节 国际货物买卖法概述

一、国际货物买卖法与国际货物买卖合同的概念

(一)国际货物买卖法的概念

国际货物买卖法是指调整国际货物买卖关系的法律规范的总称，既包括国际条约、国际贸易惯例，也包括各国有关货物买卖方面的法律规范。那么什么是国际货物买卖呢？国际货物买卖是国际商事交易中最重要且数量最大的一种，也是最古老的国际商事交易形式。与国内货物买卖相比，国际货物买卖具有以下几个特点：一是当事人位于不同的国家，他们之间缺乏了解，缺乏信任；二是当事人所处国家的法律制度不同，由此导致当事人的权

利义务不同，争议解决方法不同，而且争议解决的时间长、难度大；三是国际货物买卖需要经过长距离运输，货物较长时间处于第三人控制之中，程序增多，风险增大；四是货物与货物的有关单据是分别处理的，具有不同的法律效力；五是货款支付一般很少即时清结；六是货物交付一般很少是买卖双方直接交接，通常需要通过第三人转交，转交时质量有可能发生变化。

(二)国际货物买卖合同的概念

国际货物买卖要通过当事人签订的合同进行，所签订的合同，就是国际货物买卖合同。结合国际货物买卖的特点，可以将国际货物买卖合同定义为，营业地处于不同国家的当事人之间所订立的货物买卖合同(见图5-1)。

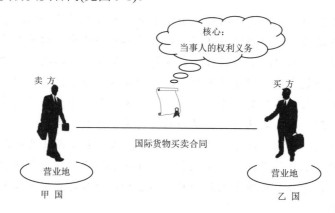

图 5-1 国际货物买卖合同的概念

这里应当指出的是，国际货物买卖合同中的"国际"，与国际法中的"国际"不同。国际法中的"国际"，指的是主权国家之间；国际货物买卖合同中的"国际"，不要求合同当事人的国籍属于不同的国家，而是指双方当事人的营业地处于不同的国家。有时双方当事人是同一国人，但是因为双方的营业地在不同的国家，其签订的合同仍是国际货物买卖合同。

(扫一扫 小知识 5-1 国籍)

二、国际货物买卖法的渊源

前面提到，国际货物买卖法是指调整国际货物买卖关系的法律规范的总称。这里的"法律规范"实际上指的就是国际货物买卖的法律渊源，主要包括相关的国际条约、国际贸易惯例，以及各国有关国际货物买卖的法律规定。

(一)国际条约

鉴于各国的货物买卖法有所不同，发生法律冲突在所难免，这对于发展国际贸易是不利的。因此，统一调整国际货物买卖的法律规范一直是世界各国、各种贸易团体追求的目标。目前，比较有代表性的是国际统一私法协会(International Institute for the Unification of Private Laws，UNIDROIT)制定的《关于国际货物销售的统一法公约》《关于国际货物销售合同成立的统一法公约》和联合国国际贸易法委员会制定的《联合国国际货物销售合同公约》。《联合国国际货物销售合同公约》(Convention on Contracts for the International Sales of Goods，CISG)(以下简称《公约》)是联合国国际贸易法委员会在《关于国际货物销售的统一法公约》和《关于国际货物销售合同成立的统一法公约》的基础上，经过十多年酝酿起草的，于 1980 年通过。截至 2019 年 1 月 1 日，《公约》已经有 91 个缔约国，其中包括除了英国以外的贸易大国。我国于 1986 年批准《公约》，是最早参加《公约》的国家之一。

1. 《公约》的适用范围

(1) 《公约》适用于国际性的货物销售合同。《公约》采用营业地标准衡量买卖合同是否具有国际性，营业地处于不同国家的当事人之间订立了销售合同，适用该《公约》。不考虑国籍因素，不考虑货物是否发生了跨国运输，也不考虑合同的当事人发生的要约和承诺是否在不同的国家。例如，都是美国人出资开办的公司，一个在墨西哥，依当地法律设立，一个在加拿大，根据当地法律设立，这两个公司之间的货物买卖属于国际货物买卖。这两个公司与当地企业的货物买卖属于国内货物买卖。

营业地是指永久性营业地。如果当事人有数个营业地，与合同及合同履行联系最密切的营业地为营业地。营业地标准下《公约》的适用如图 5-2 所示。

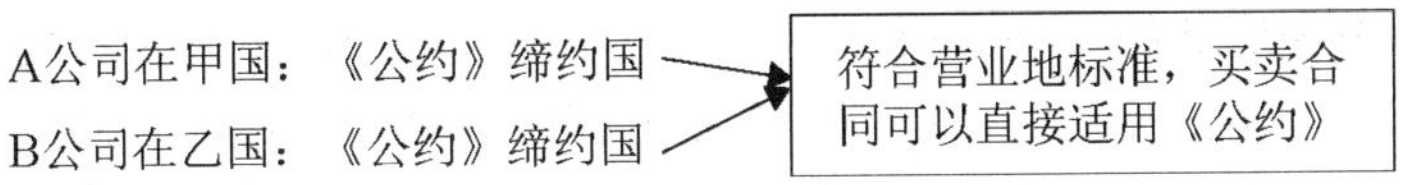

A公司在甲国：《公约》缔约国 → 符合营业地标准，买卖合同可以直接适用《公约》
B公司在乙国：《公约》缔约国 →

图 5-2 营业地标准下《公约》的适用

(2) 适用《公约》的合同主体，必须是营业地在不同国家的当事人，而且该当事人所在国必须是《公约》的缔约国。根据《公约》第 1 条第 1 款 b 项，如果当事人的所在国虽不是缔约国，但是因国际私法规则导致适用某一缔约国的法律，也适用《公约》。这里的国际私法规则指的是冲突规范，是指明某种涉外民事法律关系应适用何国法律的规范。"因国际私法规则导致适用某一缔约国的法律"，具体地说，就是合同当事人的所在国并不是缔约国，他们的合同发生争议本不应适用《公约》，但是，按照国际私法规则，该合同争议的解决需要适用另一国的法律，而另一国却是《公约》的缔约国，那么无论当事人是否在该国有无营业所，该合同也适用《公约》。例如，英国(非缔约国)人与加拿大(缔约国)人订立了销售合同，且没有规定法律适用问题，发生争议以后，在加拿大起诉，加拿大法院根据国际私法的最密切联系原则，决定适用加拿大法律，这时候就应该适用《公约》。这一规定扩大了《公约》的适用范围，把《公约》适用到了非缔约国，同时也是对缔约国国内法适用的限制。因此，对于这一规定，《公约》允许缔约国在批准或加入时，作出保留。

《公约》还规定,确定本《公约》的适用时,当事人的国籍或合同的民事或商业性质,不予考虑。由此可以看出,尽管合同当事人的国籍可能是相同的,但是只要他们的营业场所处于不同的国家,合同就适用该《公约》(见图5-3)。

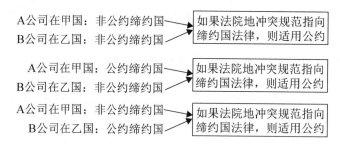

图5-3　依据国际私法规则《公约》的扩大适用:(不满足营业地标准)

(3)　《公约》是非强制性的规范,根据意思自治原则,即使当事人双方所在国都是缔约国,也可以在合同中明示或默示,排除适用《公约》,选择其他法律作为准据法,当事人也可以通过合同规定改变《公约》效力。例如,《公约》第三十九条规定,声称货物与合同不符的期限,最长不得超过2年,在合同中可以声明该条款不适用,或者改为1年。但是,缔约国作出保留的条款不能排除或改变其效力。

(4)　《公约》不涉及的法律问题。《公约》第四条规定,该《公约》适用于销售合同的订立,以及当事人因此种合同产生的权利义务。《公约》不适用于:合同及其任何条款的效力或任何惯例的效力;合同对所售货物的所有权可能产生的影响;所售货物对任何人造成伤害或死亡的产品责任。

(5)　《公约》不适用的交易及货物销售。第一,《公约》不适用于由于买方提供大部分原材料制作和销售的货物,这属于来料加工。第二,《公约》不适用于供货方的大部分义务在于提供劳务和服务的合同。第三,《公约》不适用于以下几种货物销售:①购买供私人、家人或家庭使用的货物的销售,除非卖方在订立合同前任何时候或订立合同时不知道且没有理由知道这些货物是供这种用途使用;②以拍卖方式进行的货物销售;③根据法律执行令状或其他令状进行的货物销售;④股票、股份、投资证券、流通票据或货币的销售;⑤船舶、船只、气垫船或飞行器的销售;⑥电力销售。

2. 我国参加《公约》时所作出的保留

我国在参加《公约》时对上述《公约》第1条第1款b项,关于国际私法规则可以导致《公约》适用的规定作出保留,意在限制《公约》适用,从而扩大中国国内法适用机会。根据这一保留,中国当事人与来自非《公约》缔约国当事人之间订立的销售合同争议,没有就法律适用问题达成协议,法院根据冲突法的指引决定适用中国的法律时,只能适用中国国内法,而不是《公约》。

我国还对《公约》第十一条,关于销售合同无须以书面订立或书面证明,在形式方面不受任何其他限制的规定作了保留,以避免同当时涉外经济法关于涉外经济合同必须以书面形式订立的规定相冲突。新《合同法》生效以后,其第十条规定当事人订立合同有书面形式、口头形式、其他形式,已经与《公约》第十一条的规定相一致。中国政府于2013年

1月16日向联合国秘书长正式交存了有关撤销其在《公约》项下"书面形式"声明的申请，并于2013年8月1日正式生效。至此，中国也与绝大多数《公约》缔约国一样不再要求国际货物销售合同必须采用书面形式(见图5-4)。

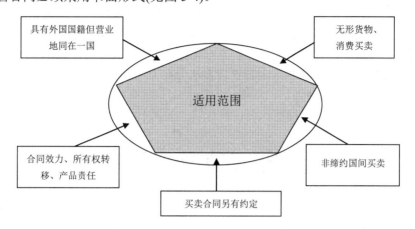

图5-4　我国承认的《公约》适用范围

小思考

我国境内公司和英国公司在美国签订或者履行的国际货物买卖合同，能否自动适用《公约》？

(二)国际贸易惯例

国际贸易惯例是在国际贸易的长期实践中，在某一地区或某一行业逐渐形成的为该地区或该行业所普遍认知、适用的商业做法或贸易习惯，作为确立当事人权利义务的规则，对适用的当事人有约束力。现在的国际贸易惯例经过人们的整理、编纂，表现为书面的成文形式。某一组织、协会的标准合同文本、指导原则、业务规范、术语解释，都可以是国际贸易惯例。国际贸易惯例可以补充现有法律的不足，明确合同条款的具体含义，更好地确认当事人的意图和权利义务关系。同时，国际贸易惯例促进了国际贸易规则的统一，减少了当事人可能产生的分歧和争议，方便了国际贸易的进行。

有关国际货物买卖的国际贸易惯例有很多，如国际商会的《2020年国际贸易术语解释通则》、国际法协会的《1932年华沙—牛津规则》和《1941年美国对外贸易定义修订本》，以及国际统一私法协会制定的《国际商事合同通则》等。

(三)各国国内立法

各国买卖法的形式和内容并不完全相同。在英美法国家，没有民法和商法之分，英美法国家既没有民法典，也没有商法典，这些国家的货物买卖法大都以单行法的形式出现。在英国，具有代表性的是1893年颁布的《货物买卖法》。美国于1906年制定了《1906年统一买卖法》，后来，由于这部法律已不能适应美国经济发展的需要，1942年，美国统一州法协会和美国法学会联合制定了一部美国《统一商法典》，其中第二编就是对买卖法的法律规定。但这部法典并不是由美国国会通过，而是由民间团体起草供各州自由采用的样板法。按照美国宪法的规定，有关贸易的立法权原则上属于各州，所以各州对于是否采用《统一商法典》有完全的自主权。但是这部法典比较能够适应美国的经济发展，所以除了路易斯安那州外，所有的州均已通过立法采用了这部法典。

在大陆法系国家，大都把买卖法纳入民法典，作为民法典的组成部分。

尽管大陆法和英美法在货物买卖法的立法形式上有所不同，但是有一点是相同的，就是这些国家只有一种买卖法，它既适用于国内货物的买卖，也适用于国际货物的买卖。

我国曾将国内货物买卖法和国际货物买卖法分别立法，分别制定了《经济合同法》和《涉外经济合同法》，但这种做法已不能适应社会主义市场经济的要求，因此，我国于1999年制定了统一的《合同法》。目前我国也只有这一种买卖法。

第二节　买卖双方的义务

国际货物买卖法律关系的核心内容是合同双方当事人的权利义务问题。国际货物买卖合同是典型的双务合同，一般而言，在合同的履行过程中，一方的权利就构成了对方的义务，而对实现合同来说，确定并履行合同义务才是具有决定性意义的，因此，下面主要对合同当事人的基本义务根据《公约》、大陆法系、英美法系国家和中国的规定加以介绍。

一、卖方的义务

国际货物买卖合同中卖方的义务主要有交付货物、移交一切与货物有关的单据，把货物的所有权转移给买方。

(一)交付货物

关于交货的时间和地点，如果合同有规定则按照规定，如果没有规定，就应该按照合同所适用的法律办理。

1. 大陆法的有关规定

(1) 交货地点。卖方履行交货义务的地点应当是合同规定的地点；如果买卖合同未指定地点，则应视所交付的货物是特定物还是种类物来确定交货的地点。如果是特定物，根据法国、日本和瑞士的法律规定，卖方应在订约时该特定物的所在地交货；如果是非特定物，根据法国、德国的民法典和《瑞士债务法典》的规定，应在卖方的营业所所在地交货，但《日本民法典》规定应在买方的营业所所在地交货。

(扫一扫　小知识 5-2　特定物与种类物)

(2) 交货时间。如果买卖合同对交货时间没有约定，买方有权要求即时交货，卖方也有义务在合同成立后即时交货。

2. 英美法的有关规定

(1) 交货地点。按照英国法，如果买卖合同对交货的地点没有约定，一般应在卖方的营业地点交货。如果买卖合同的标的物是特定物，而且买卖双方在订约时已经知道该特定物在其他地方者，则应该在该特定物的所在地交货。

(2) 交货时间。如果合同没有规定卖方交货的时间，则卖方应在合理的时间内交货；如果买方授权或要求卖方把货物运交买方，则卖方为了把货物运交买方而把货物送交承运人，就可推定为已向买方交货。在该情况下，卖方应负责订立适当的运输合同。如果涉及海上运输，卖方还有义务及时通知买方，以便买方投保海上货物运输保险，否则由卖方承担货物在运输中的风险。

3.《公约》的有关规定

(1) 交货地点。如果合同中没有明确规定具体的交货地点，而该合同又涉及货物的运输，即要求卖方把货物运送给买方，则卖方的交货义务就是把货物交给第一承运人。如果买卖合同既没有规定具体的交货地点，又不要求卖方把货物运送给买方，即合同中没有涉及卖方应负责运输事宜，则如出售的货物是特定物，或者是从某批特定的存货中提取的货物，或者是尚待加工生产或制造的未经特定化的货物，而双方当事人在订立买卖合同时已经知道这些货物存放在某个地点，或者已经知道它们将在某个地点生产或制造，则卖方应在该地点把货物交给买方。除上述情况外，卖方的交货义务是在订立买卖合同时的营业地点把货物交给买方处置(at the Buyer's Disposal)。

(2) 交货时间。如果合同中规定了交货的日期，或者从合同中可以确定交货的日期，则卖方应在该日期交货；如果合同中规定了一段时间内交货，或者从合同中可以确定一段时间，则除情况表明买方有权选定一个具体日期外，卖方有权决定在这段时间内的任何一天交货。在其他情况下，卖方应在订立合同后的一段合理时间内交货(见表5-1)。

表5-1　卖方交货地点与时间(合同无约定)

项目	交货地点		交货时间
	特定物	种类物	
大陆法系	特定物所在地	卖方营业地 (日本为买方营业地)	随时
英美法系	已知所在地(否则按种类物)	卖方营业地	合理时间内
《公约》	(1)涉及运输，货交第一承运人； (2)不涉及运输的特定物，在已知所在地； (3)其他情况，在卖方营业地		合理时间内
中　国	协议补充；否则按合同有关条款或交易习惯；否则同《公约》		协议补充；否则按合同有关条款或交易习惯；否则随时

(二)提交货物单据

(扫一扫　案例 5-1　关于提交货物单据纠纷案)

国际货物买卖中多数情况下是象征性交货(Symbolic Delivery)。所谓象征性交货，是指货物的买卖是通过单据的买卖来实现的。

《公约》第三十四条规定，卖方按照合同约定的时间、地点和方式移交单据。这些单据通常包括提单、保险单、商业发票、品质检验证书、进出口许可证、领事签证、原产地证书等。领事签证是指按照有关国家(如拉美国家)的法律规定，凡出口方所在国向进口方所在国出口商品，要由进口方所在国家驻出口方所在国家领事签证。

如果卖方在上述时间以前已经移交了这些单据，他可以在这个时间届满以前对单据中任何不符合合同之处加以修改。但卖方在行使这项权利时不得使买方遭受不合理的不便或承担不合理的开支，而且买方有权保留按照《公约》规定请求损害赔偿的权利。

(三)品质担保

品质担保是指卖方对其所售货物的质量、规格、包装、特性或适用性等承担的责任。大陆法把此义务称为买卖标的物的瑕疵担保，英国《货物买卖法》称之为商品质量的默示责任，美国《统一商法典》称之为对货物的明示担保与默示担保。

1. 大陆法的有关规定

大陆法把卖方对货物的品质担保义务称为对货物的瑕疵担保义务，即卖方应保证他所出售的货物没有瑕疵。

按照《德国民法典》的规定，卖方应向买方保证他所出售的物品在风险责任转移至买方的时候不存在失去或减少其价值，或者降低其通常的用途或合同规定的使用价值的瑕疵。并规定，卖方应担保货物在风险转移至买方时确实具有他所担保的品质。但是，如果买方在订立合同时，已经知道出售的货物有瑕疵，卖方可不负瑕疵担保责任。此外，《德国民法典》还规定，如买卖标的是根据质权以公开拍卖的方式出售的，卖方对货物的瑕疵不负担保责任。

(扫一扫　小知识 5-3　什么是质权？)

2. 英美法的有关规定

(1) 英国《货物买卖法》的有关规定。英国《货物买卖法》第十二～十五条规定，如果买卖双方未在合同中作相反规定，则卖方对买方应负担以下默示责任(Implied Condition)。①如果买卖合同中规定凭说明书(Description)交易，则应含有的默示条件为货物应与说明书相符。②如果买卖合同中规定为凭样品(Sample)交易，则应含有以下默示条件：a. 所交货物在质量上与样品一致；b. 买方应有合理机会将货物与样品进行比较；c. 所交货物不应存在合理检查样品时不易发现的导致不适销(Merchantable Quality)的瑕疵。③如果买卖合同中规定兼用凭说明书和凭样品交易，则所交货物必须既与说明书相符，也与样品相符。④卖方在营业中出售货物，应有一项默示条件，即该合同项下的货物的品质是适销(Merchantability)的。但是如果卖方在订立合同时已提请买方注意该货物有瑕疵或买方已经对货物进行了检验而且应该能够及时发现瑕疵的情况，卖方不承担责任。⑤如果买方明示或默示地使卖方知道交易的货物是为了特定用途，卖方提供的货物应合理地适合该项特定用途。但是如果有证据表明买方并不信赖或不可能信赖卖方的技能或判断的情况除外。

(2) 美国《统一商法典》的有关规定。美国《统一商法典》把货物品质分为明示担保和默示担保。

 小贴士

美国法排除品质担保的条件

在卖方对货物的担保责任问题上，美国法与英国法有一点区别，那就是美国法允许卖方在合同中排除各项明示担保和默示担保，但须满足如下条件。

第一，卖方不能在买卖合同中预先排除货物导致的侵权责任——产品责任。

第二，词语应当醒目显眼，并采用大号字体或黑体字或不同颜色书写或印刷，以便引起买方的注意。

第三，如果排除或限制适销性担保，必须使用"适销性"(Merchantability)一词。如果卖方使用了"依现状"(as is)、"含各种残损"(with all Faults)等词语，或者订立合同前已经检验过本应能够发现的缺陷的，则被认为合法地排除了品质默示担保义务。

① 明示担保。明示担保是指卖方直接对其货物所作出的保证。a. 如果卖方对买方就有关货物在事实方面作出了确认或承诺，并作为交易基础的组成部分，就构成一项明示担保，即保证他所出售的货物与他所作的确认或许诺相符。这种确认可以用货物的标签、商品说明书及目录等方式表示，也可以记载在合同中。例如，如果卖方在出售服装的标签上写明"100%纯棉"，就是一项对事实的确认，它就是一项明示担保。b. 卖方对货品作出的任何说明，只要是作为交易基础的一部分，就构成一项明示担保，卖方所交付的货物必须与该说明相符。c. 作为交易基础的组成部分的样品、模型(Model)，也是一种明示担保，卖方所交的货物应与该样品或模型一致。

② 默示担保。默示担保是指法律上认为应当包括在合同之内，只要买卖双方在合同中未作相反规定，则法律上规定的默示担保自动适用于该合同。按照《统一商法典》的规定，卖方对货物品质的默示担保主要包括适销性和适合特定用途两项内容。适销性是指适合商业销售性，至少应满足以下要求：a. 合同项下的货物在该行业中能够通过检查；b. 如果

出售的货物是种类物，则必须是在该规定范围内的良好平均品质；c. 货物适合于该商品的通常用途；d. 除合同允许有差异外，货物的每一单位和所有单位在品种、品质和数量等方面都应相同；e. 如果合同要求把货物适当地装入容器，加上包装和标签，则货物与容器、标签应同所允许或确认的事实一致。关于适合特定用途，《统一商法典》规定，如果卖方在订立合同时知道货物将要用于某种特定的用途，而且买方有理由相信卖方具有挑选或提供适合该特定用途的商品的技能和判断力，则卖方应承担货物须适合该特定用途的默示担保义务。

3. 《公约》的有关规定

《公约》第三十五条规定，卖方交付的货物必须与合同所规定的数量、质量和规格相符，并须按照合同规定的方式装箱或包装。

《公约》规定除双方当事人另有约定或买方在订立合同时知道或应当知道货物不符合合同外，货物必须符合以下规定，否则即视为与合同不符。

(1) 货物适合于同一规格货物通常使用目的。

(2) 货物适用于买方订立合同时曾明示或默示地通知卖方的任何特定目的，除非有情况表明买方并不依赖卖方的技能和判断力或者这种依赖对他是不合理的。

(3) 货物的质量与卖方向买方提供的货物样品或样式相同，即凭样品或样式交易时，货物质量应与样品或样式相符。

(4) 货物按照同类货物通用的方式装箱或包装，如果没有这种通用方式，则按照足以保全或保护货物的方式装箱或包装。

关于卖方交付货物的风险转移问题，《公约》规定，一般情况下，卖方对风险转移至买方时所存在的任何不符合合同的情况负有责任，即使这种不符在转移时尚不明显，在风险转移至买方后才明显，卖方仍然承担货物不符合合同的责任。对于风险由卖方转移至买方以后出现的货物不符合合同的情形，卖方不承担责任，但是如果这种不符合合同的情形是由于卖方违反他的某项义务所致，包括违反关于在一段时间内货物将继续适用于其通常使用目的或某种特定目的，或者将保持某种特定质量或性质的任何保证(如质量保证期)，则卖方应承担不符合合同的责任。

[扫一扫 案例 5-2 施密茨·沃克公司诉洛克兰实业公司案(2002)]

(四)权利担保

权利担保是指卖方应保证对其所出售的货物享有合法的权利，没有侵犯任何第三人的权利，并且任何第三人都不会就该项货物向买方主张任何权利。卖方的权利担保义务主要有三方面的内容：一是卖方保证对其出售的货物享有合法的权利；二是卖方保证在其出售的货物上不存在任何未曾向买方透露的担保物权，如抵押权、留置权等；三是卖方保证他所出售的货物没有侵犯他人的权利，如商标权、专利权等。

1. 大陆法的有关规定

卖方必须保证货物在转移给买方时，担保买方能安全地占有没有权利限制和负担的货物，否则，买方有权解除合同，要求返还价款或损害赔偿。

2. 英美法的有关规定

(1) 英国《货物买卖法》的有关规定。英国《货物买卖法》规定，卖方就货物的权利应承担以下默示义务：除合同中另有规定外，在任何买卖合同中，卖方有一项默示的义务，即保证他享有出售该项货物的权利；并且有一项默示的担保，保证他所出售的货物不存在任何订约时未曾告知买方的担保物权，从而使买方能安全地占有货物，不受他所不能知道的第三方的干扰。如果货物买卖合同表明，卖方能够转移给买方的权利只是他所拥有的一部分权利，或者表明某个第三方对货物享有某种权利，则卖方应承担一项默示担保，保证凡是他所知道而买方不知道的有关货物的一切负担或债务，已于订立合同之前告知买方。

(2) 美国《统一商法典》的有关规定。美国《统一商法典》将卖方的权利担保分为所有权保证和免受侵犯的保证。该法规定，买卖合同中应包含卖方的下列担保：①转移的权利应是良好的，并且这种权利的转移是合法的；②交付的货物不应附有任何买方在订约时所不知道的担保权利；③交付的货物必须是任何第三人不能依侵权行为或其他理由提出合法要求的货物。

3. 《公约》的有关规定

(1) 对于非以工业产权和其他知识产权为基础的货物，《公约》第四十一条规定：卖方所交付的货物必须是第三方不能提出任何权利(Right)或要求(Claim)的货物，除非买方同意在这种权利或要求的条件下收取货物。此规定表明卖方必须对所交付的货物享有合法权益，保证善意买方收到货物后不受任何第三方的干扰。因此，如果任何第三方对所售货物提出任何权利或请求，卖方都应承担责任，但是如果买方在知道有第三方会对或可能会对合同项下的货物提出权利或要求以后仍然收取了这项货物，那么卖方不承担责任。

(2) 卖方所交付的货物不得侵犯任何第三方的工业产权或其他知识产权。《公约》第四十二条规定：卖方所交付的货物，必须是第三方不能根据工业产权或其他知识产权提出任何权利或请求的货物。但是有下列限制条件：①卖方只有当其在订立合同时已经知道或不可能不知道第三方对其货物会提出工业产权方面的权利或请求时，才对买方承担责任。②卖方并不是对第三方依据任何一国的法律所提出的工业产权或知识产权的权利或请求都要向买方承担责任，而只是在下列情况下才须向买方负责：a. 如果卖方在订立合同时已经知道买方打算将该项货物转售到某一个国家，则卖方对于第三方依据该国法律所提出的有关工业产权或知识产权的权利请求，应对买方负责。b. 在任何其他情况下，卖方对第三方根据买方营业地所在国法律所提出的有关侵犯工业产权或知识产权的请求，应对买方承担责任。③如果买方在订立合同时，已经知道或不可能不知道第三方对货物会提出有关侵犯工业产权或知识产权的权利或请求，则卖方对由此产生的后果不负责任。④如果第三方所提出的有关侵犯工业产权或知识产权的权利或请求，是由于卖方按照买方提供的技术图纸、图案或其他规格为其制造产品而引起的，则应由买方负责，卖方对此不承担责任。

(扫一扫　案例5-3　侵犯专利权引起的违约责任纠纷案)

买方在已经知道或应当知道第三方对货物的权利或请求后，应在合理的时间内通知卖方，否则，买方就会丧失援引上述第四十一条、第四十二条所规定的权利，除非买方对未及时通知卖方能提出合理的理由。

小思考

2016年，我国某设备制造企业向法国一商人出售一批设备。法国又将该设备转售美国及部分欧洲国家。设备进入美国后，美国的进口商被起诉侵犯了美国有效的专利权，法院判令被告赔偿专利人损失，随后美国进口商向法国出口商追索，法国商人又向我方索赔。问题：我方是否应该承担责任？为什么？

二、买方的义务

(一)支付货款

买方应按照合同规定的时间、地点、方式、币种和金额支付价款。如果合同中未作出规定，则买方应依照有关法律履行此项义务。

1. 大陆法国家的有关规定

《法国民法典》第一千六百五十一条规定，如果在买卖合同中，对支付价金的时间和地点没有作出规定，买方应在交付标的物的地点和时间支付价金。第一千六百五十四条规定，如果买方不支付价金，卖方得请求解除买卖合同。

《德国民法典》第四百三十三条规定，如果在签订合同时买卖双方未对价金作出规定，而是依市价来确定价金者，则按清偿时清偿地的市价为标准。如果合同未对清偿地点作出规定，则买方应在卖方的所在地付款。

2. 英美法的有关规定

(1) 英国《货物买卖法》的有关规定。英国《货物买卖法》第二十七条规定，买方有义务按合同的规定收受货物和支付价款。除合同另有规定外，卖方交付货物和买方支付货款是对流条件(Concurrent Condition)，两者应同时进行，即卖方以交付货物换取货款，买方以支付货款换取货物。

英国《货物买卖法》第三十四条规定，当卖方提交货物时，除另有约定外，买方有权要求让他有合理的机会检验货物，以便确定其是否与合同的规定相符。凡是未曾检验过货物的买方，都不能被认为是已经接受了货物，因而也没有丧失其拒收货物的权利，直到他有合理的机会检验货物为止。但是，如果买方在有机会检验货物时，却不对货物进行检验，那就是放弃了检验权利，在这种情况下，买方就丧失了拒收货物的权利。

买方收到货物与接受货物是有区别的，收到货物并不等于接受货物。买方如果接受了货物，他就丧失了拒收货物的权利，但如果买方仅仅是收到了货物，日后如发现与合同不符，则他仍然有权拒收货物。英国《货物买卖法》第三十五条规定，只有在下列情况下，买方才被认为是接受了货物：①如果买方通知卖方，表示他已接受该项货物。②如果货物已交付给买方，而买方对货物作出了任何与卖方的所有权相抵触的行为。例如，买方以货物所有人的身份对货物作了处分，把货物转卖给第三人或已进行实施使用，在这种情况下，买方就将被认为是已经接受了货物。③如果买方收到货物后把货物留下来，经过了一段合理的时间之后，并没有通知卖方拒收此项货物，则买方也被认为是接受了货物，从而就丧失了拒收货物的权利。至于何谓"合理时间"，这是事实问题，须视情况而定。

(2) 美国《统一商法典》的有关规定。美国《统一商法典》第 2-513 条规定，除双方当事人另有约定外，买方在支付货款和接受货物之前，有权对货物进行检验。检验的时间、地点和方法应按合同的规定办理。如合同对此没有作出规定，则在卖方负责把货物运到目的地的场合下，应在货物的目的地进行检验。除此情况外，则应在合理的时间、地点，以合理的方法进行检验。如检验的结果表明货物与合同相符，检验费用应由买方负责；如检验结果证明货物与合同不符，则检验费用应由卖方负担。

3. 《公约》的有关规定

按照《公约》的规定，买方支付货款的义务涉及许多方面的问题，如履行必要的付款手续、合理确定货物的价格、确定付款的时间和地点等。对这些问题，《公约》的规定比许多国家的国内法都更详细具体。

(1) 履行必要的付款手续。《公约》第五十四条规定，买方支付货款的义务包括按照合同或任何法律、规章所要求的步骤及手续，以便使货款得以支付，包括向银行申请信用证或银行保函；在实行外汇管制的国家，须向政府部门申请进口许可证及所需外汇等。如果买方没有完成这些步骤和手续，导致无法付款，就构成买方违反付款义务，买方应承担责任。

(2) 确定货物的价格。如果买卖合同中已经规定了货物的价格或规定了确定的方法，买方应按合同规定的价格付款；如果合同没有明示或默示地规定货物的价格或规定确定价格的方法，在这种情况下，如合同已有效成立，则应当认为双方当事人已默示引用订立合同的时候这种货物在有关贸易中在类似情况下出售的通常价格。《公约》第五十六条规定，如果货物的价格是按照货物的重量来确定的话，如有疑问时，应按货物的净重量来确定。

(3) 付款的地点。《公约》第五十七条规定，合同中有规定的按规定办理；合同中没有规定时，买方应在以下地点向卖方付款：①在卖方的营业地付款，如果卖方有一个以上的营业地，则买方应在与该合同及合同的履行关系最为密切的营业地点付款；②如果是凭移交货物或单据支付货款，则买方应在移交货物或单据的地点支付货款。如果卖方的营业地点在订立合同后发生变动，则由于卖方营业地点的变动而引起的在支付方面增加的开支，应由卖方承担。

(4) 付款的时间。《公约》第五十八条规定：①如果买卖合同中没有规定买方应当在什么时候付款，则买方应当在卖方按合同和《公约》的要求把货物或代表货物所有权的装运单据(如提单)移交给买方处置时，支付货款。卖方可以把支付货款作为移交单据的条件，即付款与交单互为条件。如果买方不付款，卖方就没有义务把货物或单据交给买方；反之，如果卖方不把货物或单据交给买方，买方就没有义务支付货款。②如果合同涉及货物的运输，卖方可以在发货时订明条件，规定必须在买方支付货款时，方可把货物或代表货物所有权的装运单据交给买方。③买方在未有机会检验货物以前，没有义务支付货款。如果买方在付款以前要求对货物进行检验的权利与双方约定的交货或付款程序相抵触，买方就无权要求在付款以前先检验货物。但是这不代表买方没有权利对货物进行检验，在货物到达目的地后，买方仍有权进行检验，如发现货物与合同规定不符，买方仍有权要求卖方赔偿损失，或者采取《公约》规定的其他补救方法来维护其正当权益。

此外，《公约》第五十九条还规定，买方必须按照合同和《公约》规定的日期付款，而无须卖方提出任何要求或办理任何手续，这主要是针对大陆法系国家(如法国和德国)要求债权人必须先向债务人发出催告通知的要求作出的规定。

(二)接受货物

1. 大陆法的有关规定

根据《法国民法典》的规定，关于商品及动产的买卖超过协议期限，买受人未受领其买受物，不经催告，买卖即发生解除。

2. 英美法的有关规定

英美法系国家关于买方接受货物的规定较为具体。例如，《美国统一商法典》第2-515A条和第2-606条规定，出现下列三种情况之一的，即视为买方接受了货物：一是买方拥有合理机会检验货物之后向卖方明确表示接受货物；二是买方有合理的机会检验货物之后在合理的时间内未表示拒绝接受货物；三是卖方交货后，买方对货物采取了与卖方所有权不相称的行为。

英国《货物买卖法》第三十四条规定，当卖方提交货物时，除另有约定外，买方有权要求让他有合理的机会检验货物，以便确定货物是否与合同的规定相符。

(扫一扫　案例5-4　卡尔卡都·马缇尼实业公司诉马克斯鞋业公司案)

3. 《公约》的有关规定

根据《公约》第六十条的规定，买方接收货物的义务主要包括以下两项内容(见图5-5)。

(1) 采取一切理应采取的行动，以便卖方能交付货物。例如，及时地指定交货地点或按合同规定安排有关海运事宜，以便卖方能履行其交货义务，如在FOB条件下，买方负责指派装运工具。

(2) 接收货物。如果买方不及时提货，卖方可能要对承运人支付滞期费及其他费用，对此，买方应承担责任。

 小贴士

接收货物≠接受货物

买方接收货物(Receipt of Goods)并不等于接受货物(Acceptance of Goods)，因为货物有可能存在不符合合同要求的情况。接受表明买方认为货物符合买卖合同的规定；而接收并不表明买方对货物没有异议或在货物严重不合格的情况下放弃拒绝接受的权利。

小思考

接收货物究竟是买方的权利，还是义务？

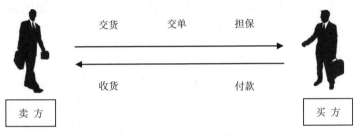

图 5-5 买卖双方义务

第三节 货物所有权及风险的转移

一、货物所有权的转移

在国际货物买卖活动中，货物所有权的转移是关系到买卖双方切身利益的重大问题。因为对卖方来说，若货物所有权转移至买方之后，买方因丧失偿付能力而破产，卖方只能以普通债权人的身份参与买方财产的分配，其所得很可能会大大少于应收货款。同样，在买方预付了货款的情况下，若卖方在转移货物所有权之前破产，买方也只能以普通债权人的身份参与卖方剩余财产的分配。此外，不少国家至今仍实行着"物主承担风险"原则，谁拥有货物，谁承担货物灭失的风险，因此，货物所有权还决定着货物灭失风险的转移。

(扫一扫 案例 5-5 留置权条款虽小，意义重大)

(一)大陆法有关所有权转移的规定

1. 《法国民法典》

《法国民法典》原则上以买卖合同的成立决定所有权的转移。按照《法国民法典》第1583条的规定，当事人就标的物及其价金相互同意时，即使标的物尚未交付，价金尚未支付，买卖即告成立，而标的物的所有权即依法由卖方转移至买方。在司法实践中，对于所有权的转移还可适用以下原则。

(1) 如果买卖的标的物是种类物，则必须经过特定化之后，其所有权才能转移至买方，但无须交付。

(2) 如是附条件的买卖，如试验买卖(Sale on Approval)，则必须待买方表示确认后，所有权才转移至买方。

(3) 买卖双方可以在合同中规定所有权转移的时间，如可以规定所有权须于货物运到目的地后，或者买方支付价金后才转移至买方等。

2. 《德国民法典》

德国法认为，所有权的转移是属于物权法的范畴，而买卖合同则属于债法的范畴，买卖合同本身并不起到转移所有权的效力。依照德国法，所有权的转移必须符合下列要求：如为动产须以交付标的物为必要条件。在卖方有义务交付物权凭证的场合，卖方可以通过交付物权凭证(如提单)从而把货物所有权转移至买方。如属于不动产，其所有权的转移须以向主管机关登记为条件。

(二)英美法有关所有权转移的规定

1. 英国《货物买卖法》

英国《货物买卖法》对货物所有权转移，主要是区别特定物的买卖(Sale of Specific Goods)与非特定物的买卖(Sale of Unascertained Goods)。

(1) 特定物的买卖。英国《货物买卖法》第十七条规定，在特定物或已经特定化的货物买卖中，货物的所有权应在双方当事人意图转移的时候转移至买方，即所有权何时转移至买方取决于双方当事人的意思。如果双方当事人在合同中对此没有作出明确的规定，则法院可以根据合同的条款、双方当事人的行为，以及当时的具体情况来确定订约双方的意图。①凡属无保留条件的特定物的买卖合同，如该特定物已处于可交付的状态(Deliverable State)，则货物的所有权在合同订立时即移转至买方，至于付款时间或交货时间是否在其后，是无关紧要的。②在特定物的买卖合同中，如果卖方还要对货物作出某种行为，才能使其处于可交付的状态，则货物的所有权须于卖方履行了此项行为，并在买方收到有关通知时，才转移至买方。③在特定物的买卖合同中，如该特定物已处于可交付状态，但卖方仍须对货物进行衡量、丈量、检验或其他行为，才能确定其价金者，则须在上述行为已完成，并在买方收到有关通知时，货物所有权才转移至买方。④当货物是"试验买卖"或按"余货退回"(Sale or Return)条件交付给买方时，货物的所有权应按下列时间转移至买方：A. 当买方向卖方表示认可或接受该项货物，或者以其他方式确认这项交易时，所有权转移至买方。

B. 买方虽然没有向卖方表示认可或接受该项货物，但他在收到货物后，在合同规定的退货期届满之前没有发出退货通知；或者合同没有规定退货期时，则在经过一段合理的时间后没有发出退货通知，货物的所有权即移转至买方。所谓的"试验买卖"或"余货退回"是一种特殊的交易方式。其具体做法是，卖方把货物交给买方，合同中规定在约定期限内可以退货，如届时不退货，即等于买方接受了货物，其所有权即转移至买方。如果合同中没有规定退货期限，则买方应于合理期限内将货物退回，如逾期不退回，也等于接受了货物，其所有权也转移至买方。

(2) 非特定物的买卖。非特定物的买卖是指仅凭说明(by Description Only)进行交易的货物。凡属凭说明买卖未经指定或未经特定化的货物，在将货物特定化之前，其所有权不转移至买方。一般来说，如果按照合同的规定，卖方以把货物运交买方为目的而将货物交给了承运人，而又没有保留对货物的处分权(Reserve the Right of Disposal)，则可以认为卖方已经无条件地把货物划拨(Appropriate)于合同项下。但是，将货物加以特定化只是转移货物所有权的前提，至于把货物特定化之后，货物的所有权是否转移至买方，尚须视卖方有无保留对货物的处分权而定。

(3) 卖方保留对货物的处分权。无论是在特定物的买卖中，还是在非特定物的买卖中，即使在货物已经特定化之后，卖方都可以保留对货物的处分权。在这种情况下，在卖方要求的条件得到满足前，货物的所有权仍不转移至买方。①卖方可以在合同条款中作出保留对货物处分权的规定。②卖方可以通过提单抬头的写法表示卖方保留对货物的处分权。如果货物已装船，而提单的抬头载明该项货物须凭卖方或卖方的代理人的指示交货时(to the Order of the Seller or His Agent)，则在卖方将该项提单背书交给买方或其代理人以前，应推定卖方保留了对货物的处分权。如果卖方在装运货物之后所拿到的是以买方或买方代理人的名字为抬头的提单(to the Order of the Buyer or His Agent)，这并不意味着卖方有把货物所有权移转至买方的意思。在这种情况下，一切仍须取决于卖方是否把提单交给买方而定，只有卖方将提单交给买方后，货物所有权才可转移。③卖方可通过对装运单据的处理办法来表示卖方保留对货物的处分权。如果卖方已按合同规定的货价向买方开出以买方为付款人的汇票，并将汇票和提单一起交给买方，要求买方承兑或见票付款，在这种情况下，如买方拒绝承兑或拒绝付款，他就必须把提单退回给卖方；如果买方非法扣下提单，货物的所有权也不因此而转移至买方。

2. 美国《统一商法典》

美国法和英国法的规定基本上是一致的。

(1) 在把货物确定在合同项下(Identification to the Contract)以前，货物的所有权不转移至买方。

(2) 当事人约定了所有权转移时间的按照约定。

(3) 当事人没有约定所有权转移时间的，货物的所有权应于卖方完成其履行交货义务时转移至买方，而不管卖方是否通过保留货物所有权的凭证来保留其对货物的权利。

(4) 当货物需要运输时，如果按照合同的规定，卖方需要把货物运交买方，但并未规定具体的目的地，则货物的所有权应于货物装运的时间和地点转移至买方。如果合同要求卖方把货物运到指定的目的地，则货物的所有权应于目的地交货时转移至买方。当货物无须移动时，有时卖方可能已经把货物交给第三人保管，如已把货物存入仓库而让买方到指定的仓库提货，在这种情况下，卖方交货时就无须移动货物，而只要把仓库收据交给买方让其自行提货即可。这时，货物的所有权按下列规定转移至买方：①如果卖方已将货物交给一个作为第三方的保管人保管，并由保管人对货物出具了可转让的物权凭证(Negotiable Document of Title)，则货物的所有权在卖方将此项物权凭证背书交给买方时即转移至买方；②如果上述保管人没有出具任何可以转让的物权凭证，而且货物在订立合同时已经确定在合同项下，则货物的所有权应于订立合同时转移至买方。

(5) 无论是否有正当理由，当买方以任何形式拒绝接受货物时，所有权不发生转移。

两大法系国家关于所有权转移的规定，如表 5-2 所示。

表 5-2　两大法系国家关于所有权转移的规定

法　系	国　家	相关规定
大陆法系	法国	合同成立时
	德国	动产：交付
		不动产：登记
英美法系	英国	特定物：依约定
		非特定物：特定化
	美国	有约定：按约定
		无约定：交付

(三)《公约》有关所有权转移的规定

《公约》除原则性地规定卖方有义务把货物所有权转移至买方，并保证他所交付的货物必须是第三方不能提出任何权利或请求权的货物之外，对所有权转移至买方的时间、地点和条件，以及买卖合同对第三方货物所有权所产生的影响等问题，都没有具体规定。这主要是因为各国关于所有权转移问题的法律分歧较大，不容易实现统一。

(四)中国有关所有权转移的规定(见图 5-6)

我国《合同法》第一百三十三条规定："标的物的所有权自标的物交付时起转移，但法律另有规定或者另有约定的除外。"

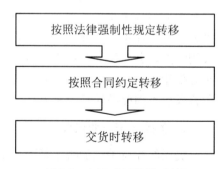

图 5-6　中国《合同法》判断所有权转移的顺序

小思考

货物所有权的转移对于买卖双方都有什么意义？

二、货物风险的转移

在国际货物买卖中，风险是指货物可能遭受的各种意外损失，如盗窃、火灾、沉船、破碎、渗漏，以及不属于正常损耗的腐烂变质等。风险转移的关键是风险转移的时间节点。如果货物的风险已由卖方转移至买方，则货物即使遭受损害或灭失，买方仍有义务按合同规定支付价金；如果风险尚未转移至买方，则一旦货物发生损坏或灭失时，不仅买方没有支付价金的义务，而且卖方还要对不交货承担损害赔偿责任，除非卖方能证明这种损失是由于不可抗力的原因造成的。

(一)风险转移与所有权转移相联系

英国、法国的立法采用"物主承担风险"的原则，即把货物风险的转移与所有权的转移联系在一起，以所有权转移的时间决定风险转移的时间。例如，英国《货物买卖法》规定，除双方当事人另有约定以外，在货物所有权发生转移前，货物的风险由卖方承担；货物所有权一经转移至买方，则不论货物是否已经交付，其风险由买方承担。但是如果由于买卖双方中一方的过失导致交货迟延，则货物的风险由该方承担。此外，如果货物需要海上运输，如果卖方不负责保险，卖方须将有关情况及时通知买方，以便买方办理投保手续，否则，卖方须承担货物在海运途中的风险。英国的学者认为该项规定可类推适用于空运和海陆联合运输。

(二)风险转移与所有权转移相区别

有些国家则不把风险移转同所有权移转问题联系在一起，而是以交货时间(Time of Delivery)来决定风险转移的时间。美国、德国、奥地利，以及斯堪的纳维亚各国的法律都采用这种办法。

1. 协议约定风险转移

买卖双方当事人可以通过协议来划分双方当事人承担风险的界线，也可以通过采用某种国际贸易术语来确定各方所应承担的风险。

(扫一扫　相关链接 5-1　什么是国际贸易术语？)

2. 未作约定时的风险转移

如果双方当事人未对风险转移作出规定，则在没有违约的正常情况下，如果合同中未要求将货物运送到特定目的地，当卖方把货物适当地交给承运人时，风险由卖方转移至买方；如果合同要求将货物运送到指定目的地，当卖方在目的地提交货物时，货物风险由卖方转移至买方；如果货物在受托人手中，无须移交即可交货时，当买方收到代表货物所有权的单据时，货物风险由卖方转移至买方。

3. 违约时的风险转移

如果出现违约的情况，卖方提供或交付的货物与合同规定不符，以致买方有权拒收货物，货物风险应由卖方承担。

各国所有权转移与风险转移的比较如表 5-3 所示。

表 5-3　各国所有权转移与风险转移的比较

项目 \ 国别	法 国	德 国	英 国	美 国	中 国
所有权转移	合同成立	交付/登记	约定/特定化	交付	交付
风险转移	物主承担	交付	物主承担	交付	交付

(三)《公约》有关风险转移的规定

关于货物的风险从何时起由买方承担的问题，《公约》所采取的某些原则同美国法有相似之处。它舍弃了所有权决定风险转移的陈旧观念，原则上以交货时间来确定风险转移时间。《公约》第六十六至第七十条对风险转移问题规定了下列几项原则。

1. 《公约》允许当事人在合同中约定有关风险转移的规则

如果双方当事人在合同中对风险转移作了具体的约定，则约定的效力高于《公约》的规定。

2. 风险转移所产生的后果

《公约》第六十六条规定，如果货物在风险转移至买方后发生灭失或损坏，买方支付货款的义务并不因此而解除，除非这种灭失或损坏是由于卖方的行为或不行为所造成的。例如，在一项购买大米的买卖合同中，卖方租用一艘曾装运过有毒物质的船舶来装运大米，致使大米受到污染，失去食用价值。在这种情况下，即使这批大米的风险在卖方把大米交付给承运人时已经转移至买方，但这种损失是由于卖方的行为造成的，买方可以不支付货款。

3. 当买卖合同涉及运输时的风险转移

《公约》第六十七条规定，如果销售合同涉及货物的运输，分以下两种情况处理。

(1) 如果卖方没有义务在某一特定地点交货，那么自货物按照买卖合同交付给第一承运人以移交给买方时，风险就由卖方转移至买方。

(2) 如果卖方有义务在某一特定地点把货物交付给承运人，在货物于该地点交付给承运人以前，风险不转移至买方承担。

但是，无论在何种情况下，在货物加上标记，或者以装运单据，或者以向买方发出通知或其他方式，将货物清楚地确定在合同项下之前，风险不能转移至买方，即在货物特定化以前，风险不能转移至买方。

(扫一扫　案例 5-6　货物风险转移约定不明的法律风险)

4. 当货物在运输途中出售时的风险转移

当卖方先把货物装上开往某个目的地的船，然后再寻找当地的买主订立合同时，这种交易就是在运输途中进行的货物买卖，在外贸业务中称为"海上路货"(Floating Cargo)。《公约》第六十八条规定，对于在运输途中出售的货物，从订立合同时起，风险就转移至买方承担。但是，如果情况表明有需要时，则从货物交付给签发载有运输合同单据的承运人时起，风险就由买方承担。尽管如此，如果卖方在订立合同时已经知道或理应知道货物已经遭受损坏或灭失，而他又不将这一事实告知买方，则这种灭失或损坏由卖方承担。

5. 其他情况下的风险转移

其他情况主要是指在买方自行安排运输的情况下，风险何时转移，有以下几种情形。

(1) 从买方接收货物时起，或者如果买方不在适当的时间内接收货物，则从货物已交给他处置而违反合同不受领货物时起，风险即转移至买方承担。这一条主要适用于卖方在其营业地点把货物交给买方处置的场合，即由买方自备运输工具到卖方的营业地提货的场合。

(2) 如果买方有义务在卖方营业地点以外的某一地点(如某个仓库)接收货物，则当交货时间已到而买方知道货物已在该地点交给他处置时起，风险才转移至买方承担。

(3) 但是，如果合同所出售的货物在上述时间尚未确定在该合同项下，即尚未特定化，则在这些货物清楚地确定在该合同项下以前，不得视为货物已交给买方处置，风险也不转移至买方。

6. 根本违反合同对风险转移的影响(见表 5-4)

《公约》第七十条规定，如果卖方已根本违反合同，则上述第六十七条至第六十九条的规定，都不损害买方对这种根本违反合同可以采取的各种补救方法。

表 5-4　《公约》对货物风险转移的规定

前　提	货物特定化	
有约定	约定优先	
无约定	一般情况	交货时转移
	涉及运输	无指定地点时，货交第一承运人时转移
		有指定地点时，货交承运人时转移
	不涉及运输	卖方营业地交货，则在买方收货时转移
		卖方营业地外交货，则在交货时间到时转移
	在途货物	订立合同时转移(情况需要则在货交承运人时)
有违约	不影响风险转移(违约方导致的风险除外)；风险转移也不影响索赔的权利	

(四)我国《合同法》有关风险转移的规定

我国《合同法》第一百四十二条至第一百四十九条(共计 8 条)对于买卖合同中货物风险的转移作了较为详细的规定，与《公约》基本相同。其主要内容如下。

第一百四十二条规定："标的物毁损、灭失的风险，在标的物交付之前由出卖人承担，交付之后由买受人承担，但法律另有规定或者当事人另有约定者除外。"

第一百四十三条规定："因买受人的原因致使标的物不能按照约定的期限交付的，买受人应当自违反约定之日起承担标的物毁损、灭失的风险。"

第一百四十四条规定："出卖人出卖交由承运人运输的在途标的物，除当事人另有约定的以外，毁损、灭失的风险自合同成立时起由买受人承担。"

第一百四十五条规定："当事人没有约定交付地点或者约定不明确，依照本法第一百四十一条第二款第一项的规定标的物需要运输的，出卖人将标的物交付给第一承运人后，标的物毁损灭失的风险由买受人承担。"

第一百四十六条规定："出卖人按照约定或者依照本法第一百四十一条第二款的规定将标的物置于交付地点，买受人违反约定没有收取的，标的物毁损、灭失的风险自违反约定之日起由买受人承担。"

第一百四十七条规定："出卖人按照约定未交付有关标的物的单证和资料的，不影响标的物毁损、灭失风险的转移。"

第一百四十八条规定："因标的物质量不符合质量要求，致使不能实现合同目的的，买受人可以拒绝接受标的物或者解除合同。买受人拒绝接受标的物或者解除合同的，标的物毁损、灭失的风险由出卖人承担。"

第一百四十九条规定："即使货物风险转移至买方，但是如果卖方在履行交货义务过程中有违约行为，买方仍然有权向卖方追究其违约责任。"

(扫一扫 案例5-7 柠檬酸结块到底谁承担责任？)

(五)国际贸易惯例关于风险转移的规定

国际商会的《国际贸易术语解释通则》与国际私法协会《华沙—牛津规则》在规定贸易术语时，都涉及货物风险转移的规定。

比如，在采用《国际贸易术语解释通则》的工厂交货(Ex Work)术语的合同中，货物的风险是从卖方在工厂把货物交给买方支配时起转移至买方；在 FOB/CFR/CIF 合同中，货物的风险是从货物在装运港装船越过船舷时起转移至买方；在目的港交货合同中，货物的风险是在货物到达目的港交由买方支配时起转移至买方。

(扫一扫 案例5-8 卖方是否应负责赔偿？)

第四节　违反买卖合同的救济方法

一、《公约》规定的违约种类

买卖合同订立后，买卖双方都有可能发生违约行为。按照各国法律和《公约》的规定，当一方违反合同使对方的权利受到损害时，受损害的一方有权采取措施来维护自己的权益。买卖双方在对方违约时，可以采取什么措施，取决于对方违约的类型。《公约》提出了根本违约和预期违约两个概念，并对分批交货合同的违约问题及处理作了规定。

(一)根本违反合同

(扫一扫　案例 5-9　针织品买卖纠纷案)

根本违反合同(Fundamental Breach)，简称根本违约，是《公约》特有的法律概念。一方当事人违反合同的结果，如使另一方当事人蒙受损失，以至于实际上剥夺(Substantially to Deprive)了他根据合同规定有权期待得到的东西，即为根本违约，除非违反合同一方并不预知而且一个同等资格、通情达理的人处于相同情况中也没有理由预知会发生这种结果。判断根本违约的主要标准就是受害方预期利益的丧失，同时，还必须满足两个条件，一是违约方应预知这种结果，二是第三人能够预知这种结果。根本违约的效果是受害方可以宣告合同无效。

(二)预期违反合同

预期违反合同(Anticipatory Breach)，简称预期违约，指的是在合同规定的履行期限到来之前，一方通过声明或行为表明其不履行合同或不能履行合同。预期违约可能是根本违约，也可能不构成根本违约。《公约》第七十一条规定，如果在订立合同后另一方当事人由于下列原因将不履行其大部分重要义务，对方当事人可以中止履行义务：①一方履行义务的能力或他的信用有严重缺陷；②他在准备违反合同或违反合同过程中的行为。宣告中止履行义务的一方当事人，必须立即通知另一方当事人，如果另一方当事人对履行义务提供了充分的保证，则必须继续履行义务。《公约》第七十二条规定，如果在履行合同日期以前，明显看出一方当事人根本违反合同，另一方当事人可以宣告合同无效。

 小思考

《公约》的预期违约与英美法的预期违约有何不同？

(三)违反分批交货合同

分批交货合同是指一个合同项下的货物分成若干批交货。《公约》第七十三条专门就此作了规定。根据这一条的规定，主要有以下三种情况。

(1) 在分批交货合同中，如果一方当事人不履行对其中任何一批货物的义务，便已对该批货物构成根本违反合同，则对方可以宣告合同对该批货物无效，即宣告撤销合同对这一批交货的效力，但不能撤销整个合同。

(2) 如果一方当事人不履行对其中任何一批货物的义务，使另一方当事人有充分理由断定今后各批货物亦将会发生根本违反合同，则该另一方当事人可以在一段合理的时间内宣告合同今后无效，即撤销合同对今后各批货物的效力，但对在此以前已经履行义务的各批货物不能予以撤销。

(3) 当买方宣告合同对某一批交货无效时，如果合同项下的各批货物是互相依存、不可分割的，不能将其中的任何一批货物单独用于双方当事人在订立合同时所设想的目的(如大型设备分批装运交货)，买方可以同时宣告合同对已经交付或今后将交付的各批货物均无效，即可以宣告撤销整个合同。

💬 小思考

《公约》设立"根本违约"制度的意义是什么？

二、卖方违反合同的救济方法

卖方违反合同主要有以下几种情况，即不交货、延迟交货、交付的货物与合同规定不符。根据《公约》第 3 部分第 2 章第 3 节的规定，如果卖方不履行他在合同和《公约》中的任何义务，买方可以采取下列救济方法。

1. 要求履行义务

《公约》第四十六条规定，如果卖方不履行合同的义务，买方可以要求卖方履行其合同或《公约》中规定的义务。

但是，根据《公约》第二十八条的规定，当一方当事人要求另一方当事人履行某项义务时，法院没有义务作出判决要求具体履行此项义务，除非法院依照其本身的法律对不属于《公约》范围的类似销售合同愿意这样做。

2. 要求交付替代货物

《公约》第四十六条第(2)款规定，如果卖方所交付的货物与合同规定不符，而且这种不符合同的情形已构成根本违反合同，则买方有权要求卖方另外再交一批符合合同要求的货物，以替代原来那批不符合同要求的货物。

3. 要求对货物不符合同之处进行修补

《公约》第四十六条第(3)款规定，如果卖方所交的货物与合同规定不符，买方可以要求卖方通过修补对不符合合同之处作出补救。

4. 给卖方一段合理的额外时间让其履行义务

《公约》第四十七条第(1)款规定，如果卖方不按合同规定的时间履行其义务，买方可以规定一段合理的额外时间，让卖方履行其义务。

5. 对不履行义务作出补救

按照《公约》第四十八条的规定，除第四十九条的规定(关于撤销合同)外，卖方即使在交货日期之后，仍可自付费用，对任何不履行义务作出补救，但这种补救不得给买方造成不合理的迟延，也不得使买方遭受不合理的不便，或者使买方无法确定卖方是否将偿付预付的费用。但是，买方可以保留《公约》所规定的要求损害赔偿的任何权利。

6. 宣告合同无效

根据《公约》第四十九条的规定，当卖方违反合同时，买方在下述情况下可以宣告合同无效：①卖方不履行其在合同中或《公约》中规定的任何义务，已构成根本违反合同；②如果发生不交货的情况，卖方在买方规定的合理的额外时间内仍不交货，或者卖方声明他将不在买方规定的合理的额外时间内交货。

7. 要求减价

按照《公约》第五十条规定，如果卖方所交的货物与合同规定不符，不论买方是否已经支付货款，买方都可以减低价格。减价按实际交付的货物在交货时的价值与符合合同的货物在当时的价值两者之间的比例计算。但是，如果卖方已按《公约》规定对其任何不履行合同义务之处作出了补救，或者买方拒绝接受卖方对此作出的补救，买方就不得减低价格。

8. 当卖方只交付部分货物或所交货物只有一部分符合合同规定时，买方可采取的救济方法

根据《公约》第五十一条的规定，当卖方只交付一部分货物，或者卖方所交付的货物中只有一部分与合同的要求相符合时，买方只能对漏交的货物或对与合同要求不符的那一部分货物，采取上述第四十六条至第五十条所规定的救济方法，包括退货、减价及要求损害赔偿等。但一般不能宣告整个合同无效或拒收全部货物，除非卖方不交货，或者不按合同规定交货已构成根本违反合同时，买方才可以宣告整个合同无效。

9. 当卖方提前交货或超量交货时，买方可以采取的补救方法

《公约》第五十二条规定，如果卖方在合同规定的日期以前交货，买方可以收取货物也可以拒绝收取货物。但如果卖方在提前交货遭拒绝后，等到合同规定的交货期临到的时候再次向买方提交货物，买方仍须收取这批货物。《公约》还规定，如卖方所交货物的数量大于合同规定的数量，买方可以收取全部货物，也可以拒绝收取多交部分的货物，而只收取合同规定数量的货物，但不能拒收全部货物。如买方收取多交部分的货物，他就必须按合同规定的价格付款。

10. 请求损害赔偿

《公约》认为，损害赔偿是一种主要的救济方法。根据《公约》第四十五条的规定，

如果卖方违反合同，买方可以要求损害赔偿，而且买方要求损害赔偿的权利，不因其已采取其他补救方法而丧失。《公约》第七十五条和第七十六条对在宣告合同无效的情况下，如何计算损害赔偿额的具体办法作出了规定，主要有以下两种情形。

第一种：如果买方已宣告合同无效，而在宣告合同无效后的一段合理时间内，买方已以合理的方式购买了替代货物，则买方可以取得合同价格和替代货物的交易价格之间的差额，以及因卖方违约而造成的其他损害，这种做法叫作"实际补进"(Cover)。

第二种：如果买方在宣告合同无效之后，没有实际补进原来合同项下的货物，而此项货物又有时价的话，则买方可以取得原合同的规定价格和宣告合同无效时的时价之间的差额，以及因卖方违约造成的任何其他损害赔偿。但是，如果买方是在接收货物之后才宣告合同无效，则应按接收货物时的时价与合同规定的价格之间的差额计算，而不是按宣告合同无效时的时价计算。这里所说的时价，是指合同原定交货地点的现行价格。如果该地点没有时价，则指另一合理替代地点的现行价格。但在这种情况下，应适当考虑货物运输费用的差额。

(扫一扫　案例 5-10　有关卖方违约的案例)

三、买方违反合同的救济方法

买方违反合同主要有以下几种情形，即不付款、延迟付款、不收取货物、迟收取货物。现根据《公约》第3章第3节的有关规定，对买方出现上述违约情事时，卖方可以采取的各种救济方法介绍如下。

1. 要求履行义务

《公约》第六十二条规定，卖方可以要求买方支付价款、收取货物或履行他的其他义务，除非卖方已采取与此要求相抵触的某种补救办法。但是，根据《公约》第二十八条的规定，当一方当事人要求对方实际履行其合同义务时，法院并没有义务判令对方实际履行其义务，除非法院依照法院所在地国的法律对不属于《公约》范围的类似合同亦将作出实际履行的判决。

2. 规定一段合理的额外时间，让买方履行其义务

如果买方没有在合同规定的时间内履行其合同义务，卖方可以规定一段合理期限让买方履行其合同义务。但是在这种情况下，除非卖方已收到买方的通知，表明将不在卖方所规定的额外时间内履行其义务，否则，卖方不得在这段时间内对买方采取任何救济方法。但卖方并不因此而丧失其对买方延迟履行合同可能享有的根据《公约》第七十六条要求损害赔偿的权利。

3. 宣告合同无效

卖方在下列情况下，可以宣告合同无效：①如果买方不履行合同或《公约》的义务已经构成根本违反合同，即卖方因买方的违约行为遭到重大损失，以致实质上剥夺了卖方根据合同有权得到的东西，在这种情况下，卖方可以宣告合同无效。②如果卖方已经给买方规定了一段合理的额外时间，让买方履行其义务，但买方不在这段时间内履行其义务，或者买方声明他将不在所规定的时间内履行其义务，则卖方亦可宣告合同无效。

但是，如果买方已经支付货款，卖方在原则上就丧失了宣告合同无效的权利，除非他按照下面规定的办法去做：①对于买方延迟履行义务，卖方在知道买方履行义务前已宣告合同无效。②对于买方延迟履行义务以外的任何违反合同的情事，卖方必须在知道或理应知道这种违约情事后的一段合理的时间内宣告合同无效，否则，卖方亦将失去宣告合同无效的权利。③根据《公约》第八十一条至第八十四条的规定，当买方或卖方宣告合同无效后，就解除了双方在合同中规定的义务，卖方不需要交货，买方不需要支付货款，如果卖方已经交货，他可以要求归还货物。特别值得注意的是，按照《公约》的规定，宣告合同无效并不终止违约一方对其违约所引起的一切损害赔偿责任，也不终止合同中关于解决争议的任何规定。

4. 自行确定货物的规格

根据《公约》第六十五条的规定，如果买方在合同规定的时间内或在收到卖方要求后的一段合理时间内没有提出具体规格要求，则卖方在不损害其可能享有的权利(如请求损害赔偿的权利)的情况下，可以依照他所知道的买方的要求，自行确定货物的具体规格。

5. 请求损害赔偿

当买方违反其合同义务或《公约》所规定的义务时，卖方有权请求损害赔偿。而且根据《公约》的规定，卖方请求损害赔偿的权利，不因其已采取上述其他补救方法而受到影响。

6. 要求支付利息

如果买方没有支付价款或任何其他拖欠金额，卖方有权对这些款额收取利息，但这并不妨碍卖方根据《公约》第七十四条规定可以取得的损害赔偿。

买卖双方违约及其救济方法见表 5-5。

表 5-5　违约及救济方法

违约方	违约情形		救济方法
卖方违约	不交货		宣告合同无效或要求实际履行并赔偿
	数量不符	少交货	赔偿损失或违约金，严重则宣告合同无效
		多交货	可拒收多交部分
	时间不符	提前交货	可拒收
		迟延交货	要求履行、赔偿损失、给予宽限期，重则宣告合同无效
	品质不符	严重不符	要求交付替代物或宣告合同无效并要求其赔偿损失
		轻微不符	减价、修理、退货、赔偿损失/违约金

违约方	违约情形		救济方法
买方违约	付款违约	不付款	要求履行或宣告合同无效、赔偿损失
		迟延付款	要求支付利息
	收货违约	不收货	宣告合同无效、转售等并要求赔偿损失
		迟延收货	要求履行、赔偿损失、给予宽限期，重则宣告合同无效

第六章 国际贸易的"左膀右臂"
——运输与保险

引导案例

有人说，国际货轮是海上漂流的金库，那提单就成了"打开金库的钥匙"。记名提单恰恰就是一些狡猾的客户暗算中国出口商玩的致命的一招，而这把钥匙却是货主自己奉上的。一般做进出口的都知道一个简单的道理：提单就是物权凭证，谁控制提单，谁就控制了货物。珠三角一家位居中国某一机电产品品类出口前三名的出口企业也坚信这一点。于是在只收了一点定金的情况下，就为以色列客户出具了五个集装箱货物的记名提单，结果货款还没收到，对方竟然在未拿到提单的情况下就提走了货物！找专业人士了解后才知道，原来承运人可以无须收货人出示正本记名提单而只要证明提货人是记名提单上的真实提货人就可以放货了。

交易达成后，货物从出口国卖方手中到最终交到进口国买方手中必然要通过一定的方式运输才能实现。而在各种运输方式中，海上运输是最主要的运输方式。然而，买卖双方往往相隔遥远，货物运输过程中面临各种风险，因此，通过保险转移风险就成为交易当事人的必然选择。

第一节 国际海上货物运输法

一、概述

国际货物运输的方式种类很多，其中包括海上运输、铁路运输、公路运输、航空运输、邮政运输、江河运输、管道运输和国际多式联合运输等。在上述各种运输方式中，海上运输是最主要的运输方式。这不仅因为海上运输的运输量大，运输成本较低，在国际贸易货物总量中大约 2/3 的货物都采用这种方式进行运输，而且从历史上看，国际贸易主要是从航海贸易发展起来的，许多有关国际贸易的法律和惯例都是在总结航海贸易长期实践经验的基础上产生并发展起来的。

(一)调整海上货物运输的惯例与规则

调整海上货物运输的规范，既包括国内法又包括国际法，既有专门调整海上运输的规则,又有专门规范海上运输单据——提单的规则。

1. 调整海上货物运输的国内法

随着海上货物运输业的发展,许多国家都专门制定了有关海上(或水上)货物运输的法律,如美国 1893 年的《哈特法》(Harter Act 1893),英国 1971 年、1992 年的《海上货物运输法》,中国的《海商法》等。此外,世界上一些主要航运国家,还制定了专门的提单法,如美国的《提单法(洲际与对外贸易)》、英国的《提单法》。

2. 调整提单运输的国际法

国际上调整提单运输的公约主要有三个,即 1924 年《海牙规则》(Hague Rules)、1968 年《维斯比规则》(Visby Rules)和 1978 年《汉堡规则》(Hamburg Rules)(见表 6-1)。国际海运三大规则的利益"天平"如图 6-1 所示。此外,联合国大会于 2008 年 12 月 11 日通过了《全程或者部分海上国际货物运输合同公约》,并于 2009 年 9 月 23 日在荷兰鹿特丹举行签字仪式,因而该公约又常被人们称为《鹿特丹规则》。《鹿特丹规则》可以说是一部"教科书"式的国际公约,其内容的综合性、复杂性、关联性均达到现有相关公约所无法比拟的程度。然而,公约推进的速度却并不乐观,截至目前,共有 25 个国家签署了《鹿特丹规则》,其中西班牙(于 2011 年)、多哥(于 2012 年)、刚果(于 2014 年)和喀麦隆(于 2017 年)批准加入了该公约,但距离该公约的生效条件(20 个国家批准)尚有一定距离。

表 6-1 《海牙规则》《维斯比规则》《汉堡规则》比较

	《海牙规则》	《维斯比规则》	《汉堡规则》
通过时间	1924 年	1968 年	1978 年
提单的证明力	承运人收到货物的初步证据	对托运人是初步证据,对提单受让人是最终证据	
承运人的基本义务	①适航义务;②管货义务		增加管船义务(取消了航行过失免责)
责任范围	损坏、灭失		损坏、灭失、迟延
责任基础	不完全过错责任(航行过失免责)		完全过错责任、推定过错责任
承运人的免责	包括承运人的驾船管船过失(共 17 项)		①取消了航行过失免责;②取消了火灾的免责
责任期间	钩至钩		收到交
赔偿限额	每件或每单位不超过 100 英镑	每件或每单位 666.67 特别提款权,毛重每公斤 2 特别提款权,高者为准	每件或每公斤 835 特别提款权,毛重每公斤 2.5 特别提款权,高者为准
索赔时效	①提货时发现,当时提出;②损害不明显,3 日内提出		①提货时发现,次日提出;②损害不明显,15 日内提出;③迟延交付应在收货后连续 60 天内提出
诉讼时效	1 年,自货物交付或应当交付之日起算	1 年,双方协商可延长。对第三者的索赔期限,还有 3 个月的宽限期	2 年,双方协商可延长。对第三者索赔 90 日宽限期

图 6-1　国际海运三大规则的利益"天平"

(二)海上货物运输方式

1. 班轮运输

班轮运输亦称定期运输。班轮运输合同签订后，承运人接收货物，据以签发提单，此后，无论是托运人，还是收货人或提单持有人，他们与承运人之间的权利，均以提单为准。实际上定舱单附上提单就是一个运输合同，所以班轮运输又称提单运输。但是，承运人签发的提单不能任意扩大托运人的责任或限制自己的义务，而要受国内海商法和有关国际公约的约束(见图 6-2)。实践中，提单往往是由船公司预先制定好的，托运人只要按要求填写签字，并由船长签署，运输合同即告成立，而无须托运人与承运人另订运输合同。当然，提单只是运输合同的证明而非运输合同本身。现在，海运提单作为国际间杂货运输合同的表现形式，应用日趋广泛。

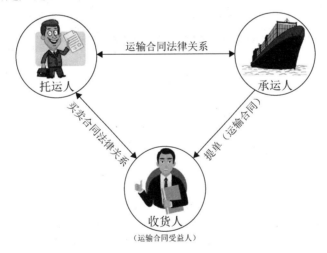

图 6-2　海上货物运输的法律关系

2. 租船运输

租船运输又称不定期船运输。原油、食糖、矿石等大宗货物经常采用这种运输方式。按不同的租赁方式，租船运输又可分为期租船、程租船、光船租船三种。但光船租船实际上仅为财产租赁的一种形式，出租人并不承担运输义务。

租船合同与班轮运输合同有很大的不同。首先，租船合同只是租船人与船东订立的合同，仅规定租船人与船东之间的权利和义务，而与收货人无关。其次，租船合同的订立一般可以完全适用当事人意思自治的原则，它不像提单那样要受到有关国际公约的约束。但租船人在租船合同下所签发的提单一经转让，仍然要受到有关国际公约的约束。

二、提单

(一)提单的作用

提单(Bill of Lading，B/L)是承运人向托运人签发的、证明承运人就货物运输与托运人已达成合同的凭据(见图 6-3)。提单具有三方面的作用。首先，提单是承运人收取货物的收据。其次，提单是承托双方货物运输合同的证明。最后，提单是代表货物所有权的凭证。

Shipper NANJING FORGIGN TRADE IMP. AND EXP. CORP	B/L NO. 20041020 PIL PACIFIC INTERNATION LINES (PTE) LTD (Incorporated in Singapore) COMBINED TRANSPORT BILL OF LADING
Consignee EAST AGENT COMPANY，126Rome street, anterweip, Belgium	Received in apparent good order and condition except as otherwise noted the total number of container or other packages or units enumerated below for transportation from the place of receipt to the place of delivery subject to the terms hereof. One of the signed Bills of Lading must be surrendered duly endorsed in exchange for the Goods or delivery order. On presentation of this document (duly) Endorsed to the Carrier by or on behalf of the Holder, the rights and liabilities arising in accordance with the terms hereof shall (without prejudice to any rule of common law or statute rendering them binding on the Merchant) become binding in all respects between the Carrier and the Holder as though the contract evidenced hereby had been made between them.
Notify Party EAST AGENT COMPANY	SEE TERMS ON ORIGINAL B/L

Vessel and Voyage Number DAFENG/E002	Port of Loading NanJing	Port of Discharge London
Place of Receipt	Place of Delivery	Number of Original Bs/L London

PARTICULARS AS DECLARED BY SHIPPER – CARRIER NOT RESPONSIBLE

Container Nos/Seal Nos. Marks and/Numbers	No. of Container / Packages / Description of Goods	Gross Weight (Kilos)	Measurement (cu-metres)
CBD/LONDON/NOS1-200	LADIES LYCRA LONG PANT 200CARTONS CIF	10Kil/Con	50cm×20cm ×30cm

FREIGHT & CHARGES FREIGHT PAID	Number of Containers/Packages (in words) 200 Cartons
	Shipped on Board Date: Oct.20.2004
	Place and Date of Issue: NanJing Oct.15.2004
	In Witness Whereof this number of Original Bills of Lading stated Above all of the tenor and date one of which being accomplished the others to stand void. Three Copies for PACIFIC INTERNATIONAL LINES (PTE) LTD as Carrier

图 6-3　海运提单

1. 货物收据

提单是承运人收取货物的收据(Receipt for Goods)。提单是对已装船货物所作的描述，表明货物的数量及状况。提单所需相关信息通常由托运人事先填写，在货物装船后，承运人的理货员将核对确认已装船货物是否与所列货物相符。不过，承运人仅负责检查货物的表面一致性，即标签要相符，包装未破损。如果货物表面状况良好，承运人将签署提单并交付托运人。如果提单表明货物已经妥善装船，这种提单就被称为已装船提单(On Board Bills of Lading)或清洁提单(Clean Bills of Lading)。

如果已装船货物与托运人所列货物存在差异，那么在托运人与承运人发生纠纷时，提单将成为表明货物收到时状况的初步证据。尽管如此，承运人依然可以提供其他证据推翻这一证据。不过，一旦提单经背书并转让给第三人，情况就完全不同了。被背书人对货物状况的了解仅限于提单所列情况。为此，《维斯比规则》规定，如果提单被转让给善意第三人，提单将作为关于已装船货物状况的最终证据。也就是说，不允许承运人再援引其他与提单相反的证据。

如果货物在装船时，承运人在提单中记录了货物的缺陷，这样的提单属于附条款提单(Claused Bills of Lading)，我国习惯称之为不清洁提单(Unclean Bills of Lading)。通常情况下，CIF 合同项下的买方以同意在收到提单或其他单据后根据跟单信用证向卖方付款的银行等第三方不接受此类提单。不过，只有在货物装船时，承运人才能在提单上作此类批注。货物装船完毕后所作的不良批注无效，此类提单仍被视为清洁提单。1978 年英国王座法庭审理的案件，阐明了清洁与不清洁提单的重要意义。

[扫一扫 案例 6-1 食糖提单纠纷案(1978)]

小思考

印度的卖方向英国的买方出售 5000 包棉花(CFR 利物浦)。卖方在孟买将货物交给船方，由于计算错误，只有 4987 包棉花被装上船。然而提单注明的货物数量为 5000 包。卖方转让提单后，要求买方支付全部货款。船舶抵达利物浦之后，买方因货物数量不足而起诉船方，要求其承担短量损失。请问船方有责任吗？如果卖方承认过错不在船方而在自己，船方还需要承担责任吗？

2. 合同证明

提单是托运人和承运人之间运输合同的证明。当然，承托双方都可以通过提供其他证据来推翻这一点。如果提单的内容与运输合同条款不一致，则以合同为准。不过，正如提单作为货物收据时那样，当被转让给善意第三人时，提单就成为证明合同内容的最终证据。

[扫一扫 案例6-2 "阿登内斯"号轮案(1950)]

3. 物权凭证

提单是代表货物所有权的凭证(Document of Title)。谁合法持有提单，谁就是提单项下货物的所有权人。提单的转移标志着货物所有权的转移。提单的持有人可以在货物运输的过程中通过处分提单来处理提单项下的货物，实现国际贸易的快速自由流转。由于提单的这种作用，在国际贸易中，它可以作为买卖的标的物和向银行押汇的担保品。提单的这种作用使其具有流通性，其流通性是通过背书实现的。如果出让人的意思是转移货物的所有权，则一经背书并将提单交给受让人后，受让人便可以取得该提单项下货物的所有权。

按照收货人不同，海运提单可分为三种：①记名提单(Straight B/L)，是指所记载的货物只能交给提单上所指收货人提取，或者说承运人在卸货港只能把货物交给提单上所指定的收货人。记名提单不可转让。②不记名提单(Bearer B/L，或 Open B/L，或 Blank B/L)，是指承运人应将货物交给提单持有人，承运人交付货物只凭单，不凭人。不记名提单无须背书即可转让。③指示提单(Order B/L)，是指按提单载明的指示人的指示交付货物。指示提单可以通过背书转让。在实践中，提单很少是不记名的，因为提单是物权凭证，代表对提单所载明货物的权属。

(扫一扫 案例6-3 记名提单纠纷案)

(二)提单项下承运人的义务

根据大多数国家已采用的《海牙规则》和《维斯比规则》，提单当事人主要有两项基本义务，即适航义务与管货义务。

1. 适航义务

适航义务就是要求承运人谨慎处理，使船舶适航(Making the Ship Seaworthy)(见表 6-2)。具体而言就是承运人在船舶开航前和开航当时，应当谨慎处理，使船舶处于适航状态，妥善配备船员、装备船舶和配备供应品，并使货舱、冷藏舱、冷气舱和其他载货处所适于并能安全收受、载运和保管货物。

表 6-2　适航含义的理解

适　航		
适航内容	适航时间	适航标准
适船：设计、结构、性能和设备等方面能够抵御航次中通常出现的或合理预见的风险； **适人**：妥善配备船员、装备船舶和配备供应品； **适货**：使货舱、冷藏舱、冷气舱和其他载货处所适于并能安全收受、载运和保管货物	**船舶开航前或开航当时**，即承运人在整个装货期间都应履行相应的适航义务，一旦船舶开航，义务即行终止	**谨慎处理**。要求承运人应具备通常技能，并谨慎行事，采取各种合理措施。表现为定时检查和保养。适航义务并非绝对，如能证明船舶不适航系由某种虽经过谨慎处理仍不能发现的缺陷造成，承运人可免责

[扫一扫　案例 6-4　"芒卡斯特城堡"号轮案(1961)]

2. 管货义务

管货义务要求承运人妥善并谨慎地管理货物(Properly and Carefully Managing the Goods Carried)。具体而言就是承运人应妥善和谨慎地装载、搬移、积载、运输、保管、照料和卸载所运货物，如果因其疏忽或过失造成货损，则承运人应负赔偿责任。

妥善是指技术上要有一定的业务水平，谨慎通常指责任心上的要求。例如，某轮在海上遇到异常的大风浪，舱内的一台机器脱离本位到处碰撞受损，本来该次异常风浪承运人是可以依靠天灾免责的，但船东事前并没有把该机器牢固在舱内而留下空间，属于未谨慎积载。

[扫一扫　案例 6-5　加拿大碾米厂诉联合海上保险公司案(1941)]

(三)承运人的责任限制

1. 承运人的免责事项

《海牙规则》列举了许多项承运人可以免责的情况，一般放在提单的背面条款里。为了便于理解，我们可以把这些免责事项分为以下四类(见表 6-3)。

第一类：过失免责。承运人的雇员驾驶或管理船舶中的过失可以免责，这是唯一可以免除承运人的雇员全部疏忽责任的条款，是富有开创性的过错免责，因此《海牙规则》被称为"不完全的过错责任制"。

第二类：具有不可抗力性质的免责。

第三类：货方原因免责。

第四类：上述情形之外的其他非承运方过失的概括性免责。

表6-3 《海牙规则》关于承运人的免责事项的理解

类 别	法条列举	说 明
过失免责	船长、船员、引水员或承运人的雇用人员，在航行或管理船舶中的行为、疏忽或不履行义务	包括驾驶过失免责和船舶管理过失免责。是所有免责事项中最重要的一项，也是免除承运人的雇员全部疏忽责任的唯一条款。适用的对象是承运人的雇员，不包括承运人；适用的范围是上述对象的过失行为，不包括故意行为
具有不可抗力性质的免责	(1)火灾，但由于承运人的实际过失或私谋所引起的除外。 (2)海上或其他能航水域的灾难、危险和意外事故。 (3)天灾。 (4)战争行为。 (5)公敌行为。 (6)君主、当权者或人民的扣留或管制，或者依法扣押。 (7)检疫限制。 (8)不论由于任何原因所引起的局部或全面罢工、关厂停止或限制工作。 (9)暴动和骚乱。 (10)由于货物的固有缺陷、性质或瑕疵引起的体积或重量亏损，或者任何其他灭失或损坏。 (11)虽恪尽职守亦不能发现的潜在缺陷	此类免责事项的共同点就是无论是自然原因还是社会原因，都属于既非承运人，也非货方可以加以控制的因素
货方原因免责	(1)托运人或货主、其代理人或代表的行为或不行为。 (2)包装不善。 (3)唛头不清或不当	货方不仅包括货主或托运人，还包括其代理人或代表，免责原因可以是积极作为，也可以是消极不作为，还可能是违反合同义务
其他非承运方过失的概括性免责	非由于承运人的实际过失或私谋，或者承运人的代理人，或者雇用人员的过失或疏忽所引起的其他任何原因	这是兜底条款。概括了前述情形之外其他非承运方过失致损原因。需要注意的是，引用本条免责时，必须举证，证明本人、雇员、代理人没有过失或疏忽

小贴士

管船过失与管货过失

实践中，管船过失与管货过失很难区分，因为两者相互联系，但是它们的性质不同，管船过失可以免责，而管货过失不能免责。如果某项行为主要是针对船舶本身而作的，虽然它对货物也产生了间接影响，但这项行为仍属管理船舶的行为，承运人可以免责。反之，如果某项行为主要是针对货物作出的，虽也与船舶有间接关系，但仍属于管理货物的行为，也就意味着，如果存在疏忽或过失而使货物受损，承运人则不能免责。

例如，一艘船舶在寒冷天气航行，燃油舱内燃油结块，船员对燃油舱进行加热，使燃油能流动，但没有及时停止加热，使装在燃油舱上的石蜡货物因融化而受损，船员的这一过失属于管船过失；又如，某轮在航行中遭遇大风浪，需要往压载舱打压载水，以提高船舶的稳定性，但船员误将海水打入货舱，使货物受到湿损，这一过失也属于管船过失；再如，某船运输水泥，航运途中，船员为了查看舱内货物打开舱盖，但出舱时忘记关上，后因甲板上浪，海水进入货舱使货物受损，这一过失属于管货过失。

小思考

一轮自高雄装运香蕉至日本，因高雄刚发生过霍乱，日本政府下令对来自高雄的船舶一律进行熏蒸，经过 8 天的熏蒸，该船香蕉全部变质，承运人需承担责任吗？

2. 承运人的责任期限

《海牙规则》规定，承运人对所运货物的责任期限是从货物装上船时起到卸下船时止。实践中称之为"钩至钩"或"舷至舷"原则。所谓"钩至钩"，可以理解为承运人的责任期限从货物开始装船，吊钩受力的时间开始，直至货物卸下船脱离吊钩为止。这一规定对承运人有利。

《汉堡规则》将承运人的责任期限延伸为从承运人收受货物时起直到交付货物时为止，包括了从启运港至目的港的全部期间。实践中称之为"收到交"或"接到交"原则。这一规定，加重了承运人的责任，有助于消除装货前和卸货后对货物无人负责的现象，对货主有利。

3. 承运人的赔偿责任限制

承运人的责任限制是指承运人的赔偿限额，实质上是承运人赔偿责任的部分免除。按照《海牙规则》的规定，每件货物或每一计费单位的货物的损坏或灭失，其最高的赔偿额以 100 英镑为限，但托运人在装船前已就该项货物的性质和价值提出声明并已列入提单者，可不在此限。由于认为《海牙规则》设置的赔偿限额太低，《维斯比规则》采用双重责任限额制，即承运人对于未申报价值的货物，其灭失或损害的最高赔偿限额为每件或每单位 10000 金法郎或每公斤 30 金法郎，二者以高者计。金法郎是指一个含有纯度为 900‰的黄金 65.5 毫克的单位。

《汉堡规则》则以国际货币基金组织所规定的特别提款权(SDRs)为单位来确定承运人对货物损失的最高赔偿限额。该规则规定，以灭失或损坏的货物每件或每一货运单位相当于 835 SDRs 或毛重每公斤 2.5 SDRs 的数额为限，以高者为准。承运人对延迟交付的赔偿责任，以相当于该延迟交付货物应支付运费的 2.5 倍的数额为限，但不得超过海上货物运输合同规定的应付运费总额。这比《维斯比规则》规定的限额提高了约 25%。

4. 时效限制

时效分索赔时效和诉讼时效。收货人向承运人索赔应在规定时限内提出。《海牙规则》第 3 条第 6 款规定：承运人将货物交付给收货人时，如果收货人未将索赔通知用书面形式提交承运人或其代理人，则这种交付应视为承运人已按提单规定交付货物的初步证据。如果货物的灭失和损坏不明显，则收货人应在收到货物之日起 3 日内将索赔通知提交承运人。

《海牙规则》有关诉讼时效的规定是，"除非从货物交付之日或应交付之日起 1 年内提起诉讼，承运人和船舶，在任何情况下，都应免除对灭失或损坏所负的一切责任"。

第二节 陆路与国际航空货物运输法

一、陆路运输

陆路运输的前提是国家(或地区)之间陆地接壤，包括公路运输与铁路运输。

(一)公路运输

公路运输一般通过卡车把货物从一个国家的某一个地点运到另外一个国家的目的地，其特点是机动灵活、组扩方便、周转速度快，对基础设施的依赖较小。比如，一单货能装在 40 英尺的集装箱里，找一辆卡车就可以运输，如果只有一半的货物，装在一个 20 英尺的集装箱里也可以运输。而铁路运输一般情况下会有 40～50 个集装箱，需要等货物都准备好了才可以发货。此外，公路运输最大的一个特点是，可以实现门到门的运输。公路运输与海运、铁路相比，在运输成本和效率上具有综合优势。目前关于公路运输的国际性的公约主要有两个，一个是 1956 年的《国际公路货物运输合同公约》(Convention on the Contract for the International Carriage of Goods by Road，CMR)，简称《CMR 公约》，旨在统一公路运输所使用的单证和承运人的责任，另一个是 1975 年的《国际公路运输公约》(United Nations Transports Internationaux Routiers Convention)，简称《TIR 公约》，旨在简化通关程序和效率，加强贸易与国际公路运输的便利化与安全化。

(扫一扫 相关链接 6-1 何谓 TIR？)

(扫一扫 案例 6-6 TIR 案例二则)

(二)铁路运输

铁路运输具有速度快、运量大、连续性强、风险性小，以及不易受气候条件影响等特点，在国际贸易货物运输中占有重要地位。我国与朝鲜、蒙古国、越南，以及俄罗斯等国都有铁路相通，同这些国家及与之相连的其他国家的国际贸易货物运输，有相当大一部分是通过铁路运输方式进行的。

国际上有关铁路货物运输的国际公约主要有两个：一个是由奥地利、法国、德国、比利时等西欧国家于 1961 年在瑞士首都伯尔尼签订的《国际铁路货物运送公约》(COTIF/CIM)，简称《国际货约》，目前有效的是 1980 年进行较大修订的版本。苏欧剧变后，《国际货约》正式成员国共有 49 个；另一个是由苏联、波兰、捷克斯洛伐克、匈牙利、罗马尼亚等 8 国于 1951 年在波兰华沙签订的《国际铁路货物联运协定》(CMIC)，简称《国际货协》，正式成员国共有 25 个。我国于 1953 年加入该协定。

运单是国际铁路运输途中重要的单据组成部分，详细记录了所运货物的相关信息，但运单并非物权凭证。对于铁路运输，欧洲国家适用的是《国际货约》，苏联及中国适用的是《国际货协》。两种制度对应的运单格式不同，在《国际货约》成员国之间货物流通所用运单为 CIM 单；而在《国际货协》成员国之间所用运单则是 CMIC 单。各成员国遵守相关协议规定，制作运单。铁路运单只能在相对应的铁路组织国之间流转，中欧班列想要实现从亚洲到欧洲(即从货协缔约国到货约缔约国)或者相反方向的运输，除了要进行换轨以外，还有一项重要的流程就是进行换单。频繁地换单很大程度上影响了班列的运行时效，既耽误了时间，也浪费了人力、物力。为解决上述问题，两个运单组织成立了联合工作组，制定了国际货约/国际货协运单(CIM-SMGS Waybill)，简称统一运单，并于 2006 年 7 月首先在乌克兰进行了试行。

(扫一扫 小知识 6-1 你知道新丝路上的"钢铁驼队"吗？)

(扫一扫 案例 6-7 首张中欧班列多式联运提单破解物权难题)

二、国际航空货物运输

航空运输是一种现代化的运输方式，它不受地面条件的限制，运输速度快，航行时间短，货物在运途中受损率小，因此，对于某些急需物资、鲜活商品、易损货物和贵重商品来说，航空运输是一种适宜的运输方式。目前，关于航空货物运输最新的国际公约是《统一国际航空运输某些规则的公约》(Convention for the Unification of Certain Rules for International Carriage by Air)，又称《1999 年蒙特利尔公约》。

(一)《1999 年蒙特利尔公约》

1999 年之前，规范国际航空运输的国际公约主要有 5 项，即 1929 年的《华沙公约》、1955 年的《海牙议定书》、1971 年的《危地马拉城议定书》、1961 年的《瓜迭拉哈拉公约》、1975 年四个《蒙特利尔议定书》。随着历史的发展，《华沙公约》中的某些规定已显陈旧，而且相关修订文件数量较多。《1999 年蒙特利尔公约》旨在实现《华沙公约》系列的现代化和一体化，为国际航空运输建立完整的规则体系。该公约于 2003 年 11 月 4 日生效。2005 年 6 月 1 日，中国向国际民航组织交存批准书，同年 7 月 31 日起对中国生效。

目前尚不存在单纯调整航空货物运输关系的公约，《1999 年蒙特利尔公约》也一样，其调整范围包括以航空器运送旅客、行李和货物的收费运输和免费运输。该公约关于货物运输的内容主要涉及以下方面

1. 规定了货物运输的有关凭证和当事人的义务

《1999 年蒙特利尔公约》规定货物应出具航空货运单并包含必要的内容，明确了航空货运单或者货物收据是订立合同、接受货物和所列运输条件的初步证据。该公约对处置货物的权利、货物的交付、托运人和收货人的权利义务关系或者第三人之间的相互关系也作出了规定。

2. 恢复了运输凭证的正常功能

运输凭证的本来功能是作为运输合同的证据和判断是否构成"国际运输"，但是原凭证规则却把遵守凭证规则与否，作为是否有权援用责任限制的前提条件。《1999 年蒙特利尔公约》恢复了运输凭证的正常功能。同时，为适应现代电子技术的需要，规定了"任何保存所作运输的记录"(包括电子手段)均可作为运输凭证，至于航空货运单或货物收据上应当载明的内容，除了标明始发地点和目的地点，以及约定的经停地点外，只需标明货物的重量，从而使得运输凭证更加简便、更加现代化。

3. 由过错责任制走向严格责任制

《1999 年蒙特利尔公约》对客、货运均采取客观责任制。在货物运输方面，该公约规定，对于因货物毁灭、遗失或者损坏而产生的损失，只要造成损失的事件是在航空运输期间发生的，承运人就应当承担责任。但是，承运人证明货物的毁灭、遗失或者损坏是由于下列一个或者几个原因造成的，承运人不承担责任：①货物的固有缺陷、质量或者瑕疵；②承运人或者其受雇人、代理人以外的人包装货物的，货物包装不良；③战争行为或者武装冲突；④公共当局实施的与货物入境、出境或者过境有关的行为。

4. 规定了货物损失与航班延误造成损失的赔偿限额

该公约对延误和货物的责任限额作了规定：在货物运输中造成毁灭、遗失、损坏或者

延误的，承运人的责任以每公斤 17 特别提款权为限。

(二)航空货运单

航空货运单，或者航空运单(Airway Bill)，是由航空承运人向托运人签发的、作为货物收据和运输合同证明的文件，该文件并非货物所有权凭证。这反映了航空运输与海洋运输的不同之处：空运单与货物同时到达，而海运提单与货物则分别到达。

《1999 年蒙特利尔公约》对于空运单的内容作出了规定。该公约第五条规定，"航空货运单或者货物收据应当包括：(1)对出发地点和目的地点的标示；(2)出发地点和目的地点是在一个当事国的领土内，而在另一国的领土内有一个或者几个约定的经停地点的，至少对其中一个此种经停地点的标示；(3)对货物重量的标示"。

该公约第十一条对于空运单及货物收据的证据价值作了说明。航空货运单或者货物收据是订立合同、接受货物和所列运输条件的初步证据。航空货运单上或者货物收据上关于货物的重量、尺寸和包装，以及包件件数的任何陈述是所述事实的初步证据；除经过承运人在托运人在场时查对并在航空货运单上或者货物收据上注明经过如此查对或者其为关于货物外表状况的陈述外，航空货运单上或者货物收据上关于货物的数量、体积和状况的陈述不能构成不利于承运人的证据。

使用该公约规定的空运单的好处在于，托运人无须承担举证责任，证明承运人的行为造成了货物损失或交付迟延。该公约第 31 条规定，货物发生损失的，至迟自收到货物之日起 14 日内提出。发生延误的，必须至迟自行李或者货物交付收件人处置之日起 21 日内提出异议。

第三节　海上货物运输保险法

保险是转嫁风险、减少损失的常用方法之一。国际货物运输保险中，历史最悠久、业务量最大、影响最深远的是海上货物运输保险。但在相关领域却没有普遍适用的国际条约，处理保险纠纷的依据主要是保险合同的具体条款及相关的国内法，我国有中国人民保险的中国保险条款及《海商法》《保险法》《合同法》的有关规定，英国有著名的协会货物保险条款。

一、承保风险与损失

(一)承保风险

海运货物承保风险包括海上风险与外来风险(见图 6-4)。

1. 海上风险

海上风险(Perils of Sea)，一般是指海上航行途中发生的或随附海上运输所发生的风险。它包括海上发生的自然灾害和意外事故，但并不包括海上的一切风险，如海运途中因战争引起的损失不包含在内。此外，海上风险又不仅仅局限于海上航运过程中发生的风险，它还包括与海运相连接的内陆、内河、内湖运输过程中的一些自然灾害和意外事故。

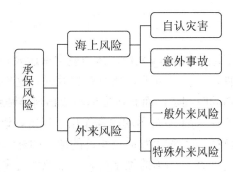

图 6-4　海运货物承保风险

(1) 自然灾害。自然灾害是指不以人们意志为转移的自然界力量所引起的灾害。例如，恶劣气候、雷电、海啸、洪水、火山爆发、浪击落海等人力不可抗拒的力量所造成的灾害。

上述自然灾害中，洪水、地震、火山爆发等风险，并非真正发生在海上，而是发生在内陆或内河或内湖。但对于海运货物保险来说，这些风险是伴随海上航行而产生的，且危害往往很大，为了适应被保险人的需要，在长期实践中，逐渐地把它们也列入海运货物保险承保范围之内。

(2) 意外事故。意外事故是指由于偶然的、难以预料的原因所造成的事故。例如，运输工具搁浅、触礁、沉没、与流冰或其他物体碰撞、互撞、失火、爆炸等造成的货物损失。

2. 外来风险

外来风险(Extraneous Risks)，是指海上风险以外由于其他各种外来的原因所造成的风险。外来风险包括下列两种类型。

一种是一般外来风险，是指被保险货物在运输途中，由于一般外来原因所造成的偷窃、短量、破碎、雨淋、受潮、受热、发霉、串味、沾污、渗漏、钩损和锈损等风险。

另一种是特殊外来风险与损失，是指由于军事、政治、国家政策法令，以及行政措施等特殊外来原因所造成的风险与损失。例如，战争、罢工、因船舶中途被扣而导致交货不到，以及货物被有关当局拒绝进口或没收而导致的损失等。

(二)承保损失

海运货物承保损失(简称海损)是指被保险货物在海洋运输中因遭受海上风险而引起的损失。按照海运保险业务的一般习惯，海上损失还包括与海运相连接的陆上或内河运输中所发生的损失。

就货物损失的程度而言，海损可分为全部损失和部分损失；就货物损失的性质而言，海损可分为共同海损和单独海损(见图 6-5)。

1. 全部损失

全部损失(Total Loss)，简称全损，是指运输中的整批货物或不可分割的一批货物的全部损失。根据其损失情况不同，全部损失又可分为实际全损和推定全损。

(1) 实际全损(Actual Total Loss)。实际全损是指该批保险货物完全灭失或货物受损后已失去原有的用途，如整批货物沉入海底无法打捞；船被海盗劫去；货物被敌方扣押；船舱进水，舱内水泥经海水浸泡无法使用；船舶失踪半年仍无音讯等。具体来讲，构成被保险货物实际全损的情况有下列几种。

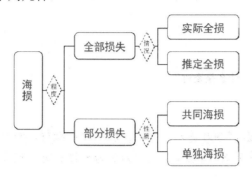

图6-5　海上损失

第一，保险标的完全灭失。指保险标的的实体已经完全毁损或不复存在。例如，大火烧掉船舶或货物，糖、盐这类易溶货物被海水溶化，船舶遭飓风沉没，船舶碰撞后沉入深海等。

第二，保险标的丧失属性。指保险标的的属性已被彻底改变，不再是投保时所描述的内容。例如，货物发生了化学变化使得货物分解，在这类情况下，保险标的丧失商业价值或使用价值，均属于实际全损。但如果货物到达目的地时损失虽然严重，但属性没有改变，经过一定的整理，还可以以原来的商品名义降价处理，那就只是部分损失。

第三，被保险人无法挽回地丧失了保险标的。在这种情况下，保险标的仍然实际存在，可能丝毫没有损失，或者有损失而没有丧失属性，但被保险人已经无可挽回地丧失了对它的有效占有。比如，一根金条掉入了大海，要想收回它是不可能的。再如，战时保险货物被敌方捕获并宣布为战利品。

第四，保险货物的神秘失踪。按照海上保险的惯例，船舶失踪到一定合理的期限，就被宣布为失踪船舶。在和平时期，如无相反证据，船舶的失踪被认为是由海上风险造成的实际全损。船舶如果失踪，船上所载货物也随之发生"不明原因失踪"，货主可以向货物保险人索赔实际全损。

(2) 推定全损(Constructive Total Loss)。推定全损是指货物发生事故后，被保险货物的实际损失已不可避免，或者为避免实际全损所需的费用与继续运送货物到目的地的费用总和超过保险价值。具体来讲，保险货物的推定全损有以下几种情况。

第一，保险标的的实际全损不可避免。例如，船舶触礁地点在偏远而危险的地方，因气候恶劣，不能进行救助，尽管货物实际全损还没有发生，但实际全损的发生将不可避免；又如货物在运输途中严重受损，虽然当时没有丧失属性，但可以预计到达目的地时属性丧失不可避免，这类情况下被保险人就可以按推定全损索赔。

第二，被保险人丧失对保险标的的实际占有。被保险人丧失对保险标的的实际占有，在合理的时间内不可能收回该标的，或者收回标的的费用要大于标的收回后的价值，就构成推定全损。

第三，保险货物严重受损，其修理、恢复费用和续运费用总和大于货物本身的价值，该批货物就构成了推定全损。

(扫一扫　相关链接 6-2　什么是委付？)

小思考

有一台精密仪器价值 15 000 美元，货轮在航行途中触礁，船身剧烈震动而使仪器受损。事后经专家检验，修复费用为 16 000 美元，如拆为零件销售，可卖 2000 美元。问该仪器属于何种损失？

2. 部分损失

部分损失(Partial Loss)，简称分损，是指被保险货物的损失，没有达到全部损失的程度。部分损失又可分为共同海损和单独海损两种。

(1) 共同海损(General Average，GA)。共同海损是指载货运输的船舶在运输途中遭遇自然灾害、意外事故等，使船舶、货物或其他财产的共同安全受到威胁，为了解除共同危险，由船方有意识地、合理地采取救难措施，所直接造成的特殊牺牲和支付的特殊费用。例如，暴风雨把部分货物卷入海中，使船身发生严重倾斜，如果不及时采取措施，船货会全部沉入大海，这时船长下令扔掉部分货物以维持船身平衡，这部分牺牲就属于共同海损。

由于共同海损范围内的牺牲和费用是为了使船舶、货物或其他财产免于遭受整体损失而支出的，因而应该由船方、货方和运费收入方根据最后获救价值按比例分摊，这就叫共同海损的分摊。

构成共同海损，应具备以下条件。

第一，必须确实存在危险，即共同海损的危险，必须是实际存在的，或者是不可避免的，而不是主观臆测的。

第二，必须是主动地、有意识地采取的合理措施。

第三，必须是为船、货共同安全而采取的措施。如果只是为了船舶或货物单方面的利益而造成的损失，则不能作为共同海损。

第四，必须是属于非常性质的损失。共同海损不是海上危险直接导致的损失，而是为解除危险人为造成的损失。损失费用是正常营运核算以外的费用，属于额外费用。

(扫一扫　案例 6-8　共同海损案)

(2) 单独海损(Particular Average，PA)。单独海损是指除共同海损以外的意外损失，即由于承保范围内的风险所直接导致的船舶或货物的部分损失。该损失仅由各受损方单独负担。它与共同海损的主要区别在于以下两个方面。

第一，造成海损的原因不同。单独海损是承保风险所直接导致的船货损失；共同海损不是承保风险所直接导致的损失，而是为了解除船货共同危险而有意采取的合理措施所造成的损失。

第二，损失的承担责任不同。单独海损，由受损方自行承担；而共同海损，则应由各受益方按照受益大小的比例共同分摊。

二、海运货物保险条款

为了适应对外贸易的发展，各国都设有国际运输货物保险机构，并制定了相应的保险条款。在我国对外贸易实践中，进出口货物的保险一般采用"中国保险条款"(China Insurance Clauses，CIC)。但有些外商也常会要求采用国际保险市场上通用的英国伦敦保险协会的"协会货物条款"(Institute Cargo Clauses，ICC)进行投保。为了达成交易，我国出口企业一般都予以接受。

(一)中国海运货物保险条款

中国人民保险公司 1981 年 1 月 1 日修订的海运货物保险条款，即 CIC1981，在国内应用广泛。由于我国相关法律的制定和调整，以及伦敦协会条款的变革，中国人民保险公司于 2009 年又推出了新的海洋货物运输条款，即 CIC2009。

海运货物保险的险别按照是否能单独投保分为基本险和附加险两类(见图 6-6)。基本险所承保的主要是自然灾害和意外事故所造成的货物损失与费用。按照承保范围由小到大，基本险分为平安险(Free from Particular Average，FPA)、水渍险(with Average 或 with Particular Average，WA 或 WPA)和一切险(All Risks，AR)三种(见图 6-7)。如果用数学等式和不等式通俗理解三者关系，则是

水渍险=平安险+单独海损
一切险=水渍险+一般附加险
一切险>水渍险>平安险

附加险是对基本险的补充和扩大，承保的是除自然灾害和意外事故以外的各种外来原因所造成的损失。附加险只能在投保某一种基本险的基础上才可加保，有一般附加险和特殊附加险之分(见图 6-8)。

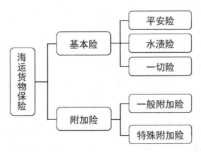

图 6-6 中国海运货物保险险别

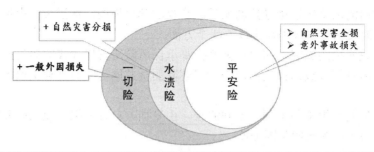

			1.自然灾害造成的全部损失
一切险	水渍险	平安险	2.意外事故造成的全部或部分损失
			3.在意外事故发生前后，自然灾害造成的部分损失
			4.落海损失
			5.施救费用
			6.避难港损失和费用
			7.共同海损牺牲、分摊或救助费用
			8.货方根据运输合同条款偿还船方损失
		9.自然灾害造成的部分损失	
	10.一般外来风险所造成的全部或部分损失		

图6-7 平安险、水渍险与一切险的关系

附加险	一般附加险	共 11 种：1.偷窃、提货不着险；2.淡水雨淋险；3.短量险；4.混杂、沾污险；5.渗漏险；6.碰损、破碎险；7.串味险；8.受潮受热险；9.钩损险；10.包装破裂险；11.锈损险
	特殊附加险	共 8 种：1.战争险；2.罢工险；3.交货不到险；4.进口关税险；5.舱面货物险；6.拒收险；7.黄曲霉毒素险；8.出口货物到香港(包括九龙在内)或澳门存仓火险责任扩展条款

图6-8 附加险

小思考

　　我某纺织品公司向澳大利亚出口坯布 100 包，我方按合同规定投保水渍险，货在海运途中因舱内食用水管破裂，致使该批坯布中的 30 包有水渍。那么，该损失应由谁承担？

(二)伦敦保险协会货物保险条款

　　英国是最早制定海上保险条款的国家。1912 年，伦敦保险协会根据 1906 年英国《海上保险法》和 1779 年英国国会确认的"劳埃德船、货保险单"，制定了伦敦保险协会条款，经多次修订后于 1963 年 1 月 1 日形成世界上最早最完整的海上货物保险条款。为了适应国际航运和贸易的发展，伦敦保险协会在 1982 年对 1963 年条款作出重大修改，即 ICC1982。2008 年 11 月 24 日，联合货物保险委员会(Joint Cargo Committee)公布了对 ICC1982 条款进行了一些合乎时宜的修改的新的协会货物条款，即 ICC2009，于 2009 年 1 月 1 日生效。该条款共包括 6 种险别：①协会货物条款(A)(ICC(A))；②协会货物条款(B)(ICC(B))；③协会货物条款(C)(ICC(C))；④协会战争险条款(货物)(IWCC)；⑤协会罢工险条款(货物)(ISCC)；⑥恶意损害险(Malicious Damage Clause)。它们对世界各国运输货物保险条款的制定有着重要的指导意义。

六种险别中，只有恶意损害险属于附加险别，不能单独投保，其他五种险别的结构相同，体系完整。其中(A)险责任范围最为广泛，采用承保"除外责任"之外的一切风险的方式表明其承保范围。(B)险和(C)险都采用"列明风险"的方式表示其承保范围。战争险和罢工险在征得保险公司同意后，也可作为独立的险别进行投保。

(三)CIC 和 ICC 海运货物保险条款比较

如上所述，"中国保险条款"是按照 1963 年伦敦"协会货物条款"制定的，因此，CIC 和 ICC 从总体上看大体相同，一般认为两者一一对应，即一切险对应 ICC(A)、水渍险对应 ICC(B)、平安险对应 ICC(C)，战争险和罢工险也分别相似，投保时可以任选其一。但若仔细分析，两者也不是完全相同。下面主要就承保责任作一下比较(见表 6-4～表 6-6)。

表 6-4　中英主要险别承保责任的比较——ICC(A)与一切险

项　目	ICC(A)	一切险
规定承保责任的方式	一切风险——除外责任	列明风险
船长船员的恶意损害	承保风险	非承保风险
海盗风险	承保风险	非承保风险
吊索损害	承保货物落海和跌落的全部损失	只承保货物落海造成的全部或部分损失
自然灾害	未加特别定义	仅承保恶劣气候、雷电、海啸、地震和洪水造成的损失
	包括海水、湖水和河水造成的损失	未声明包括湖水和河水造成的损失
	有浪击落海	没有浪击落海
意外事故	有运输工具的出轨或倾覆	没有规定
抛弃	包括共同海损抛弃和非共同海损抛弃	仅承保共同海损抛弃

表 6-5　中英主要险别承保责任的比较——ICC(B)与水渍险

项　目	ICC(B)	水渍险
规定承保责任的方式	列明风险方式	列明风险方式
自然灾害	区别见 ICC(A)与一切险	
意外事故	区别见 ICC(A)与一切险	
吊索损害	区别见 ICC(A)与一切险	
抛弃	区别见 ICC(A)与一切险	

表 6-6　中英主要险别承保责任的比较——ICC(C)与平安险

项　目	ICC(C)	平安险
规定承保责任的方式	列明风险方式	列明风险方式
自然灾害	不承保自然灾害造成的损失	承保单纯由于自然灾害造成的全部损失和运输工具遭遇搁浅等四种意外事故前后因自然灾害造成的部分损失
意外事故	区别见 ICC(A)与一切险	
吊索损害	不承保吊索损害	承保货物在装卸过程中落海所造成的全部或部分损失
抛弃	区别见 ICC(A)与一切险	

三、海上货物运输保险合同

海上货物运输保险合同是指被保险人支付保险费，由保险人按照合同规定的承保范围，对被保险人在海上运输中遭受保险事故造成保险标的之损失，以及产生的责任进行赔偿的合同。在保险合同订立过程中，有时还有保险代理人(Agent)或保险经纪人(Broker)参与其间。

(一)海上货物运输保险合同的主要内容

各国海上保险法对海上货物运输保险合同的内容规定不一，由于保险单是保险合同存在的证明，所以，通常把保险单的内容视同保险合同的内容。具体包括以下几个方面。

(1) 保险人名称。

(2) 被保险人名称。

(3) 保险标的。保险标的是被保险人所要转嫁风险和取得保险保障的对象。一般认为，海上保险合同的保险标的主要指货物。

(4) 保险价值。保险价值是指被保险财产的实际价值，也是发生保险事故时所遭受的最大损失。

(5) 保险金额。保险金额是被保险人的实际投保金额，也是保险人对保险标的的最高赔偿限额。

(6) 保险责任和除外责任。保险责任是指海上保险合同载明的风险发生造成保险标的损失时，保险人所承担的赔偿责任。如果保险事故的发生可归责于第三人时，保险人于给付赔偿金后，可代位行使被保险人对第三人的求偿权(见图 6-9)。

小思考

关于什么是委付前面已经讲过。委付和代位求偿权的转让都涉及被保险人把权利转让给保险人，都是为了使被保险人获得保险人赔偿。但二者有没有区别？

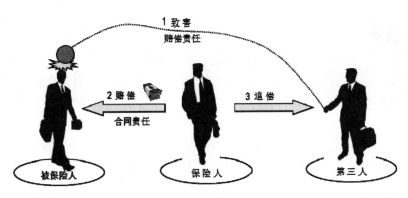

图 6-9 代位求偿权

除外责任，是指依照法律或海上保险合同的规定，保险人不负赔偿责任的范围，一般包括下列原因所造成的损失和费用：被保险人(包括船东及其代表和船长)的故意行为或过失；被保险船舶的自然磨损与不适航；属于发货人的责任；保险责任开始前被保险货物已存在的品质不良和数量短差；被保险货物的自然损耗、本质缺陷、特性及市价跌落、运输延迟。除双方特别约定外，因战争、罢工等所致的损失，通常也属除外责任。

(7) 保险期间。保险期间又称保险期限，是保险合同的有效期限，也叫保险责任的起讫期限。同国际保险市场的习惯做法一样，中国海运货物保险基本险的责任起讫，一般也采取"仓至仓"的条款。规定了保险人承担责任的起讫地点，从保险单载明的发货人仓库或储存处所开始运输时生效，在正常运输过程中继续有效，直到保险单载明的目的地收货人最后的仓库或储存处所或被保险人用作分配、分派或非正常运输的其他储存处所为止，货物进入仓库或储存处所后保险责任即行终止(见图 6-10)。

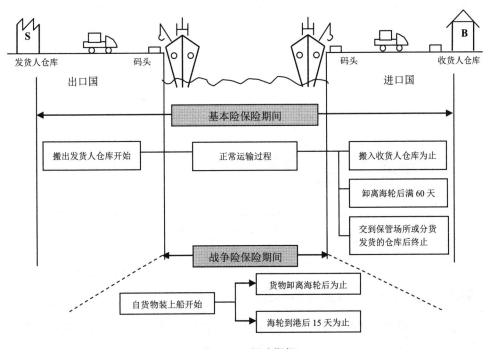

图 6-10 保险期间

💬 小思考

一批货物需要在仓库中装上一辆卡车，但卡车很长，卡车的一部分在货仓外，一部分在货仓内。由于时间太晚了，卡车还未装满，所以决定不装了，卡车也就退回到仓库里，准备第二天接着装，结果晚上卡车上的货物被盗了。那么，保险公司需不需要赔偿呢？

👁 小贴士

"仓至仓"条款为什么会缩水？！

汪海是一家民营外贸公司的业务员，做成了一笔FOB出口智利的单子，欣喜之余，却在货物集港装船的日子接到货代的电话："你公司的货车在从仓库运往码头的途中与另一辆卡车相撞，货损严重。"汪海心头一震，但突然想到曾经投保过货运险，于是赶紧拨通了保险公司客户经理的电话报损，要求理赔，出乎意料的是竟然遭到拒赔！汪海据理力争："我们采用的不是'仓至仓'条款吗？""尽管是'仓至仓'条款，但保单上的被保险人并非贵公司，因此对这段损失你们不具有保险利益。"这批货客户催得紧，晚交货想都别想，要补货还得付钱给工厂。老板今天早晨说的话还言犹在耳："要是这一票做得漂亮，就给你加薪，好好干！"现在不用说加薪，能不能保住饭碗还两说呢。老师讲的"仓至仓"条款怎么一遇到实际问题就不明不白地"缩水"了呢？！

我们知道，以FOB和CFR的贸易术语成交的合同，应由买方投保，而风险则是从货物在装运港越过船舷(INCOTERMS 2010规定是"装上船")以后才转移至买方的。也就是说，买方只对在装运港越过船舷以后的货物具备可保利益，对所发生的损失才负赔偿责任。如果风险发生在装运港发货人的仓库和货物在装运港越过船舷之前，买方因不具有保险利益而卖方又非被保险人，因此买方和卖方都无法从保险公司获得赔偿，这一段就成为保险"盲区"(见图6-11)。为了避免此段风险漏保造成的损失，卖方也就是出口商可以通过另办内陆运输保险来解决，即投保"装船前险"。

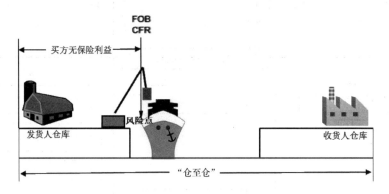

图6-11 "仓至仓"条款的"盲区"

(二)海上货物运输保险合同的形式

海上货物运输保险合同的形式，即海上货物运输保险单。不同的国家或同一国家的不同时期，有着内容和格式不尽相同的保险单。

1. 保险单

保险单(Insurance Policy)，俗称大保单，简称保单，是保险人与投保人之间订立的海上保险合同的正式书面形式。应将包括保险人的责任和双方当事人权利义务在内的保险合同的全部内容明确详尽地载入保险单中。如果出具保险单前有投保单或暂保单的，还应将其内容也载入保险单中。

2. 保险凭证

保险凭证(Insurance Certificate)，又称小保单，是保险人向投保人出具的、用于证明海上保险合同已经订立或保险单已经正式签发的一种凭证。它一般不印上保险条款，仅载明被保险人名称、保险货物名称、货运工具的种类和名称、险别、保险期限、保险金额等项目，其他内容以同一险种保险单的规定为准，与保险单具有同等效力，因而是一种简化了的保险单。

在我国还有一种联合保险凭证，主要适用于保险公司同外贸公司合作时，在外贸公司的发票上，仅注明承保险别和保险金额，其他项目，如商品的名称、数量、规格、承运工具、装运港和目的港等，均以发票所列为准。这种联合保险凭证大大简化了投保手续，加快了出口货运单据的流转，也有利于及时办理出口结汇，目前在对港澳地区的出口货物保险中已经大量使用。

3. 暂保单

暂保单(Binder/Binding Slip)，又称暂保条、临时保险书、临时保险单，即保险单或保险凭证签发之前，保险人发出的临时单证。其内容比较简单，只载明被保险人的姓名、承保危险种类、保险标的等重要事项，有关保险人的责任及双方当事人的权利义务等，都以保险单的规定为准。暂保单的法律效力一般与保险单完全相同，不过有效期较短，通常为30天以内。保险单发出后，暂保单自动失效。

第七章　勿让产品成为"定时炸弹"
——产品责任

引导案例

美国佛罗里达州地方法院陪审团于 2014 年 7 月 18 日作出判决,美国第二大烟草公司——雷诺烟草公司向辛西娅·罗宾逊,一名死于肺癌的烟民的遗孀赔偿 236 亿美元。这一巨额判罚成为近年来美国法院在"烟草索赔案"中判赔额度第二高的裁定。原告辛西娅的丈夫迈克尔·约翰逊是一个老烟民,1996 年死于肺癌,年仅 36 岁。辛西娅认为雷诺烟草公司疏于告知消费者吸烟的危害,导致迈克尔吸烟成瘾并多次戒烟未果,才最终因肺癌死亡。在这一天价赔偿中,只有 1680 万美元是损害赔偿,其余都是惩罚性罚款。

随着近现代工业和商品经济的高速发展,新产品不断问世,造成消费者损害的案件日益增多,并成为带有普遍性的社会问题,从而促成了产品责任法的产生与发展。

第一节　产品责任法概述

一、产品责任的概念与构成

所谓产品责任(Product Liability)是指由于产品存在缺陷而导致消费者或其他第三人遭受人身或财产损害时,该产品的生产者和销售者依法应承担的一种赔偿责任(见图 7-1)。

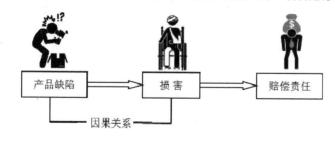

图 7-1　产品责任概念

小贴士

瑕疵与缺陷

严格地说,瑕疵与缺陷是有区别的。瑕疵属于买卖合同法的范畴,与货物品质担保相联系；而缺陷则属于产品责任法的范畴，与产品的危险性相关。

产品责任的构成主要有以下三个要件。

(一)产品缺陷

对于产品缺陷的认识，各国法律的规定不尽相同，但一般认为缺陷是指产品欠缺人们有权期待得到的安全性。而且缺陷必须在产品离开生产者或销售者的控制以前，即投入流通以前已经存在。根据各国的法律及判例，依产品的生产及制造过程，将缺陷大致分为以下五种。

1. 设计上的缺陷

设计上的缺陷是指由于不适当的设计而形成的缺陷。设计产品时，由于对产品可靠性、安全性考虑不周，如没有设计安全保护装置，往往发生产品责任事故，产品生产者对此应负设计上的缺陷的责任。

2. 原材料的缺陷

原材料的缺陷是指由于制造产品使用的原材料不符合质量、卫生、安全等标准而形成的缺陷。例如，制药工业中采用不纯原料使药物中含有伤害人体的物质；食品中加入防腐剂、人工色素等；电器产品因材料绝缘性能差而漏电。

3. 制造、装配上的缺陷

制造、装配上的缺陷是指因产品生产、装配不当，致使产品质量未达到设计或预期的要求。例如，有的产品制造粗糙，边缘有锐角、毛刺，容易伤人；有的由于装配不当，一些机器、电器产品及交通工具等的一些零部件会松动、脱落，而造成伤害事故。

4. 指示上的缺陷

许多产品本身并无任何缺陷，但如果使用不当，也会有危险。在这种情况下，生产者或销售者的责任不仅在于保证其产品没有实际缺陷，而且还在于应当对消费者或使用者适当告诫以防止不适当的使用。如果生产者、销售者对可能出现的危险没有提出警告或警告没有说明全部危险，可视为产品有缺陷。

5. 科学上尚不能发现的缺陷

受现有科技水平的局限，产品在投入市场时，该缺陷不能被发现。对此类产品缺陷，生产者是否需要承担责任，各国法律存在着差异。

 小贴士

质量不合格产品、危险产品与缺陷产品是一回事吗？

三者有区别。质量不合格的产品不一定是缺陷产品，但缺陷产品多半是质量不合格产品。因为前者强调的是与合同的约定不符，后者强调的是产品欠缺安全性。危险产品不一定是缺陷产品，但缺陷产品一定是危险产品。因为前者强调的是产品的危险性是合理的，而后者的危险性是不合理的。例如，爆竹是危险产品，但不一定具有缺陷，只有它在不该爆炸的情况下爆炸，才属于缺陷产品。质量不合格产品、危险产品与缺陷产品的关系如图 7-2 所示。

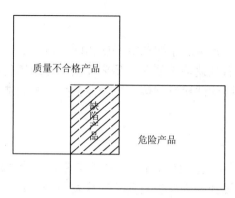

图 7-2　质量不合格产品、危险产品与缺陷产品的关系

(二)损害事实

损害事实，即因产品缺陷给产品的消费者或其他第三人造成人身或财产的损害。如果产品有缺陷，但未造成人身或财产损害，或者仅造成缺陷产品本身的损害，均不构成产品责任。这里强调两点：一是损害的事实可以是人身的伤害，也可以是财产的损失，但不包括缺陷产品本身的损害；二是损害的承担者应作广义的理解，既包括从生产者或销售者那里购买产品并使用产品的人，也包括虽不购买产品但却使用了产品的人，同时还包括虽非上述购买人或使用人但却遭受了产品对其损害的人。

(三)产品缺陷与损害事实之间的因果关系

消费者或其他第三者所遭受的损害必须与产品的缺陷之间存在因果关系，即损害的结果是由产品缺陷直接导致的。在产品责任事故中，损害后果的发生往往是由多种原因造成的，因此，必须确定产品缺陷是引起损害事实的唯一原因或直接原因，产品责任才能成立。如果损害是由于消费者或其他第三者的过错造成的，就不存在产品责任的问题。例如，微波炉的说明书声明不可以将金属制品放入其中，但使用者未加注意，结果引起爆炸造成损害，此时不得要求产品生产者或销售者承担产品责任。

二、产品责任法的概念与法律特征

(一)产品责任法的概念

产品责任法(Product Liability Law)是调整产品的制造者或销售者因制造或销售缺陷产品给消费者或其他第三人造成损害而引起的赔偿关系的法律规范的总称。产品责任法与之前介绍的买卖法有一定的联系，因为买卖法中有关卖方对货物品质的担保责任的规定同产品责任法的某些要求有共通之处。但是，就法律性质来说，产品责任法与买卖法是不同的。

小贴士

产品责任法与买卖法的区别

产品责任法与买卖法在性质上是不同的。买卖法属于"私法"的范畴，它所调整的是买卖双方基于买卖合同所产生的权利义务关系，它的规定大都是任意性的，双方当事人可以在合同中加以排除或更改。而产品责任法属于社会经济立法的范畴，具有浓郁的公法色彩，主要调整产品的制造者、销售者与消费者之间基于侵权行为所引起的人身伤亡和财产损害的责任，它的各项规定或原则大都是强制性的，双方当事人在订立合同时不得事先加以排除或变更。

(二)产品责任法的法律特征

产品责任法主要有以下法律特征(见图7-3)。

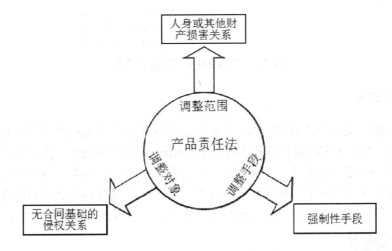

图7-3　产品责任法的法律特征

一是调整的范围是消费者因缺陷产品所遭受的人身或除缺陷产品以外的其他财产损害的赔偿关系。例如，电视机爆炸给消费者造成人身损害和周围家具的损坏，属于产品责任法所调整的赔偿范围，而对于电视机本身的损害赔偿则依据合同法来调整。

二是调整的对象主要是没有合同基础的侵权关系。例如，上例中的电视机在超市中陈列时爆炸，给周围顾客造成损害，即可依据侵权关系适用产品责任法。当然对于存在合同关系的购买者遭受的损害也可以适用产品责任法，但他亦可以根据合同法或买卖法得到救济。

三是调整的手段具有强制性。产品责任法体现了现代商法发展的典型趋势——具有公法性和强制性，为体现国家对处于弱势地位的公众消费者的保护意志，产品责任的产生不以约定为先决，也不得以无约定而排除。例如，产品生产者或销售者在出售商品时以店堂告示声称出现任何问题概不负责，即使消费者以默示表示同意，该声明也是无效的。此外，在责任承担方式上，除民事责任外，还可能要求产品经营者承担行政甚至刑事上的责任。不过，从根本上说，产品责任法仍属于私法的范畴，因为它调整的毕竟是平等民商事主体之间的权利义务关系。因此可以说，产品责任法是具有较强公法色彩的私法。

产品责任法增强了消费者购买产品的安全感，有利于消费者权益的保护。同时，产品责任法使经营者的责任加重，有利于促进企业质量管理意识的提高。从全社会来看，产品责任法也节约了贸易中的机会成本和经济成本，促进了良好的市场竞争秩序的建立。

三、产品责任法的产生与发展

产品责任法从产生至今，大致经历了一个从合同责任到疏忽责任，又从疏忽责任到严格责任这样一个发展过程(见图 7-4)。

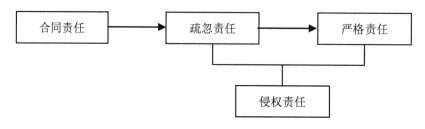

图 7-4　产品责任法归责原则演变

(一)合同责任

产品责任最初出现于英美法判例。开始是习惯法中生产者或销售者对产品应负"谨慎之责"的规定。1842 年英国温特伯顿诉赖特(Winterbottom V. Wright)一案是英国产品责任最古老、最著名的案例。它确立了"无合同，无责任"的原则，即生产者对所生产的产品的责任大小是由买卖合同中的担保责任所决定的，如果生产者或销售者同消费者之间没有合同关系，则对所生产或销售的产品一概不负责任。这项原则在英美法中奉行了 100 多年。

[扫一扫　案例 7-1　温特伯顿诉赖特案(1842)]

(二)疏忽责任

随着现代工业的发展，人类社会开始从以卖方利益为中心转为以买方利益为中心，从以生产者利益为中心转为以消费者利益为中心，从 20 世纪二三十年代开始，产品责任不再作为附属于合同的准合同关系来处理，而是被纳入侵权行为的范畴来处理。开始以侵权行为中的疏忽责任原则作为生产者和销售者承担产品责任的原则，即生产者和销售者因疏忽大意造成产品缺陷致使消费者人身和财产损害的应承担赔偿责任。但是，对于生产者和销售者的疏忽大意，应由消费者负责举证。

[扫一扫　案例7-2　麦克弗森诉别克汽车公司案(1916)]

(三)严格责任

到了20世纪六七十年代，生产技术迅速发展，产品责任问题不断增多，对消费者的损害也日益严重。专业化和高技术使得消费者的识别、检查和防范能力相对降低，消费者的权益经常受到侵犯。为了更有效地维护消费者的利益，世界各国相继制定了产品责任法，并且签订了一些国际公约，在此基础上，形成了一个新兴的法律部门——产品责任。与以往的法律不同，这个法律部门确立了严格责任，即只要因为产品的缺陷导致消费者的人身或财产受到损害，生产者或销售者就应承担赔偿责任，无须消费者对生产者或销售者主观上是否存在过失进行举证。严格责任更有利于保护消费者。

[扫一扫　案例7-3　格林曼诉尤巴电动产品公司案(1963)]

💬 小思考

产品质量违约责任与产品责任是一回事吗？如果不是，有何区别？

第二节　几个主要国家的产品责任法

一、美国的产品责任法

美国的产品责任法是世界上发展最迅速、最完备、最有代表性的，其组成主要是各个州的立法，而不是联邦统一的立法。

(一)概述

在美国，产品责任法的表现形式多样，既有普通法(Common Law)又有成文法(Statue Law)。"普通法"是由众多个案判决逐渐累积而成的，虽然存在法官造法的问题，但因受到"判决约束力原则"的限制，美国法律仍具有安定的特性。所以，美国产品责任法一方面本着"普通法"的精神，由法官将个案的背景、事实及法理予以考量，以"判决约束力原则"为准则形成有关的法律原则；另一方面随着对成文法重要性的认识，产品责任问题除了依原有普通法规范之外，渐渐有许多法典化的产品责任立法出现，对于规范与解决产品责任问题具有重要的作用。其中，美国《统一商法典》对商品经济的发展起着积极的保障作用。1979 年，在长期研究探讨产品责任法理论和总结诸多产品责任判例的基础上，美国商务部颁布了《统一产品责任示范法》(Model Uniform Product Labiality Act)作为专家建议文本。《统一产品责任示范法》因其自身的系统性和完备性，为国际上其他国家有效地解决产品责任问题提供了有益的参考。1982 年，美国国会提出的《产品责任法草案》成为平衡消费者保护与生产者利益的法律武器。1965 年美国法学会(American Law Institute)出版的《侵权行为法重述(第 2 版)》(Restatement of the Law of Torts, Second Edition)第四百零二条 A 款在美国产品责任法的发展过程中，一直起着并将继续起着深远的作用。美国大多数州均接受了以《侵权行为法重述(第 2 版)》第四百零二条 A 款为基础的严格责任。更值得一提的是，美国产品责任法自产生至今，已经有了很大的发展和变化。1997 年 5 月 2 日，美国法学会通过了新的产品责任法重述——《法律重述(第 3 版)，侵权：产品责任》(Restatement of the Law, Third, Torts: Products Liability)，这标志着美国产品责任法的发展又进入了一个新的阶段。

美国产品责任法的构成如图 7-5 所示。

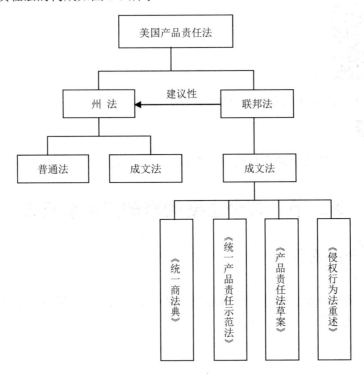

图 7-5　美国产品责任法构成

(二)产品责任的概念解析

对于缺陷产品所造成的损害承担赔偿责任，是产品责任的要旨。因此，准确界定"产品""缺陷""责任主体"及"请求赔偿主体"等概念的内涵和外延是产品责任法规范的主要内容，也是产品责任法得以适用的前提条件。

1. 产品

美国 1979 年《统一产品责任示范法》第一百零二条(C)项将"产品"定义为"具有真正价值的，为进入市场而生产、能够作为组装整件或作为部件、零件交付的物品。但人体组织、器官、血液组成成分除外""本法所称'相关产品'是指引起产品责任索赔的产品及其部件和零件"。然而在司法实践中，法官出于各种对保护消费者和公共利益的考虑，常常会作出比法律条文更为宽松、灵活的解释。在美国，凡经过某种程度、某种方式的加以处理的东西，包括任何可销售的(有偿转让)、可使用或可移动的制成品，无论是工业的还是农业的，也无论是整件的还是部件、原材料等，只要由于使用它们或通过使用它们造成损害，都可归为产品责任法调整的"产品"范畴。不仅如此，美国产品责任中的"产品"概念已扩展到无形资产及土地上，甚至为了使消费者能够依据严格责任原则获取赔偿，越来越多的法院把房屋和出租的公寓等不动产视为产品。

(扫一扫 案例 7-4 弗路尔公司诉杰帕逊公司案)

2. 缺陷

对于什么是缺陷，美国虽然没有明确的立法定义，但在《侵权行为法重述(第 2 版)》第四百零二条 A 款规定："凡销售有不合理的危险的缺陷产品者应对最终使用者或消费者因此而遭受的人身或财产损失承担赔偿责任。"可见，"不合理的危险"是美国产品缺陷的核心概念。对于在正常用途范围内存在的不可避免的危险，属于合理的危险，并不构成产品的缺陷，如雷管、炸药、各种运输工具、药品等。只有当产品的危险是应该避免而且能够避免而未避免的危险时，才被认为属于不合理的危险性(Unreasonable Danger)。也就是说，产品存在缺陷，缺陷产品的制造者或销售者对此应承担责任。

关于产品缺陷的种类，美国《统一产品责任示范法》第一百零四条有明确的规定，具体界定为："产品制造、设计上存在不合理的不安全性，未给予适当警示或不符合产品销售者的品质担保致使产品存在不合理的不安全性。"

(1) 产品制造缺陷(Manufacturing Defect)。产品制造缺陷是指产品在制造过程中，因质量管理不善、技术水平差等原因而使个别产品中存在的不合理的危险性。它一般可分为原材料、零部件及装配方面的缺陷。例如，在 1973 年，布兰登伯格诉丰田汽车销售美国分公司及丰田总公司(Brandenburger V. Tayota Motor Sales. U. S. A Inc. and Toyota Motor Co.，Ltd.)案中，美国法官对于在高速公路上高速行驶的丰田汽车因翻车而车顶破裂，乘客被抛出车外造成死亡的事件，认为汽车车顶的构造有缺陷而判决制造商和销售商负赔偿责任。

(2) 产品设计缺陷(Defect in Design)。产品设计缺陷是指产品的设计中存在不合理的危险性，它往往是导致整批产品存在潜在危险的根本原因。设计缺陷一般由配方、处方的错误，原理的错误，结构设计的错误等方面造成。与制造缺陷相比，一般来说产品设计缺陷造成的危害比较严重，判断较为困难且不被保险公司在责任险中承保。例如，1956 年，马修诉朗利特公司(Mattew V. Lawnlite Company)一案中，原告马修在选购铝制椅子并试坐旋转时，椅子回旋部分将原告的手指切断。法官认为，切断原告手指的机构装置部分是椅子构造的必要部分，被告应在其危险部分装上保护装置，否则应负设计缺陷的责任。

(3) 产品的警示缺陷(Inadequate Instructions or Warning)。产品警示缺陷是指产品提供者对产品的危险性没有作出必要的(适当的、明确的、易理解而且详细的说明)警告或安全、使用方面的指导，从而对使用者构成不合理的危险。警示缺陷一般是与产品的生产者或销售者违反法律规定的告知义务相关联的。一般认为，产品的制造者或销售者必须在产品投入流通领域时，针对可合理预见的产品使用者，对产品可能产生的危险及其预防方法以具体规范的用语尽可能详尽地予以警告和说明，否则他就必须对因违反其警示义务而造成的损害承担责任。但是如果产品的危险是明显的或众所周知的，产品提供者得因此免责，即所谓"已知危险不得追究或完全排除的规则"。但是如果危险的性质和程度大大超出了使用者的期望时，仍应承担警示义务。

(扫一扫　案例 7-5　罗杰斯诉英格索尔·兰德公司案)

(4) 违反品质担保的缺陷(Breach of Warranty)。正如我们在国际货物买卖法一章中所谈到的，美国将货物提供者的品质担保责任区分为明示担保和默示担保。美国法认为如果产品的提供者违反这种品质担保，则根据美国《统一商法典》第 2-318 条规定，"卖方的明示担保或默示担保延及买方家庭中的任何自然人或买方家中的客人，只要可以合理预见上述任何人将使用或消费此种物或受其影响，并且上述任何人因卖方违反担保而受到人身伤害。卖方不得排除或限制本条的适用"。卖方除了应对货物的买方承担违约责任外，还应对因其产品存在违反担保的缺陷所造成的损失依产品责任法上的严格责任原则进行损害赔偿。

(扫一扫　案例 7-6　费利诉盛利敦案)

(5) 发展缺陷(Defect of Development)。发展缺陷是指在产品投入流通时科学技术水平尚无法发现而后又被证明确实存在的那种缺陷。对于此种发展上的缺陷造成他人的损害，产品提供者应否承担责任，美国各州的做法并不一致。有些州法出于保护居弱者地位的消费者的考虑，认为即使在产品投入市场时科学技术尚不能发现产品存在缺陷，但如果该缺陷产品造成他人损害，产品提供者不得以此抗辩，而应承担赔偿责任。在司法实践中，法院常会针对个案的具体情况作出与州立法不同的判决。

(扫一扫　相关链接 7-1　产品缺陷的判断标准)

3. 责任主体

社会化大生产使消费者获得产品的环节呈现出多样性和复杂化的特点，既然产品责任以缺陷为承担责任的基础，就意味着在产品到达消费者之前的众多环节的制造、行销的参与者都应该对因产品缺陷造成消费者的损失承担责任。

根据美国 1979 年《统一产品责任示范法》第一百零二条、第一零四条、第一百零五条的规定，产品的销售者及制造者为承担产品责任的主体，其中产品制造者是指在产品出售给使用者或消费者之前，设计、生产、制作、组装、建造或者加工相关产品或产品组件的自然人或实体；还包括不是但自称是制造者的产品销售者或实体；此外，制造者还包括主要经营产品批发、分销或者零售业务的产品销售者，但这些销售者局限于在销售前设计、生产、制作、组装、建造或者加工该产品的情形。所谓产品销售者是指从事产品销售业务的任何自然人或者实体，而不论交易是为了使用、消费或者再消费。销售者包括产品制造者、批发商、分销商和零售商，也包括产品的出租人和行纪人。

美国法倾向于将产品责任的承担主体作扩大的解释，以便于保护消费者的利益。但是根据美国法的规定，并不是所有的责任主体都无例外地承担严格责任，而是针对具体的情况分别依据侵权行为法的过失责任和严格责任两个领域确定责任主体所应承担的责任。

4. 求偿主体

按照美国法律的规定，凡是人身或财产遭受缺陷产品损害的当事人，无论其是否与产品提供者订立产品买卖合同，都有权要求产品的制造者或销售者向其承担责任。也就是说请求赔偿的主体并不局限于合同关系的对方当事人，任何遭到缺陷产品侵害的产品的使用者、消费者或第三人，都构成产品责任法的请求赔偿主体。

(三)归责理论——诉讼依据

美国产品责任法是以下列几种法学理论为依据的，即过失责任说、违反担保说、严格责任说。凡原告由于使用有缺陷的产品遭受损害向法院起诉要求赔偿损失时，他必须基于上述三种理由之一，作为要求该产品的生产者或销售者承担责任的依据。

1. 过失责任说

过失责任(Theory of Negligence)是指产品的制造者或销售者在生产或销售过程中因主观上的过失导致产品有缺陷，而造成产品的消费者或使用者遭受损害应当承担的责任。它是一种侵权责任，因此，产品缺陷的受害人以过失责任为理由寻求法律救济时，应负有举证责任，即受害人必须证明以下事实。

（1）被告负有"合理注意"的义务。根据美国法律对"过失"的认定标准，认为如果产品提供者没有像"一个理智和谨慎的人"那样尽"合理注意"的义务，那么他就是有过失的，应对这种过失造成的损害承担责任。这种制造者或销售者的"合理注意"的义务是法律所规定的，因此原告证明比较容易。

（2）被告没有尽"合理注意"的义务，即被告有过失之处。根据美国《侵权行为法重述》的规定，原告在证明这一事实时，可以从这样几个方面举证：第一，被告对已经预见或可以预见的产品缺陷未给予必要的提醒或警示；第二，被告没有认真充分地检查产品的缺陷和质量，导致产品缺陷的存在；第三，被告的生产或设计不合理或有明显的危险，或者达不到工业产品的通常标准。

（3）由于被告的过失，造成原告的损害，即证明损害与使用缺陷产品有因果关系。过失责任是一种独立的侵权责任，因此它不要求依据过失责任提起损害赔偿之诉的原告与作为被告的产品提供者之间存有合同关系，这给非产品买方的受害人提供了法律保护的依据。但是，随着现代科技的发展使产品的生产和销售日益复杂，要求受害人对产品提供者的"过失"进行举证也是异常困难的，因此美国法规定缺陷产品的受害人可以通过证明产品提供者违反某项关于产品品质、质量、检验、推销等方面的法律或法规来证明其存在过失；或者在一些特殊的案例中，美国法院判决依过失责任提起的产品责任之诉适用举证责任倒置，即由被告证明自己对某一损害事实的发生没有过错，否则就承担责任。这是从衡平救济的角度来克服过失责任制度本身的缺陷。因此即便是在普遍采用严格责任的今日之美国，以过失责任为依据进行产品责任诉讼的案件也并没有消失。

2. 违反担保

担保责任(Breach of Warranty)是合同法上的责任，根据美国《统一商法典》的规定，卖方对其交付的货物的品质负有保证符合合同条款要求的义务。担保义务分为明示担保和默示担保，前者是由订立合同的双方意思表示一致所决定的，通常记载于合同之中，或者记载于产品标签、广告或使用说明之上；后者是由法律所规定的，对广大的消费者构成了一种广泛的品质担保。

如果产品的使用者或消费者或任何第三人因产品缺陷或者说不符合品质担保的承诺而受到损害，均有权获得赔偿。而对于默示担保，它事实上是法律规定的义务，因此如果产品提供者所提供的产品不符合默示担保的要求，就意味着他违反了法律的规定，得对任何因此受到损害的人承担相应的赔偿责任。因此，美国在1966年修订《统一商法典》时突出了这样的考虑，在第2-313条对没有合同关系的第三人因产品提供者违反明示或默示担保对其造成损害的赔偿请求提供了法律依据，并规定了三种选择方案，供各州参考。

（扫一扫 相关链接7-2 如何理解明示担保和默示担保）

方案一：只将违反担保的产品责任承担扩及对买方的家庭成员、家庭内其他人员或客

人的人身伤害，而对上述人的财产及对其他人的人身或财产方面的损害，概不能依据违反担保为诉因要求承担损害赔偿责任。目前有 30 个州选择了这个方案或仅作些微修改。

方案二：　较方案一扩大了担保适用的请求主体的范围，即"任何自然人"均可根据卖方违反担保而要求其承担损害赔偿责任，但仍局限于对人身伤害的损害赔偿上。目前有 8 个州采用了该方案并作微小修改。

方案三：　是最大范围对担保责任基础的适用，不仅因缺陷产品造成人身损害的任何人都可以依据违反担保要求产品提供者承担赔偿责任，并且即使这种损害是发生在财产上也可以这样做。目前已有 4 个州接受了该方案的规定。

在以违反担保作为责任基础要求产品提供者承担责任时，对受害人的有利之处在于他无须证明产品提供者有过失，而只需证明产品确有缺陷，而且由于这种缺陷使他遭到损失，他就可以要求产品提供者赔偿其损失。但是他仍然必须以产品提供者对产品作出了某种担保为前提，如果产品的缺陷没有包括在担保之中，但又造成了损害，则受害人无法利用担保责任原则要求损害赔偿。

当受损害方为货物买卖合同的对方当事人时，他还可以依据合同上的违约提起赔偿要求，这时就发生了违约与侵权的责任竞合。美国法认为，如果买方没有在发现或应当发现卖方违反担保义务之后的一段合理时间内就产品有缺陷的情况通知卖方，就失去了以担保责任为由向卖方索赔的权利；但如果买方这样做了，那么他就拥有了选择权，既可以要求卖方承担违反担保的责任，也可以提起侵权之诉。此外，美国《统一商法典》中并未具体指明受害者可否直接起诉零售商以外的其他当事人，如该产品的批发商或制造商，但多数法院认为可以这样做。事实上许多缺陷产品的受害者都在直接起诉产品的生产者。

3. 严格责任

严格责任(Strict Liability)是指受害人只要能够证明产品有缺陷，产品的制造者或销售者就应承担赔偿责任的法律制度。严格责任最早是由美国创设的。1965 年《侵权行为法重述》第四百零二条 A 款具体反映了严格责任理论的基本精神，该条规定如下：第一，凡销售任何有缺陷的产品而给消费者或使用者带来不合理的危险的人，对因此给消费者或使用者的人身伤害或财产损害负有责任，如果，①销售者从事经营出售此种产品；②预期转到消费者或者使用者手中时，其销售时的条件没有重大变化。第二，即使有下述情况，仍适用前款规定：①销售者在准备销售和出售其产品时已经尽到一切可能的注意；而且，②消费者或使用者没有从销售者手中购买产品，以及与销售者没有任何合同关系。

此后的 1979 年《统一产品责任示范法》、1982 年《产品责任法草案》及美国《统一商法典》都基本上采用了严格责任原则。严格责任原则给予被告抗辩的机会很少，并且在无过错的情况下被告也可能被判决承担责任。但是这并不意味着严格责任原则下，原告就可以轻松获得赔偿。美国法认为当缺陷产品的受害人以严格责任为基础要求产品提供者承担损害赔偿责任时，他必须证明：

第一，产品存在缺陷。并且根据《侵权行为法重述》的规定，受害人仅证明产品有缺陷是不够的，还必须进一步证明产品的缺陷给消费者或使用者带来不合理的危险。这在一定程度上增加了原告的举证困难，因为危险的"合理"与否，是个复杂的判断过程。

第二，产品出厂时缺陷已经存在。如果受害人无法以有效的方法证明产品的缺陷在出厂时业已存在，那么他也可用自己按照产品的使用说明正确地使用了产品的方法反证缺陷在出厂前已经存在。

第三，损害与产品缺陷之间有因果关系。但总的来说，严格责任原则相对于一般的契约责任原则、过失责任原则、违反担保的责任原则而言，给消费者提供了更充分合理的保护方式。尽管在一些案例中表明适用如违反担保的责任原则更有利于受害人权利的保护，但依旧不能否认严格责任在消费者权益保护方面的意义和作用。

由于产品责任法律制度归责理论的复杂性，所以在美国各个归责理论被并行地由受害人选择适用，受害人可以选择他认为最为有利的责任基础进行索赔，同时也意味着他同意使自己处于相应的举证地位，承担举证责任。

美国产品责任法三种归责理论的比较如表 7-1 所示。

表 7-1　美国产品责任法三种归责理论(诉讼依据)的比较

类型	概　念	受害人须证明事实	被告抗辩理由
过失责任	产品的制造者或销售者因过失导致产品有缺陷，而造成产品的消费者或使用者遭受损害应当承担的责任	1. 被告负有"合理注意"的义务； 2. 被告有过失之处； 3. 造成原告的损害	1. 原告自己有过失； 2. 原告明知产品有危险仍加以使用； 3. 非正常使用、误用或滥用； 4. 擅自改动
违反担保	因生产有缺陷的产品，销售者或生产者违反了对货物明示的担保，以致消费者或使用者造成了伤害而承担的法律责任	1. 被告违反担保； 2. 产品有缺陷； 3. 造成原告的损害	书面排除或限制(默示担保与人身损害责任除外)
严格责任	只要产品有缺陷，对消费者和使用者造成损害，该产品的生产者和销售者都应对此负责	1. 产品存在缺陷； 2. 产品出厂时缺陷已经存在； 3. 损害与缺陷之间有因果关系	1. 生产者未将产品投入流通； 2. 产品投入市场时无缺陷； 3. 非为营利； 4. 缺遵循政府强制性规定； 5. 发展缺陷； 6. 不可避免的危险性

(四)被告可以提出的抗辩

在产品责任诉讼中，被告可以提出某些抗辩，要求减轻或免除其责任。被告可以提出的抗辩因原告起诉的诉因不同而有所不同。

1. 过失责任的抗辩

(1) 无过失。根据过失责任理论的应有之意，被告可以通过证明自己尽了"合理注意"的义务仍不能发现产品的缺陷证明自己无过失，从而不承担赔偿责任。

(2) 原告自己的过失行为。有两种情况，一种叫共同过失(Contributory Negligence)，另一种叫相对过失(Comparative Negligence)。共同过失是指原告(受害者)在使用被告所提供的有缺陷的产品时也有过失之处，由于双方面的过失而使原告受到伤害。按照普通法早期所确立的原则，共同过失在侵权之诉中是一种充足的抗辩理由。因此，在以过失为依据提起的产品责任诉讼中，如果一旦确认原告有"共同过失"，原告就不能向被告要求任何损害赔偿。但是近年来，美国许多州已通过立法或判例放弃了共同过失原则而采用相对过失原则。所谓相对过失是指尽管原告方面也有一定的过失，但法院只是按原告的过失在引起损害中所占的比重，相应减少其索赔的金额，而不是像共同过失那样使原告不能向被告请求任何损害赔偿。现在，美国许多州都把相对过失原则适用于严格责任之诉。

(3) 风险自担(Assumption of the Risks)。风险自担是被告在产品责任诉讼中可以提出的另一种抗辩。所谓风险自担是指原告已经知道产品有缺陷或带有危险性，尽管如此，原告也甘愿将自己置于这种危险或风险的境地，由于原告甘愿冒风险而使自己受到损害。按照美国法，无论原告是以被告违反担保为由起诉或以过失为由起诉或以严格责任为由起诉，被告都可以提出"风险自担"作为抗辩。根据美国《侵权行为重述》第 402A 条的注解，如果使用者或消费者已经发现产品有缺陷，并且知道有危险，但他仍然不合理地使用该产品，并因此使自己受到损害，他就不能要求被告赔偿损失。但是，在采用前述"相对过失"原则的各州中，有些州已不再把风险自担作为完全阻止原告索取任何赔偿的抗辩，而只是把原告的过失作为减少其索赔金额的依据。

(4) 非正常使用、误用或滥用产品(Misuse or Abuse of the Product)。在产品责任诉讼中，如果原告由于非正常地使用、误用或滥用产品，使自己受到损害，被告可以以此为理由提出抗辩，要求免除责任。但是，当被告提出原告非正常使用、误用或滥用产品的抗辩时，法院往往对此加以某种限制，即要求被告证明原告对产品的误用或滥用已超出了被告可能合理预见的范围。如果这种对产品的误用或滥用是在被告可能合理预见的范围之内，被告就必须采取措施予以防范，否则就不能免除责任。

(5) 擅自改动产品(Subsequent Alteration)。如果原告对产品或其中部分零部件擅自加以变动或改装，从而改变了该产品的状态或条件，因而使自己遭受损害，被告就可以以原告擅自改变产品的状态或条件为理由提出抗辩，要求免除责任。

2. 违反担保的抗辩

《美国统一商法典》允许卖方排除其对货物的明示担保和默示担保(如适销性的担保和适合特定用途的担保等)。在产品责任诉讼中，如果原告以被告"违反担保"为理由对其起诉，如果被告已经在合同或产品说明书或其他记载其品质担保义务的书面文件中对其担保责任进行了排除或限制，他就可以担保的排除或限制(Disclaimer or Limitation of Warranties)作为抗辩。但是，按照美国 1974 年《麦格纽森·默斯担保法案》(Magnuson-Moss Warranty Act)的规定，为了保护消费者的利益，在交易中，卖方如有书面担保就不得排除各种默示担保。

3. 严格责任的抗辩

严格责任对消费者而言是最有力的保障，因此，可以提供给被告的免责事由相当少，但这并不意味着依严格责任提起的诉讼，被告没有免责的可能。根据美国法律，作为被普遍适用的被告抗辩的理由同样也适用于依严格责任提起的诉讼，这些抗辩理由如下。

(1) 生产者未将产品投入流通领域。

💬 小思考

某日用化妆品制造厂的质量检验员，将具有产品检验合格证书的将在下月上市的化妆品偷拿出来，给其女友使用，结果导致其女友脸部皮肤严重损伤，其女友以化妆品质量不合格，存在缺陷为由，对化妆品厂提起诉讼，请问法院能否予以支持？

(2) 产品投入市场时引起损害的缺陷并不存在。

(扫一扫　小知识 7-1　药品生产者的后续监督义务)

(3) 产品不是为了营利目的而生产、销售的。

小思考

某人买了一台新彩电，便将其旧彩电折低价卖给其朋友，结果该彩电爆炸，造成损害，请问该人是否应承担产品责任？

(4) 产品的缺陷是由于遵循政府的强制性规定而导致的。

(5) 产品缺陷是将其投入流通时的科技水平尚不能发现的。

(6) 对于具有不可避免的危险性的产品，其缺陷不属于制造上的缺陷或该产品的提供者在采取了合理的行动，包括给予了充分而适当的警示，才予以销售的情况下，产品的提供者对产品的不可避免的危险性造成的损害不负担责任。以药物最为典型。

(五)损害赔偿

美国对产品损害的赔偿采用全面赔偿为主，兼有惩罚性赔偿的原则，对产品损害赔偿范围限定很少，产品造成的任何损害，几乎都可以依产品责任获得赔偿。具体来说，原告可以提出的损害赔偿主要包括以下几个方面。

1. 人身损害赔偿

根据美国1981年《产品责任风险保留法案》和《统一产品责任示范法》的规定，关于人身伤害的赔偿不仅涉及受害人的可预见的医疗性支出，还对受害人因伤残、生病所遭受的痛苦、疼痛等予以补偿。具体包括：①受害人过去和将来必要合理的医疗费用；②受害人的收入损失，以及失去谋生能力的补偿；③受害人肉体及精神痛苦的补偿等。如果因产品缺陷致人死亡，根据有关法律的规定，可由死者的遗嘱执行人或遗产管理人或死者的遗产继承人或受益人向产品提供者主张权利并获得赔偿。在司法实践中，美国法院对受害人人身损害赔偿判定的数额较大，往往大于实际支出的医疗费用及其他的实际开支，并且对精神损害的赔偿额占赔偿总额的大部分。

2. 财产的损害赔偿

产品责任法上的财产损害通常是指缺陷产品之外的其他财产的损坏、毁灭，而对于产品本身则可依据买卖合同获得赔偿。财产损害的赔偿一般认为只是受到损害财产的直接经济损失，但1981年的《产品责任风险保留法案》已将间接损失，如交通工具被损坏不能投入运营、因机器设备被损坏不能投入生产等丧失的营业收入，列入财产损害赔偿的范围，并在一些法院的判例中获得支持。

3. 惩罚性损害赔偿

(扫一扫　案例7-7　莱蓓克诉麦当劳案)

所谓惩罚性损害赔偿是指侵权行为人恶意实施某种行为，或者对行为有重大过失时，以对行为人实施惩罚和追求一般抑制效果为目的，法院在判令行为人支付通常赔偿金的同时，还可以判令行为人支付高于受害人实际损失的赔偿金。惩罚性赔偿制度是美国产品责任法的一项重要制度。《统一产品责任示范法》第一百二十条规定："原告通过明显的令人信服的证据证明，由于销售者对产品使用者、消费者或可能受到产品损害的其他人员的安全采取轻率漠视的态度，致使原告受到损害，原告可以得到惩罚性损害赔偿。"惩罚性损害赔偿在美国被广泛地加以应用，但是由于其对于加害人而言并非一个必须加以给付的赔偿，因此对惩罚性赔偿金的适用，法院要综合考虑一些因素后，才能确定是否给予惩罚性赔偿以及金额是多少。这些因素一般包括：①在相关时间内，产品销售者的不当行为造成严重损害的可能性；②产品的销售者对上述可能性的认识(察觉)程度；③不当行为对产品销售者盈利的作用；④不当行为持续时间和产品销售者任何隐瞒行为；⑤产品销售者在不当行为被发现后采取的态度及行为，以及不当行为是否已停止；⑥产品销售者的经济条件或财务状况；⑦产品销售者由于不当行为，已经或可能受到的其他处罚的综合惩罚效果；⑧原告所遭受的损害是否亦是原告对自身安全采取轻率态度的结果。

(六)诉讼管辖与法律适用

无论是外国的产品输入到美国，由于产品的缺陷，使美国的消费者或用户遭到人身伤害或财产损失，还是美国的产品出口到国外，由于产品的缺陷，使外国的消费者或用户遭到人身伤害或财产损失，这些案件都属于涉外案件，在处理时都会涉及管辖权和法律适用问题。

1. 诉讼管辖

美国法院有一种扩大管辖权的倾向。美国各州都制定了一些法律以确定法院对不居住在美国的被告是否享有对人的管辖权的标准。这种法律叫"长臂法"(Long-Arm Statute)。一般来说，各州要求凡是非居民的被告都必须与该州有某种"最低限度的接触"(Minimum Contact)，该州的法院才能对该被告享有对人的管辖权。所谓最低限度的接触是指被告经常直接地或通过代理人在该州境内从事商业活动，或者因其行为或不行为在该州境内造成了损害。只要符合这个标准，法院对其就有管辖权，有权按照法定程序传唤外国的被告到庭，并有权依法作出判决。在大多数情况下，美国法院认为，只要国外的被告同法院所在的州有某种接触，法院就对该被告享有对人的管辖权。一旦美国法院作出了判决，美国原告就可以通过适当的程序向被告所在国的法院要求承认和执行这一判决。

2. 法律适用

在涉外的产品责任诉讼中，按照美国的冲突规则通常是适用损害发生地来确定当事人的责任。但近30年来，该原则发生了变化，特别是在涉及汽车事故的产品责任案件中，由于汽车到处行驶，经常跨州越国，如果完全以事故地点来确定汽车的生产者或销售者的产品责任，有时可能对受害者不利。因此，近年来，美国一些有影响的州，如纽约州和加州已经不再坚持适用损害发生地法，而转为适用对原告有利的地方的法律，即由原告在与案件有联系的因素中选择对自己最为有利的法律。与案件有联系的因素很多，除了受害地外，还包括加害地、产品购买地、原告或被告的营业地或住所地、法院地等。

(扫一扫　案例7-8　烟花产品责任案)

二、德国的产品责任法

(一)概述

欧盟各国产品责任法的发展比美国晚。20世纪80年代以前，欧盟各国都没有对产品责任实行专门立法，主要是以民法典中有关合同和侵权行为的规定为依据来处理产品责任案件。1985年7月欧共体(欧盟前身)理事会正式通过了《关于缺陷产品责任的指令》(即第85/374号指令，简称《产品责任指令》)，为成员国确立了最低的产品责任标准(见表7-2)，并要求各成员国通过立法程序将其纳入国内法予以实施。随后，欧洲各国相继颁布了产品责任法。1989年12月15日联邦德国议会通过《产品责任法》，将1985年7月25日欧共体《产品责任指令》纳入其本国国内法，并于1990年1月1日起生效。下面主要介绍德国的产品责任法。

表7-2　欧盟产品责任法的主要内容

项　目	内　容
归责原则	严格责任
涉及产品	初级农产品和狩猎产品之外的产品
缺陷界定	不能提供人们有权期待的安全性即为缺陷，考虑因素：①产品说明；②产品在投入流通时合理期待的用途；③投入流通的时间

续表

项　目	内　容
构成要素	1. 不安全缺陷； 2. 缺陷造成的损害
抗辩事由	1. 被告没有将产品投入流通； 2. 产品脱离被告控制时不存在缺陷； 3. 被告并非出于商业或经济目的而制造或销售产品； 4. 缺陷因履行公共机构发布的强制性标准而产生； 5. 在产品投入市场时，在当时的科技条件下，无法发现产品缺陷； 6. 如果被告是零件制造商，产品的缺陷缘于设计者或制造商的指示
赔偿范围	1. 人身损害； 2. 财产损失

在德国，对有关产品责任问题，以《德国民法典》第八百二十三条及其相继条文为根据的产品制造人责任法可以适用。但在 20 世纪 60 年代以前的德国，无论在理论方面还是在实践当中，产品责任问题都很少被涉及。自 20 世纪 60 年代以来，由于产品缺陷引起的损害问题日益严重，加之受美国产品责任理论和判例的影响，联邦德国自成体系的产品责任法得以逐步形成。在德国，对产品责任认识的关键性转变，是以 1968 年联邦最高法院审理"家禽瘟疫案"开始的。该案适用了侵权行为法的规定，用侵权诉讼使被告承担了责任，为德国产品责任法从合同责任向严格责任过渡起了非常重要的作用。该案创设了制造人过失责任举证责任倒置的原则，这是德国在产品责任诉讼中的重要变化，它解决了产品责任诉讼中的难题，使受害一方获得更多的赔偿机会，在国际上被一些西方学者称为解决产品责任问题的突破。该案对制造人课以的责任，实际上已接近严格责任，从而把德国产品责任法向前推进了一步。

[扫一扫　案例 7-9　家禽瘟疫案(1968)]

此后，德国法院围绕如何更好地保护消费者的利益，以《德国民法典》第八百二十三条为根据创设了一套较为完整的产品责任法。例如，通过判例，将对成品制造人适用的举证责任倒置原则，扩大适用于零部件供应人等。又如 1972 年联邦法院审理了一起产品责任案件，该案被告制造了一种麻醉剂，虽然制造商已在包装盒上用粗体字注明"禁止注入血管"的警语，但该药剂还是被误注入原告的动脉中，以致原告的手腕被迫切断。联邦最高法院在此案的判决中指出，危险药剂的制造人应对所有使用人，特别是医生明确那些绝对不能出现差错的情形，对于那些使用中有可能产生的危险要有明确的说明，制造者的警告要不断地明显化。因此，判决被告人应负赔偿责任。在该案的判决中，严格地规范了制造人的说明义务，从而扩大了其过失的范围，使过失近乎无过失。最终，严格责任的思想及原则得以在其立法中体现。1989 年德国通过了《产品责任法》，该法是德国专门性的法律文件，其制定、颁布标志着主要以保护消费者为目的实行无过错责任原则的产品责任制度在德国已经确立，德国的产品责任法从此进入了新的发展阶段(见图 7-6)。

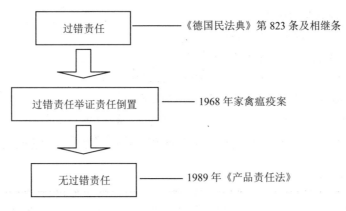

图 7-6　德国产品责任归责原则的演化

(二)具体规定

1. 产品与缺陷

德国《产品责任法》第二条规定："本法所称产品，是指任何动产，即使已被装配(组合)在另一动产或不动产之内。产品还包括电。但未经初步加工的包括种植业、畜牧业、养蜂业、渔业产品在内的农业产品(初级农产品)除外，狩猎产品亦然。"尽管如此，但在德国法院的判例中，并没有明确强调只以动产为限。

而对于产品"缺陷"的定义，德国《产品责任法》采取了与欧共体《产品责任指令》完全一致的做法，认为在综合考虑以下各项内容后，产品不能给消费者提供合理的安全预期，则构成产品缺陷。这些内容包括：①产品说明；②产品在投入流通时合理期待的用途；③投入流通的时间。但不得以后来投入流通领域的产品更好为理由认为以前的产品有缺陷。因此，德国法为确保消费者身体健康与财产安全，缺陷认定的核心不在于产品的适用性判断，而是以一般大众期待产品的安全性的权利为着眼点。

2. 归责基础

德国法对于产品责任的归责理论基础也建立在合同责任和侵权责任之上。前者体现为《德国民法典》第四百五十九条规定的卖方对商品适销性的默示担保义务，认为卖方应对买方承担保证商品适合销售并符合制造和销售的一般目的。只要买卖事实已经发生，且卖方是商人，买方就有权以产品不符合生产和销售的一般目的及卖方违反担保为由，要求卖方承担赔偿责任。后者体现在德国的《产品责任法》，其在第一条规定，"如果有缺陷的产品造成他人死亡、人身或健康损害、财产损害，制造者应当向受害者承担损害赔偿责任"，即确立了产品制造者承担严格责任原则。

3. 责任主体

《产品责任法》第四条规定，生产者为承担责任之主体，具体包括以下几个方面。

(1) 成品制造者、任何原材料的生产者和零部件的制造者。它还指将其名字、商标或其他识别特征标示在产品上表明自己是产品生产者的任何人。

(2) 任何人在商业活动过程中，为销售、出租、租借或为经济目的的任何形式的分销，将产品进口、引进到适用欧共体条约的地区，也当视为生产者。

(3) 在不能确认产品的生产者的情况下，供应者应当被视为生产者，除非他在接到确认要求的 1 个月内将产品生产者的身份或向他提供产品的人告知受害者。但是在进口产品的情况下，德国法对产品提供人采取了比《产品责任指令》更严格的做法，如果产品不能表明上述第(2)款规定的人员的身份，即使产品有生产者的名字，产品的供应者仍应当被视为生产者承担损害赔偿的责任。

4. 免责

尽管生产者对于缺陷产品造成的损害应承担严格责任，但德国法也规定了与《产品责任指令》一样的生产者免责条款。如果生产者能以证据证明存在法律规定的免责事项，则他们可不依《产品责任法》承担损害赔偿的责任。这些法定事由包括以下几个方面。

(1) 生产者未将商品置于市场销售。

(2) 依据情况判断，缺陷出现在生产者将商品置于市场上销售之后或销售当时并未有缺陷存在。

(3) 产品并非由生产者出于商业或经济目的而制造或销售。

(4) 产品缺陷系为配合政府颁布之强制法令所致。

(5) 依商品销售于市场时之科学或科技水准无法发现缺陷的存在。

(6) 对于零件制造商，零件的缺陷系因产品设计所致，而且零件已经依制造商的指示符合设计标准者。如果产品缺陷是一种固有缺陷，如炸药、雷管等，或者损害是由消费者的过失引起的，或者损害是由第三人的行为所致，可以考虑作为减轻或免除生产者责任的依据。

5. 损害赔偿

根据德国《产品责任法》第一条规定，如果缺陷产品造成他人死亡、人身或健康伤害、财产损害，生产者应当就造成的损害对受害者予以赔偿。在造成财产损害的情况下，只有受到损害的是缺陷产品以外的财产，该财产通常是用于私人使用或消费，而且受害者主要为这种目的而获取该财产，才适用本法。该法原来对人身损害的赔偿不包括肉体的痛苦及精神上的损失等无形损失，关于精神损害等无形损失只能依德国民法的有关规定进行赔偿。由于 2002 年的德国债法改革，产品责任转而支持精神损害的请求，同时规定了 500 欧元以下的轻微损害不以产品责任论处，此轻微损害由受害人根据侵权责任进行索赔。产品责任的最高赔偿金额以 8500 万欧元为限，此最高金额也适用于因同一缺陷产品而导致的同类案件。根据德国联邦最高法院的判决发展而来的规定，由于出卖人的失误或者有瑕疵的交付导致损害发生，只能通过侵权责任进行归责，而不能通过产品责任归责，因为该项缺陷发生在生产者将产品投入流通之后。

三、我国的产品责任法

(一)概述

我国的产品责任立法起步较晚，1986 年国务院制定了《工业产品质量条例》，其中主要规定的是行政责任，产品也只限于工业产品，这还不是真正意义上的产品责任法。从 20 世纪八九十年代，随着改革开放的不断深入发展，产品质量成为危害社会的严重问题，尤其是假冒伪劣产品危害人民的生命与健康，情节严重，屡禁不止，引起广大群众的强烈不满。为适应形势的要求，规范产品责任，保护消费者的权益，1993 年 2 月 22 日第七届全国人民代表大会常务委员会第三十次会议通过了《中华人民共和国产品质量法》(以下简称《产品质量法》)，从同年 9 月 1 日起施行。它包含了产品责任法的主要内容。2000 年 7 月 8 日，第九届全国人大常务委员会第十六次会议通过了《关于修改〈中华人民共和国产品质量法〉的决定》，主要是强化产品质量的行政管理与行政责任，增加了残疾赔偿金和死亡赔偿金的内容，扩大了人身损害赔偿责任的范围[①]。此外，我国《民法通则》《消费者权益保护法》《侵权责任法》《药品管理法》《食品卫生法》等其他一些法律法规也包含了一些产品责任法的内容。

(扫一扫　相关链接 7-3　产品责任立法模式)

(二)我国产品责任法的主要内容

1. 产品

《产品质量法》第二条规定："产品是指经过加工、制作，用于销售的产品，建设工程不适用于该法规定。但是建设工程使用的建筑材料、建筑构配件和设备，属于前款规定的产品范围的，适用该法规定。"我国是从产品的来源和目的的角度来定义产品的，对产品的范围定义得比较窄。首先，必须经过加工、制作。这就排除了未经过加工的天然品(如原煤、原矿、天然气、石油等)及初级农产品(如未经加工、制作的农、林、牧、渔业产品和猎物)。其次，用于销售。这样，非为销售而加工、制作的物品就被排除在外。

2. 缺陷

《产品质量法》第四十六条第一款规定："本法所称缺陷，是指产品存在危及人身、

---

① 　《产品质量法》又分别于 2009 年和 2018 年进行过两次修订，但内容上都没有实质性的变化。例如，2009 年把引用的《治安管理处罚条例》修改为《治安管理处罚法》；2018 年把相关法条中的"产品质量监督部门或者工商行政管理部门"修改为"市场监督管理部门"。

他人财产安全的不合理的危险。"第四十六条第二款规定的,"产品有保障人体健康和人身、财产安全的国家标准、行业标准的,是指不符合该标准"。既规定"不合理危险"缺陷,又规定"不符合强制性标准"缺陷,可见,《产品质量法》在确定产品缺陷时采用的是双重标准。

3. 归责原则

《产品质量法》根据不同情况分别适用严格责任和过错责任。第四十一条规定:"因产品存在缺陷造成人身、缺陷产品以外的其他财产损害的,生产者应当承担赔偿责任。"这一规定表明生产者承担的是严格责任。第四十二条规定:"由于销售者的过错使产品存在缺陷,造成人身、他人财产损害的,销售者应当承担赔偿责任。"这一条表明销售者承担过错责任。另外,第四十二条第二款规定:"销售者不能指明缺陷产品的生产者也不能指明缺陷产品的供货者的,销售者应当承担赔偿责任。"

4. 生产者的免责条件

《产品质量法》第四十一条第二款规定:"生产者能够证明有下列情形之一的,不承担赔偿责任。(一)未将产品投入流通的;(二)产品投入流通时,引起损害的缺陷尚不存在的;(三)将产品投入流通时的科学技术水平尚不能发现缺陷的存在的。"2010 年施行的《侵权责任法》对这三种排除情形未作规定,从《侵权责任法》的立法精神来看,无论是否投入流通,生产者必须承担产品缺陷引起的侵权责任,加大了企业的责任,有利于促使企业提高产品质量意识。

为了平衡受害人与生产者、销售者的责任,《侵权责任法》第四十六条规定:"产品投入流通后发现存在缺陷的,生产者、销售者应当及时采取警示、召回等补救措施。未及时采取补救措施或者补救措施不力造成损害的,应当承担侵权责任。"据此,产品投入流通后发现存在缺陷,生产者、销售者及时采取警示、召回等有力补救措施的,可以不承担侵权责任。此外,2014 年施行的新的《消费者权益保护法》第十九条首次明确规定了产品召回制度,并将召回范围扩大到所有商品或者服务。

(扫一扫　案例 7-10　宜家召回门风波)　　(扫一扫　相关链接 7-4　产品召回的那些事)

5. 损害赔偿

《产品质量法》第四十四条规定:"因产品存在缺陷造成受害人人身伤害的,侵害人应当赔偿医疗费、治疗期间的护理费、因误工减少的收入等费用;造成残疾的,还应当支付残疾者生活自助具费、生活补助费、残疾赔偿金以及由其扶养的人所必需的生活费等费用;造成受害人死亡的,并应当支付丧葬费、死亡赔偿金以及死者生前扶养的人所必需的生活费等费用。因产品存在缺陷造成受害人财产损失的,侵害人应当恢复原状或者折价赔偿。受害人因此遭受重大损失的,侵害人应当赔偿损失。"可见,《产品质量法》的损害赔偿范围包括人身和财产损害。规定受害人的损害赔偿额相当于受到的实际损失，实行的是全部赔偿原则。同时还规定了残疾赔偿金和死亡赔偿金等具有精神损害赔偿性质的费用。2010年施行的《侵权责任法》第二十二条规定，侵害他人人身权益，造成他人严重精神损害的，被侵权人可以请求精神损害赔偿。这是我国在现行法律中第一次明确规定精神损害赔偿。产品责任也适用这一精神损害赔偿规定。但是该法关于精神损害赔偿的规定还比较原则性，如"严重精神损害"的标准，需要作进一步的具体规定，或通过案例指导进一步具体明确。此外，《侵权责任法》更是第一次使用了"惩罚性赔偿"字眼，宣告了我国惩罚性赔偿制度进入了一个新的阶段。该法第四十七条规定："明知产品存在缺陷仍然生产、销售，造成他人死亡或者健康严重损害的，被侵权人有权请求相应的惩罚性赔偿。"不过对于惩罚性赔偿的数额并无具体的确定方法，而《消费者权益保护法》第五十五条第二款明确规定了为"损失的二倍"以内。

(扫一扫 案例7-11 东芝笔记本赔偿案)

6. 诉讼时效

《产品质量法》第四十五条规定："因产品存在缺陷造成损害要求赔偿的诉讼时效期间为二年，自当事人知道或者应当知道其权益受到损害时起计算。因产品存在缺陷造成损害要求赔偿的请求权，在造成损害的缺陷产品交付最初消费者满十年丧失；但是，尚未超过明示的安全使用期的除外。"

中、美、欧产品责任法的比较如表7-3所示。

表7-3 中、美、欧产品责任法的比较

类 别	中 国	美 国	欧 盟
主要立法	《产品质量法》	各州立法	《关于产品责任的指令》
产品范围	窄。经过加工、制作，用于销售的动产	宽泛。工业农业、整件部件、有形无形、动产不动产	较窄。初级农产品和狩猎产品之外的动产
被告范围	主要限于生产商、销售商	生产销售各环节商	和我国近似
归责原则	严格责任	主要是严格责任	严格责任
赔偿范围	不包括惩罚性赔偿	包括惩罚性赔偿	有最高赔偿额限制
诉讼管辖	被告地或侵权地	"长臂管辖"	被告地
法律适用	侵权行为地法	对原告最有利地法	意思自治原则为根本

🔊 小贴士

国外产品责任立法的若干启示

1. 立法体制的启示

我国调整产品责任的立法主要是《产品质量法》。但由于该法"集行政法、合同法、侵权行为法及刑事法于一体",容易使人误将经营者因产品质量不合格而应承担的行政责任、刑事责任与因产品缺陷致人损害而承担的民事责任混同起来;同时,考虑到产品责任法的特殊性,其中的许多内容和制度并非产品质量法所能包容。应借鉴欧美立法经验,专门就产品责任制定单行立法。

2. 产品与缺陷的启示

《产品质量法》规定的产品范围较窄,为切实保护产品使用者的合法利益,应借鉴欧美做法,适当扩大"产品"的外延。此外,《产品质量法》规定了两种缺陷标准:①具有不合理危险;②不符合法定安全标准。其中不合理危险是产品缺陷的本质特征,而国家强制性标准只是判断缺陷的一种方法,将两者并列并不科学。

3. 归责原则与损害赔偿制度的启示

美国区分制造缺陷、设计缺陷和警示缺陷,对不同的缺陷适用不同的归责原则值得借鉴。关于损害赔偿,不仅应确立精神损害赔偿和惩罚性赔偿制度,更要合理规定产品责任标准与数额。

第三节　国际产品责任法

由于世界各国的产品责任立法存在一定差异,所以在处理涉外或国际产品责任案件时,就存在着适用法律的困难和不确定性,由此产生产品责任承担的不确定性,不利于消费者利益的保护,也不利于国际经济交往。解决这一问题,可以通过制定国际产品责任的统一实体法,如欧盟的《关于人身伤亡的产品责任公约》或利用冲突规范确定产品责任适用的准据法,如《产品责任法律适用公约》两种途径。

(扫一扫　小知识 7-2　冲突规范)

一、《关于人身伤亡的产品责任公约》

欧洲各国由于传统上的密切联系,其最先感受到产品责任的国际化发展与各国产品责任法律制度巨大差异之间的矛盾所带来的对商品流通和自由竞争的阻碍。为了解决这一问题,20 世纪 70 年代以来,欧洲国家的领导机构,如欧洲理事会、欧洲经济共同体等区域性政治和经济组织,积极致力于统一产品责任国际立法活动,并缔结了专门性的国际公约。《关于人身伤亡的产品责任公约》(Convention on Product Liability in Regard to Personal Injury and Death)即是成果之一。该公约由欧洲理事会拟定并于 1976 年召开的理事会会议上获得通过,1977 年 1 月 27 日各成员国在斯特拉斯堡正式签订,故又称《斯特拉斯堡公约》。该公约的基本内容如下。

(一)适用范围

《关于人身伤亡的产品责任公约》的适用范围仅限于人身伤害或死亡方面的案件，调整由于缺陷产品造成人身伤害和死亡所引起的赔偿责任问题，而不包括缺陷产品对财产造成的损害所引起的产品责任。

(二)关于产品的定义

根据《关于人身伤亡的产品责任公约》第二条规定，"产品"一词是指所有动产，包括天然动产或工业动产，无论是未加工的还是加工过的，即使是组装在另外的动产内或组装在不动产内。例如，桥梁是不动产，但建筑桥梁用的钢筋水泥仍可作为动产对待，如果桥梁内钢筋水泥等建筑材料有缺陷致使桥梁断裂造成人员伤亡，那么该钢筋、水泥的生产厂商应承担产品责任。

(三)关于缺陷的定义

《关于人身伤亡的产品责任公约》第二条 C 款规定，考虑到包括产品说明在内的所有情况，如果一件产品没有向有权期待安全的人提供安全，则该产品有缺陷。

(四)关于责任主体

《关于人身伤亡的产品责任公约》将生产者确定为产品责任的承担主体，并进一步解释了生产者的范围：①成品或零配件的生产者；②任何以将产品投入流通为目的的按商业惯例进口产品的人；③任何使自己名字、商标或其他标志特征出现在产品上将其作为自己产品的出示者；④产品没有标明生产者时，每一供应者应被视为生产者，除非根据索赔人的要求，供应者将生产者或前供应者的身份在合理的时间内告知索赔人。

(五)归责原则

《关于人身伤亡的产品责任公约》规定了严格责任原则，并且如果数人对同一损害都负有责任时，他们之间承担连带责任。

(六)赔偿和免责

《关于人身伤亡的产品责任公约》没有对赔偿额进行最高限制，而是相反，确立了最低限制。它规定，对每个死者或伤者的赔偿额不得少于相当于 7 万特别提款权的国内货币；对同类产品的相同缺陷造成的一切损害的赔偿额不得少于相当于 1000 万特别提款权的国内货币。

但如果存在以下情形，生产者可以不承担责任：①生产者未将商品置于市场销售；②依据情况判断，在产品投入流通时，造成损害的缺陷尚不存在或缺陷是投入流通后由第三人造成的；③该造成损害的缺陷产品不是用于销售、出租或为经济目的的分销，而又非在商业过程中制造或分销；④受害人本身的过失。不过在最后一种情况下，应考虑所有情况后决定减少或免除生产者的责任。如果损害既是由产品的缺陷，又由第三方的行为或过失造成，则不应该减轻生产者的责任。此外，该公约第八条还规定，本公约规定的生产者责任，不得以任何免责或解除义务的条款加以排除或限制。

(七)时效

《关于人身伤亡的产品责任公约》规定了诉讼时效为 3 年，自申请人知道或必须合情合理地知道损害、缺陷及生产者的身份之日起计算。如果诉讼未在自生产者将造成损害的单个产品投入流通之日起 10 年内提出，根据《关于人身伤亡的产品责任公约》的规定，则受损害者丧失对生产者要求赔偿的权利。

二、《产品责任法律适用公约》

《产品责任法律适用公约》(Convention of the Law Applicable to Product Liability)，简称《海牙公约》，是由 1964 年第 10 届海牙国际私法会议后组织成立的一个特别委员会主持起草，1972 年第 12 届海牙国际私法会议制定通过的，1973 年 10 月 2 日由海牙国际私法会议各成员国签署，1977 年 10 月 1 日起正式生效。法国、卢森堡、荷兰、挪威、西班牙、南斯拉夫、芬兰等国批准了该公约。《海牙公约》是目前国际上唯一产品责任方面的冲突法公约，其宗旨是在国际范围内解决产品责任法律适用的问题。

(一)适用范围

《海牙公约》主要适用于有关产品的国际性诉讼案件，而且仅适用于无合同关系的当事人之间所发生的纠纷。

《海牙公约》所调整的"产品"的范围，包括一切可供使用或消费的天然产品和工业产品，而不论是加工的还是未加工的，也不论是动产还是不动产。应该说《海牙公约》对产品的定义比欧共体《指令》的定义还要宽泛。

《海牙公约》认为损害是指对人身的伤害或对财产的损害及经济损失。但是，除非与其他损害有关，产品本身的损害以及由此而引起的经济损失不应包括在内。

《海牙公约》中所指的承担责任的主体范围包括产品的制造商，成品或零配件的制造商，天然产品的生产者，产品的供应者，修理人、仓库管理人等在产品准备或销售等商业环节中的其他人，以及上述所有人的代理人或雇员。

(二)法律适用规则

《海牙公约》在第四条至第七条对于产品责任纠纷的法律适用问题作出了规定。该公约的突出特点是以两个以上的连结点来确定所适用的准据法，以避免单独连结点不能得到满意的结果。此外，公约也允许受损害者在一定范围内自己选择准据法。

(扫一扫 相关链接 7-5 连结点)

《海牙公约》根据当事人和有关国家之间的连结点，区分具体情况确定了以下法律适用规则(见图 7-7)。

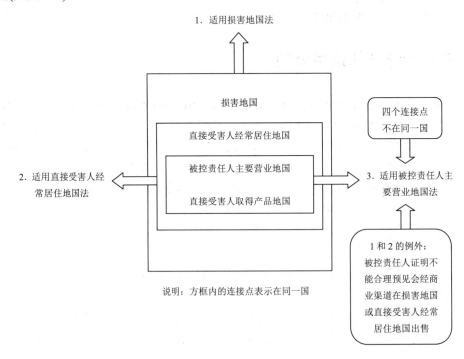

图 7-7 《海牙公约》法律适用规则

1. 适用损害地国家的法律

《海牙公约》第四条规定，如果损害地国家同时又是：①直接受害人经常居住地；或者②被控责任人主要营业地；或者③直接受害人取得产品地，则应适用损害地国家的法律。

2. 适用直接受害人经常居住地国家的法律

《海牙公约》第五条规定，尽管有上述第四条的规定，但是，如果直接受害人的经常居住地国家同时又是：①被控责任人主要营业地；或者②直接受害人取得产品地国家，则应适用直接受害人经常居住地国家的法律。

3. 适用被控责任人主要营业地国家的法律

《海牙公约》第六条规定，如果上述方法都不适用，则除非原告根据损害地国家的法律提出请求，应适用被控责任人主要营业地国家的法律。

小思考

　　H 国公民 A 听说日本的食品很昂贵，便在被指派赴日出差前在国内购买了很多国产方便面。由于不太卫生，A 在日本食用时中毒，为此花去了医疗费和康复费数万元。依《海牙公约》，该方便面生产商应根据哪国法律对 A 的损失承担产品责任？

　　如果被控责任人证明不能合理预见该产品或他自己的同类产品会经商业渠道在损害地国家或直接受害人经常居住地国家出售，则损害地国家和直接受害人经常居住地国家的法律均不适用，应适用被控责任人主要营业地国家的法律。

小思考

　　A 国某生产商生产的一种玩具在 B 国被常年禁止进口，后来解禁，A 国某生产商并不知晓。B 国一玩具零售商从 A 国某生产商的一个批发商手中购买了该玩具回国销售，由于玩具存在缺陷，造成一名儿童损害，向 A 国某生产商索赔。此时应适用哪国法律？

第八章　知识经济时代的"双刃剑"
——国际化经营中的知识产权

引导案例

美国的《幸福》杂志曾在一份调查报告中指出：IBM 公司一年的总利润为 81 亿美元，仅专利转让收入就有 17 亿美元，占总利润的 1/5。17 亿美元是什么概念呢？据说相当于当时西安市两年多的财政收入。

高通公司总部有一座标志性的"专利墙"，上面密密麻麻挂满了高通获得的各式专利证书，数量高达 1400 多件，而这还只是高通上万件专利的一部分而已。高通公司凭借这些专利，已经从生产企业变成一个知识产权专卖店。目前，市场在售的绝大部分安卓智能手机均采用高通公司技术专利，都要向高通支付专利费用。

由此可见，知识产权是核心技术，是企业的财富来源和价值资本。知识产权不仅能够促进企业的创新和发展，更能给企业带来巨大的经济效益和品牌效益。然而，如果不注重知识产权，尤其是全球化知识产权，会产生怎样的后果？

知识经济时代，知识产权战略既是国家发展战略，也是企业从事国际化经营的关键，知识产权竞争越来越成为国际市场竞争的焦点。

第一节　知识产权概述

一、知识产权的概念与法律特征

(一)知识产权的概念

知识产权(Intellectual Property)，又称为"智慧财产权""智力成果权"，是人们对于自己的智力活动创造的成果和经营管理活动中的标记、信誉依法享有的权利。知识产权是一种特殊的财产权，其保护的对象是知识财产，包括创造性智力成果和工商业标志等。

世界贸易组织的《与贸易有关的知识产权协定》(即 TRIPS 协定)所涉及的知识产权保护范围如下。

(1)　著作权及其相关权利。

(2)　商标权。

(3)　地理标记权。

(4) 工业品外观设计权。

(5) 专利权。

(6) 集成电路布图设计权。

(7) 对未公开信息的保护权。

(8) 对许可合同中限制竞争行为的控制。

(扫一扫　小知识 8-1　你知道"知识产权"这个词的来历吗？)

(二)知识产权的法律特征

知识产权作为一种财产权，它与一般意义上的财产权相比，有很大特殊性，具体如图 8-1 所示。

图 8-1　知识产权的法律特征

1. 知识产权具有无形性

知识产权是一种民事权利，权利本身的私权性是知识产权归类于民事权利范畴的基本依据。知识产权是一种有别于有形财产的无形财产权。权利客体的非物质性是知识产权区别于有形财产所有权的本质特征。正是这种"无形性"，使得知识产权贸易中的"标的物"，只能是知识产权这种无形财产权中的使用权，而不同于有形商品贸易中，贸易标的物是有形的商品，在贸易中既存在商品使用权，又存在商品所有权的转移。同样地，由于知识产权的"无形性"，不占据一定的空间，难以实际控制，容易脱离知识产权所有人的控制。并且，知识产权所有人即使在其权利全部转让后，仍有利用其创造的智力成果获取利益的可能性。因而，法律上有关知识产权的保护、知识产权侵权的认定、知识产权贸易等规定比有形商品更为复杂。

2. 知识产权具有专有性

专有性亦称垄断性、独占性或排他性，是指知识产权专为权利人所有。这种独占性和排他性表现为：第一，知识产权的权利人对其所拥有的某项知识产权享有占有、使用和处分的独占权，其有权自己占有和使用知识产权，也可以将其转让或授予他人使用，从中收取使用费。第二，知识产权只能授予一次，而不能两次或两次以上地授予权利人专有权。第三，知识产权的所有权人对自己所创造的智力劳动成果享有独占权，任何人非经权利人许可都不得享有或使用其劳动成果，否则将侵犯权利人的专有权，构成侵权行为。该权利人有权要求其停止侵害行为，并要求其赔偿损失。

由于知识产权要进入市场流通，又容易传播，知识产权所有人很难控制，所以法律给知识产权以特殊保护，授予知识产权所有人以专有权。

3. 知识产权具有时间性

知识产权的法律保护受时间限制，只有在法定的保护期限内，权利人才享有独占权。一旦有效期届满，权利自动终止。其智力劳动成果便进入公有领域，成为人类均可享有的公共知识成果，任何人都可以任何方式使用而不构成侵权。各国对知识产权不同对象的保护期限存在差别，因而同一知识产权对象在不同国家可能获得的保护期限不同。例如，有的国家对发明专利的保护期为 15 年，有的国家则为 20 年。实用新型和外观设计专利有的国家保护期为 7 年，有的为 10 年。

4. 知识产权具有地域性

(扫一扫 案例 8-1 联想：从 Legend 到 Lenovo)

地域性是对权利的一种空间限制。与一般意义上的财产权相比，知识产权的地域性尤其突出。有形财产的所有人不会因到了另外一个国家而失去对有形财产的财产所有权，而作为无形财产权的知识产权一般只在授予其专有性权利的国家内有效，在其他国家原则上不发生效力，任何国家都不承认根据别国法律取得的知识产权，这就是知识产权的地域性。这种地域性的特征从根本上说是知识产权的本性所决定的，因为知识产权是由国家法律直接确认，权利的获得不是自然而然、天然所拥有，而必须以法律对这些权利有直接而具体的规定为前提，通过履行特定的申请、审查、批准才能获得。知识产权的国际公约或双边协定，扩大了知识产权的地域范围。

二、知识产权的法律保护

(一)知识产权保护的特点

知识产权保护已成为国际经济秩序的战略制高点，并成为各国激烈竞争的焦点之一。

知识产权保护具体表现为以下几个鲜明特点。

一是随着科学技术的迅速发展，传统的知识产权制度面临挑战，知识产权的保护范围在不断扩大。例如，在专利领域中，美国已对含有计算机程序的计算机可读载体、基因工程、网络上的经营模式等发明给予了专利保护。发展中国家的技术创新空间受到了极大的扼制。如何科学合理地确定专利保护的范围，已成为一个紧迫而重大的研究课题。世界银行在1998年年底发布的一份报告中指出："日益强化的国际知识产权保护立法，面临着扩大发达国家与发展中国家知识产权差距的危险。"

二是某些发达国家近年来极力推行专利审查的国际化，提出打破专利审查的地域限制，建立"世界专利"，即少数几个国家负责专利审查，并授予专利权，其他国家承认其审查结果。所谓"世界专利"，实质上是世界各国的专利审查工作，由美、日、欧等少数几个发达国家和地区的专利局来进行。

三是知识产权已纳入世界贸易组织管辖的范围。知识产权与货物贸易、服务贸易并重，成为世界贸易组织的三大支柱，并且将货物贸易的规则、争端解决机制引入知识产权领域。按照世贸组织的规定，世贸组织任何成员将因知识产权保护不力，遭到贸易方面的交叉报复。知识产权已成为国际贸易中的前沿阵地，随着关税的逐步减让直至取消，知识产权保护在国际贸易中的地位和重要性将更加突出。

四是以美国、日本为代表的发达国家，纷纷调整和制定其面向新世纪的知识产权战略，并将其纳入国家经济、科技发展的总体战略之中。

(二)知识产权保护的法律体系

建立一套系统的法律体系是保护知识产权的前提所在。多年来，世界各国尤其是一些发达国家在保护知识产权方面，建立了完备的制度，积累了丰富的经验。此外，为了加强对知识产权的保护，世界各国还致力于签订知识产权保护方面的双边或多边协定，并先后成立了一些全球性的或区域性的国际组织，签订了一些保护知识产权的公约，形成了一套知识产权保护制度。

1. 有关知识产权的国内法

知识产权法是17世纪后随着经济的发展，特别是科学技术的发展而产生的一个新的法律部门。1474年，威尼斯共和国制定了世界上第一部专利法。1803年法国制定了世界上第一部商标法。1710年英国制定了第一部以立法形式保护作者作品权利的法律。在此后100多年的时间里，世界上大多数国家都建立起了本国的知识产权保护法律体系。各国在知识产权立法方面基本上是区分不同保护对象分别立法，如分别制定《专利法》《商标法》《版权法》等，并没有一部综合性的知识产权法(见表8-1与图8-2)。目前，中国也已经形成比较完善的知识产权法律体系(见表8-2)。

表 8-1　国外知识产权法的比较

	美 国	英 国	德 国	日 本	印 度
保护类型	专利(包括发明专利、外观专利及植物专利)、版权、商标、商业秘密	发明专利、外观设计专利、商标、版权、植物种子。没有实用新型专利	工业产权(发明专利、实用新型、外观设计、商标、地理标志、植物品种等)和著作权。	发明专利、实用新型、外观设计、商标、著作权、商业秘密、植物新品种、集成电路布图设计	专利、商标、版权、外观设计、植物新品种、地理标志、信息技术等
法 源	"混合体制"(成文法+判例法);"遵循先例";法律解释灵活;联邦法在各州没有绝对效力	"混合体制"(成文法+判例法)	主要包括《专利法》《实用新型法》《外观设计法》《商标法》等	成文法为主。一是立法严谨且详尽具体,二是非常重视知识产权法律的国际化	主要有《专利法》《商标法》《版权法》《外观设计法》《地理标志产品法》和《信息技术法》等
管理体系	行政确权由专利商标局和图书馆下设版权局负责;司法由联邦法院负责;行政执法由国际贸易委员会(ITC)负责	行政确权由知识产权局负责;有专门的知识产权法院;边境检察署对非欧盟货物有扣押权	案件性质不同,应向不同法院起诉;集体管理组织(托管机构)管理版权;海关是行政执法中的重要一环	行政管理机构分工细且明确;诉讼实行专属管辖	确权机关分类详细,分工明确。警察局是知识产权保护执法的重要力量
保护力度	比较强。法律完备;保护途径完善;惩罚力度大,规定了惩罚性赔偿	比较强。法律完备;保护体系完善;惩罚力度大	以民法典为基础,形成了对工业产权、著作权的多方面保护	在法律化、制度化和体系化的同时,社会化程度也很高	秉承"需要则保护"原则;有严厉的罚金和刑事责任;还重视其他相关法律制度的基础性作用
保护手段	以司法为主,还有较有特色的行政保护,即 337 调查程序。此外,展会和海关也有知识产权保护机制	除司法手段,重视纠纷早期解决,大力提倡行政调解;边境管理局执法主要依据国内法和欧盟法	以司法为主,行政为辅。行政执法主要靠海关完成,执法主要依据国内法和欧盟法	主要通过民事诉讼和刑事诉讼两种途径	有三种救济途径可供选择,即民事救济、刑事救济和行政救济。还重视民间保护

资料来源:智南针,http://www.worldip.cn。

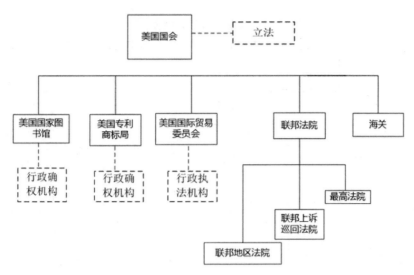

图 8-2 美国的知识产权管理体系

表 8-2 中国主要知识产权法律法规一览

类别	名称	年份	制定机关	主管机关
商标	《商标法》	1982 颁，2019 修	全国人大常委会	知识产权局
	《商标法实施条例》	2002 颁，2014 修	国务院	
	《商标法实施细则》	1983 颁，1993 修	国家工商局	
	《驰名商标认定和保护规定》	2003 颁，2014 修	国家工商总局	
专利	《专利法》	1984 颁，2008 修	全国人大常委会	
	《专利法实施细则》	1992 颁，2010 修	国务院	
著作	《著作权法》	1991 颁，2010 修	全国人大常委会	版权局
	《著作权法实施条例》	1991 颁，2013 修	国务院	
	《计算机软件保护条例》	2001 颁，2013 修	国务院	
其他	《反不正当竞争法》	1993 颁，2017 修	全国人大常委会	市场监管总局
	《植物新品种保护条例》	1997 颁，2013 修	国务院	农业部、林业部
	《集成电路布图设计保护条例》	2001 颁	国务院	知识产权局
	《知识产权海关保护条例》	2003 颁，2010 修	国务院	海关总署

2. 有关知识产权的国际法

一个国家的知识产权法律只能在其本国境内适用，而不能适用于境外。在一国取得的知识产权只有在该国领域内受到保护，其他国家没有予以保护的义务。由于知识产权的地域性，就与知识技术的国际交流产生了矛盾，于是，从 19 世纪末开始，主要发达国家致力于签订知识产权的双边或多边协定，先后成立了一些全球性的或区域性的国际组织，签订了一些保护知识产权的公约(见表 8-3)。中国历来重视知识产权国际合作，截至目前，加入了几乎所有主要的知识产权国际公约，与全球 60 多个国家、地区和国际组织签订了多双边合作协议和谅解备忘录，与 50 个世界知识产权组织成员国建立正式合作关系。

表 8-3　有关知识产权的关键协定和公约

全　称	简　称	制定时间	管理机构	我国加入情况
《建立世界知识产权组织公约》	WIPO 公约	1967 年	世界知识产权组织(WIPO)	1980 年 6 月 3 日成为该组织成员国
《保护工业产权巴黎公约》	巴黎公约	1883 年		1985 年 3 月 19 日成为该公约成员国
《商标国际注册马德里协定》	马德里协定	1891 年		1989 年 10 月 4 日对我国生效
《专利合作条约》	PCT	1970 年		1994 年 1 月 1 日对我国生效
《保护文学艺术作品伯尔尼公约》	伯尔尼公约	1886 年		1992 年 10 月 15 日成为该公约成员国
《工业品外观设计国际注册海牙协定》	海牙协定	1999 年		未加入
《与贸易有关的知识产权协定》	TRIPs 协定	1993 年	世界贸易组织(WTO)	2001 年 12 月 11 日成为 WTO 成员国并开始履行协定
《世界版权公约》		1952 年	联合国教科文组织(UNESCO)	1992 年 10 月 30 日对我国生效
《国际植物新品种保护公约》	植物新品种公约/UPVO 公约	1961 年	国际保护植物新品种联盟(UPOV)	1999 年 4 月 23 日加入该公约，并成为 UPOV 成员国

第二节　专　利　权

一、专利权概述

(一)专利与专利权的概念

1. 专利的概念

"专利"一词，来源于拉丁语 Litterae Patentes，意为公开的信件或公共文献，是中世纪的君主用来颁布某种特权的证明，后来指英国国王亲自签署的独占权利证书。专利有三种含义：其一，专利是专利权的简称，这是专利最基本的含义；其二，专利是指专利主管机关发给专利权人的权利凭证；其三，专利就是取得了专利权的发明创造。按照《巴黎公约》和西方国家的一般用法，专利主要是用于保护发明的，一般是指发明专利。

2. 专利权的概念

专利权(Patent Right)是指按照专利法的规定，由专利主管部门根据发明人的申请，授予发明人在一定期间内对某项发明或设计享有的专有权。

(扫一扫　案例 8-2　"先河"与"先烈"：朗科与万燕的离奇故事)

(二)专利法的概念和作用

专利法是调整在确认和保护发明创造的专有权，以及因发明创造的利用而产生的各种社会关系的法律规范的总称。

国家制定专利法，建立专利制度，是为了保护、鼓励和推广应用发明创造，促进国家科学技术的发展，增强国家的科技创新能力。对于专利权人本人切实的好处就是当你拥有一项新发明并申请了专利，它就成了你的私有财产，别人要使用的话，必须经过你的同意；同时，你可以把它转让或出租以获取盈利(见图 8-3)。

图 8-3　专利的好处

二、专利权的保护对象

在本质上，专利权的主要保护对象是发明创造，属于技术领域。绝大多数国家专利制度的保护对象仅仅是发明，可能包括小发明。外观设计则单独立法。中国受到立法传统的影响，一直以发明、实用新型、外观设计为专利权的三大保护对象，统称发明创造。发明专利在其中居于主导地位，最基础也最典型。所谓居于主导地位，意味着专利法律的规定多以发明专利为规范对象进行设置，在法律适用中，除非有特殊规定，否则对发明专利设置的法律规范将适用于其他客体。

(一)发明

我国专利法所称发明,是指对产品、方法或者其改进所提出的新的技术方案。

1. 发明的特点

(1) 创新性。发明应当包含创新,而不是现有技术的重复或者退化。

(2) 发明必须利用自然规律或者自然现象。不利用自然规律和自然现象的方案、违背自然规律的创造、自然规律本身,都不是发明。

(3) 发明应当是具体的技术性方案:能够实施,达到一定效果并具可重复性。

2. 发明的分类

最常见、最基本的发明的分类,是将其分为产品发明和方法发明。

产品发明的技术方案,是通过特定物品来表现的。该产品可以是独立的产品,也可以是产品中的一个附件。方法发明的技术方案,是通过对自然物质实施作用,使之发生一定技术效果来表现的。该方法可以是完整的过程,也可以是过程中的一个步骤。方法发明和产品发明的区分价值在于两者的效力范围不同。方法和产品之间,可能存在模糊地带,如有新用途的产品、产品的新用途等。所有的用途发明,在美国都被当作方法发明来对待。

💿 小贴士

发明与发现

科学发现也是研究成果。发现的对象,正是自然规律或者自然现象本身。我国《民法通则》规定,公民对自己的发现享有发现权。发现人有权申请领取发现证书、奖金或者其他奖励。发明与发现的不同主要表现在以下几个方面。

第一,性质不同。发明具有创造性,主要是创造出过去没有的新事物或方法。发现是一种再加工的行为,是人类对于自我的内在、具体性的自然及其整体的认识。

第二,目的不同。发明是改变世界,具有明确的目的,是应用自然规律解决技术领域中特有问题而提出创新性方案、措施的过程和成果。发现是解释世界,没有明确的目的。发现是人类对世界的探索,是揭示,是对自身与世界的理解。

第三,受知识产权保护的不同。发明是专利法所保护的一种专利类型,是指对产品、方法或其改进所提出的新的技术方案。在专利领域中的发明有其规定的保护对象或者说保护客体。科学发现权不是知识产权。其原因在于科学发现不具有创造性,它是人类对客观存在的尚未揭示出来自然现象、自然规律、事物性质迄今为止的一种认识,是人类认识世界的范畴,属于人类的认识成果。

发现的重要性并不逊于发明。例如,《国家科学技术奖励条例》规定,国家自然科学奖也授予在基础研究和应用基础研究中阐明自然现象、特征和规律,作出重大科学发现的公民。

(二)实用新型

德国于 1891 年颁布施行了《实用新型保护法》，是公认的世界第一部实用新型法，至今有近 130 年的历史。目前，世界范围内实用新型制度大都具有审查快捷、获权容易、有效保护小发明的特点，企业运用实用新型制度保护自身权益，往往能够取得"四两拨千斤"的效果。到目前为止，世界上有约 120 个国家和地区实行了实用新型或类似的制度。在"一带一路"沿线，有 37 个国家或地区设立了实用新型专利制度(不含中国)。目前已知，11 个国家的实用新型采用单独立法，分别是爱沙尼亚、奥地利、丹麦、德国、芬兰、韩国、捷克、罗马尼亚、日本、斯洛伐克、匈牙利。

在我国，实用新型是指对产品的形状、构造或者其结合所提出的适于实用的新的技术方案。需要注意的是，不同于发明，实用新型仅限于产品，不包括方法。实用新型和发明的差异在于法律为其设置的创造性程度要求不同，要求发明具有突出的实质性特点和显著进步；只要求实用新型具有实质性特点和进步，而且在正常情况下无须对实用新型的创造性进行审查。

(三)外观设计

外观设计，是指对产品的形状、图案或者其结合及色彩与形状、图案的结合所作出的富有美感并适于工业应用的新设计。

外观设计必须与产品相结合，是产品自身的设计。由此使得外观设计与装饰装潢相区别，即产品自身必备的图形、色彩等的设计，构成外观设计；能够与产品相分离、用于对产品的装饰，则构成产品的装潢。一个设计，究竟是外观设计还是装饰装潢，必须是就特定参照物而言。

外观设计可能受到专利法、著作权法和商标法及反不正当竞争法等的多重保护。

三、专利权的授予条件

专利权的授予条件，即通常所说的专利三性，指授予专利权的发明和实用新型，应当具备新颖性、创造性和实用性。这是发明和实用新型获得专利权保护的积极实质性条件要求。

(一)新颖性

新颖性，是专利三性中的客观条件和标准，是指申请专利的技术不能与已有技术完全相同，应当是前所未有的技术方案。

1. 新颖性的判断标准

新颖性的判断标准包含两个方面，即时间标准和地域标准。我国专利要求的新颖性，是指该发明或者实用新型不属于现有技术；也没有任何单位或者个人就同样的发明或者实用新型在申请日以前向国务院专利行政部门提出过申请，并记载在申请日以后公布的专利申请文件或者公告的专利文件中。所谓"现有技术"，是指申请日以前在国内外为公众所知的技术。因此，在我国，新颖性的时间标准是申请日，并采绝对地域标准。

抵触申请对新颖性的影响(申请之前同一发明已有申请但尚未公开)：先予申请但尚未公告的技术也属于现有技术。如果前一申请没有自动撤销而是要求实质审查，那么后一申请将丧失新颖性；如果前一申请在公开之前自动撤销申请，则后一申请的新颖性不丧失。

💭 小思考

张某于 2018 年 3 月 1 日向国家知识产权局专利局递交了某项发明专利申请。由于需要进行形式与实质审查，且专利局负有保密的义务，在该发明公开之前，不能说这一发明已经属于"现有技术"。李某于 2019 年 6 月 1 日就相同的发明申请专利，张某的申请于 2019 年 9 月 1 日公布，那么，李某的申请是否具有新颖性？

2. 新颖性丧失的例外

申请专利的发明创造在申请日以前 6 个月内，有下列情形之一的，不丧失新颖性。

(1) 在中国政府主办或者承认的国际展览会上首次展出的。
(2) 在规定的学术会议或者技术会议上首次发表的。
(3) 他人未经申请人同意而泄露其内容的。

6 个月为优惠期，期内如果提出申请，则允许这些公开不导致丧失新颖性。

(二)创造性

创造性，是指本专业领域的普通技术人员并不很容易提出该技术方案。创造性是授予专利权的主观条件，不同时期、不同的人对同一技术方案的创造性程度会得出不同的评价。我国对发明的创造性，具体体现为与现有技术相比，发明具有突出的实质性特点、显著进步的要求。

美国称之为非显而易见性(Non-obviousness)：如果在相关领域中一般技术水平的人员看来，申请专利的发明作为一个整体，与发明完成时的现有技术之间的不同是显而易见的，则不能获得专利。1851 年，霍奇科斯(Hotchkiss)诉格林伍德(Greenwood)案中，原告发明了一种使用黏土或陶瓷材料做成的门把手。美国最高法院第一次认可了专利性除新颖性和实用性之外还需要更多的条件，该案被认为是美国早期最重要的专利相关判例，为后来制定法中的非显而易见性条款奠定了基础。

(三)实用性

实用性，是指该发明或者实用新型能够制造或者使用，并且能够产生积极效果。我国对实用性的审查判断相对比较简单。

世界上存在两种有影响力的实用性理念：一种是欧洲的"产业应用性(Industrial Application)"，体现在现代欧洲专利制度基石的《欧洲专利公约》中，强调发明创造在产业上的可实施性，而无须考虑发明创造应用于产业后的效果。一些重要的知识产权国际条约，比如 PCT、TRIPs 协定都接受了它的理念；另一种是美国的"实用性(Utility)"，规定于《美国专利法》第一百零一条和第一百一十二条中，不过美国关于专利实用性的要求在很大程度上是以普通法的形式发展起来的。比较欧洲的"产业应用性"和美国的"实用性"，两者都要求发明创造与商业世界建立联系，都将那些仅仅具有科学研究价值的发明排除在授权范围之外。不同之处在于，在欧洲的"产业应用性"标准下，仅仅针对个人需求而设计并且仅仅满足个人使用需求的发明创造，由于不能应用于产业，不可以授予专利权，如外科手术发明和诊断方法发明等；而在美国"实用性"要求下，发明只要是有用的，就可以被授予专利权。此外，欧洲的"产业应用性"不考虑发明创造是否会具有实际的应用价值，而这正是美国"实用性"所强调的。

四、专利的申请与审查

(一)专利申请的原则

1. 先申请原则

专利权的排他性决定了不同主体就独立完成的发明创造提出同样的专利申请时，最终能够获准的只有其中的某一项。在判断时所遵循的标准和原则有两种，即先发明制、先申请制。坚持先发明制的典型是美国。先发明制，或者先发明原则，是指两个或更多申请人就同一发明主题申请专利时，主管机关依据完成发明时间的先后，将专利权授予最先完成发明的人。这一制度和原则，从理论上看至为公平和合理，但在实施过程中存在诸多不利，具体如下。

(1) 判断和证明先发明是一件耗时费力、极不经济的工作。

(2) 可能导致技术封锁，不及时公开。

(3) 已经获准的专利权在交易安全上难以得到保障。

先申请制，是指两个以上的申请人分别就同一发明创造申请专利的，专利权授予最先提出专利申请的人。采用先申请制的原因是判断和举证过程简单、促使技术方案的尽早公开。先申请的时间，有的以时刻为单位，有的以日为单位。我国以申请日为单位判断申请时间的先后。

对于同一日提出的申请，以协商不成者均不授予专利为不利后果，促使申请人相互协商达成共有或者一方退出的协议。

2. 优先权原则

优先权原则是《巴黎公约》确认的基本原则，是先申请原则的例外。

优先权原则，是指专利申请人在《巴黎公约》任一成员国首次提出正式专利申请后的一定期限内，又在其他成员国就同一内容的发明创造提出专利申请的，可以将其首次申请的申请日作为后续申请的申请日。

优先权的效果在于后续申请的申请日被提前到了首次申请的日期。

优先权的期限：发明和实用新型的优先权期为 12 个月；外观设计的优先权期为 6 个月。

 小思考

甲发明了某种药品，并于 2018 年 3 月 1 日在美国首次提出专利申请。甲又于 2018 年

12月1日就该药品向中国申请专利，并申请优先权。其间，乙通过独立研发，也发明了此种药品，并做好了制造准备。问：若甲获得优先权，并被授予中国专利权，乙能否享有先用权？

3. 单一性原则

单一性原则，又称一发明一申请原则，是指一份专利申请文件只能就一项发明创造提出专利申请。一件发明或者实用新型专利申请应当限于一项发明或者实用新型；一件外观设计专利申请应当限于一种产品所使用的一项外观设计。

属于一个总的发明构思的两项以上的发明或者实用新型，可以作为一件申请提出。判断两项以上的发明或者实用新型是否属于一个总的发明构思应当看其在技术上是否相互关联，是否包含一个或者多个相同或者相应的特定技术特征，其中特定技术特征是指每一项发明或者实用新型作为整体考虑，对现有技术做出贡献的技术特征。

(二)专利的申请和审查程序

根据各国专利法的规定，发明人要取得专利权一般必须经过申请、审查和批准三个阶段(见图8-4)。

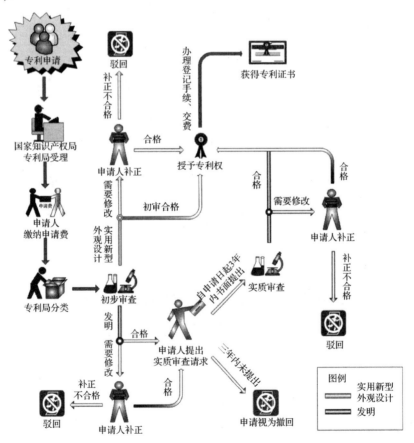

图8-4 专利申请与审批流程

1. 申请

一项发明要取得专利权，必须由发明人向政府主管部门——专利管理机关提出专利申请，经专利局依照法定程序审查批准后，才能取得专利权，使其发明受到法律上的保护。根据各国专利法的规定，申请人申请专利必须向专利局提交专利申请文件，包括申请书、说明书、专利请求、附图、说明书、摘要。

2. 审查

专利局受理申请案后，专利申请就进入了审查阶段。世界各国所实行的对专利申请的审批制度，归纳起来有以下三种形式。

(1) 形式审查制度。形式审查制又称不审查制，是指只审查专利申请书的形式是否符合法律的要求，而不审查该项发明是否符合新颖性等实质性的条件，只要申请的手续完备，申请书的内容符合法律的要求，就授予专利权。

(2) 实质审查制度。实质审查制是指专利局不仅审查申请书的形式，而且对发明的新颖性、创造性和实用性进行实质性的审查，依法对发明是否具备取得专利权的条件作出决定。

(3) 早期公开，迟延审查制度。"早期公开，迟延审查"，即专利局对那些公开的专利申请是否进行审查，视专利申请人是否提出实质审查请求而定。申请人在规定的时间内，如不提出实质审查请求，其申请按自动撤回处理。

3. 批准

发明专利申请经实质审查，没有发现驳回理由的，专利局应作出授予发明专利权的决定，发给发明专利证书，并予以登记和公告。发明专利自公告之日起生效。

（扫一扫　相关链接 8-1　国外专利如何申请？）

五、专利权的限制

(一)存续期限的限制

从专利申请之日起算，发明专利为 20 年，实用新型和外观设计为 10 年。

(二)专利实施的强制许可

专利实施的强制许可，是指专利行政主管机关按照法定条件，强制专利权人准许其他单位或者个人实施专利的许可方式。其目的在于促进技术推广，防止专利权人滥用权利。

1. 强制许可之一：未获许可

有下列情形之一的，国务院专利行政部门根据具备实施条件的单位或者个人的申请，可以给予实施发明专利或者实用新型专利的强制许可。

(1) 专利权人自专利权被授予之日起满 3 年，且自提出专利申请之日起满 4 年，无正当理由未实施或者未充分实施其专利的。

(2) 专利权人行使专利权的行为被依法认定为垄断行为，为消除或者减少该行为对竞争产生的不利影响的。

2. 强制许可之二：为公共利益和公共健康的需要

在国家出现紧急状态或者非常情况时，或者为了公共利益的目的，国务院专利行政部门可以给予实施发明专利或者实用新型专利的强制许可。

为了公共健康目的，对取得专利权的药品，国务院专利行政部门可以给予制造并将其出口到符合中华人民共和国参加的有关国际条约规定的国家或者地区的强制许可。

3. 强制许可之三：交叉许可

一项取得专利权的发明或者实用新型比前已经取得专利权的发明或者实用新型具有显著经济意义的重大技术进步，其实施又有赖于前一发明或者实用新型的实施的，国务院专利行政部门根据后一专利权人的申请，可以给予实施前一发明或者实用新型的强制许可，也可以给予实施后一发明或者实用新型的强制许可。

(三)不视为侵权的情形

专利法规定，专利权人以外的人实施专利不视为侵权的几种主要情形如下。

1. 权利用尽

权利用尽，是指专利产品或者依照专利方法直接获得的产品，由专利权人或者经其许可的单位、个人售出后，使用、许诺销售、销售、进口该产品的，不视为侵犯专利权。权利用尽的限制在知识产权领域普遍存在。

2. 先用权

先用权又称先行实施，是指在专利申请日前已经制造相同产品、使用相同方法或者已经做好制造、使用的必要准备，并且仅在原有范围内继续制造、使用的，不视为侵犯专利权。

先用权人的权利与先申请制有关。

🔊 小贴士

"优先权"与"先用权"辨析

优先权原则是"先申请原则"的延伸。说的是，自申请人第一次在外国提出正式专利申请之日起 12 个月(发明、实用新型)或者 6 个月(外观设计)内，申请人又就相同的发明向中国提出专利申请，申请人有权请求将其在中国的申请日提前至在外国第一次提出申请之日。

先用权，则是一种专利侵权的抗辩(《专利法》第六十九条)。举例说明：若甲起诉乙侵犯其专利权，如果乙能够证明，乙在甲的申请日之前已经使用该技术(当然，乙的使用没有公开，从而甲的发明的新颖性没有丧失)，在甲获得专利授权后，乙仅在原有规模范围内继续使用，则乙享有先用权，不构成侵权。

3. 临时过境

临时通过中国领陆、领水、领空的外国运输工具，依照其所属国同中国签订的协议或者共同参加的国际条约，或者依照互惠原则，为运输工具自身需要而在其装置和设备中使用有关专利的不视为侵犯专利权。

4. 非盈利使用

专为科学研究和实验而使用有关专利的，不视为侵犯专利权。

5. 医药的审批例外：为行政审批而必要使用医药专利

为提供行政审批所需要的信息，制造、使用、进口专利药品或者专利医疗器械的，以及专门为其制造、进口专利药品或者专利医疗器械的，不视为侵犯专利权。

6. 善意侵权

为生产经营目的使用或者销售不知道是未经专利权人许可而制造并售出的专利产品或者依照专利方法直接获得的产品，能证明其产品合法来源的，不承担赔偿责任。

侵权行为人无过错的，不向专利权人承担赔偿责任。

第三节　商　标　权

一、商标概述

(一)商标的概念

商标是商品或服务的标志，是生产者或经营者在其生产、经营的商品或提供的服务上使用的用于区别于其他生产者或经营者的具有显著特征的标志。商标有广义和狭义之分。广义商标包括商品商标、服务商标、商店名称、产地标记或原产地名称；狭义商标仅指商品商标。

(二)商标的分类

根据不同的标准，商标可以分成若干类型。

(1) 商标按照其使用的对象不同，可以分为商品商标和服务商标。

(2) 商标按照是否在商标局核准注册，可划分为注册商标和未注册商标。

(3) 商标按照感知方式的不同，可以划分为视觉商标、听觉商标(音响商标)与嗅觉商标(气味商标)。视觉商标包括平面商标和立体商标两种。平面商标按照其构成图案的形态，可分为文字商标、图形商标和组合商标。目前，嗅觉商标在我国尚不能注册并获得保护。

(4) 商标按其使用者的不同，可以分为制造商标、销售商标与集体商标(如安溪铁观音、佛山陶瓷)。

(5) 商标按其用途或特殊性质，可分为联合商标(娃哈哈)、防御商标(海尔)(见图8-5)、证明商标(羊毛标志)、等级商标(茅台酒的五星、飞天)。

(扫一扫　案例8-3　老干妈、娃哈哈的联合商标布局)

(扫一扫　相关链接8-2　联合商标与防御商标)

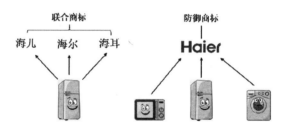

图8-5　联合商标与防御商标图解

(6) 商标按照其知名度，可以分为驰名商标和非驰名商标。

(扫一扫　相关链接8-3　什么是驰名商标？如何认定？)

小贴士

驰名商标并非"荣誉称号"

大多数消费者在购物时都有推崇名牌的心理，觉得与其自己挑来挑去，不如让有关部门帮自己挑，而获得驰名商标认定的产品，也就自然可以放心购买、使用。在消费者看来，驰名商标就等同于优质产品，而在生产者、经营者看来，驰名商标就是"荣誉称号"。其实，这都是对驰名商标的误解。我国《商标法》第十四条规定，生产、经营者不得将"驰名商标"字样用于商品、商品包装或者容器上，或者用于广告宣传、展览及其他商业活动中。法律这样规定的目的是为了防止商标抢注行为，消除不正当竞争。也就是说，驰名商标仅是对商品知名度的事实认定，本质是对商标的一种保护，并不体现商品质量和品牌美誉度，不是荣誉称号。尽管不让突出宣传，但可以凭此主张权利。例如，某人要开"海尔包子店"，因为"海尔"是驰名商标，所以不予核准，即便开了也可予以撤销。

(三)商标的作用

商标的作用或称商标的功能，主要体现在以下几个方面。

(1) 识别功能。识别销售者的商品并将它们和其他销售者销售的商品相区别。
(2) 标示来源功能。意味着所有使用该商标的商品来自一个单一的即使是匿名的来源。
(3) 品质保证功能。意味着使用该商标的所有商品具有相同的质量。
(4) 广告宣传功能。作为一种广告宣传或者销售这种商品的主要工具。

(扫一扫 小知识 8-2 商标上的 R 和 TM 分别代表什么？)

二、商标的注册

(一)商标的注册原则

1. 申请在先原则

目前，各国对商标权的取得方式有不同的规定。一种是依据使用在先原则来确定商标权，另一种是以注册在先来确定商标权。我国对商标权的取得采取以使用在先为补充的申请在先原则：一般情况下，准予先申请人的注册申请。同一天申请的，初步审定并公告使用在先的商标。如果无法确定先使用人(同日使用或者均未使用)，可以由各申请人自行协商。不愿协商或者协商不成的，由商标局以抽签方式确定一个申请人(见图 8-6)。

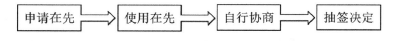

图 8-6 申请在先原则的适用

(扫一扫 案例 8-4 "中国知识产权跨国维权第一案")

2. 自愿注册原则

自愿注册原则,是指商标使用人可以根据需要自主决定对其使用的商标是否向商标主管机关申请注册以获得商标权的原则。依据我国《商标法》,对于绝大多数的商品来讲,使用的商标是否注册完全由商标使用人根据自身需要来决定。

自愿注册是相对强制注册而言的。《商标法》第六条规定,国家规定必须使用注册商标的商品,必须申请商标注册。目前仅限于"烟草制品"。

3. 优先权原则

对于外国人或外国企业在我国申请注册商标的时间,《商标法》作了优先权原则的规定。商标注册申请人自其商标在外国第一次提出商标注册申请之日起 6 个月内,又在中国就相同商品以同一商标提出商标注册申请的,依照该外国同中国签订的协议或者共同参加的国际条约,或者按照相互承认优先权的原则,可以享有优先权。通俗地说就是给予 6 个月的时间优惠。

商标在中国政府主办的或者承认的国际展览会展出的商品上首次使用的,自该商品展出之日起 6 个月内,该商标的注册申请人可以享有优先权。

(扫一扫　相关链接 8-4　什么是在先权利?)

(二)商标的注册条件

商标的注册条件有从正面作出要求的积极条件,也有从反面作出禁止性规定的消极条件,具体如表 8-4 所示。

表 8-4　商标的注册条件

积极条件	法定要素	文字、图形、字母、数字、三维标志、颜色组合、声音
	显著性	有显著特征,便于识别
消极条件	不得使用的标志	(1)有损国家尊严、社会公共利益、善良风俗的(《商标法》第十条)
		(2)县级以上行政区划的地名或者公众知晓的外国地名(例外:已使用;集体、证明商标;有其他含义)
		(3)侵犯他人驰名商标的标识(《商标法》第十三条)(未注册,同类保护;已注册,跨类保护)
		(4)代理人、代表人抢注商标(《商标法》第十五条第一款)
		(5)误导性使用地理标志的标识(《商标法》第十六条第一款)

续表

不得注册的标志	(1)缺乏显著性的标志，但经使用取得显著性的除外(《商标法》第十一条)
	(2)缺乏显著性的三维标志(《商标法》第十二条)
	(3)基于业务关系恶意抢注他人未注册商标(《商标法》第十五条第二款)
	(4)与已注册或者初步审定的商标相同或者近似的(《商标法》第三十条)
	(5)违反(以使用在先为补充的)先申请原则的(《商标法》第三十一条)
	(6)侵害他人在先权或者抢注他人已经使用并有一定影响的商标(《商标法》第三十二条)

小思考

显著性是商标注册的基本条件。"五粮液"仅仅标示商品的主要原料，不具有显著性，为什么能获得注册？

(扫一扫　案例 8-5　缺乏显著性的"饿了么"商标是如何注册成功的)

(三)商标的注册程序

商标注册大多数国家采用自愿注册，有极少数国家采用强制注册，有相当一部分国家以自愿注册为原则，但对个别商品的商标要求强制注册。我国对大多数商品采用自愿注册，但对烟草制品规定强制注册。商标注册须经过申请、初审、公告、异议、复审、核准等一系列程序(见图 8-7)。

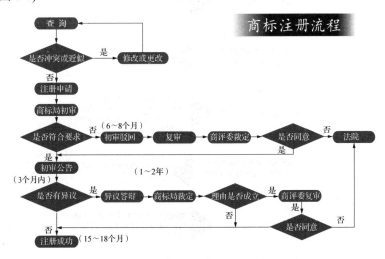

图 8-7　商标注册程序

商标专用权具有地域性，在哪个国家或者地区注册，只能得到那里的保护。为了取得国外保护，就需要到国外注册，目前商标国外注册有两种途径：一是马德里国际注册，即根据《商标国际注册马德里协定》或《商标国际注册马德里协定有关议定书》的规定，在马德里联盟成员国间所进行的商标注册，具体流程如图 8-8 所示。这个渠道的主要特点是省时、省力、省钱；二是办理逐一国家注册。就是我国企业分别到不同目的国办理商标注册。这种方式成本较高。每个国家注册时间不同，涉外商标注册一般 1～2 年内就可以完成，当然有部分快的国家、地区有时半年左右就可以完成注册，如中国香港，有部分慢的国家要 4～5年才能够完成注册，如巴西、印度等。马德里商标注册与逐一国家商标注册的比较如表 8-5所示。需要指出的是，国际注册并不能产生专用权，换言之，注册人的商标并不能直接在成员国受到保护。只有当注册人申请要求在某个成员国得到保护，且被请求国的商标主管机关在规定的期限内没有驳回其保护要求时，该国际注册商标才能在该国享有同本国注册商标相同的权利。

表 8-5　马德里商标注册与逐一国家商标注册的比较

比较项目	马德里商标注册	逐一国家商标注册
申请人资格	缔约方成员	无限制
国内申请基础	需要	不需要
申请手续	简单	繁杂
后期管理	简便	烦琐
费用支出(多国注册)	少	多
申请周期	较短	长短不一(具体视国家)

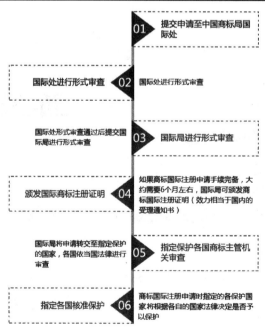

图 8-8　马德里商标注册流程

三、商标权的内容

商标权是指商标注册人在法定期限内对其注册商标所享有的受国家法律保护的各种权利，从内容上看，包括专用权、禁止权、许可权、转让权、续展权和标示权等。其中，专用权是最重要的权利，其他权利都是由该权利派生出来的。

(一)专用权

专用权是指商标权主体对其注册商标依法享有的自己在指定商品或服务项目上独占使用的权利。注册商标的专用权，以核准注册的商标和核定使用的商品为限。使用商标也是商标权人的一项法定义务。根据我国《商标法》的规定，无正当理由连续 3 年不使用的注册商标将被撤销。

(二)禁止权

商标禁止权是商标权人依法享有的禁止他人不经过自己的许可而使用注册商标和与之相近似的商标的权利。根据《商标法》第五十七条的规定，注册商标权人有权禁止他人未经许可在同一种商品或者类似商品上使用与其注册商标相同或者近似的商标。商标禁止权的范围比商标专用权的范围广。这是保护商标权所必要的，也是商标权与其他民事权利的差异之处。驰名商标中禁止权的范围更大，在不同类别、性质也不相同的商品上也不允许使用与驰名商标相同或近似的商标，以此提供"跨类保护"。

(三)许可权

许可权是指商标权人可以通过签订商标使用许可合同许可他人使用其注册商标的权利。

许可人应当监督被许可人使用其注册商标的商品质量。被许可人必须在使用该注册商标的商品上标明被许可人的名称和商品产地。商标使用许可合同应当报商标局备案，并由商标局公告。商标使用许可合同未经备案的，不影响该许可合同的效力，但当事人另有约定的除外。商标使用许可合同未在商标局备案的，不得对抗善意第三人。

商标的使用许可的类型主要有普通使用许可、排他使用许可与独占使用许可三种类型。普通使用许可中，商标专有权人可以同时允许不同的主体在相同的地域内使用商标。排他使用许可中，只有被许可人和商标专有权人可以使用商标。独占的使用许可中，只有被许可人可以使用商标，连许可人即注册人自己也不能使用该注册商标。

(四)转让权

商标转让权，是指商标权人依法享有的将其注册商标依法定程序和条件，转让给他人的权利。

转让注册商标的，转让人和受让人应当签订转让协议，并共同向商标局提出申请。商标注册人对其在同一种或者类似商品上注册的相同或者近似的商标，应当一并转让；未一并转让的，由商标局通知其限期改正；期满不改正的，视为放弃转让该注册商标的申请，商标局应当书面通知申请人。转让注册商标经核准后，予以公告，受让人自公告之日起享有商标专用权。

受让人应当保证使用该注册商标的商品质量。注册商标的转让不影响转让前已经生效的商标使用许可合同的效力，但商标使用许可合同另有约定的除外。

(五)续展权

续展权是指商标权人在其注册商标有效期届满前，依法享有申请续展注册，从而延长其注册商标保护期的权利。

注册商标的有效期为 10 年，自核准注册之日起计算。注册商标有效期满，需要继续使用的，应当在期满前 6 个月内申请续展注册；在此期间未能提出申请的，可以给予 6 个月的宽展期。每次续展注册的有效期为 10 年，自该商标上一届有效期满次日起计算。宽展期满仍未提出申请的，注销其注册商标。

(六)标示权

商标注册人使用注册商标，有权标明"注册商标"字样或者注册标记。在商品上不便标明的，可以在商品包装或者说明书，以及其他附着物上标明。

第四节　其他知识产权

一、著作权

(一)版权和著作权

版权来自于英美法系国家，是从英文"Copyright"翻译过来的，从单词上就能看出它带有"复制"的含义。这说明此类国家更重视作者的财产权利(这点还可以从英美法系国家有"法人作品"看出)。而著作权来自大陆法系国家，与英美法系国家不同，大陆法系国家非常重视作者的人身权。但是随着知识产权保护的国际化，大家都有共同融合的趋势。

在我国，版权就是著作权，没有区别。版权是指文学、艺术、科学作品的作者对其作品享有的权利(包括财产权、人身权)。版权的取得有两种方式，即自动取得和登记取得。在中国，按照著作权法的规定，作品完成就自动有版权。所谓完成，是相对而言的，只要创作的对象已经满足法定的作品构成条件，即可作为作品受到著作权法保护。在学理上，根据性质不同，版权可以分为狭义著作权(见表 8-6)及邻接权(见表 8-7)。简单来说，狭义著作权是针对原创相关精神产品的人而言的；而邻接权的概念，是针对表演或者协助传播作品载体的有关产业的参加者而言的，如表演者、录音录像制品制作者、广播电视台、出版社等。

表 8-6 狭义著作权的理解

类别	内容	保护期
著作人身权	(1) 署名权	不受保护期限制
	(2) 修改权：报社、期刊可以对作者的作品作文字性修改、删节	
	(3) 保护作品完整权	
	(4) 发表权	(1) 自然人作品：终身+死后 50 年 (2) 法人、影视、摄影、匿名作品：发表后 50 年
著作财产权	(1) 复制权：最基本、最重要，不包括临摹	(1) 自然人作品：终身+死后 50 年 (2) 法人、影视、摄影、匿名作品：发表后 50 年
	(2) 发行权：一次用尽	
	(3) 出租权：影视作品著作权人，软件著作权人，录音、录像制品制作者	
	(4) 表演权：现场、机械；非公开表演、双向免费除外	
	(5) 信息网络传播权：个人选定的时间和地点；网络直播除外	
	(6) 展览权：美术作品原件的展览权由原件所有人享有	
	(7) 广播权：电视台、电台	
	(8) 其他权利：放映权、摄制权、改编权、翻译权、汇编权、获得报酬权	

表 8-7 邻接权的理解

类 别	主 体	客 体	内 容	保护期
表演者权	演员或演出单位	每一次表演活动，限于对作品的表演，不论作品是否超过保护期	(1) 表明表演者身份(人身) (2) 表演者形象不受歪曲(人身) (3) 许可他人现场直播(财产) (4) 许可他人首次固定权(财产) (5) 许可他人复制发行权(财产) (6) 许可他人信息网络传播(财产)	不受保护期限制
录制者权	录音录像制品的首次制作者	录音录像制品	(1) 许可他人复制 (2) 许可他人发行 (3) 许可他人出租 (4) 许可他人信息网络传播	首次制作完成后 50 年

续表

类　别	主　体	客　体	内　容	保护期
广播组织者权	广播电台或电视台	广播组织播放的节目信号(保护的是信号,不是画面)	(1) 转播权 (2) 录制、复制权	首次播放后 50 年
版式设计权	出版者	版式设计	许可使用、禁止使用	使用该版式设计的图书、期刊首次出版后 10 年

(二)著作权保护的客体

著作权的客体是指著作权保护的对象,即作品。根据我国《著作权法》的规定,著作权保护的客体有以下几个。

1. 文字作品

文字作品是指以语言文字的形式,或者其他相当于语言文字的符号来表达作者感情、思想的作品。

2. 口述作品

口述作品是指以口头语言创作的、未以任何物质载体固定的作品,如演说、授课、法庭辩论、祝词、布道等。

3. 音乐、戏剧、曲艺、舞蹈、杂技艺术作品

(1) 音乐作品。音乐作品,这是指能够演唱或演奏以旋律节奏、和声进行组合,以乐谱或歌词表达作者思想的作品,如民歌、通俗歌曲、流行歌曲、交响曲、弦乐曲、爵士乐、吹打乐等。

(2) 戏剧、曲艺作品。戏剧作品不是指一台演出的完整的戏,而是指演出这台戏的剧本。《伯尔尼公约》也将戏剧作品定为剧本。

(3) 舞蹈作品。舞蹈作品指的是舞蹈的动作设计及程序的编排,它可以用文字或其他方式来记载。

(4) 杂技艺术作品。依《著作权法实施条例》的规定,杂技艺术作品,是指杂技、魔术、马戏等通过形体动作和技巧表现的作品,具体表现为车技、蹬技、手技、顶技、走索、空中飞人、民间杂耍等表现形式。

4. 美术作品

美术作品,是指绘画、书法、雕塑等以线条、色彩或其他方式构成的有审美意义的平面或其他方式构成的平面或者立体的造型艺术作品。

5. 摄影作品

摄影作品，是指借助于摄影器材，通过合理利用光学、化学原理，将客观物体的形象再现于感光材料上的一种艺术作品。

(扫一扫　案例8-6　一张图引发著作权官司)

6. 电影、电视作品和以类似摄制电影的方法创作的作品

电影作品和以类似摄制电影的方法创作的作品是指摄制在一定记录介质上，由一系列的伴音或无伴音的画面组成，并借助于适当的装置放映、播放的作品。

7. 图形作品和模型作品

图形作品，是指为施工、生产绘制的工程设计图、产品设计图，以及反映地理现象、说明事物原理或者结构的地图、示意图等作品。模型作品是《伯尔尼公约》列入的保护客体之一。它是指为展示、试验或观测等用途，根据物体的形状和结构，按照一定比例制成的立体作品。

8. 计算机软件

计算机软件是指计算机程序和有关文档。计算机程序是指为了得到某种结果而由计算机执行的一组代码化指令，或者可以被自动转化为代码化指令的一组符号化指令或符号化语句。

9. 民间文学艺术作品

民间文学艺术作品的范围非常广泛，如故事、传说、寓言、编年史、神话、叙事诗、舞蹈、音乐、造型艺术、建筑艺术等都属此类。民间文学艺术的特点是世代相传，往往没有固定化的有形载体，也往往没有明确的作者，其保护办法根据著作权法的授权，由国务院另行制定。

10. 法律、行政法规规定的其他作品

这是一条弹性条款。随着科技、文化事业的发展，将来还可能出现一些新的作品形式。这一规定可以使法律在相当长的时间内保持一定的稳定性与灵活性。

二、地理标志

地理标志(Geographic Indications)这个概念出自世界贸易组织的一个协定，即《与贸易有关的知识产权协定》(TRIPS协定)。该协定第二十二条将地理标志定义为，地理标志是识别原产于某一成员领土或该领土内某一地区或地点的某一货物的标识，该货物的特定质量、

声誉或其他特性与该地理来源有关。通俗点说,就是老百姓常说的"土特产",产自特定地域,能够代表当地特色、风情、传说、故事、纪念或者回忆的产地标志性商品,所具有的质量、声誉或其特性本质取决于该产地的自然因素和人文因素,是产地自然地理、历史文化传承的物质载体,是优良品质的代表。地理标志产品主要包括:①来自本地区的种植、养殖产品。②原材料全部来自本地区或部分来自其他地区,并在本地区按照特定工艺生产和加工的产品。常见的地理标志产品很多,如库尔勒香梨、安溪铁观音、烟台苹果、白洋淀咸鸭蛋、大名小磨香油、赣南脐橙、五常大米等。可以发现,地理标志有的包含地名,有的则不包含地名。由于地理标志产品来源于特定地区,瓜果蔬菜粮食油料等农产品居多,所以,地理标志是与"三农"最密切的知识产权。

地理标志产品具有以下属性。

一是突出的地域性。地理标志是告诉消费者一件产品是在某地生产,并具备了某些与该生产地有关的特性。产品的特色品质与地域的自然因素、人文因素密不可分。以大家熟悉的茅台酒为例,茅台酒除了其生产地区的温度、湿度,以及环境当中存在的微生物的种群有关系,还和发酵方法、勾兑方法等人文因素有关,以形成它特定的品质,这就是地理标志的特点。

二是显著的公共性。地理标志是一个地域的自然、人文、历史文化遗产组合构成的无形资产,是一种公共资源,具有公权性的属性,原则上不应由一个企业或企业组织独占,应由该地域内符合条件的企业或企业组织所共用。

三是质量的独特性。通过划定产地范围,制定专门法规、技术标准和规范,对地理标志产品进行全方位、全过程的监督管理,从而有效保持产品的独特品质和质量信誉。

目前,国家知识产权局负责地理标志产品保护申请的受理、批准与专用标志的核准等工作。国家知识产权局负责组织专家对地理标志产品保护申请进行技术审查,经审查合格后,批准为地理标志保护产品。地理标志产地范围内的生产者,可向地方原产地地理标志行政部门提出使用"地理标志产品专用标志"(见图 8-9)的申请,经地方原产地地理标志行政部门审核,报国家知识产权局核准后予以公告。

图 8-9　中国地理标志产品专用标志

(扫一扫　相关链接 8-5　地理标志、集体商标和证明商标)

三、集成电路布图设计

(一)集成电路布图设计的概念和特点

集成电路(Integrated Circuits，IC)也有人习惯将之称为芯片。通俗地说，集成电路就是一种电子电路产品，它的各种元件集成在一个固体材料中并作为一个整体单位来执行某种电子功能。制造集成电路的前提是进行集成电路布图设计，由它决定如何在半导体材料的三维空间中配置各种元件及互联线路。布图设计的成本往往非常高昂，需要投入大量的智力劳动，但在含有集成电路的产品售出后，他人通过拆解产品了解布图设计并加以抄袭却相对容易。有鉴于此，TRIPS 协定和我国《集成电路布图设计保护条例》均对独创性的布图设计提供保护，禁止未经许可复制该布图设计。

布图设计是独立的知识产权客体，有着自己的特点。集成电路布图设计专有权既不同于版权，又不同于专利或商标，但其保护制度既具有部分版权保护的特征，又具有部分工业产权，特别是专利权保护的特征(见表 8-8)。因而，已颁布集成电路保护法的国家，基本上不引用著作权法或专利法来保护它，而是依据其特点，制定单行法规，将之作为独立的客体予以保护。

表 8-8　布图设计与著作权、发明专利的比较

项　目	著作权(2010)	布图设计(2001)	发明专利(2008)
受保护条件	独创性	独创性、非常规性	新颖性、创造性和实用性
申请登记制	无须登记，自动产生	必须登记	必须申请
保护期限	署名权、修改权、保护作品完整权无期限；公民的作品发表权及财产权为终身加死后 50 年	10 年,自登记申请或首次投入商业利用之日，以较前者为准；创作完成 15 年后，不受条例保护	20 年，自申请日起计算
何为侵权	未经许可发表、复制、发行、通过信息网络传播等(第四十七条、第四十八条)	未经许可复制；为商业目的进口、销售或其他方式提供受保护的布图设计、集成电路及物品(第三十条)	未经许可实施专利，即生产经营目的制造、使用、许诺销售、销售、进口等(第六十条、第六十三条)
反向工程	没有规定	允许(第二十三条第一款第二项)	不允许
无过错原则	不能证明其发行、出租的复制品有合法来源的，应当承担法律责任	不知情前无责任，知情后可以继续使用但支付合理使用费	不知情，但能证明合法来源的，不承担赔偿责任
权利的限制	合理使用，可以不经允许，不付报酬	合理使用，可以不经许可，不付报酬	权利用尽等五种情形不视为侵犯专利权

项　目	著作权(2010)	布图设计(2001)	发明专利(2008)
强制性许可	没有规定	可以(第二十五条)	可以(第四十八条至第五十四条)
行政部门	版权局	知识产权局	知识产权局

(二)集成电路布图设计专有权的内容

集成电路布图设计专有权包括两种权利,即复制权和商业利用权(具体见《集成电路布图设计保护条例》第七条及第二条第四项和第五项),如图8-10所示。因为专利法中不存在"复制",所以"复制"这样的措辞是沿用著作权法里的用词。从本质上讲,布图设计的复制或者集成电路的复制是制造行为。为商业目的(除进口和销售外的)提供的权利,可以参照专利法中的许诺销售。因此可以借助专利权相对应地理解商业利用权,即为生产经营目的的许诺销售、为生产经营目的的销售、为生产经营目的的进口。故从权利内容来看,专有权的权利内容是专利权和著作权中财产权利的混合体,但专有权不涉及人身权。

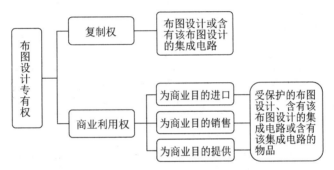

图8-10　集成电路布图设计专有权的内容

四、商业秘密

(一)商业秘密的概念

根据我国2019年修订的《反不正当竞争法》,商业秘密(Trade Secrets)是指不为公众所知悉、具有商业价值并经权利人采取相应保密措施的技术信息、经营信息等商业信息。也就是说,企业所拥有的、不为公众或竞争对手所知,且能够使企业具有竞争优势的有价值的信息都属于商业秘密的范畴。从企业的专有技术方案、制作工艺、客户名单,到数据、软件程序,再到企业发展战略,几乎所有符合条件的信息都可以作为商业秘密受到法律保护。

根据商业秘密的定义可以看出,商业秘密的构成要件包括:①秘密性。指权利人所主张的商业秘密未进入"公有领域",非"公知信息"或"公知技术"。秘密性是商业秘密与专利技术、公知技术相区别的最显著特征,也是商业秘密维系其经济价值和法律保护的前提条件。一项为公众所知、可以轻易取得的信息,无法借此享有优势,法律亦无须给予保护。这是商业秘密的核心特征。②价值性。指商业秘密必须具有商业价值性,能给权利人带来收益。③保密性。指商业秘密经权利人采取了一定的保密措施，从而使一般人不易从公开渠道直接获取。该要件强调的是权利人的保密行为，而不是保密的结果。

(扫一扫 案例8-7 景泰蓝的教训)

(二)采取商业秘密保护而不申请专利的原因

2017年10月，我国《民法总则》正式把"商业秘密"纳入知识产权的客体之中。不过，商业秘密却在很多方面区别于一般的知识产权(如专利)，拥有其自身的不同之处，具体如表8-9所示。

表8-9 商业秘密与专利的比较

项 目	商业秘密	专 利
取得方式	无须申请，无须授权	申请并授权
财产权性质	可以由若干权利人同时享有	具有独占性
保护期限	没有时间限制	发明专利权的期限为20年，实用新型专利权和外观设计专利权的期限为10年
保护方式	通过采取保密措施，严格控制知悉范围的方式实施保护	通过技术公开和限制使用的方式实施法律保护
适用范围	较为广泛，包括技术信息及经营信息	具有一定的局限性

申请专利是企业保护其专有无形资产的一种重要方式，但是专利法对申请客体有着法律上的明确规定。实践中，许多商业秘密并不构成法律意义上的专利，最典型的就是对于企业来说十分重要的客户名单、机密数据、企业发展战略等。此外，"以公开换保护"是给予专利权人垄断性权利与社会公共利益之间的平衡，如果申请专利，就意味着最有价值的技术方案必须向社会公开。并且，专利的有效期最长为20年，这也是许多企业选择将信息作为商业秘密保护的一个重要原因(见图8-11)。商业秘密保护中最成功也最为公众所熟悉的案例大概就是可口可乐的原浆配方与制作工艺。

图8-11 不申请专利的原因

(扫一扫 案例8-8 "肥宅快乐水")

(三)侵犯商业秘密的行为

1. 以不正当手段获取权利人的商业秘密

不正当手段主要是指以盗窃、贿赂、欺诈、胁迫、电子侵入等手段获取权利人的商业秘密。电子侵入方式是适应互联网发展之所需新增的一种侵权方式。

2. 披露、使用或者允许他人使用以不正当手段获取的权利人的商业秘密

这是行为人侵犯商业秘密这一非法行为的继续,是对商业秘密的进一步侵犯。披露,是指行为人公开非法获取商业秘密的行为,不论出于何种目的和动机,只要实现了公开的行为即可构成。使用,通常是指行为人以获取经济利益为目的,将非法获取的商业秘密直接用于生产、经营之中的行为。允许他人使用,是指行为人将非法获取的商业秘密提供和转让给他人使用。

3. 违反保密义务或者违反权利人有关保守商业秘密的要求,披露、使用或者允许他人使用其所掌握的商业秘密

无论是否有约定,也不管是否欠缺权利人要求,依据法律规定的默示保密义务,都应承担责任。虽然行为人以合法方式获得和掌握了权利人的商业秘密,但应严格地履行保密义务。如果是行为人违反保密义务,将其掌握的商业秘密予以披露、使用或者允许他人使用,显然属于一种严重的不正当竞争行为。

4. 帮助侵犯商业秘密的共同侵权行为

帮助侵犯商业秘密的共同侵权行为是指教唆、引诱、帮助他人违反保密义务或者违反权利人有关保守商业秘密的要求,获取、披露、使用或者允许他人使用权利人的商业秘密。尽管可依据民法原理和规则认定"教唆、引诱、帮助"情形为帮助侵权或共同侵权行为,不过,将其引入专门的法律条款中,可以降低判断是否构成侵犯商业秘密行为的成本。

5. 视为侵犯商业秘密的行为

视为侵犯商业秘密的行为一类是经营者以外的其他自然人、法人和非法人组织实施侵犯商业秘密的行为。虽然实践中最高法院和各地法院均认为经营者以外的其他自然人、法人和非法人组织可以作为侵犯商业秘密的主体,但是2019年的《反不正当竞争法》对此予以法律形式的明确规定,有利于监督检查部门确定当事人,进行行政执法与行政处罚,从而可以避免仅仅因为主体不同便将侵犯商业秘密行为人为地割裂适用两部不同法律而产生

的混乱局面。

　　另一类视为侵犯商业秘密的行为的是第三人明知或应知他人以不正当手段侵犯了权利人的商业秘密，而予以获取、使用或者披露该商业秘密的。所谓第三人，指直接获取权利人商业秘密的行为人以外的其他人，明知是对向其传授商业秘密的人具有获取商业秘密的非法行为的确切性认识，应知是一种主观上的预见性。只要将行为人明知或应知他人以不正当手段侵犯了权利人的商业秘密而对该商业秘密予以获取、使用或披露的，尽管具有间接性质仍构成对商业秘密的侵犯。

第五节　国际化经营中的知识产权风险与应对

一、国际化经营中的知识产权法律风险

　　从我国企业历年来在国际化经营中的实践来看，所面临的知识产权法律风险主要有以下几种类型。

(一)被外方指控侵权

　　被控侵权分两种情况，一种是遭受知识产权侵权诉讼，另一种是遭受知识产权行政执法调查。

1. 遭受知识产权侵权诉讼

　　遭受知识产权侵权诉讼，即当地企业在法院起诉，控告我国企业侵犯了其知识产权。从实践来看，主要是我国企业被控专利侵权、商标侵权或者商业秘密侵权。常见情形是，我国企业的技术、商标被他人在境外抢先申请知识产权，申请者获得授权后又反过来控告我国企业的出口产品侵权；或者我国企业将引进技术改进后生产出口产品，产品出口到该外国时有可能与向我国企业提供技术的他国企业在该国的专利权产生冲突。

2. 遭受知识产权行政执法调查

　　知识产权行政执法调查主要有三种类型：一是美国的"337调查"。我国为美国"337调查"的最大目标。2011年以来，我国已连续7年成为遭遇美国"337调查"最多的国家，案件合计数量达114起。其中，2018年涉及中国企业的"337调查"达到19起，占全年案件的比率为38%，创下2004年之后的新高。主要是专利侵权的调查。我国企业遭受"337调查"的败诉率也较高，常常是世界平均败诉率的2倍多。二是欧盟的展会侵权调查。欧盟执法部门在接到申请后往往会在国际展会上对我国参展产品进行大面积搜查；申请如果成立，便立即下达临时禁令并强制执行。三是海关执法。我国企业出口到欧美的产品在出口时经常被海关查扣，主要是涉及商标侵权。涉案企业大都为从事出口加工贸易且知识产权保护意识差的中小型加工贸易企业，它们以"代工""贴牌"生产为主，对国外企业提供的图样、商标涉及的知识产权情况没有仔细鉴别就盲目接单。

(扫一扫　相关链接 8-6　什么是"337 调查"？)

(二)被外方侵权

我方企业自主知识产权也有被侵害的风险。

1. 被他人抢先申请知识产权

被他人抢先申请知识产权主要是我国出口产品的商标被当地企业抢先申请注册，出口产品涉及的技术成果被当地企业抢先申请专利。中国商标在海外遭到抢注早已不算新鲜，即便那些企业花费巨额资金打造的知名品牌也会落入他人之手。康佳、海信、联想、五粮液等耳熟能详的品牌都曾有过此种困境，最终不得不"买回"商标或者诉诸法律，甚至只好抛弃原有商标从头再来。在专利方面，进口国的竞争对手不仅抢先将我国企业的技术申请专利，还会跟踪和研究我国企业的专利技术，进行后续改进后申请新的专利，借此对我国出口企业实行专利围堵和技术超越。

2. 知识产权受到不法侵害

如果进口国是知识产权保护水平较低的国家，我国的出口企业会面临先进技术、注册商标得不到有效保护的风险。我国企业在境外参展时，时常会因当地企业的抄袭而被迫撤销展览。我国企业在与当地企业合作过程中常有商业秘密被泄露的情形。在对外投资过程中，企业还会遭受形形色色的知识产权资产流失。

(三)遭遇知识产权壁垒与不当干扰

1. 知识产权壁垒

知识产权壁垒是指产品进口国通过高标准的知识产权要求增加产品进口的难度或者成本。据相关数据显示，我国 60%的出口企业遭遇过国外知识产权壁垒，每年损失达 170 亿美元。知识产权壁垒的典型形式是将进口国企业所拥有的高水平技术纳入标准的范围，使进口产品难以达到相关标准或为达到标准出口企业不得不向进口国的专利拥有者支付高额使用费。比如，欧盟要求企业销售的打火机加装防止儿童开启的装置，而涉及儿童安全锁的专利技术大都由欧洲一些公司控制；美国、加拿大对企业销售的彩电也有类似的要求。

2. 进口国企业的不当干扰

为了在当地进行知识产权布局或防止当地企业抢先申请知识产权，我国一些出口企业近些年积极在进口国申请相关知识产权，但这种行动却往往受到当地企业的恶意阻挠。比如，在高铁技术申请专利时，竞争对手会以公知技术、在先技术等名义，通过专利异议、专利无效方式，阻止本国专利审查部门对我国企业的专利申请进行授权，有时即使无法阻止授权，也会利用专利审查程序延缓目标专利的授权时间。

二、国际化经营中知识产权风险的应对

(一)构建完善的海外知识产权风险防范体系

企业海外知识产权风险的防范是一项系统工程，因此，有必要构建一套完整的风险防范体系。这一体系主要涉及四个方面：一是专门的海外知识产权战略。该战略应与企业的总体发展战略有机融合；二是知识产权专项规章制度。规章制度应覆盖企业面临的主要海外知识产权风险点，它既可实现风险防范的长效化，也能增强全员的风险防范意识；三是稳定的知识产权专业队伍。这是长期跟踪和分析境外知识产权风险的需要。企业知识产权专业人员应当具有较强的外语及信息检索能力，熟悉本企业产品或服务的技术特点和品牌状况，熟悉目标市场的情况和主要竞争对手，了解目标市场的知识产权法律和相关司法与执法情况；四是多种防范机制的整合方案。企业可以运用的海外知识产权风险防范机制，包括企业的自我防范体系、政府的公共防范平台、行业组织的社会防范资源和中介机构的服务力量，企业应当有一套整合运用这些防范机制的方案。企业海外知识产权风险防范体系具体如图8-12所示。

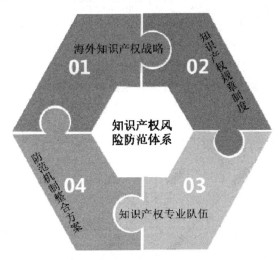

图8-12　企业海外知识产权风险防范体系

(二)加强海外知识产权信息检索与分析

知悉海外知识产权的实际状况是企业防范"走出去"知识产权风险的前提，加强海外知识产权信息检索与分析也就成了知识产权风险防范的重要工作。其主要内容有以下四项。

一是海外本行业知识产权状况，包括海外目标市场的知识产权总体情况、主要的知识产权人、各类知识产权的分布情况，以及在目标市场主要的知识产权竞争对手和潜在的诉讼对手。对国外主要竞争对手的知识产权状况进行认真搜集和动态跟踪，分析其与本企业产品的关联性，研究其薄弱环节，分析其产品与本企业知识产权的关联性。

二是海外竞争对手知识产权行动,包括海外竞争对手的知识产权管理水平及主要管理措施,其专利标准化和知识联盟等情况,其知识产权许可、转让等交易情况,其知识产权维权情况(维权行动针对的重点知识产权、主要区域、主要对象,以及其维权的特点和动向)。

三是海外知识产权法律规则。在此基础上熟悉并尽快适应目标市场的知识产权法律规则,合理利用这些法律规则以规避相关知识产权风险。

四是海外知识产权执法情况。主要是海外目标市场的知识产权行政执法机构、执法力度和动态,以及知识产权司法队伍素质、司法保护力度、司法裁判标准及司法保护成本等情况。基于前述检索分析,企业还应对其知识产权体系进行专项"体检",找出防范和应对海外知识产权风险的缺陷。

(三)做好海外知识产权尽职调查

企业每一项具体经营活动所涉及的知识产权事项都有特殊性,弄清企业在海外每一项特定交易所涉及的知识产权事项,就能有针对性地防范该交易活动涉及的知识产权风险。针对特定交易的海外知识产权尽职调查也就显得尤为必要。特别是像跨国并购这样涉及面广、利益关系重大的交易,知识产权尽职调查更是一项核心事务。为了更加周密地防范交易风险,尽职调查应当尽可能覆盖相关的各种知识产权情况。以跨国并购为例,知识产权尽职调查的内容包括并购目的与知识产权的关联性,被并购方关键的知识产权资产是否包含其中,知识产权资产的权属是否明晰,目标方附属企业知识产权资产的权属情况,并购对目标方知识产权协议的影响,知识产权的价值,并购后知识产权资产的转移问题(所在国法律的相关规定或限制),知识产权侵权风险和责任的承担等。知识产权调查可以由企业自己完成,也可以委托专业机构进行,应当充分发挥目标市场当地知识产权中介服务机构的作用。

(四)提高出口产品的自主知识产权比重

对大部分"走出去"企业而言,提高出口产品的自主知识产权比重可以更好地防范知识产权风险。其主要原因在于:第一,更多地采用自主知识产权,产品或服务侵犯目标市场所在国企业知识产权的概率就会减小;第二,有较多的自主知识产权,在被控侵权时会有较强的对抗和反制能力,能使境外竞争对手在提出侵权指控时有一定顾忌;第三,自主知识产权能使企业增加获取当地企业知识产权的筹码,从而可以正当地而不是冒着侵权风险去使用这些知识产权。事实上,"走出去"并获得成功的企业基本上都是拥有自主知识产权并不断创新的企业,如海尔、华为、中兴等。如果"走出去"企业拥有自主知识产权,即使遭遇知识产权风险,也比较容易化解。例如,因拥有自主专利,虽然天津海鸥集团2008年后 4 年间年年在海外遭到瑞士制表厂商发起的围绕着海鸥高端产品"陀飞轮"手表的知识产权诉讼,但却取得了"四连胜"。因此,"走出去"企业应在技术创新和品牌创造的基础上尽早在目标市场所在国申请更多的专利和注册商标。

(五)优化海外知识产权布局

除尽可能在目标市场所在国获取更多知识产权授权外,企业还应对这些知识产权进行科学布局，才能更好地制约当地竞争对手。

1. 恰当的知识产权国别布局

企业应根据其在不同国家的业务特点和竞争对手情况，就知识产权类型、知识产权数量、知识产权申请时机等作差异化的布局。

2. 不同类型知识产权的合理组合

企业应根据自己使用、构筑防护体系及应对竞争对手等不同需求，谋划和申请不同层次、不同功能的知识产权，如构筑由"核心专利、外围专利、防御专利、竞争专利"构成的专利保护体系。

3. 针对竞争对手薄弱环节的知识产权布局

充分研究竞争对手专利的保护漏洞，在其薄弱环节申请专利；围绕竞争对手的核心专利，从不同的实现方案、效果、应用等角度进行扩展，申请大量外围专利。

4. 专利标准化的积极推进

企业应在国际技术标准的制定中争取主动，努力将自主专利技术标准化，从而提高其专利在国际市场上的地位，借此制约其他拥有标准必要专利的竞争对手。

5. 与海外企业的专利联盟或交叉许可

企业应在海外积极参与专利联盟，以便使用更多自己需要的互补性技术，减小侵权的概率，并可利用联盟的力量对抗其他竞争对手。

6. 应对海外知识产权风险的专业人才布局

企业应通过内部专业人员的储备、境内专业人才的梳理与联络、境外目标市场所在国专业人才的搜集与沟通，为应对海外知识产权风险准备好人力资源。

(六)积极组建海外知识产权联盟

我国"走出去"企业相互之间应努力构建海外知识产权联盟，其重要价值在于：从整体上提高企业应对海外知识产权侵权指控和保护自身知识产权的能力；增强企业应对海外知识产权纠纷的信心，减少消极敷衍现象；使海外涉案的企业在知识产权案件解决后能够保持竞争能力，减少"走出去"企业"打赢"官司却拖垮企业的情形。企业的海外知识产权联盟可以有三种情况，一是同一个行业的"走出去"企业进行联合，二是同一个地区的"走出去"企业进行联合，三是在同一个目标国从事生产经营活动的"走出去"企业进行联合。这种联盟可以单纯由企业组成，也可以由企业、行业组织、中介服务机构等多种性质的主体联合组建。

(七)充分利用外部知识产权资源

基于海外知识产权风险的复杂性和多样性，任何一个企业很难单独防范和应对，因此适当借助外部的专业力量和资源很有必要。

1. 借助知识产权中介服务机构的力量

加强与高端知识产权中介服务机构的合作，进行海外知识产权战略策划。利用知识产权中介服务机构的检索分析能力，进行海外知识产权风险预警和知识产权调查；聘请境内外富有经验的中介服务人员协助应对海外知识产权法律纠纷。

2. 借助行业组织的力量

行业协会在海外知识产权风险应对上起着多种作用：一是风险提示与预警。主要是定期发布海外知识产权风险提示及相关重要信息，单独或与政府部门一起编制国别或地区知识产权指南，及时收集并向企业反馈有关"337调查"等境外行政执法的进展情况。二是帮助企业提升海外知识产权竞争能力。主要是引导外向型企业进行协同技术创新；推动企业结成海外知识产权保护联盟；联合企业协同应对境外企业在知识产权方面的不正当竞争或垄断行为。三是有效发挥沟通协调作用。可以在"走出去"企业之间进行必要的信息沟通、经验交流或组织海外知识产权风险研讨，帮助企业进行海外市场调研，代表企业就相关政策措施向我国政府提出建议，代表企业与境外执法部门沟通与协调，为企业的海外知识产权事务提供指导。

3. 借助政府部门的力量

我国的政府知识产权主管部门和其他相关部门可以为"走出去"企业防范和应对知识产权风险提供形式多样的资金支持(如发起组建专项风险基金)、必要的信息支持(如构建信息平台、提供海外活动指南等)、专业人才培训支持等帮助。

🗨 小思考

对于"走出去"企业而言，为什么说知识产权是把"双刃剑"？

第九章　企业国际化的"供血"机制

——国际结算与融资

引导案例

一家英国大客户，一直做的是 D/P 30 天。金融危机以来就要求我们改成做 D/P 60 天以方便她融通资金。由于是长期合作的老客户，我们最终还是接受了她的条件，但是从那时起每一单货出货前我们都投保出口信用保险。当时保险公司给我们审批下来的限额是 D/P 60 天，USD80 万，信用期限 90 天。也就是说以 90 天为一循环，在此期间，出货累计金额小于 USD80 万，支付方式为 D/P 60 天，如遇买家不付款，保险公司就负责赔偿。

其实，买家为什么要把 D/P 30 天改成 D/P 60 天，她想干什么是显而易见的。货物从中国海运至英国只需要 20～25 天的时间，如果买家真的见单 60 天后再去付款赎单，那货物等于是要在港口仓库放 30 天，会有多大的仓储费可想而知，买家根本不可能会这么做。

就像我们国内银行能为出口企业在正式收汇前提供出口押汇等资金融通一样，某些进口地银行也会对进口商提供类似的"服务"，也就是所谓的"借单"。如果进口商借了单据提了货，最后就是不付款，这时候又碰上进口地银行信誉不好，那这笔钱就无着落了。

国际商事活动离不开国际结算。而国际结算远较国内结算复杂，不仅因为使用的货币不同，而且在做法上也有很大差异，更重要的是还涉及不同国家的有关法律、国际惯例和银行习惯等。国际结算主要涉及结算工具与结算方式，本章主要介绍这两个方面的相关法律规范的内容，此外还会介绍与国际结算密切相关的融资。

第一节　票　据　法

票据是国际商事活动中普遍使用的结算工具。因此，票据法自然也成为国际商法的重要内容。

一、票据法概述

票据法是调整票据的发生、转让及其行使关系的法律规范的总称。世界各国的票据法，无论是在编制体例上还是在内容上均存在着较大差别，有法国法系、德国法系、英国法系之分，这对票据在国际上的流通使用与国际商事交易的开展极为不利。第一次世界大战以后，在国际联盟的主持下于 20 世纪 30 年代初在日内瓦通过了六项关于统一汇票、本票和支票的《日内瓦公约》。现在大多数欧洲国家及日本和拉美某些国家已采用这些公约，而英美国家则一直拒不接受或部分接受。因此，目前在西方世界主要存在着《日内瓦公约》的统一票据法和英美法系的票据法的区别。

(扫一扫　相关链接 9-1　关于票据的两大法系)

二、票据的概念与法律特征

(一)票据的概念

票据有广义和狭义之分，如图 9-1 所示。从广义上讲，票据(Bills)可以指所有商业上作为权利凭证的单据(Document of Title)，如发票、提单、仓单、保险单、汇票、本票、支票等。从狭义上讲，票据是指资金单据(Financial Document)，即以无条件支付一定金额为目的的有价证券，包括汇票、本票和支票。票据法上所说的票据指的是狭义的票据。

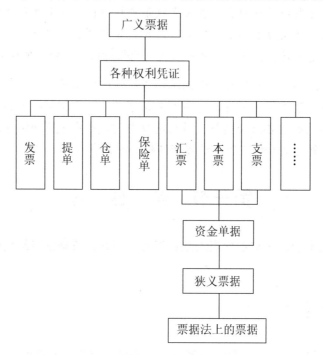

图 9-1　票据的概念

(二)票据的法律特征

1. 票据是金钱证券

票据是以金钱为给付标的物的有价证券。因而就与提单、仓单等以货物为给付标的物的证券区别开来。

2. 票据是完全有价证券

凡是完全有价证券，权利的发生、转移和行使都以证券的存在为必要。票据就属此类。票据权利于做成证券后产生，证券做成前权利不存在。票据上权利的移转，以交付票据为必要，仅有意思表示，不发生移转的效力。权利人行使票据上的权利(如请求付款)必须向债务人提示票据。

3. 票据是设权证券

票据是设权证券是指票据权利是经过出票人的出票行为而产生，即由出票行为设立票据权利。而其他有价证券，如股票、债券等并不能设立一种权利，而只能证明一种已经存在的债权。

4. 票据是要式证券

票据是要式证券是指票据的做成必须符合法定的形式要件，否则不产生法律效力。这是因为如果票据上的记载事项不统一，或者对其中某些重要事项记载不明确，则当事人之间的权利义务就无法确定，票据的流通性也会受到影响。股票、公司债券等虽然也有法定记载事项，但有欠缺不一定影响到证券的效力。

5. 票据是文义证券

票据是文义证券是指票据上的权利义务必须而且只能根据票据上所记载的文义来确定其效力。文义之外的任何事实、证据和理由均不能作为确定票据权利的依据。票据的这个特性主要是为了保护善意第三人，以维护交易的安全。

小思考

甲签发支票一张购买乙的货物，并授权乙对支票金额进行补记。后乙补记的金额超出了甲应付金额的一倍，并背书转让给了丙用于偿还债务。当丙向甲主张票据权利时，甲应该怎么办？

6. 票据是无因证券

票据是无因证券是指票据只要符合法定条件，权利即告成立。至于票据行为如何发生，持票人是如何取得票据的，则可不必过问。

7. 票据是流通证券

票据是流通证券是指票据除了可作为汇兑工具、支付工具、信用工具外，还可作为流通证券使用，即票据可以经过交付或背书转让的方式自由转让其权利，且方式迅速简便。其他证券的转让，如股票、债券等则有可能要登记过户或到特定的场所进行。

🔊 小贴士

让与、转让与流通转让

在英美法中，转让有三种类型，即让与、转让与票据的流通转让。三个法律术语的含义是有区别的。

让与(Assignment)：指的是一般债权的让与，如合同的转让。这种债权让与必须以通知原债务人为条件，受让人的权利要受到转让人权利缺陷的影响。比如，A 与 B 签订了一份贸易合同，A 是卖方，他将合同的应收货款转让给了 C。如果 A 的货物有问题或者根本没有交货，B 可以对 C 拒付货款。

转让(Transfer)：是指物权凭证的转让。这种物权凭证，如提单、保险单、仓单等，可以仅凭交付或加上适当背书而转让，无须通知债务人。但是，受让人的权利不能优于出让人。如果出让人的权利有缺陷，则受让人所取得的也只是一种有缺陷的权利。比如，甲窃取了乙的一份提单，并把它转让给丙，即使丙是善意的、支付了对价的受让人，由于甲对该提单无合法的权利，丙也不能对该提单取得合法权利。一旦乙发现被窃，有权要求丙返还提单。

流通转让(Negotiation)：这是票据的基本特性。许多国家在票据法中都规定，票据仅凭交付或适当背书即可转让，无须通知债务人。善意的、付了对价的受让人可以取得优于其前手的权利，不受其前手的权利缺陷的影响。比如，A 将从 B 处偷来的票据转让给了 C，C 因不知情且对票据支付了对价，B 就不能以 A 是以偷窃方式获得此票据为理由，要求 C 归还票据。这是票据的流通转让与民法上的债权的让与的一个重大区别。

三、票据的法律关系

票据的法律关系包括票据关系与非票据关系。票据关系为票据所固有的法律关系，而非票据关系则为非票据所固有，但与票据密切相关的法律关系。

(一)票据关系

票据关系指票据上的当事人基于票据行为而发生的票据法上的债权债务关系。凡取得票据的人即取得票据上的权利。凡在票据上签名为某种票据行为的人即负一定义务。不持有票据者即不能行使权利。票据法上规定的票据关系有：①持票人对票据主债务人(承兑人、出票人)请求付款的权利；②持票人及背书人对于前手的追索权。

在图9-2中，出票人与持票人之间、付款人与收款人之间、背书人与被背书人之间即形成票据关系。

(二)非票据关系

非票据关系，是指存在于当事人之间的票据关系以外的、与票据行为密切相关的权利义务关系，包括票据法上的非票据关系和民法上的非票据关系(即通常所说的票据基础关系)。

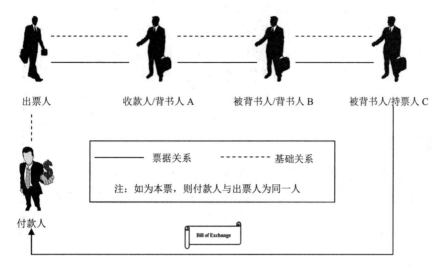

图 9-2　票据关系

1. 票据法上的非票据关系

票据法上的非票据关系是指由票据法所直接规定的，与票据行为相牵连但不是票据行为本身所产生的法律关系。票据法为了保障票据当事人之间的票据关系，又作了一系列特别规定，依照这些特别规定，当事人之间便发生了特定的权利义务关系，这些权利义务关系也就是票据法上的非票据关系。例如，正当权利人对于因恶意或重大过失而取得票据者的票据返还请求权；因时效或手续欠缺而丧失票据上权利的持票人对于出票人或承兑人的利益偿还请求权；付款人付款后请求持票人交还票据的权利等。

2. 票据基础关系

票据基础关系是票据关系形成的前提关系，这种基础关系在票据发行或取得之前已经存在，而票据关系只能产生于这种关系形成之后。它不是票据法上的关系，是民法上的关系，因此被称作民法上的非票据关系。票据基础关系主要包括原因关系、资金关系和票据预约关系。

(1) 原因关系。原因关系是当事人之间之所以授受票据的原因。比如，出票人之所以出票给收款人，背书人之所以将票据转让给被背书人，是因为他们之间原来有一种经济关系。最常见的是买卖关系(出票人向收款人买货，为向收款人支付价金而交付票据)，此外还有借贷、赠予等。不过，尽管票据的发行和转让都有某种原因为依据，但票据具有无因性，一经签发，即与原因关系相分离，不论其原因是否有效、是否存在，都不影响票据的效力。票据债权人行使权利时，不必证明票据的原因；票据债务人也不得借口原因欠缺或缺陷而对善意持票人拒绝履行义务。如此规定旨在促进票据的流通，使人们放心接受票据，不必在授受票据时去查究票据原因的有无或是否有缺陷。

(2) 资金关系。资金关系是指付款人与出票人或其他资金义务人之间所发生的补偿关系。付款人之所以承诺为出票人的委托而承担付款义务，乃是基于特定缘由，如出票人已存放资金，付款人对出票人负有债务，或者出票人与付款人之间具有信用关系。汇票和支票均需资金关系，作为自付票据的本票，本无须资金关系，但我国本票均为银行本票，本票出票人仍应具有支付本票金额的可靠资金来源。

(3) 票据预约关系。当事人间有了原因关系和资金关系后，在签发、收受票据之前，还必须就票据的种类、金额、到期日、有无记名、付款地等事项达成合意，这种合意称为票据预约。票据发行后才能发生票据关系。票据预约本身并不能直接发生票据关系，票据上的权利义务是由票据行为而产生。票据预约是票据行为的原因，票据行为是票据预约的履行，但票据行为是否遵守票据预约，对票据的效力也无影响。

> ### 💬 小思考
>
> 甲公司欲向乙公司出售一批货物，为收取货款，甲公司开出一张远期汇票，以乙公司为付款人，丙公司为收款人，并将汇票交给丙公司。汇票经乙公司承兑后，甲公司并没有向乙公司交货。丙公司持汇票向乙公司请求付款，乙公司拒绝付款。丙公司又去找甲公司，甲公司不予理睬。丙公司该怎么办？

四、汇票

汇票(Bill of Exchange/Draft)是一种最典型的票据，最能集中体现票据的基本功能，在实务中应用得也最广泛。

(一)汇票的概念

《日内瓦统一法》未给汇票下明确的定义，只规定了票据的必要项目，世界各国均广泛引用或参照 1882 年《英国票据法》对汇票的定义。

《英国票据法》规定：汇票是由一人向另一人签发的，要求他立即或在定期或在可以确定的将来时间，将一定金额的货币，支付给某人或其指定人或持票人的无条件支付命令。

《中华人民共和国票据法》规定：汇票是出票人签发的，委托付款人在见票时或者在票据指定日期无条件支付确定的金额给收款人或持票人的票据。

(二)汇票的当事人

汇票有三个基本当事人，即出票人、付款人和收款人(见图 9-3)。汇票进入流通领域后，又会出现流通当事人(Remote Party)，即背书人、被背书人和持票人。

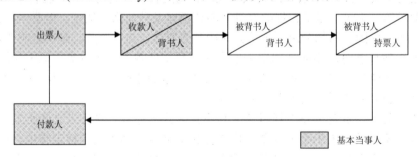

图 9-3 汇票的当事人

1. 出票人(Drawer)

出票人是开立和签发汇票并向其他人交付汇票的人。

2. 付款人(Payer)或受票人(Drawee)

付款人/受票人是接受支付命令的人。

3. 收款人(Payee)

收款人是收取票款之人,即汇票的受益人。

4. 背书人(Endorser)

收款人不拟凭票取款,而在汇票背面签章并交付给受让人转让票据权利的情况下,收款人成为第一背书人,以后若汇票继续转让,会出现第二、第三……背书人。

5. 被背书人(Endorsee)

被背书人是接受背书的人,当他接受背书的汇票再将汇票转让时,就成为另一背书人。被背书人若不转让汇票,就成为持票人。

6. 持票人(Holder)

持票人是拥有票据的人,包括收款人、被背书人。

(三)汇票的主要内容

汇票是一种要式证券,必须具备法定的形式、载明必要的法定事项,才能成为完整的汇票,具有票据的效力。各国票据法对汇票内容的规定不尽相同,但汇票一般应包括以下基本内容(汇票样本见图9-4)。

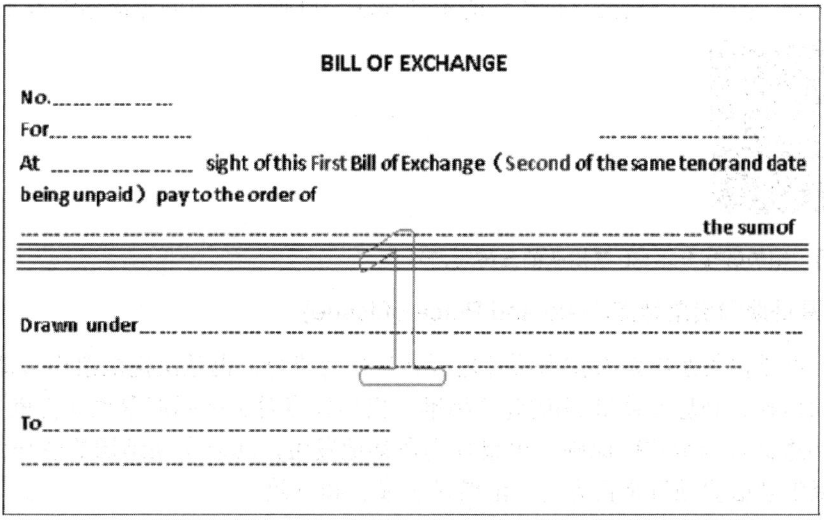

BILL OF EXCHANGE

No.———————————

For——————— ——————————

At ——————— sight of this First Bill of Exchange(Second of the same tenor and date being unpaid)pay to the order of

——————————————————————the sum of

Drawn under————————————————

————————————————————————

To————————————————————

————————————————————————

图 9-4 汇票样本

1. 注明"汇票"字样

例如，Exchange for USD1000.00 或 Draft for USD1000.00。注明"汇票"字样的目的在于与其他票据，如本票、支票加以区别。

2. 无条件支付命令(Unconditional Order to Pay)

无条件支付命令，即汇票的支付命令不加任何限制，不带任何附加条件，否则汇票无效，这有利于保障汇票付款的切实可靠，有利于保护票据权利人的票据权利。

3. 一定金额的货币(Certain in Money)

汇票是以支付一定金额货币为目的的金钱证券，因此确定的金额在各国票据法中都视为绝对必要项目。

4. 付款人名称和付款地点(Drawee)

5. 付款时间或付款期限(Time of Payment/Tenor/Term/Maturity)

付款时间和期限是付款人履行付款义务的日期。

(扫一扫 相关链接 9-2 汇票付款时间的几种情况)

6. 收款人(Payee)名称

收款人是指出票人在汇票上记载的受领汇票金额的最初票据权利人。汇票上收款人的记载通常称为"抬头"。根据"抬头"的不同写法，可确定汇票的可流通性或不可流通性。

(扫一扫 相关链接 9-3 汇票抬头的三种写法)

7. 出票日期和出票地点(Date and Place of Issue)

出票日期不仅关系出票人在出票时是否具有行为能力，也是决定汇票相关期限(如提示期限、付款日期、利息起算日等)的起算标准。出票地点对于国际汇票也具有重要意义，因为国际惯例遵循行为地法律原则，出票行为在某地发生，就以所在地国的法律为依据，并以此来判断汇票必要项目是否齐全，汇票是否成立和有效。

8. 出票人签章(Signature of the Drawer)

我国的汇票记载事项如图 9-5 所示。

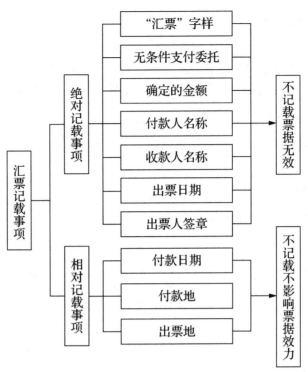

图9-5 汇票记载事项(中国)

(四)汇票的票据行为

票据行为包括基本票据行为和附属票据行为。出票行为是创设票据的行为,属于基本票据行为,出票行为有效成立后,票据才可以有效存在。附属票据行为是指出票行为以外的其他行为,是在已成立票据上所做的行为,如提示、承兑、付款、背书等。汇票的票据行为如图9-6所示。

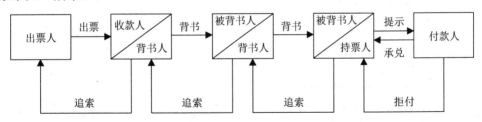

图9-6 汇票的票据行为

1. 出票(Issuance)

出票是指出票人签发汇票并将其交给收款人的行为。一张汇票一旦出票,出票人就要承担债务责任,担保汇票被承兑和付款;对于付款人而言,则得到了付款权/承兑和付款权,同时又有拒绝付款和承兑权(无必须付款/承兑的责任,可根据其与出票人的资金关系决定是否付款或承兑);对于收款人而言,则取得了债权,成为持票人,有向付款人请求付款/承兑及付款的权利,汇票遭拒付时,有向出票人追索的权利,有依法转让汇票的权利。

2. 提示(Presentation)

提示是持票人向付款人出示汇票要求承兑或付款的行为。提示分为以下两种。

(1) 承兑提示：持远期汇票要求付款人承诺到期付款的提示。

(2) 付款提示：持即期汇票或到期的远期汇票要求付款人付款的提示。

3. 承兑(Acceptance)

承兑是远期汇票付款人在持票人作承兑提示时，明确表示同意按出票人的指示付款的行为。

4. 付款(Payment)

付款是即期汇票的付款人和远期汇票的承兑人接到付款提示时，履行付款义务的行为。

5. 背书(Endorsement)

背书是转让票据权利的一种法定手续，即持票人在汇票背面签上自己的名字或再加上受让人的名字，并把汇票交给受让人的行为。背书的方式主要有三种(见表9-1)。

(1) 记名背书：指汇票背面既有背书人签名，又注明被背书人的名字。这种背书受让人可继续背书将汇票转让。

(2) 空白背书：亦称不记名背书，票据背面只有背书人签名而不注明受让人。此类背书仅凭交付即可转让。

(3) 限制背书：指不可转让背书。

表 9-1　背书的类型及范例

背书的类型	范　例	被背书人的地位	
		英美法	大陆法
记名背书	Pay to George Washington, [signed] Benjamin Franklin (付给乔治·华盛顿， [签字] 本杰明·富兰克林)	持票人	持票人
空白背书	[signed] Abraham Lincoln ([签字] 亚伯拉罕·林肯)	持票人	持票人
限制背书	Pay to Harry Potter only, [signed] Ron Weasley (仅付给哈利·波特， [签字] 罗恩·韦斯莱)	持票人	无权对抗背书人

6. 拒付与追索(Dishonor and Recourse)

拒付是持票人提示汇票要求承兑或付款时遭到拒绝承兑或付款的行为，又称退票。

追索是指汇票遭到拒付，持票人要求其前手背书人、出票人或其他票据债务人偿还汇票金额及费用的行为。

(扫一扫　案例9-1　汇票的流通及当事人)

小思考

甲公司向某银行申请一张银行承兑汇票,在得到这张经银行签章的票据后并没有在票据上签章便直接交付给乙公司作为购货款。乙公司又将此票据背书转让给丙公司以偿债。到了票据上记载的付款日期,丙公司持票向承兑银行请求付款时,该银行以票据无效为理由拒绝付款。请问:这张汇票有效吗?银行既然在票据上依法签章,它可以拒绝付款吗?为什么?

(五)汇票的种类

汇票可以从不同的角度进行分类。

1. 银行汇票和商业汇票

按出票人的不同,汇票可分为银行汇票和商业汇票。出票人为工商企业或个人的汇票为商业汇票(Commercial Draft)。在国际贸易结算中,商业汇票通常是由出口商开立的,委托当地银行向国外进口商或银行收取货款时所使用的汇票。出票人为银行的汇票为银行汇票(Bank Draft)。银行汇票的付款人一般也是银行。

2. 光票和跟单汇票

按是否附有包括运输单据在内的商业单据,汇票可分为光票和跟单汇票。光票(Clean Draft)是出票人出具的不附带任何商业单据的汇票。银行汇票一般为光票。跟单汇票(Documentary Draft)是随附商业单据的汇票。商业汇票一般为跟单汇票。

3. 即期汇票和远期汇票

按付款日期的不同,汇票可分为即期汇票和远期汇票。即期汇票(Sight Draft)是见票即付的汇票。远期汇票(Time Draft)是采用定日付款、出票/见票/说明日后若干天付款的汇票。

4. 商业承兑汇票和银行承兑汇票

按承兑人的不同,汇票可分为商业承兑汇票和银行承兑汇票。由企业或个人承兑的远期汇票即为商业承兑汇票(Commercial Acceptance Draft),其建立在商业信用基础之上。由银行承兑的汇票即为银行承兑汇票(Bank's Acceptance Draft),银行承兑汇票以银行信用为基础,便于在市场上贴现流通。

小思考

请问银行汇票与银行承兑汇票是一回事吗?

5. 国内汇票和国外汇票

按适用地区不同，汇票可分为国内汇票和国外汇票。国内汇票(Inland Draft)的出票地和付款地在同一国境内，汇票的流通也在国内。国外汇票(Foreign Draft)指汇票出票地和付款地的一方或双方均在国外，汇票的流通涉及两国以上。根据我国《票据法》，国外汇票的票据行为既有发生在我国境内的，又有发生在我国境外的。

五、本票与支票

(一)本票

1. 本票的概念及必要项目

《日内瓦统一法》未给本票下定义，目前各国广泛引用或参照1882年《英国票据法》对本票所下的定义。

《英国票据法》规定：本票是一人向另一人签发的，保证即期或定期或在可以确定的将来时间，对某人或其指定人或持票人支付一定金额的无条件的书面承诺。

《中华人民共和国票据法》对本票的定义是，本票是出票人签发的，承诺自己在见票时无条件支付确定的金额给收款人或持票人的票据。

本票只有两个基本当事人，即出票人和收款人(见图9-7)。

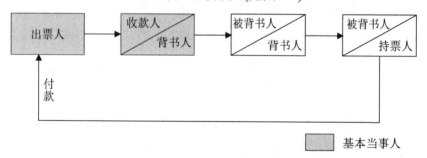

图9-7　本票的当事人

各国票据法对本票内容的规定并不完全一致，但基本包括以下内容。

(1) 有"本票"(Promissory Note)字样。

(2) 无条件支付承诺。

(3) 收款人名称或其指定人或来人。

(4) 付款期限。

(5) 付款地点。

(6) 出票日期和地点。

(7) 一定金额的货币。

(8) 出票人签字。

本票样本如图9-8所示。

Promissory Note for <u>GBP 800.00</u>   London，8th April, 2008

<u>At 90 days after sight</u> we promise to pay

Beijing Art and Craft Corp. or order the sum of

Eight hundred pounds

                                                For Bank of Europe,
                                                London.
                                                <u>signature</u>

图 9-8　本票样本

2. 本票和汇票的区别

(1) 本票是无条件支付承诺，汇票是无条件支付命令。本票的出票人自己出票自己付款，是承诺式的票据。汇票是出票人要求付款人无条件地支付给收款人的书面支付命令，付款人没有必须支付票款的义务，除非他承兑了汇票，所以汇票是命令式或委托式的票据。

(2) 当事人不同。本票只有两个基本当事人，即出票人和收款人；而汇票有三个基本当事人，即出票人、付款人和收款人。

(3) 本票的出票人就是付款人，所以远期本票无须提示承兑；而远期汇票需由持票人提示承兑。

(4) 本票的出票人自始至终是主债务人；汇票的出票人在承兑、背书之前是主债务人，之后是从债务人。

(5) 本票只能开出一张；而汇票可成套数份签发。

(6) 汇票票据行为的规定均适用于本票。

(二)支票

1. 支票的概念及必要项目

《日内瓦统一法》未给支票下定义，目前各国广泛引用或参照 1882 年《英国票据法》对支票所下的定义。

《英国票据法》规定：支票是以银行为付款人的即期汇票。支票是银行存款户向该银行签发的，授权其即期支付一定金额给某人或其指定人或持票人的无条件书面支付命令。

《中华人民共和国票据法》对支票的定义是，支票是出票人签发的，委托办理支票存款业务的银行或者其他金融机构在见票时无条件支付确定金额给收款人或持票人的票据。

支票有三个基本当事人，即出票人、付款人和收款人(见图 9-9)。

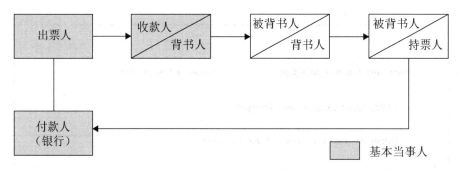

图 9-9　支票的当事人

根据《日内瓦统一法》的规定，支票必须具备以下项目。

(1) 写明"支票"(Check/Cheque)字样。

(2) 无条件支付命令。

(3) 付款银行名称和地址。

(4) 出票人名称和签字。

(5) 出票日期和地点(未载明出票地点者，以出票人名称旁的地点为出票地点)。

(6) 写明"即期"字样，未写明"即期"字样者，仍被视为见票即付。

(7) 一定金额的货币。

(8) 收款人或其指定人。

支票样本如图 9-10 所示。

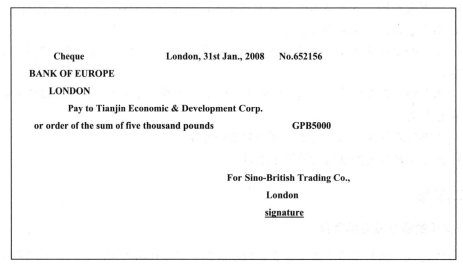

图 9-10　支票样本

2. 支票的种类

(1) 一般支票(Uncrossed Check/Open Check/Cash Check)。收款时可通过银行转账，也可由持票人自行提现。风险在于万一支票遗失很容易被人冒领。

(2) 划线支票。划线支票是在支票正面划两道平行横线的支票。划线支票只能用于银行转账，不能提现。目的在于防止支票遗失时被人冒领，即使被冒领，也有可能通过银行收款线索追回款项。根据是否注明收款银行名称,划线支票又可分为一般划线支票(General Crossing)和特殊划线支票(Special Crossing)。支票的划线人可以是出票人、持票人、代收银行。

(3) 记名支票(Check Payable to Order)。记名支票是在收款人一栏中记载收款人的具体名称,取款时,须由载明的收款人在背面签章的支票。

(4) 不记名支票(Check Payable to Bearer)。不记名支票又称来人或空白抬头支票,只写明"付来人"。取款时无须收款人签章,持票人可仅凭交付转让支票权利。

(5) 保付支票(Certified Check)。保付支票是由付款银行在支票上加盖"保付"戳记并签字的支票,目的在于避免出票人开出空头支票。经银行保付的支票有利于流通。

(6) 银行支票(Bank's Check)。银行支票亦称银行即期汇票,是由一家银行签发的,命令另一银行向某人或其指定人或来人付款的书面命令。

3. 支票与汇票的区别

(1) 支票必须是即期付款,无到期日记载;汇票既可见票即付,也可在将来时间支付。

(2) 支票没有承兑、保证等票据行为,而此类票据行为都适用于汇票。

(3) 支票的付款人仅限于银行;汇票的付款人既可是银行,也可是企业或个人。

(4) 支票的出票人和付款人之间必须先有资金关系,而汇票则不一定。

(5) 支票只能作结算;汇票可作结算工具,也可作信贷工具。

(6) 支票只有一张,汇票可有一式数份。

汇票、本票与支票的比较如表9-2所示。

表9-2 汇票、本票与支票的比较

项目 类别	性质	当事人	付款时间
汇票	无条件的书面支付命令	出票人/付款人/受款人	分远期/即期,远期需承兑
本票	无条件的书面支付承诺	出票人/受款人	分远期/即期,远期不承兑
支票	无条件的书面支付命令	出票人/付款人(银行)/受款人	只有即期,没有远期

第二节 信 用 证 法

国际结算除了涉及结算工具外,另一个重要内容就是结算方式。国际结算方式主要有汇付、托收、信用证,此外还可能涉及银行保函、备用信用证、保理、出口信用保险等业务。以上各种结算方式,主要是通过银行来进行的。因此买卖双方分别同银行的法律关系,是国际结算法的关键问题。由于信用证的法律关系较为重要和复杂,我们首先介绍。

(扫一扫 相关链接9-4 结算方式的分类)

一、信用证的法律性质及相关立法

(一)信用证的法律性质

信用证(Letter of Credit，L/C)，是银行(开证行)根据买方(申请人)的要求和指示向卖方(受益人)开立的、在一定期限内凭规定的符合信用证条款的单据，即期或在一个可以确定的将来日期，承付一定金额的书面承诺。简言之，信用证就是开证银行作出的一项有条件的付款承诺。信用证的交易流程如图9-11所示。

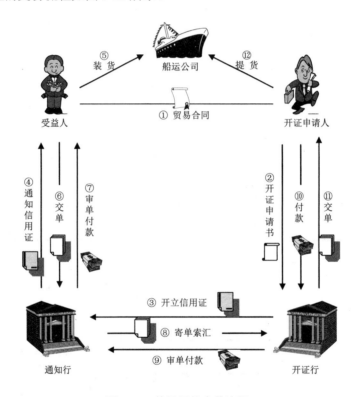

图9-11　信用证的交易流程

图示说明如下。

①进出口双方在贸易合同的支付条款中规定采用信用证方式结算。

②开证申请人(进口商)向开证行申请开立信用证。

③开证行开出信用证，并交出口地的通知行。

④通知行收到信用证后通知受益人(出口商)。

⑤受益人根据信用证办理货物装运。

⑥受益人缮制并取得信用证规定的全部单据在有效期内向议付行交单议付。

⑦议付行审单，确认单证相符、单单相符后付款。

⑧议付行向开证行或开证行指定的付款行寄单索偿。

⑨开证行审核议付行寄来的单据无误后付款。

⑩开证申请人核验单据无误后付款。

⑪开证行向开证申请人交单。

⑫开证申请人付款赎单后，凭全套单据中的运输单据向承运人提货。

尽管信用证是根据货物买卖合同开立的，但一经开立就成为一项独立的法律文件。从法律性质上看，信用证也是一份合同，它是开证行与受益人之间独立于货物买卖合同之外的银行信用付款合同(见图9-12)。由此可见，独立性与抽象性是信用证的基本特征。银行只管信用证，不管买卖合同；只管单据，不管货物。信用证是单据交易，银行不关心货物买卖，只关心单据，这是信用证实务与法律机制的基石。

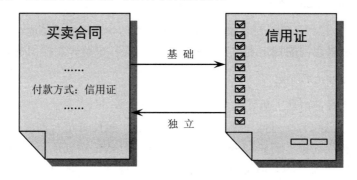

图9-12　信用证与买卖合同的关系

跟单信用证是附条件(单据)的支付合同，对单据的要求是单证一致、单单一致(严格相符)，但卖方实质性欺诈构成单证一致的例外。

(扫一扫　案例9-2　信用证的相对独立性原则)

(扫一扫　小知识9-1　现代信用证是如何产生的？)

(二)信用证的立法

有关信用证的立法，目前没有国际条约，主要是国际惯例，即《跟单信用证统一惯例》(UCP600)和各国国内法。美国《统一商法典》的"信用证篇"是典型的国内信用证立法。我国关于信用证的立法，主要是中国人民银行有关规章《国内信用证结算办法》，以及最高人民法院的司法解释《最高人民法院关于审理信用证纠纷案件若干问题的规定》。

在处理信用证纠纷时,首先适用当事人的约定,即约定适用有关国际惯例或其他规定的,从其约定;没有约定的,适用《跟单信用证统一惯例》或有关国际惯例。

二、信用证法律关系中的当事人

在信用证业务中,有三个基本当事人,即开证申请人、开证行、受益人。根据不同的业务情况,又会产生通知行、保兑行、付款行、承兑行、议付行、偿付行等其他当事人。

1. 开证申请人(Applicant)

在国际贸易中,信用证的开证申请人是进口商或买方,通常他还是运输单据上的收货人。进口商根据贸易合同的规定到与其有业务往来的银行申请开立信用证。

2. 开证行(Issuing Bank)

开证行是接受开证申请人委托开立信用证的银行。

开证行是以自己的名义对信用证下的义务负责的。虽然开证行同时受到开证申请书和信用证本身两个契约约束,但是根据国际惯例,开证行依信用证所承担的付款、承兑汇票或议付或履行信用证项下的其他义务的责任,不受开证行与申请人或申请人与受益人之间产生纠纷的约束。

开证行在验单付款之后无权向受益人或其他前手追索。

3. 受益人(Beneficiary)

在国际贸易中,信用证的受益人是出口商或卖方。

受益人与开证申请人之间存在一份贸易合同,而与开证行之间存在一份信用证。受益人有权依照信用证条款和条件提交汇票及/或单据要求取得信用证的款项。受益人交单后,如遇开证行倒闭,信用证无法兑现,则受益人有权向进口商提出付款要求,进口商仍应负责付款。这时,受益人应将符合原信用证要求的单据通过银行寄交进口商进行托收索款。

如果开证行并未倒闭,却无理拒收,受益人或议付行可以诉讼,也有权向进口商提出付款要求。

4. 通知行(Advising Bank)

通知行是开证行在出口国的代理人。通知行的责任是及时通知或转递信用证,证明信用证的真实性并及时澄清疑点。如通知行不能确定信用证的表面真实性,则应毫不延误地告知从其收到指示的银行,说明其不能确定信用证的真实性。如通知行仍决定通知该信用证,则必须告知受益人它不能核对信用证的真实性。通知行对信用证的内容不承担责任。

5. 保兑行(Confirming Bank)

保兑行是应开证行的要求在不可撤销信用证上加具保兑的银行。通常由通知行作保兑行。但是,保兑行有权作出是否加保的选择。保兑行承担与开证行相同的责任。保兑行一旦对该信用证加具了保兑,就对信用证负独立的确定的付款责任。如遇开证行无法履行付款时，保兑行负履行验单付款的责任。保兑行付款后只能向开证行索偿，因为它是为开证行加保兑的。

保兑行付款后无权向受益人或其他前手追索票款。

6. 付款行(Paying Bank)

付款行是开证行的付款代理人。开证行在信用证中指定另一家银行为信用证项下汇票上的付款人，这个银行就是付款行。它可以是通知行或其他银行。

如果开证行资信不佳，付款行有权拒绝代为付款。但是，付款行一旦付款，即不得向受益人追索，而只能向开证行索偿。

7. 承兑行(Accepting Bank)

远期信用证如要求受益人出具远期汇票，会指定一家银行作为受票行，由它对远期汇票作出承兑，这就是承兑行。

如果承兑行不是开证行，承兑后又最后不能履行付款，开证行应负最后付款的责任。若单证相符，而承兑行不承兑汇票，开证行可指示受益人另开具以开证行为受票人的远期汇票，由开证行承兑并到期付款。承兑行付款后向开证行要求偿付。

8. 议付行(Negotiating Bank)

议付是信用证的一种使用方法。它是指由一家信用证允许的银行买入该信用证项下的汇票和单据，向受益人提供资金融通。议付又被称作"买单结汇"。买入单据的银行就是议付银行。具体做法是，议付行审单相符后买入单据垫付货款，即按票面金额扣除从议付日到汇票到期之日的利息，将净款付给出口商。

在信用证业务中，议付行是接受开证行在信用证中的邀请，并且信任信用证中的付款担保，凭出口商提交的包括有代表货权的提单在内的全套出口单证的抵押，而买下单据的。

议付行议付后，向开证行寄单索偿。如果开证行发现单据有不符信用证要求的情况存在，拒绝偿付，则议付行有向受益人或其他前手进行追索的权利。

9. 偿付行(Reimbursing Bank)

偿付行是开证行指定的对议付行或付款行、承兑行进行偿付的代理人。为了方便结算，开证行有时委托另一家有账户关系的银行代其向议付行、付款行或承兑行偿付，偿付行只有在开证行在偿付行存有足够款项并收到开证行的偿付指示时才付款。偿付行偿付后再向开证行索偿。

三、信用证当事人之间的法律关系

信用证业务的起因是进出口双方签订货物买卖合同。随着信用证的开立，形成了三组合同关系：进出口商双方的货物买卖合同关系、进口商(开证申请人)与开证行的以开证申请书为标志的开立信用证的合同关系，以及开证行与出口商(受益人)之间的信用证付款合同关系。信用证一经开立，这三组关系就各自独立。信用证业务中的三角契约关系如图 9-13 所示。信用证各方当事人之间的权利义务受信用证条款的约束，只在各自所参与的关系中享受权利和承担义务。这是处理信用证当事人之间纠纷的法律原则。

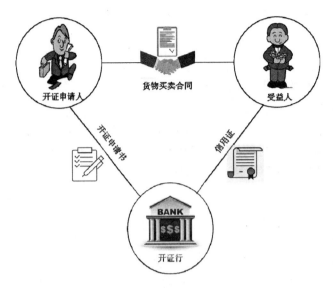

图 9-13　信用证中的三角契约关系

(一)开证行与开证申请人之间的法律关系——开证申请合同和信用证规定的双重法律关系(如果另有担保合同的，还存在担保合同关系)

开证申请书(Irrevocable Documentary Credit Application)的法律性质是要约。开证申请书是开证银行提供的格式合同文本，在开证申请人填写盖章后即向银行提出要约，银行审查填写内容后盖章就表示承诺，该单方面的申请书即成为双方之间的合同，双方有义务按照该申请书的约定履行，发生纠纷按照约定和合同法处理。可见，在开证行向受益人承担了付款责任后，开证行可以依约定向开证申请人要求偿还。由此可见，开证行与申请人之间的关系，是以开证申请合同为主、以信用证规定为辅的法律关系。

(扫一扫　案例 9-3　有关修改信用证项下单证争议案)

(二)开证行与受益人之间的法律关系——有条件的付款合同关系

信用证一旦由开证行开立，经过通知行的通知，卖方对条款没有提出异议并予以接受(行为表示接受)，即对双方发生合同法律效力，开证行就负有第一付款人的责任。开证行作出付款、承兑、议付或者履行信用证项下其他义务的承诺，不受开证申请人和受益人之间基础交易关系的约束，只要单据和信用证条款之间、单据和单据之间在表面上相符，银行必须履行在信用证规定的期限内付款的义务。这充分体现了信用证的独立性。

1. 买卖双方不得利用买卖合同条款对抗开证行

由于银行不介入基本买卖关系，在买卖合同上没有利益，也就不能让银行受买卖合同的约束。UCP600 第 4 条规定："信用证按其性质是一项与凭以开立信用证的销售合同或其他合同相互独立的交易。即使信用证中含有对此类合同的任何援引，银行也与之毫不相关，并不受其约束……受益人在任何情况下，不得利用银行之间或申请人与开证行之间的合同关系。"

(扫一扫　案例 9-4　关于发生不可抗力遭银行拒付的案例)

2. 开证行有权自行决定接受或者拒绝接受单证之间、单单之间的不符点

根据国际惯例和信用证的独立性原则，开证行负有独立审单的权利和义务，有权自行作出单据与信用证条款、单据与单据之间是否表面相符的决定，并自行决定接受或者拒绝接受单证之间、单单之间的不符点。

开证行确认信用证项下存在不符点后，可以自行决定是否联系开证申请人接受不符点；开证申请人决定是否接受不符点，并不影响开证行最终决定是否接受不符点；开证行与开证申请人另有约定的，从其约定，开证行违反约定的，应当由开证行承担违约责任。

开证行以书面形式向受益人明确表示接受不符点的，即应当承担付款责任。受益人不得以开证申请人已接受不符点为由，要求开证行承担信用证项下的付款责任。

3. 信用证独立性原则的例外——买卖构成"实质性欺诈"

信用证独立性，是指银行独立于买卖合同之外，不管货物的实际履约状况。但是要注意的是，信用证的独立性并不是绝对的。如果买方在银行对卖方提交的单据付款或承兑以前，发现或获得确凿证据，证明卖方确有欺诈行为，买方可以请求法院向银行颁发禁令，禁止银行付款。这就是银行信用证独立于买卖合同原则的例外，亦称单证一致的例外。各国立法和实践中维护强调信用证的独立性原则，规定只有存在实质性欺诈的情况下，才能将信用证关系的基础交易合并考虑例外原则。

我国法院认为，凡有下列情形之一的，可以认定存在信用证欺诈：开证申请人和受益人或者其他第三方串通提交假单据，而没有真实的基础交易；受益人未交付货物，或者交付的货物基本无价值；受益人伪造单据或者提交记载内容虚假的单据。

在实践中特别需要注意：一是不能将货物存在的严重质量问题的情况等同于"实质性欺诈"；二是即使构成了实质性欺诈，但有的情况仍然不能采取冻结或终止支付的信用证款项，学术界称之为"欺诈例外的豁免"。比如，开证行或开证行指定人承兑的汇票的正当持票人善意地支付了对价；开证行的指定人或授权人不了解欺诈并按照开证行的指令履行了付款义务；保兑行善意履行了付款义务；议付行未参与欺诈并善意地进行了议付；可转让信用证下的第二受益人不了解欺诈的情况下善意地支付了对价等。

(扫一扫 案例9-5 开证行付款后不能再追回)

(三)受益人与议付行的法律关系——按信用证、合同、票据关系的具体情况处理

受益人与议付行的关系取决于两者之间不同的业务关系。这要依据它们之间的信用证、合同、票据关系来综合处理。如果双方有特别约定，如出口押汇，还要结合双方之间的约定来办理。

(扫一扫 案例9-6 受益人与议付行的纠纷案)

(四)开证行与通知行、付款行的法律关系——委托代理关系

按照信用证的规定，通知行、付款行如果接受开证行的委托处理事务的，按照委托代理关系处理，如果属于委托范围但构成无权代理的，要根据代理的具体规定相应处理。如果不属于开证行的委托范围处理事务的，开证行不承担其法律责任。

(扫一扫 案例9-7 关于信用证修改的案例)

小思考

一公司接到客户发来的订单，规定交货期为当年8月，不久收到客户开来的信用证，该信用证规定"Shipment must be effected on or before September,2019"。我方乃于9月10日装船并顺利结汇。约过了1个月，客户却来函要求因迟装船的索赔，称索赔费应按国际惯例每逾期一天，罚款1‰，因迟装船10天，所以应赔款1%。问：(1)我方因何能顺利结汇？(2)客户的这种索赔有无道理？为什么？

第三节　其他国际结算方式法律制度

一、托收法律制度

(一)托收的概念及当事人

托收(Collection)，是国际贸易中的债权人(出口商)开出以债务人(进口商)为付款人的汇票，委托银行向债务人收取交易款项的一种结算方式。托收的一般流程如图9-14所示。

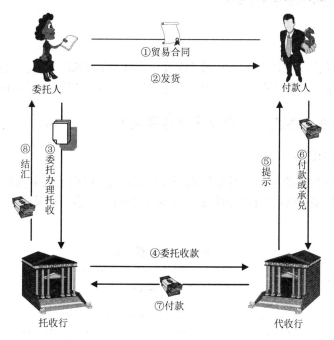

图 9-14　托收业务流程

托收法律关系中主要涉及以下四个当事人。

1. 委托人(Principal/Drawer)

委托银行向国外付款方收款的人就是托收委托人，因为是由他开具托收汇票的，所以亦称出票人。托收业务中的委托人一般是贸易合同中的出口商。

2. 托收行(Remitting Bank)

托收行是接受委托人的委托，负责办理托收业务的银行，亦称寄单行。托收业务中的托收行一般是位于出口商所在地的出口商开户银行。

3. 代收行(Collecting Bank)

代收行是接受托收行的委托代为提示汇票、收取货款的银行。通常代收行是位于进口商(付款人)所在地的托收行的代理行或海外联行。

4. 付款人(Drawee)

代收行根据托收行的指示向其提示汇票、收取票款的一方就是付款人，也是汇票的受票人。托收业务中的付款人通常是贸易合同中的进口商。

(扫一扫　相关链接 9-5　托收的种类)

(二)托收法

有关托收的法律，主要是国际惯例《托收统一规则》(URC)和各国国内法。在我国主要是《合同法》"总则"与"分则"中的"委托合同"一章，以及中国人民银行的有关规定。

(三)托收的法律性质——委托代理合同关系

1. 托收合同的订立

托收，是委托收款的简称，是委托人(卖方)委托他人以自己的名义收款的代理方式。

卖方填写委托书(见表 9-3)向银行提出申请属于要约，银行同意盖章表示承诺，托收合同关系即成立。

表 9-3　托收委托书

跟单托收申请书

致：×××银行

本人/本公司已阅悉并同意遵守下列条款，兹委托贵行根据该申请书代办下列跟单托收业务：

1. 本人/本公司委托贵行按国际商会《托收统一规则》尽责办理下述单据托收。贵行对下述单据的托收仅适用并遵守《托收统一规则》(国际商会第 522 号出版物)。

2. 本人/本公司愿意承担因下述单据托收而产生的国内外银行的一切有关费用。

3. 本人/本公司授权贵行可根据业务需要代为选择代收行、邮递公司以及邮寄方式。

4. 贵行对下述单据在贵行以外托收传递过程中发生延误及/或遗失所造成的后果概不负责。

单据类别	份数
汇票	
发票	
装箱单	
保险单	
产地证	
检验证	
受益人证明	
其他单据	

委托人/代办人证件_____　　受理行签章_____

委托人/代办人地址_____　　行号_____

委托人签章_____　　复核_____经办_____

2. 托收代理权限

托收合同的核心内容是委托人对托收行的代理授权权限——银行交单给进口方的条件：如未注明是付款交单(D/P)还是承兑交单(D/A)，按付款交单处理；客户可向银行指定国外代收行(一般是国外客户往来行)，但如与该指定银行无代理关系，或者客户未指定代收行，银行有权代客户选择国外代收行。

不论哪种托收方式，都是委托合同所附的具体条件，也就是代理人的代理权限。托收行或代收行作为代理人超越该权限，就构成违约，要对委托人承担违约责任。

3. 托收代理法律责任

按照代理法基本规定，受托人只要按照委托书约定(授权权限)行事，没有违约，其行为的法律后果由委托人承担，也就是说付款人背弃商业信用不付款，受托方不承担责任，故称托收为(买方)商业信用；如果受托方违反委托书的约定(包括默示条款或国际惯例)，要承担违约责任。

(四)托收的法律关系

托收属于委托代理关系，一般涉及委托人、代理人、第三人之间的法律关系，如图9-15所示。

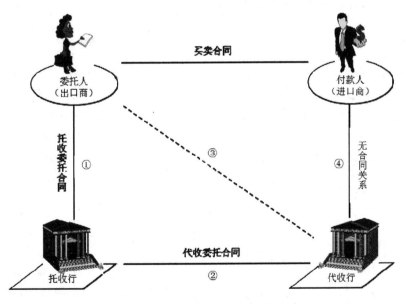

图 9-15　托收的法律关系

图示说明如下。

①委托人与托收行之间是直接代理委托关系。两者之间签订的委托书(托收申请书)就是委托代理合同。

②代收行是托收行的代理人。代收行如果是托收行指定的，即作为托收行的代理人，与委托人没有直接的法律关系，代收行擅自放单的责任，由托收行对委托人承担法律责任

后向代收行追偿。

③代收行也可以是委托人的代理人。如果代收行是委托人指定的,代收行也成为委托人的代理人,对委托人承担法律责任(国外代收行一般不能由进口人指定,如确有必要应事先征得托收行同意)。

④托收行、代收行与付款人属于代理人与第三人的法律关系。

(扫一扫　案例 9-8　代收行应否承担责任?)

二、汇付法律制度

汇付(Remittance),又称汇款,是指付款人主动将货款通过银行付给出口人。它是以汇兑凭证为基础的一种国际结算合同。汇兑凭证的记载事项构成双方的合同约定。目前,调整国际汇付结算关系的法律规范主要体现为有关国家的国内法,如合同法、资金转移法等。

买方在汇款时可以采取以下三种不同的方式。

(一)电汇

电汇(Telegraphic Transfer,T/T)是指进口人要求本地银行以电报、电传或 SWIFT 等电信手段委托出口人所在地银行付款给出口人。采用电汇方式出口人可以迅速收到货款。电汇是目前各种汇款方式中使用最为广泛的一种。电汇的流程如图 9-16 所示。

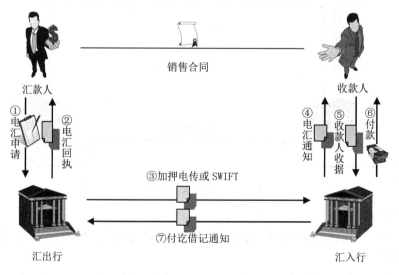

图 9-16　汇款(电汇)流程

(二)信汇

信汇(Mail Transfer，M/T)是指进口人(汇款人)将货款交给本地银行(汇出行)，由汇出行用信函委托出口人所在地银行(汇入行)付款给出口人(收款人)。

(三)票汇

票汇(Demand Draft，D/D)是指进口人向本地银行购买银行汇票，自行寄给出口人，出口人凭以向汇票上指定的银行(一般是汇出行的分行或代理行)取款的一种汇款方式。

如图 9-16 所示，汇款结算方式涉及四个当事人，分别如下。

(1) 汇款人(Remitter)，或者称债务人，即付款人，在国际贸易中通常是进口商。

(2) 收款人(Payee/ Beneficiary)，或者称债权人，在国际贸易中通常为出口商。

(3) 汇出行(Remitting Bank)，是受汇款人委托汇出汇款的银行，在国际贸易中通常是进口方所在地银行。

(4) 汇入行(Receiving Bank)，又称解付行(Paying Bank)，是受汇出行委托，解付汇款的银行。在国际贸易中，汇入行通常为出口地银行。

三、国际结算中的担保法律制度

(一)信用证开证申请的担保

1. 开证担保的种类与纠纷处理依据

开证申请时，开证行一般都要求申请人提供担保。如果赎单发生纠纷，常伴随担保合同纠纷，这类纠纷根据担保合同的约定和担保法处理。

担保方式主要有进口商交纳开证保证金、抵押、质押三类。

2. 开证担保纠纷处理原则

担保人以开证行或者开证申请人接受不符点未经担保人同意为由请求免除担保责任的，我国人民法院不予支持。但担保合同对此有特殊约定的除外。

如果担保人为开证申请人申请开立信用证提供担保后，开证申请人与开证行又签订"押汇协议"的，开证申请人或者开证行应当取得担保人的书面同意。未取得担保人书面同意的，担保人只在原担保合同约定的或者法律规定的期间和范围内承担担保责任。

信用证开证申请担保样本如图 9-17 所示。

(二)信用证的保兑

信用证的保兑，实质是保证合同关系，即受益人与保兑行属于保证合同关系，保兑行是保证人。保兑纠纷处理的依据是保兑合同的约定和担保法。保兑纠纷的处理和银行保函(下面介绍)纠纷的处理一样，首先判断该保兑是从属保证还是独立保证。

保 证 书

中国_____银行_____分行：

　　对于_____公司在你行申请开立的_____号信用证，信用证金额为_____，我公司为其提供付款担保如下：

　　1. 如该公司未能在规定的期限内履行该信用证项下的付款义务，则我公司保证在接到你行书面通知后的五个工作日内，将应付款项连同迟付利息全部划归你行。

　　2. 本保函项下我公司的担保金额为上述信用证金额，即_____（大写）_____。但如果该证发生增额或减额修改，则担保金额亦随之增减。

　　3. 本保函是一种连续担保和赔偿的保证，不受担保公司接受上级单位任何指令或同其他单位签订任何协议、文件的影响，也不因为被担保人是否破产、丧失清偿能力或企业资格，更改组织章程，以及关、停、并、转等变化而有任何改变。

　　4. 本担保人是经上级主管部门批准成立，由工商行政管理部门颁发给营业执照的法人，有足够的财产作保证，保证履行本保函项下的义务。

　　5. 本保函自出具之日起生效，至信用证项下的应付款项全部付清后自动失效。

年　　月　　日

担保单位(公章)

图 9-17　信用证开证申请担保样本

(扫一扫　案例 9-9　关于开证担保人承担责任的案例)

(三)银行保函

1. 银行保函的分类与法律责任

银行保函(Banker's Letter of Guarantee，L/G)，又称银行保证书，简称保函，它是指银行应委托人的申请向受益人开立的一种书面凭证，保证申请人按规定履行合同，否则由银行负责偿付债款。银行保函的一般结构如图 9-18 所示。

银行保函在性质上有从属性保函和独立性保函之分。各国国内交易使用的保函基本上是从属性保函。传统的保函是从属性的。保函是基础合同的一个附属性契约，其法律效力随基础合同的存在而存在，随基础合同的变化而变化，担保人的责任是属于第二性的付款责任,即享有"先诉抗辩权",而且享有凡是主债务人享有的任何抗辩权。

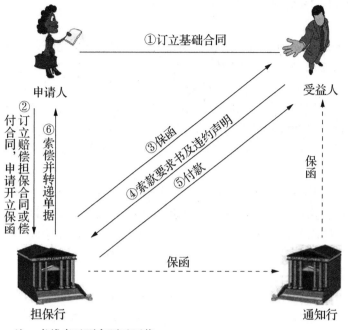

图 9-18　银行保函的一般结构

独立性保函则不同,独立性保函一般都要明确担保人的责任是不可撤销的、无条件的和见索即付的。见索即付保函就是独立性保函的典型代表。独立性保函保证人的权利非常有限,对受益人的唯一抗辩权就是类似信用证"欺诈例外抗辩权"。银行保函业务的特点:一是银行信用作为保证易于被客户接受;二是保函是依据商务合同开出的,但又不依附于商务合同,是具有独立法律效力的法律文件。当受益人在保函项下合理索赔时,担保行就必须承担付款责任,而不论申请人是否同意付款,也不管合同履行的实际情况,即保函是独立的承诺,并且基本上是单证化的交易业务。

2. 见索即付保函

国际商务实践中的保函大都是见索即付保函,不仅吸收了独立性保函的特点,还吸收了信用证的特点,越来越向信用证靠近,使见索即付保函与备用信用证在性质上日趋相通。其表现在:第一,担保人银行或开证行的担保或付款责任都是第一性的;第二,独立于基础合同;第三,它们是纯粹的单据交易。

(扫一扫　相关链接 9-6　国际结算的主要担保法律制度)

四、备用信用证法律制度

备用信用证(Standby Letters of Credit，SBLC)，又称担保信用证，是指不以清偿商品交易的价款为目的，而以贷款融资或担保债务偿还为目的所开立的信用证。开证行保证在开证申请人未能履行其应履行的义务时，受益人只要凭备用信用证的规定向开证行开具汇票，并随附开证申请人未履行义务的声明或证明文件，即可得到偿付。备用信用证只适用《跟单信用证统一惯例》(UCP600)的部分条款。因其集担保、融资、支付及相关服务于一体，用途广泛及运作灵活，在国际商务中得以普遍应用。其一般业务流程如图9-19所示，其样本如图9-20所示。

备用信用证虽然从历史和功能看和银行保函相似，但并不相同，具体区别如表9-4所示。

目前关于备用信用证的法律，主要是1998年国际商会制定的《国际备用信用证惯例》(ISP98)和1996年联合国国际贸易法委员会的《独立保证和备用信用证公约》(参加国少)，有时还要适用国际商会制定的《跟单信用证统一惯例》(UCP600)。

备用信用证起源于19世纪中叶的美国，美国商业银行创立备用信用证，用于代替保函，逃避法规的管制。备用信用证的用途几乎与银行保函相同。备用信用证与跟单信用证具有同样的性质和特征，在业务处理上都遵循《跟单信用证统一惯例》，凭有关单据而不是货物进行付款。当然，两者还是有区别的，具体如表9-5所示。

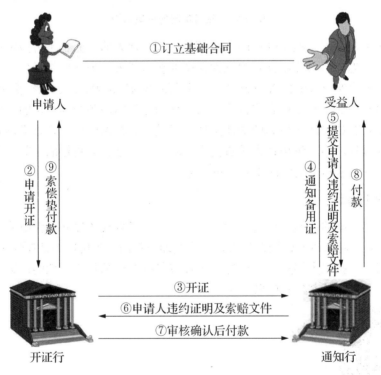

图9-19　备用信用证的业务流程(申请人违约)

备用信用证

我行兹开立号码为×××、金额为×××、以 ABC 为受益人、XYZ 为申请人的、有效期为×××的备用信用证。

在本备用信用证项下，我行将凭议付行的加押电传或 SWIFT 付款，同时请提交受益人的声明，该声明内容为开证申请人未履行×××合同号项下的付款。

当收到与本备用信用证条款及条件相符的单据后，我行将按你方指示付款。

本信用证根据《跟单信用证统一惯例》（2007 年修订本），国际商会第 600 号出版物开立。

（We open our irrevocable Standby Letter of Credit No. ….in favor of ABC for account of XYZ for amount…expire date…

This standby Letter of Credit is available against presentation of negotiating bank's tested telex or SWIFT to us accompanied by beneficiary's signed statement stating that the applicant did not effect payment under the contract No. …

Upon receipt of the documents drawn in compliance with terms and conditions of this standby Letter of Credit, we shall remit the proceeds to you in accordance with your instruction.

This standby Letter of Credit is subject to Uniform Customs and Practice for Documentary Credit (2007 revision), ICC publication.)

图 9-20　备用信用证样本

表 9-4　备用信用证与银行保函的主要区别

项　目	银行保函	备用信用证
用　途	相对窄(主要用于担保)	更广泛(用于各种用途的融资)
适用惯例	URDG758	ISP98 和 UCP600
可转让性	不能转让	可以转让
利益维护手段	要求申请人提交反担保	向申请人收费
银行偿付责任	第一性或第二性付款责任	第一性付款责任
单据要求	不要汇票，但违约证明更严格	一般要汇票，但违约证明相对宽松

表 9-5　备用信用证与跟单信用证的主要区别

项　目	跟单信用证	备用信用证
用　途	贸易结算	非贸易结算或经济担保及融资
适用惯例	UCP600	ISP98、部分 UCP600
付款前提	受益人履约	申请人违约
付款情形	常态	例外
单据要求	复杂(全套单据)	简单(汇票及违约声明)

> **小思考**
>
> 有人认为备用信用证是在开证申请人不履行合同义务的基础上，开证行才承担付款责任，因此应该是第二性的。你认为备用信用证的付款责任到底是第一性的还是第二性的？

五、国际保理法律制度

(一)国际保理的概念与业务流程

国际保理(International Factoring)，是指由经营保理业务的保理商(Factor)向出口商提供调查进口商资信、信用额度担保、资金融通和代办托收及账务管理等一系列的服务。保理作为一种综合性的贸易服务方式，其核心内容就是收购债权，英美法视为是特定债权的买卖。国际保理的业务流程如图9-21所示。

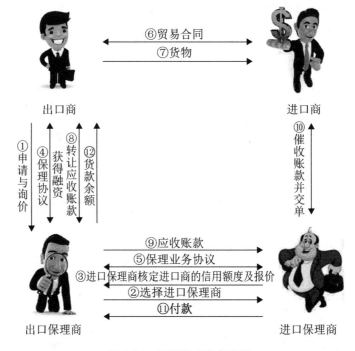

图9-21 国际保理业务流程

图示说明如下。

①出口商申请与询价。

②出口保理商选择进口保理商。

③进口保理商调查并核定进口商的信用额度及报价。

④出口保理商报价并与出口商签订保理协议。

⑤出口保理商与进口保理商签订该项保理业务协议。

⑥出口商与进口商签订贸易合同。

⑦出口商发货。

⑧出口商向出口保理商转让应收账款,并按协议从出口保理商处获得货款一定比例的无追索权融资。

⑨出口保理商向进口保理商再转让应收账款。

⑩进口保理商向进口商催收账款,并在进口商付清货款后,向进口商交单。

⑪进口保理商扣减应得手续费后,向出口保理商划付款项。

⑫出口保理商向出口商支付扣减各项手续费后的货款余额。

(扫一扫 案例9-10 国际保理业务,真正实现了"三赢")

(二)国际保理当事人的法律关系

不同的国际保理其参与的当事人是不同的。在国际双保理的情况下,会形成出口商与进口商、出口商与出口保理商、出口保理商与进口保理商、进口商与进口保理商之间的四层关系(见图9-22)。

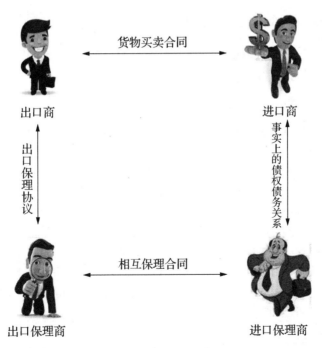

图9-22 国际保理当事人的法律关系

1. 出口商与进口商的关系

在出口商与进口商之间是货物买卖合同关系。

2. 出口商与出口保理商的关系

出口商与出口保理商之间是根据出口保理协议建立的一种合同关系。出口保理协议是国际保理交易中的主合同。依该协议，出口商应将出口保理协议范围内的所有合格应收账款转让给出口保理商，使出口保理商对这些应收账款获得真实有效而且完整的权利，以便从实质上保证应收账款是有效的和具有相应价值的并且不存在也不会产生任何障碍。

3. 出口保理商与进口保理商的关系

出口保理商与进口保理商之间是相互保理合同关系。进出口保理商之间应签订相互保理协议，双方具有债权转让人与受让人间的法律关系，即出口保理商将从供应商手中购买的应收账款再转让给进口保理商即再保理而形成的法律关系。

4. 进口商与进口保理商的关系

进口商与进口保理商之间是一种事实上的债权债务关系。从法律意义上说，进口商与进口保理商之间没有合同上的法律关系，但由于进口保理商最终收购了出口商对进口商的应收账款，只要出口商与进口商之间的买卖合同或其他类似契约未明确规定该合同或契约项下所产生的应收账款禁止转让，保理商就可以合法有效地获得应收账款，而无须事先得到进口商的同意，与进口商之间事实上形成债权债务关系。

(三)国际保理的国际惯例与规则

目前，与国际保理有关的国际惯例与规则主要有三个，即《国际保理通则》《国际保理公约》和《国际贸易应收款转让公约》。

1. 《国际保理通则》

《国际保理通则》(General Rules for International Factoring, GRIF)①是国际保理商联合会(FCI)制定的用于规范国际双保理业务开展的国际惯例，包括"总则""应收账款的转让""信用风险""应收账款的催收""资金的支持""争议""陈述、保证与承诺""杂项"8节，共计32项条款，最近一次修订为2012年7月。GRIF对出口保理商和进口保理商之间的权利义务及国际双保理业务的具体操作流程有较为清晰和细化的规定，对规范和促进国际双保理业务在全球发展具有重要作用。此外，FCI还制定了通过EDI(Electronic Data Interchange)系统办理国际双保理业务的《国际保理电子数据交换规则》(Edifactoring.com Rules)，以及用于解决FCI会员之间纠纷的《仲裁规则》(Rules of Arbitration)等。在目前国际保理统一立法尚不完善的背景下，国际保理惯例的作用显得更为突出，从而确立了它在国际保理法律渊源中的重要地位。

2. 《国际保理公约》

《国际保理公约》(Convention on International Factoring)由国际统一私法协会于1988年5月通过并于1995年5月1日生效。我国参与了该公约的审议，并通过签署其最后文件的

---

① 其前身为FCI于1969年制定的《国际保理惯例规则》(Code of International Factoring Customs，IFC)，历经数次修订后于2002年7月更名为现名。

方式接受了该公约。该公约以保持国际保理当事人利益的公正平衡和采用统一规则以提供便利国际保理的法律制度为宗旨，是世界上第一部调整国际保理法律关系的国际公约，也是目前唯一一个专门调整保理关系的国际公约，为国际保理业务制定了一个基本的法律框架，对于解决国际保理中的法律问题具有指导意义。但《国际保理公约》主要限于调整保理业务中作为卖方的出口商与保理商之间的合同关系，内容也不全面，同时它还允许当事人按照意思自治原则在合同中约定排除该公约的适用。这表明该公约在国际贸易与金融领域发挥作用的有限性。

3. 《国际贸易应收账款转让公约》

《国际贸易应收账款转让公约》(United Nations Convention on the Assignment of Receivables in International Trade)是联合国国际贸易法委员会拟定并于 2001 年 12 月通过的一项公约。虽然该公约并非关于国际保理的专门公约，但它解决了国际保理业务中的关键性问题，其规定可以补充《国际保理公约》的某些不足，必将进一步促进国际保理公约的应用与发展。

六、出口信用保险法律制度

出口信用保险是国家为了推动本国的出口贸易，保障出口企业的收汇安全而制定的一项由国家财政提供保险准备金的非营利性的政策性保险业务(见图 9-23)。出口信用保险属于保险合同的范畴。处理争议的依据主要是保险合同的具体约定和保险法。

图 9-23　出口信用保险

中国出口信用保险公司为出口商提供出口信用保险服务，承保买家风险和政治风险，同时提供资信评估、商账追收、保单融资服务。其官网网址为：http://www.sinosure.com.cn。

出口信用保险与商业保险的比较如表 9-6 所示。

(扫一扫　案例 9-11　山东某公司出口日本禽肉拒收案)

表 9-6　出口信用保险与商业保险的比较

项　目	出口信用保险	商业保险
性　质	政策性保险	商业性保险
目　的	支持出口，发展经济	利润最大化
政　策	外经贸、外交、产业	公司自身发展战略
标　的	合同权益	人身、财产
风　险	政治风险与商业风险	自然灾害与意外事故
风险承担者	政府(最终承担者)	保险公司
法律规范	专门法规	保险法
办理机构	专门机构	多家经营

第四节　境外融资

从事国际化经营的企业其自有资金往往无法满足其投资或经营开支的需求。为了扩大经营，或者为了避免现金流问题，或者是基于其他原因，就必须求助于资本市场、政府或政府间投资与开发项目。

一、股权融资

股权融资(Equity Funding)可以分为通过公开市场融资和非公开市场融资两大类。

(一)公开市场股权融资

公开市场股权融资是通过股票市场向公众投资者发行企业股票来募集资金，通常所说的企业上市、上市公司的增发和配股都是利用公开市场进行股权融资的具体形式。通过上市来募集资金有以下优点：①可募集的资金量大；②原股东股权和控制权稀释得较少；③有利于提高企业知名度；④可利用资本市场进行后续融资。

通过公开市场融资是大多数企业梦寐以求的融资方式，不过，由于公开市场发售要求的门槛较高，所以比较适用于那些发展到一定阶段，有了较大规模和实力的企业。在中国，企业上市申请获批有一定难度，因此，很多企业只能通过借壳上市或买壳上市的方式绕过直接上市的限制进入资本市场。

小贴士

造壳上市、买壳上市、借壳上市辨析

中国股市的上市审批程序异常繁缛，有大批的企业申请上市，但每年的数额有限，而且主板上市还是央企优先，因此很多急需融资的企业根本等不及，造壳、买壳、借壳便成了常用的上市途径选择。

- **造壳上市**：B公司的实际控制人以个人或法人的名义在离岸中心设立A公司(壳)，A公司以收购或股权置换等方式取得B公司的资产，使B公司变为外商投资公司，然后以A公司的名义上市。公司境外造壳上市，主要有两方面的原因：一是为了规避政策监控，使境内企业得以金蝉脱壳，实现境外上市；二是利用避税岛政策，实现合理避税。

  所谓离岸中心，特指开曼群岛、维尔京群岛、百慕大等专门进行注册公司的地方，在离岸中心设立公司可享受大幅税收优惠。

- **买壳上市**：B公司通过收购一些业绩较差、筹资能力弱的上市公司A(壳)取得上市地位，然后以反向收购的方式向A公司注入自己的优质资产，实现间接上市。

- **借壳上市**：B公司将自己的优质资产注入自己的上市子公司A，从而间接上市(见图9-24)。

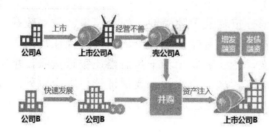

图9-24 借壳上市

买壳上市和借壳上市本质上都是为了实现间接上市，二者的区别：买壳上市首先要有一个壳，即获得一家上市公司的控制权；借壳上市是企业已经有了一家上市公司的控制权，它是对壳资源进行重新配置。

(二)非公开市场股权融资

非公开市场股权融资，即通常所说的私募股权融资(Private Equity，PE)，是指企业自行寻找特定的投资人，吸引其通过增资入股企业的融资方式。绝大多数股票市场对于申请发行股票的企业都有一定的条件要求，如中国对公司上市除了要求连续3年盈利之外，还要求企业有5000万元的资产规模。对大多数中小企业来说，较难达到上市要求，因此私募就成为中小企业进行股权融资的主要方式。通过私募进行股权融资，有利于降低融资成本，提高融资效率。非公开发行股票的融资方式在我国海外并购中也较为常见。例如，2016年9月28日，商务部批准了首旅酒店向Smart Master International Limited等境外机构非公开发行股份事项。

二、债务融资

债务融资(Debt Funding)是企业国际融资的重要方式，包括国际银行贷款和国际债券融资两种形式。债务融资可以从跨国企业的母国、东道国获得。

(一)国际银行贷款

这里的国际银行贷款，指的是国际商业银行贷款，是指借款人为支持某一项目，在国际金融市场上向外国银行借入资金。在我国企业海外并购的全面发展阶段，银行贷款是最重要的并购资金来源，几乎所有的重大并购活动中均出现了银行的身影。例如，2008年中联重科收购意大利CIFA公司，意大利圣保罗银行为中联重科的特殊目的公司提供了2.4亿欧元的贷款。

当企业的借款额超过了一家银行的贷款能力时，银团贷款(Syndicated Loan)便成为一种可行的选择。参加银团贷款的银行分为牵头行(Lead Bank)、经理行(Manager)和参加行(Participant)。在迄今为止中国海外并购交易金额最大的中国化工收购先正达一案中，以中资银行作为主要牵头行的银团共同为并购交易提供了199亿美元的跨境收购兼并贷款。从融资来源属性上看，银行贷款属于典型的债务融资，广义上讲属于公司的"借贷资本"，不会影响公司的自有资本，从而不会直接影响股本结构，以及企业经营控制权。此外，相比发行有价证券融资，银行贷款的手续简便，程序简单，效率较高。当然，选择银行贷款作为融资方式也存在一些弊端：首先，银行贷款将使企业在短期内背负大量债务，容易致其资产负债比失衡；其次，企业需要在若干年后偿还银行贷款，增加了企业的财务负担；最后，银行贷款的融资成本较高，企业除了要保证偿付本金以外还需按约定支付利息，而巨额贷款所产生的利息对企业来说也是不小的负担。

(二)国际债券融资

国际债券融资是通过发行国际债券筹集资金的形式，是国际债务融资的另一种形式。所谓国际债券(International Bonds)，是指公司为了筹集资金在国际金融市场上发行的一种约定时期偿还本金并按一定利率定期支付利息的有价证券。国际债券又分为外国债券和欧洲债券。外国债券是国际借款人在外国债券市场上发行的、以发行所在国货币为面值的债券。欧洲债券是国际借款人在标价货币所属国家之外发行的国际债券。

(扫一扫　小知识9-2　国际债券市场上常见的外国债券)

在发行债券融资的方式中，发行可转换债券越发受到并购企业与政府监管层的重视。例如，2009年9月下旬，吉利汽车宣布与高盛集团旗下私募基金GS Capital Partners VI Fund,LP(GSCP)签署协议，向后者定向发行25.86亿港币(约合3.3亿美元)的可转换债券和认股权证,所得资金将主要用于收购沃尔沃。在法律性质上,发行债券与发行股票截然不同:发行股票属于股权融资,而发行债券属于债务融资,本质上与前述的银行贷款融资的法律性质无异。在发行价格具有吸引力的情况下,发行债券融资的方式相对可以保证融资的资金量,也可以吸引更多投资者的参与。但是,发行债券的弊端也非常明显:首先,相对银行贷款融资,发行债券融资的周期较长,需要企业预先谋划;其次,发行债券必然受到证券监管部门的监管,能否获得发行审批具有极大的不确定性。

三、专门方式融资

专门方式融资是企业在一些特殊的活动中采用的融资方式。

(一)国际贸易融资

国际贸易融资主要是指进出口商在国际贸易的有关环节,灵活运用票据、信托收据、信用证、保单等书证作为质押,或者把应收账款转让给银行,从而从银行获得资金融通的活动。国际贸易融资可以分为短期融资和中长期融资。短期融资主要适用于金额小、周期短的贸易,如赊销、托收、信用证项下的融资、信保短险融资等。中长期融资则适用于期限较长、金额较大的贸易,如出口信贷、保理、福费廷等。

国际贸易融资常见方式的比较如表 9-7 所示。

表 9-7　国际贸易融资常见方式的比较

融资方式	适用支付方式	融资期限	有无追索权	备注
贷款或透支	任何支付方式	一般不超过一年	有	
出口信用保险融资	任何支付方式	一般不超过一年	有	优惠利率
打包贷款	信用证	一般不超过六个月	有	
出口押汇	信用证、托收	一般不超过六个月	通常有	
贴现	任何支付方式下的票据,以信用证方式下的票据最受欢迎	一般不超过一年	通常有	一般以银行为付款人的票据为主
国际保理融资	O/A 和 D/A	一般不超过一年	分有追索权与无追索权两种	
福费廷	远期信用证、承兑交单、分期付款等	中长期:半年以上至数年不等	无	

下面重点介绍一下信保短险融资、出口信贷及福费廷。

1. 信保短险融资

已投保短期出口信用保险的出口商在将赔款权益转让给银行后,银行向其提供融资,在发生保险责任范围内的损失时,保险人根据《赔款转让协议》的约定,将按照保险单约定理赔后应付给出口商的赔款直接全额支付给融资银行(见图 9-25)。

2. 出口信贷

出口信贷(Export Credit)是一国政府为鼓励本国商品的出口,加强国际竞争能力,以对本国出口给予利息补贴并提供信贷担保的方法，鼓励本国的银行对本国出口商或外国进口商(或其银行)提供利率较低的贷款，以解决本国出口商资金周转的困难，或者满足国外进口商对本国出口商支付货款需要的一种融资方式。它包括卖方信贷(Supplier Credit)和买方信贷(Buyer Credit)，如图9-26所示。

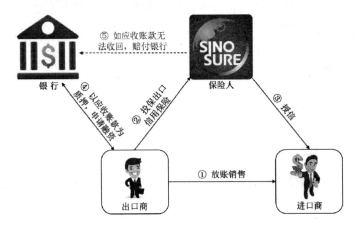

图 9-25　出口信用保险贸易融资的运作机制

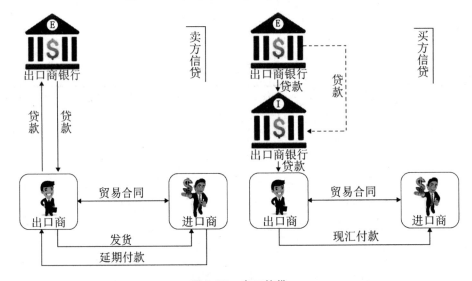

图 9-26　出口信贷

3. 福费廷

福费廷(Forfaiting)，亦称票据包买或票据买断，是指银行(或包买商)对国际贸易延期付款方式中出口商持有的远期承兑汇票或本票进行无追索权的贴现(即买断)。其具体业务流程如图9-27所示。

小思考

福费廷与保理两种融资方式都是通过应收账款转让为出口商提供融资，都具有风险担保功能，能转嫁出口商的收汇风险。那么二者有何不同？

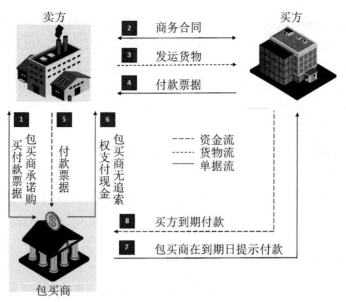

注：当付款由第三方担保时(如保付的票据)，付款将由担保方作出，而非进口方。

图 9-27 福费廷业务

(二)国际项目融资

国际项目融资是一种特殊的融资方式，是指以境内建设项目的名义在境外筹措资金，并以项目自身的收入资金流量、自身的资产与权益，承担债务偿还责任的融资方式，也是无追索或有限追索的融资方式。BOT 是一种典型的项目融资模式(见图 9-28)。

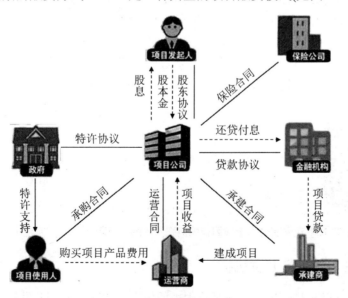

图 9-28 BOT 融资模式

BOT 是英文 Build—Operate—Transfer 的缩写，即建设—经营—转让方式，是政府将一个基础设施项目的特许权授予承包商(一般为国际财团)，承包商在特许期内负责项目设计、融资、建设和运营，并回收成本，偿还债务，赚取利润，特许期结束后将项目所有权移交政府。实质上，BOT 融资方式是政府与承包商合作经营基础设施项目的一种特殊运作模式，在我国又叫"特许权融资方式"。

四、官方来源融资

无论是东道国还是投资者母国政府都可以为外国投资者提供资本。此外，一些区域性或国际性的机构也可以为符合条件的投资者提供融资服务。

(一)东道国发展银行及政府机构

事实上，每一个国家，包括欠发达国家和发展中国家，都建立了促进本地投资的机构。许多国家都有向外国投资者提供低息、长期贷款的机构，如摩洛哥国家经济发展银行、希腊国家工业发展投资银行。

有关东道国投资机会的信息可以从相关国家的使领馆获取。当前使领馆清单可以通过查阅《欧洲百科全书》(Europa Encyclopedia)获得。多数使领馆也有网站，可以登录 http://www.embassyworld.com/embassy/directory.htm 查询使领馆网址。

(二)母国进出口融资机构

几乎每一个发达国家都有各种各样的为进出口提供融资的机构。比如，美国国际开发署(USAID)向购买美国产品的外国政府提供直接的贷款融资。美国海外私人投资公司(OPIC)向美国公司在发展中国家的经营活动提供贷款、贷款担保与保险。美国进出口银行(EXIM)通过向美国进口商和外国出口商提供贷款，促进国际贸易。美国小企业管理局(SBA)向美国出口商提供贷款。不过，这些项目虽好，但如果试图通过不正当手段非法利用，将会面临着严厉的处罚。

(扫一扫　案例 9-12　迈阿密公司老板因诈骗被判 46 个月监禁)

(三)区域性与国际性开发机构

许多区域性开发机构都推动本地区范围内的投资。比如，非洲开发银行(AFDB)、亚洲开发银行(ADB)、中美洲经济整合银行(CABEI)、欧洲复兴开发银行(EBRD)、欧洲投资银行(EIB)，以及美洲开发银行(IDB)。

世界上最重要的开发银行是国际复兴开发银行(IBRD),即世界银行。世界银行及其两大附属机构——国际开发协会(IDA)与国际金融公司(IFC),重点向欠发达国家和发展中国家提供了上千亿美元的投资。世界银行与国际开发协会直接向政府融资,而国际金融公司则向私人公司提供融资。

第十章　让市场回归秩序
——国际商事争议的解决

引导案例

　　国内有一家带有"中国"字号的进出口公司，在新西兰买了一片森林，并砍伐了一批50年以上的树木，由新西兰的分公司销往美国，合同标的额为200万美元。树木因未达到合同约定的直径和水分标准，构成违约。美国公司决定起诉中方，但合同中未规定仲裁条款，也未约定起诉地点，该公司就选择到美国法院起诉，索赔金额为347万美元，外加60万美元的律师费。法院把传票寄到了中方，传唤公司法定代表人兼董事长出庭。中方公司一看传票来自美国新泽西州的一个县法院，就采取了"三不"政策，即不找代理人、不答辩、不出庭。美国法院就根据BIA(最佳可获信息)在完全听取一方即原告信息的情况下进行了缺席审判，这对中方公司极为不利。判决作出后寄到北京要求执行。中方经过与法律部及相关人员商讨，认为中国法院没有义务去执行，因为中美没有司法互助条约，可以继续置之不理。一个月后，美国法院寄来通知，要求中国公司公布在全世界的财产尤其是在美国的财产，以便其强制执行。中方感觉到了问题的严重性，于是给美国法院寄去了一份抗辩书：我们是国有企业，企业的财产属于国有财产，国家财产应当豁免；国有企业的财产多少属于国家秘密，如果公布，就违反了《中华人民共和国保密法》；我们是轻微违约，索赔金额超过整个标的，显然不公平。美国法院则认为，国有企业独立于国家，有独立的财产，而且中方属于公司，应遵守中国的公司法。保密法的问题也不存在，中方公司的年报在世界范围都有公布，不属于国家秘密。法院最后的结论是中方公司构成藐视法庭罪，每天罚款1万美元。这令中方很被动，由于美国属于判例法国家，一旦形成判例，后果不堪设想！

　　在国际商事交往中，争议在所难免。尤其是随着经济全球化进程的加快，国际商务活动日趋频繁，相应的国际商事争议也日益增多。因此，采用何种方式解决争议，是从事国际商事活动的主体极为关心的问题。在实践中，解决争议的方式主要有协商、调解、仲裁与诉讼四种方式。但协商和调解在法律效力上有一定局限性，而诉讼则完全属于一国司法管辖权问题，民族和主权色彩特别强烈。相比之下，仲裁是一种解决国际商事争议的可取方式。因此，国际商事仲裁是本章介绍的重点。

第一节　国际商事争议概述

一、国际商事争议的概念与特点

(一)国际商事争议的概念

国际商事争议(Disputes)，是指国际商事交往中各方当事人之间在权利义务方面所发生的纠纷。在国际商事活动中，各方当事人之间产生争议是屡见不鲜的。在进出口贸易中，根据争议的主体不同，争议主要分为货物买卖双方之间的争议、贸易商与银行之间的争议、贸易商与运输方之间的争议、贸易商与保险公司之间的争议，等等。

(二)国际商事争议的特点

1. 涉外性

国际商事争议具有涉外性(国际性)。国际商事争议是含有涉外因素的国际性争议。这种涉外性是指国际商事争议的主体、客体、内容至少有一项因素具有涉外性，如在不同国家的自然人或法人之间发生的争议，争议的标的物位于国外等。国际商事争议使其同纯粹的国内商事争议区别开来。国际商事争议的涉外性如图 10-1 所示。

图 10-1　国际商事争议的涉外性

2. 商事性

国际商事争议具有商事性。国际商事争议是发生在商事领域的争议，属于私法范畴，如在合同、知识产权、保险、海事等领域发生的争议。这一特点使其与国家之间的政治、军事、外交、领土等政治争端区别开来。

3. 解决方式多元性

国际商事争议解决方式多元化，既可以通过国内民商事争议解决机制解决，也可以通过国际民商事争议解决机制来解决。协商、调解、仲裁和诉讼等多种争议解决方式被广泛用于解决国际商事争议。此外，网上的、在线的或虚拟的国际民商事仲裁机制已经建立起来，并开始运作。

二、国际商事争议产生的原因

总体来看，国际商事争议的产生既有客观方面的原因，也有主观方面的原因。下面从合同和当事人两个方面进行分析。

(一)合同方面的原因

1. 合同条款规定不够明确

比如，合同条款对双方的权利、义务和责任规定得不明确，导致各方对条款的理解出现分歧。

2. 双方权利义务不对等

合同片面强调一方当事人的权利而忽略其义务，或者片面强调一方当事人的义务而忽略其权利，对双方的约束力不同。

3. 合同条款有缺漏

对同一问题，各国法律和国际商事惯例往往有不同的解释。比如，对 FOB 术语的解释，在美国和 INCOTERMS 中就有分歧。因此，在合同未涉及法律适用条款的情况下极易产生争议。此外，根据各国法律，尽管一般来说不可抗力是法定免责事由，但如果在合同中不加以规定相关条款，在发生不可抗力事件时，也容易产生争议。更何况何为不可抗力本身也是不确定的。还有，就是对解决争议的方式的遗漏，也是导致产生争议的原因。

(二)当事人方面的原因

当事人方面主要是某一方主观上故意不履行，或者不完全履行合同规定的义务。比如，在国际贸易中，买方故意不开或延迟开立信用证；开来的信用证故意不符合合同的规定；不按时付款赎单，无理拒收货物；在买方负责运输的情况下，不按时派船、不按时指定承运人和交货地点等。卖方不交货，或者未按合同规定的时间、品质、数量、包装条款交货，或者单证不符等。值得注意的是，有些不良商人甚至在订立合同之前就存在欺诈动机。

(扫一扫 案例 10-1 230 万美元的外贸业务骗局)

三、国际商事争议的解决方式

根据国际惯例，解决商事争议的方式主要有协商、调解、仲裁和诉讼四种方式，如图 10-2 所示。本节先介绍协商、调解和诉讼。

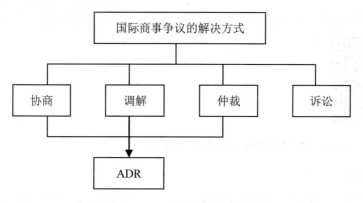

图 10-2　国际商事争议的解决方式

(一)协商

协商是争议当事人在争议发生后最先选择采用的争议解决方法。它是指国际商事活动的当事人在发生争议后，以双方的自愿为基础，针对所发生的争议进行口头或书面的磋商或谈判，自行达成和解协议，解决纠纷的方式。

由于协商方式不需要第三方介入，而且程序简单、灵活，因而大多数当事人同意在争议发生之初先行协商解决，很少有当事人在发生争议后不与对方当事人协商而直接提起仲裁或诉讼。达成和解协议后，各方可以继续根据互谅互让的合作原则进行合作和发展。这样可以有效节省当事人的时间及人力、财力。

协商解决的结果往往取决于各方讨价还价的能力及其所处的经济状况和经济实力。当协商所达成的和解协议对处于弱势的一方利益保护不够或者各方分歧严重，难以协商解决的情况下，就只能求助第三方协助解决。

(二)调解

调解是在当事人之外的中立第三方的主持下，由第三方以中间人的身份在分清是非和责任的基础上，根据法律、合同、国际惯例，帮助和促使当事人在互谅互让的基础上达成协议，解决争议的程序。调解能较快解决争议，有利于保持当事人的友好关系，给双方当事人带来相互信任感并节省费用。调解人有促使双方当事人达成协议的职责，无权不顾当事人的意愿，自行作出具有法律约束力的裁决。如果一方当事人因某种原因在调解过程中不予合作，调解即告失败。因此，其在解决国际商事争议中所起的作用比仲裁方式小。

依调解人的不同，可将调解分为以下五种。

1. 民间调解

民间调解是指由仲裁机构、法院或国家指定负责调解的机构以外的第三方主持进行的调解。该调解人称"民间调解人"。

2. 专门机构调解

专门机构调解是指由设在商会或仲裁协会内部的专门调解机构主持的调解。

(扫一扫　案例 10-2　中意女短裙售货合同争议调解案)

3. 联合调解

联合调解亦称共同调解(Joint Conciliation),它是中国国际贸易促进委员会与美国仲裁协会于 1977 年共同开创的解决国际商事争议的方式,是指由中外争议当事人中的一方向另一方发出书面通知,邀请他按照两调解中心的联合调解规则调解解决争议,如另一方当事人接受了调解邀请,调解程序开始。当事人可以协商选定两调解中心秘书处中的任何一个作为案件的行政管理机构,如未选定,由被申请人所在国家的秘书处进行管理。

4. 仲裁机构调解

仲裁机构调解是指由仲裁机构主持进行的调解,即将调解纳入仲裁程序,由仲裁机构在开始仲裁前或仲裁中征得当事人意见,当事人同意调解的,则进行调解。调解成功则制作调解书,并撤销案件。

5. 法庭调解

法庭调解亦称法院调解或司法调解。它是指由法院主持进行的调解。

(三)诉讼

国际商事争议如果不能以协商或调解方式解决,双方当事人又没有达成仲裁协议,那么任何一方当事人都可以向有管辖权的法院起诉,通过诉讼途径解决争议。诉讼,是指国际商事争议当事人将其争议提交法院予以审理并作出判决的争议解决方法。需要注意的是,目前世界上还没有专门审理涉外商事案件的国际法院。因此,国际商事诉讼只能在某一国法院进行,从而管辖权问题就成为国际商事诉讼的首要问题。确定司法管辖权是受理特定案件、进行诉讼的前提,并往往同法律适用密切相关,从而直接影响案件的审理结果。

关于国际商事案件的管辖权,各国法律规定不一,大都针对不同类型的案件适用不同的标准和原则加以确定。

(1) 属地管辖原则,又称领土管辖原则或地域管辖原则,是指采用一些与地域有关的标志来确定法院对国际民事案件的管辖权,如以当事人的住所、居所、营业所、被告财产所在地、诉讼原因发生地、诉讼标的物所在地等在本国境内为行使管辖权的依据。

(2) 属人管辖原则，是指根据当事人的国籍来确定管辖权。例如，有些国家规定，只要当事人一方具有本国国籍，本国法院就享有管辖权。

(3) 协议管辖原则，又称为合意管辖原则，是指根据当事人共同选择管辖法院的协议来确定管辖权，即当事人合意选择处理其争议的法院对案件享有管辖权。

(扫一扫　案例 10-3　诉讼管辖权争议案)

(4) 专属管辖原则，是指一国主张其法院对某些国际民事案件具有独占的或排他的管辖权，不承认其他国家法院对这些案件的管辖权。

(5) 平行管辖原则，又称选择管辖原则，是指一国在主张自己对某些案件有管辖权的同时，并不否认其他国家法院对这些案件行使管辖权。

在国际商务实践中，当事人大都不愿采用司法诉讼方式解决争议。这主要是因为涉外诉讼比较复杂。比如，法院的选择、程序的烦琐、法律的适用，以及判决执行的不确定都是采取诉讼的致命之处，因为复杂，所以处理问题也较慢。此外，采用诉讼处理争议，可使双方当事人关系紧张，有伤和气，不利于今后贸易关系的继续发展，而且诉讼费用较高。

(扫一扫　相关链接 10-1　诉讼前须明白的"5W")

上述几种国际商事争议解决方式中，有民间性质的，也有通过法院实行国家强制管辖的方式。国际上通常把协商、调解和仲裁统称为 ADR(Alternative Dispute Resolution)，即替代性纠纷解决机制，或者非诉讼纠纷解决机制。

四、多元化纠纷解决机制

多元化纠纷解决机制，是集多种解决纠纷的方式、程序及制度(包括诉讼与非诉讼两大类)相互协调配合所构成的国际商事争议解决系统。近年来，多元化纠纷解决机制在世界范围内的商事争议解决领域得到了很大发展，世界各国和地区开始致力于非诉讼纠纷解决机制的研究，不断推动司法和社会治理体系的改革，形成了 ADR 的世界性趋势。目前，全球很多知名国际商事法庭都采用了多元化纠纷解决机制，用于解决当事方之间的国际商事争议。例如，英格兰及威尔士商事与财产法院的"金融法官名单"机制，融合了调解、仲裁及诉讼三种纠纷解决机制之所长；新加坡国际商事法庭，在新加坡国际仲裁中心和国际调解中心的基础上，打造了诉讼、仲裁和调解的"三驾齐驱"式纠纷解决服务模式；即便在诉讼程序已经启动的情况下，迪拜国际商事法庭依然鼓励当事方通过非诉讼方式解决纠纷。其共同特征：一是专业化，即相对于传统的涉外商事案件处理方式，国际商事法庭拥有专业的审判队伍，集中资源专门处理国际商事案件。二是国际化。国际商事法庭，顾名思义具有显著的国际化特征。不论受案范围还是审判队伍的组成，抑或判决执行，都具有全球性。三是灵活化。各国国际商事法庭充分尊重当事人的意思自治，并且大都采用诉讼与非诉讼结合的方式灵活解决争议。四是信息化。国际商事法庭作为面向世界的争议解决中心，信息化能提高其工作效率，方便当事人。信息化是互联网时代增强各国国际商事法庭吸引力和知名度的必然之选。

小贴士

多元化纠纷解决机制与 ADR 的区别

多元化纠纷解决机制的概念既包括非诉讼机制，也包括诉讼机制，在理论上，强调以一种综合视角研究诉讼与非诉讼、法律与其他社会控制、国家司法权与社会自治、公力救济与社会及私力救济之间的关系；在制度和实践方面，注重构建司法与非诉讼程序协调互动的解纷机制。

ADR 即替代性纠纷解决机制的概念源于美国，原来是指 20 世纪逐步发展起来的各种诉讼外纠纷解决方式，现已引申为对世界各国普遍存在着的、诉讼制度以外的非诉讼纠纷解决程序或机制的总称。

因此，多元化纠纷解决机制既包括非诉讼机制，也包括司法和诉讼机制。而 ADR 以非诉讼纠纷解决机制为基本内涵，同时亦关注与司法制度及诉讼程序的衔接。多元化纠纷解决机制的外延要大于 ADR。

我国国际商事法庭诉讼、调解与仲裁相互衔接的三位一体"一站式"纠纷解决机制，是利用并发展国内传统的多元化纠纷解决方式的成果。该机制集三种纠纷解决方式于一个平台，给当事人以更多解决纠纷方式的选择。当事人可以选择通过诉讼模式，到国际商事法庭直接起诉；也可以是当事人双方协议意思自治，选择仲裁机构进行仲裁；或者选择调解模式。

小思考

协商、调解与仲裁有何共同点？

第二节　国际商事争议解决的一般步骤

从实践角度看，一般来说国际商事争议的解决有三大步骤：首先要及时采取紧急补救措施；其次收集、审查有关证据，并查明适用的法律，初步确定责任的归属和大小；最后综合选择正确的索赔对象和合适的解决方式，进行交涉，如图 10-3 所示。

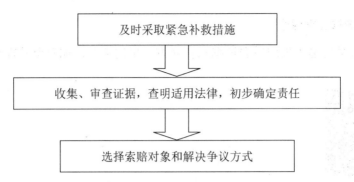

图 10-3　国际商事争议解决的一般步骤

一、及时采取紧急补救措施

(一)私力救济措施

1. 行使合同履行抗辩权

扣减相应的货款或货物；中止履行，行使中途停运权等。

2. 财产保全

留置货物、提存货物等。

3. 证据保全

对没有采取纸面证据的合同订立、变更、履行证据进行灵活补救等。

4. 减损措施

保护货物、及时清关、及时检验、易腐霉烂货物的及时变卖处理等。

5. 及时通知

在发生不可抗力、迟延催告、保险事故、解除合同等情况下及时通知对方。

6. 其他

票据丢失的及时挂失、单据丢失的司法宣告无效等。

(二)公力救济措施

1. 向法院申请财产保全

主要是针对财产在对方控制范围内，为防止对方转移变卖财产导致不能履行债务采取的，但法院一般要求提供担保。财产保全的方式有查封、冻结、扣划等。例如，对承运人的及时申请法院扣船；对对方资产的及时诉讼保全；如买卖涉嫌实质性欺诈，且开证行在合理时间内尚未对外付款时，及时申请法院冻结信用证项下的货款。还有其他的查封、禁令等措施。

2. 向法院申请证据保全

主要针对证据容易灭失或重要证据只在对方手里的情况，如对倒签提单证据的大副收据、航船日志。

(扫一扫　相关链接 10-2　电子邮件的证据保全如何办理？)

3. 其他措施

依法申请公安机关扣留或禁止出境等。

二、收集、审查有关证据，查明适用的法律，初步确定责任

(一)证据的收集、审查

1. 准备证据

证据非常重要。打官司就是打证据，这是行话。如果缺乏关键证据，就几乎失去了采取仲裁或诉讼的选择性，即使采取仲裁或诉讼，往往也因证据不足而被驳回诉讼请求。证据不足时，最好采取非诉讼或仲裁方式解决纠纷。因此，在国际商事交往中，注意保留有效的证据很重要。

需要准备的证据主要是当事人之间签订的合同，来往变更合同的函电传真，自己履行合同的证据，对方违约的证据，自己损失和费用的证据。

2. 审查证据

即使有了证据，未必一定得到支持，这还要看提供的证据是否充分确凿。因此，在选择仲裁或诉讼解决方式前，还要对证据进行审查。审查证据，就是看已经有的那些证据是否充分确凿。一般方法如下。

首先，确定审查证据的法律准绳。审查的标准，一般适用受理法院地或仲裁地的法律。在中国仲裁或诉讼，适用中国《民事诉讼法》的有关规定；在外国仲裁或诉讼的，适用当地的有关法律规定。

其次，确定举证责任。根据法律规定的举证责任，判断自己的主张哪些需要自己提供证据，哪些不需要提供证据证明，哪些方面规定必须有对方提供证明免责(即举证责任倒置)。一般采取"谁主张、谁举证"原则，即当事人对自己的主张，有责任提供证据加以证明。只有法律明确规定的范围内，可以免除主张举证的责任。

最后，根据法律规定，审查证据的证明效力、证明程度。自己拿不准的，可以请教法律专业人士提供法律意见。

通过审查，发现证据不足的，要想方设法弥补证据，必要时向法院提出诉前证据保全或诉后证据保全。如果不能弥补主要证据的，要另外选择适当的解决方式，不宜采取仲裁

或诉讼方式。

(二)查明适用的法律

应正确确定争议适用的法律，适用的法律不同，结果可能大相径庭。因为，国际商事争议可能适用的法律，往往规定不同或者相反，判断错了纠纷适用的法律，等于选择错了准绳，结果就难以保证。

(扫一扫 案例 10-4 适用的法律不同，结果可能相反)

(三)以证据为依据，以法律为准绳，衡量确定责任的归属和大小

该判断应该发生在采取具体措施前。这是对结果的法律预估，如果在采取前，没有基本预见，就不能做到知己知彼，也就不能正确把握解决过程中的问题和处理结果。这是现实中比较容易忽略的问题，应当引起注意。

三、综合选择正确的索赔对象和解决争议的恰当方式

(一)选择正确的索赔对象

应当认识到，怎样选择与确定索赔对象是解决争议的第一步，也是很重要的一步。把各责任方列为共同被告，该方案的优点是能更好地获得赔偿并能够比较彻底地解决问题；缺点是容易让对方团结起来，从而增强被告方的对抗力。仅单列为被告，能够较好地将其孤立，利于在适当的时候与其和解或条件；不利之处是，其赔偿能力可能有限，也可能丧失机会或权利。

在英美法系的程序法中，除了对人诉讼，还有对物诉讼。对海运来讲，称为告人与告船，而在许多实践中，告人常常没有用。因此，许多案件律师的建议是在适当港口申请法院扣船。按照索赔理由来分，是告违约，还是告侵权，这个也是个重要问题。例如，在进出口货物导致的产品责任案件中，一般采取侵权索赔比违约索赔更方便。有时按照买卖法处理不如按照票据法处理更有效等。反之，有时当事人或律师如果选择错了"路线"，将导致事倍功半。

(扫一扫 案例 10-5 上海某进出口公司诉保险公司案)

(二)解决争议方式的衡量选择

一般来说，可以参照《合同法》的规定：发生合同争议时，当事人应当尽可能通过协商或者通过第三者调解解决；当事人不愿协商、调解的，或者协商、调解不成的，可以依据合同中的仲裁条款或者事后达成的书面仲裁协议，提交中国仲裁机构或者其他仲裁机构仲裁；当事人没有在合同中订立仲裁条款，事后又没有达成书面仲裁协议的，可以向法院起诉。从预防的角度看，最好是在国际商事合同中签订完善的仲裁条款。

没有最好的固定解决方式，凡是最能达到当事人目的的方式就是最好的解决方式，反之亦然。最有效的就是最好的。衡量要素包括付出的时间、金钱、精力等成本，与可能达到的目标的比较。还应该注意到，有时采取刑事诉讼方式解决比民事解决方式会更有利，效果更好，有时利用外交方式解决比法律手段解决更迅速及时。

由于文化背景、程序设计、案件案情的不同，各国处理争议的方式选择偏好和方式组合有很大差异。例如，中国传统以"和为贵"协调为主，不愿意打官司；西方则倾向法制化解决，甚至友好和谈也在仲裁中进行，这样可迫使对方处于劣势。解决国际商事争议的协商、调解、诉讼和仲裁四种方式，各有特点，各有利弊。此外，有的公司善用向国家商务部投诉、利用外交等手段，得到了很好的解决。

(扫一扫　小知识 10-1　法务、律师与法律顾问)

第三节　国际商事仲裁概述

一、国际商事仲裁的概念与特点

(一)国际商事仲裁的概念

仲裁(Arbitration)，又称公断，是指争议当事人根据协议(仲裁协议)，自愿将其争议提交第三人(仲裁机构)，由其作出具有约束力裁决的争议解决方式。那么，国际商事仲裁(International Commercial Arbitration)就是指解决国际性商事争议的一种仲裁方法，即如果仲裁审理的争议双方当事人具有不同国籍，或者其营业地分处不同国家或地区，或者争议标的、法律关系具有国际性，即为国际商事仲裁。

根据 1985 年联合国国际贸易法委员会《国际商事仲裁示范法》(UNCITRAL Model Law on International Commercial Arbitration)，"对'商事'一词应作广义的解释，包括不论是契约性的还是非契约性的所有商事性质的争议。商事性质的关系包括但不限于下列交易：任何提供或交换商品或服务的交易；分销协议；商事代表或代理；保付代理；租赁；建筑工程；咨询；许可；投资；融资；银行；保险开发协议或特许；合营或其他形式的工业或商业合作；客货的航空、海洋、铁路或公路运输"。从其列举的内容分析，商事仲裁的争议可以是合同性质的，也可以是侵权性质的；可以是纯货物交易纠纷，也可以是海事纠纷或者其他类型平等主体之间的纠纷。

调解、仲裁与诉讼的比较如表 10-1 所示。

(扫一扫　案例 10-6　贵重金属交易争议仲裁案)

表 10-1　调解、仲裁与诉讼的比较

项　目	调　解	仲　裁	诉　讼
适用范围	因财产关系和人身关系产生的纠纷(非法定)	因财产关系而产生的纠纷(法定)	因财产关系和人身关系产生的纠纷(法定)
居间第三人	法律无限制，由当事人共同选定	专门的仲裁机构，是民间组织	法院，是国家机关
解决机制	建立在纠纷主体绝对合意基础上，具有非强制性	以双方合意为基础，具有"准司法"性，仲裁裁决具有强制性	具有强制性
法律适用	具有很大程度的随意性，并不必然适用法律	当事人有很大自主权，但不能完全排除适用法律。比调解严格	具有最为严格的法律适用规定
法律后果	调解协议并不具有法律上的约束力，其履行靠当事人的自觉遵守	仲裁裁决具有法律约束力，裁决书自作出之日起发生法律效力	无论民事判决还是民事裁定，都具有法律约束力
救济措施	对调解结果反悔或不服的采取或裁或审的制度进行救济	对于仲裁裁决，当事人只有无条件接受，并且无任何救济措施	不服未生效一审判决或裁定，可上诉。如已生效，可按审判监督程序救济
管辖原则	无管辖限制	无管辖限制	级别与地域管辖相结合

尽管国际商事活动中的争议可以通过四种途径来解决，但是友好协商和调解在实际执行时有一定的局限性，而诉讼因其自身的一些缺陷在国际商事争议的处理中使用得较少，因此，仲裁就成为国际商事争议处理的重要方式。中国一向提倡并鼓励以仲裁的方式解决争议。

(二)国际商事仲裁的特点

国际商事仲裁的特点如下(见图 10-4)。

1. 国际商事仲裁具有国际性

如前所述，国际商事仲裁的争议双方当事人具有不同国籍，或者其营业地分处不同国家或地区，或者争议标的、法律关系具有国际性。这是它与国内仲裁的主要区别，这就决定了它要受国际和国内的双重规范。

2. 国际商事仲裁具有自愿性

仲裁机构受理案件的权力，并非出于强制性的法定管辖，而是以争议双方当事人的自愿为前提。如果争议双方当事人达不成仲裁协议，就不可能有仲裁发生。

3. 国际商事仲裁具有较大的灵活性

争议当事人可就由谁来仲裁、仲裁适用的规则和法律、仲裁地点、仲裁所适用的语言及仲裁费用的承担等作出约定。除非另有约定，仲裁一般不公开审理，这样，当事人的商业信誉和商业秘密就有可能得到较好的保护。

4. 国际商事仲裁具有终局性

通过仲裁程序作出的仲裁裁决一般是终局性的，对双方当事人都有约束力，如果一方不自动执行裁决，另一方有权提出申请，请求法院承认裁决效力并强制执行裁决。

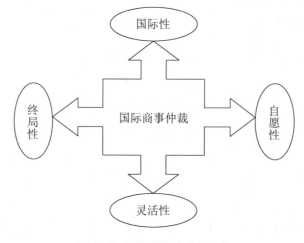

图 10-4　国际商事仲裁的特点

小思考

仲裁为什么能成为国际商事争议最常用的解决方式？

二、国际商事仲裁机构

国际商事仲裁机构是由国际商事关系中的当事人自主选择，用于解决国际商事关系中双方当事人之间可能发生或业已发生的商事争议的民间机构，是国际商事仲裁的专业性机构。这种专业性的仲裁机构通常设在一国商会内部。国际商事仲裁机构本身的民间性及其管辖权的任意性使其明显区别于同样受理国际商事案件的法院；处理国际商事争议这一特征，又使其区别于国际社会以和平方式解决国际争端为目的的国际仲裁机构。

(扫一扫 小知识 10-2 解决国际争议的机构)

在国际商事仲裁实践中，基于组织形式上的不同，国际商事仲裁机构可以分为临时仲裁机构与常设仲裁机构两种。

(一)临时仲裁机构

临时仲裁机构(Ad hoc Arbitration Tribunal)，亦称随意的、偶然的仲裁组织形式。它是根据双方当事人仲裁协议所选定的仲裁员负责审理当事人之间的争议，并在仲裁裁决作出后即解散的一种仲裁形式。由临时仲裁机构进行的仲裁称为临时仲裁(或随意仲裁)(Ad hoc Arbitration)。

临时仲裁的特点表现为：没有固定的组织形式，没有日常的管理机构；仲裁员的指定许多是在仲裁协议中明确，采取独任仲裁的情况较多；仲裁中的仲裁程序、仲裁地点、仲裁裁决的方式、效力均由双方当事人协议。临时仲裁的费用一般比常设仲裁机构的费用低廉，仲裁员解决案件的速度较快，有些案件可以在几天或几周内解决。

临时仲裁是仲裁历史上仲裁组织的最初表现形式。虽然现在常设仲裁机构在各国普遍存在，但通过临时仲裁庭解决争议的情况依然存在。在伦敦、美国、日本及中国香港等地，这种随意仲裁还占有相当的地位。我国仲裁法对临时仲裁没有规定，事实上是不允许临时仲裁的。这种做法与国际上的做法不大一致。

(二)常设仲裁机构

1. 常设仲裁机构概况

常设仲裁机构(Permanent Arbitral Institution)，是专门为了解决国际商事争议而设立的专门性、永久性仲裁组织，一般具有自己的仲裁员名册，供当事人选择。仲裁员采用聘用制。由常设仲裁机构进行的仲裁称为机构仲裁(Institutional Arbitration)。常设仲裁机构不是政府或国家的司法机关，一般设立在工商贸易界中影响较大的商会组织内，或者附设在一些非政府间的国际组织或专业团体之下，多属于民间性质。常设仲裁机构有仲裁规则，设有秘书处，以进行日常工作。常设仲裁机构的日常组织和行政管理工作是临时仲裁机构所不具有的，有专门人员负责受理仲裁案件的申请、组织仲裁庭、传递文件证据、确定开庭日期、提供翻译、收取仲裁费用等。此外，还开展仲裁机构间的交流、仲裁宣传及仲裁员的培训等活动。

目前，全球影响力比较大的常设仲裁机构包括国际商会(International Chamber of Commerce，ICC)的下设独立仲裁机构国际仲裁院(International Court of Arbitration，ICA)、伦敦国际仲裁院(London Court of International Arbitration，LCIA)、斯德哥尔摩商会仲裁院

(Arbitration Institute of the Stockholm Chamber of Commerce，SCC)、新加坡国际仲裁中心(Singapore International Arbitration Center，SIAC)、香港国际仲裁中心(Hong Kong International Arbitration Centre，HKIAC)、中国国际经济贸易仲裁委员会(China International Economic and Trade Arbitration Commission，CIETAC)等。

除前述传统国际仲裁机构外，美国仲裁协会(AAA)国际争议解决中心(ICDR)、北京仲裁委员会(BAC)等仲裁机构也发展迅速，但仍以区域性业务为主。目前 ICDR 的主要客户群体和案件来源为美洲，其中以加拿大客户增长最快，在 2017 年的增长率为 21%。北京仲裁委员会 2017 年共受理案件 3550 件，其中受理国际商事仲裁案件共 77 件，占受理案件的比率为 2.17%。此外，近几年国际商事法庭也逐步发展起来，荷兰、新加坡等国都设立了国际商事法庭，中国最高人民法院也于 2018 年设立国际商事法庭，并分别在深圳和西安设立了第一国际商事法庭和第二国际商事法庭。国际商事法庭的后续发展值得关注。

2. 国际常设仲裁机构的比较

近几年，各国际常设仲裁机构纷纷修订各自的仲裁规则，吸取其他仲裁机构的先进经验和制度。因此目前各国际常设仲裁机构的仲裁规则在紧急仲裁员制度、合并仲裁制度、多方当事人等基本制度和规则方面出现融合趋势。各机构之间的主要区别如下。

第一，仲裁机构对仲裁庭审理的介入程度不同。ICC、SIAC、CIETAC 都对裁决书进行核稿，不仅进行形式上的校对，还包括对实体问题的提示；LCIA 和 HKIAC 则介入较少。前者的优势在于可以尽量保持同类裁决的一致性，以及避免实体问题的重大错误；后者的优势在于最大限度地尊重了仲裁庭的自主性和独立性，减少了机构内部沟通时间。

第二，案件管理特色不同。不同的仲裁机构在案件管理中都有自己的特色。例如，ICC 规定有审理范围书和庭前会议，LCIA 享有仲裁员的指定权，SCC 要求案件管理员征求当事人的意见，CIETAC 提供仲裁调解相结合机制等。此外，普通法系背景的仲裁机构(如 LCIA)在案件审理程序、举证质证规则上有着较为复杂的规定，这也对中国企业参与案件审理增加了难度。

第三，仲裁庭在仲裁地、仲裁语言等方面的权限不同。以仲裁地为例，LCIA、HKIAC、CIETAC 均规定了当事人没有约定的情形下，确定仲裁地的具体规则(如指明以伦敦、中国香港、仲裁机构所在地为仲裁地)，其他机构则交由仲裁庭根据具体情况决定。

第四，审限和费用不同。以收费为例，LCIA 的收费除案件登记费外，还包括案件管理人员和仲裁员的小时费用，其中仲裁员小时费率封顶价 450 英镑/小时；CIETAC 不单独收取仲裁员费用(CIETAC 香港除外)；其他几个仲裁机构虽然收取仲裁员费用，但有固定收费模式，且根据仲裁员的不同设有最低收费、平均收费和最高收费标准；部分仲裁机构还针对速裁程序、简易程序、临时仲裁程序、适用 UNCITRAL 规则管理案件等情形设置了不同的收费标准。

第五，各国际仲裁机构的收费标准也不一样。ICC 的最高收费相对较高，但最低收费也较其他仲裁机构低。CIETAC 的整体收费较低，但对于超过一定金额(如 1 亿美元，具体金额根据汇率变动会有所调整)的大额争议，其收费上涨幅度较大，甚至超过了 ICC 的最高收费。

3. 中国国际经济贸易仲裁委员会简介

我国的国际商事仲裁机构主要是中国国际经济贸易仲裁委员会(中文简称贸仲委,英文简称 CIETAC),又称中国国际商会仲裁院,是世界上主要的常设商事仲裁机构之一。它成立于 1956 年,原名为对外贸易仲裁委员会。贸仲委于 1980 年改名为对外经济贸易仲裁委员会,后又于 1988 年改为现名,并于 2000 年同时启用中国国际商会仲裁院的名称。贸仲委设在北京,并在深圳、上海、天津、重庆、杭州、武汉、福州、西安、南京、成都、济南分别设有华南分会、上海分会、天津国际经济金融仲裁中心(天津分会)、西南分会、浙江分会、湖北分会、福建分会、丝绸之路仲裁中心、江苏仲裁中心、四川分会和山东分会。贸仲委在香港特别行政区设立香港仲裁中心,在加拿大温哥华设立北美仲裁中心,在奥地利维也纳设立欧洲仲裁中心。贸仲委及其分会/仲裁中心是一个统一的仲裁委员会,适用相同的《仲裁规则》和《仲裁员名册》。贸仲委《章程》规定,分会/仲裁中心是贸仲委的派出机构, 根据贸仲委的授权接受并管理仲裁案件。根据仲裁业务发展的需要,以及就近为当事人提供仲裁咨询和程序便利的需要,贸仲委先后设立了 29 个地方和行业办事处。为满足当事人的行业仲裁需要,贸仲委在国内首家推出独具特色的行业争议解决服务,为不同行业的当事人提供适合其行业需要的仲裁法律服务,如粮食行业争议、商业行业争议、工程建设争议、金融争议,以及羊毛争议解决服务等。此外,除传统的商事仲裁服务外,贸仲委还为当事人提供多元争议解决服务,包括域名争议解决、网上仲裁、调解、投资争端解决、建设工程争议评审等。

贸仲委制定有自己的仲裁程序规则。贸仲委第一套《仲裁规则》制定于 1956 年。根据业务发展的需要,贸仲委先后于 1988 年、1994 年、1995 年、1998 年、2000 年、2005 年、2012 年和 2014 年 8 次修订仲裁规则。现行仲裁规则于 2015 年 1 月 1 日起实施,与国际上主要仲裁机构的仲裁规则基本相同,在现行《仲裁法》允许的范围内最大限度地尊重了当事人意思自治。贸仲既可受理涉外和国际案件,也可受理国内案件;同时,其受理案件的范围也不受当事人行业和国籍的限制。

(扫一扫 相关链接 10-3 贸仲委 2015 年版仲裁规则的重要变化)

三、国际商事仲裁的法律适用

同一国际商事仲裁案件中通常会涉及多国法律的适用,这不仅是因为争议本身包含跨国因素,更是仲裁这种争议解决方式自身的特点所致。国际商事仲裁案件均会涉及三方面的法律适用问题,即争议适用的实体法律,仲裁适用的程序法律,以及仲裁协议本身适用的法律。三者的确定各自适用不同的规则(见图 10-5),可能为同一法律,也可能各不相同。

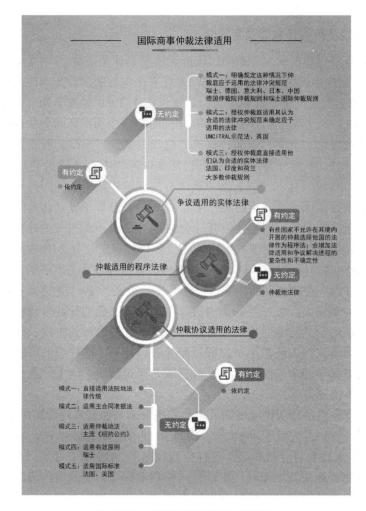

图 10-5　国际商事仲裁的法律适用

(一)争议适用的实体法律

法律适用问题中，人们往往最关注争议的实体法律适用，即准据法(Substantive Law, Governing Law)问题，亦即仲裁庭根据什么法律对争议所涉实体问题作出裁决。国际商事仲裁争议多为合同纠纷，合同准据法确定主要有两大情形，一种是当事人对准据法作出了选择，另一种是未选择。国际商事合同中通常包含法律选择条款，各国法律及各仲裁规则基于当事人意思自治原则，基本都认可该类法律选择条款的有效性，仲裁庭亦会充分尊重当事人的选择，除非该选择违反仲裁地强制性法律(Mandatory Law)或公共政策。在当事人未对国际仲裁争议适用的实体法律作出选择的情况下，现在各国处理此问题主要有以下三种模式。

1. 模式一

第一种模式是明确规定这种情况下仲裁庭应予运用的法律冲突规范(如最密切联系原则)。瑞士、德国、意大利和日本均采取此种模式。我国没有类似的专门针对国际仲裁中的实体法律适用的规定，但《涉外民事关系法律适用法》第四十一条规定："当事人可以协议选择合同适用的法律。当事人没有选择的，适用履行义务最能体现该合同特征的一方当事人经常居所地法律或者其他与该合同有最密切联系的法律。"

(扫一扫　小知识 10-3　最密切联系原则)

2. 模式二

第二种模式是授权仲裁庭适用其认为合适的法律冲突规范来确定应予适用的法律。UNCITRAL 示范法和英国采取的就是这种模式。

3. 模式三

第三种模式是授权仲裁庭直接适用他们认为合适的实体法律，而无须运用任何法律冲突规范。法国、印度和荷兰等国采取的就是这种模式。国际仲裁规则多采取这种模式。

(二)仲裁适用的程序法律

仲裁适用的程序法律(Procedural Law，Lex Arbitri 或 Curial Law)是指仲裁程序本身要遵守的法律规则，如仲裁员的选任、更换和免除，仲裁员拥有的权利，仲裁过程中的司法干预和协助，临时救济措施和撤销仲裁裁决的标准和程序等方面的法律规定。

1. 仲裁地法——常态

在绝大多数情况下，国际商事仲裁适用的程序法为仲裁地(Seat of Arbitration)法。其中的逻辑是，当事人若选定某地为仲裁地，则该地的法律成为与该仲裁程序具有最密切联系的法律；当事人选择某地作为仲裁地本身，也意味着其愿意接受该地的仲裁法律的约束。因当事人通常会选择中立的第三国作为仲裁地，所以仲裁适用的程序法可能与争议适用的实体法律不一样。需要注意的是，此处的仲裁地是一个法律概念，而非单纯的地理概念。当事人选择了某地如香港作为仲裁地，并不意味着仲裁程序实际要在香港开展，而是意味着仲裁程序需要遵循香港的仲裁条例。

2. 非仲裁地法(当事人选择)——例外

国际公认的规则是当事人选定了仲裁地，即选定了仲裁适用的程序法，因此当事人一般不会专门在仲裁协议中对仲裁适用的程序法律作出约定。但实践中也有极少数在仲裁协议中选择非仲裁地法律作为程序法律的例子，这种选择增加了法律适用和争议解决进程的复杂性和不确定性，除了制造不必要的麻烦外，别无好处。与各国基本都认可国际仲裁当事人选择实体法律的自由相比，有些国家也不允许在其境内开展的仲裁选择他国的法律作为程序法。

(扫一扫 案例10-7 印度联邦诉麦克唐纳·道格拉斯公司案)

(三)仲裁协议适用的法律

仲裁协议适用的法律是指据以判定仲裁协议的成立、效力和解释等相关问题的法律，亦即仲裁协议的准据法。各国法律对仲裁协议有效性判定的尺度宽严不一，适用不同国家的法律可能会得出仲裁协议有效与否的不同结果。在当事人约定了仲裁协议的准据法时适用当事人约定的法律，在当事人没有就仲裁协议的准据法作出约定时，在确定仲裁协议准据法方面通常有以下几种模式。

1. 直接适用法院地法律

过去法院通常会直接适用本国法律判定与仲裁协议相关的问题，这种确定仲裁协议准据法的模式属于传统模式。

2. 适用主合同的准据法

实践中，当事人很少单独就仲裁协议的适用法律作出约定，而往往只是宽泛地规定主合同适用的法律。但是需要注意的是，无论仲裁协议是一份独立的协议，还是主合同中的仲裁条款，仲裁协议都是独立于主合同而存在的，主合同的变更、解除、终止或者无效都不影响仲裁协议的效力。仲裁协议的这种独立性决定了当事人选择的适用于主合同的实体法律并不必然延伸到仲裁协议，仲裁协议的准据法可以与主合同的准据法不一样。

3. 适用仲裁地法

现在更主流的观点是，在当事人没有约定仲裁协议的准据法时，与仲裁协议有最密切联系的法律是仲裁地的法律，因此就仲裁协议的成立、效力和解释等问题应当适用仲裁地法律。从另一个角度讲，仲裁协议的效力、范围和解释等问题，也是仲裁程序的一部分，而作为仲裁程序法的仲裁地法应当适用到仲裁程序的各个方面。

4. 适用有效原则

有些国家认为，当事人约定了仲裁协议，就是表明了其想以仲裁方式解决争议的决心，因此在仲裁协议的法律适用上应当采取有效原则，即若仲裁协议根据任何可能适用的法律是有效的，则应当认定该仲裁协议有效。例如，瑞士国际私法规定，若某仲裁协议根据当事人选择的争议适用的实体法律或瑞士法律是有效的，则其应当被赋予法律效力。

5. 适用国际标准而非某国法律

还有些国家认为，国际仲裁协议不应受任何一国法律管辖，而应当适用国际标准，除非违反国际公共政策，否则应充分尊重当事人意思自治。法国法院即持该立场，美国法院也采取类似做法。

第四节 国际商事仲裁协议

一、国际商事仲裁协议的概念与类型

(一)国际商事仲裁协议的概念

国际商事仲裁协议是国际商事关系当事人愿意把他们之间将来可能发生或业已发生的争议提交仲裁解决的协议。它是国际商事仲裁的基石，既是国际商事关系当事人将争议提交仲裁的依据，也是仲裁机构和仲裁员受理案件的依据。根据多数国家法律(包括一些仲裁公约)的规定，有效的仲裁协议应采取书面形式。

(二)国际商事仲裁协议的类型

根据仲裁协议形成的具体方式，仲裁协议可以分为三种类型(见图10-6)。

图 10-6　国际商事仲裁协议的类型

第一种是当事人在争议发生之前订立的，表示愿意将他们之间今后可能发生的争议提交仲裁解决的协议。这种协议通常在合同中写明，是合同的一个组成部分，称作仲裁条款。

(扫一扫　相关链接 10-4　中国国际经济贸易仲裁委员会示范仲裁条款)

第二种是当事人在争议发生之前或之后达成的同意将争议提交仲裁解决的独立协议，即狭义的仲裁协议。

第三种是当事人通过往来函电及其他有记录的通信方式达成的一致同意进行仲裁的意思表示，也属于书面仲裁协议的范畴，是一种有效的仲裁协议。我国《仲裁法》第十八条规定，仲裁协议包括合同中订立的仲裁条款和以其他书面方式在纠纷发生前或纠纷发生后达成的请求仲裁的协议。

二、国际商事仲裁协议的内容

仲裁协议，虽文字不多，但内容十分重要。仲裁协议应言简意赅地规定仲裁的范围、仲裁地点、仲裁机构、仲裁规则，以及适用法律等主要内容。这些内容将作为争议解决的明确依据。缺乏任何一项主要内容或约定模糊不清，都可能会导致仲裁协议无法发生法律效力，从而使争议的解决增加复杂性。因此，当事人应当全面、明确地规定仲裁协议的内容。

根据法律要求，仲裁协议必须具备的基本内容通常应包括以下几项。

1. 仲裁意愿

仲裁意愿，即当事人一致同意将争议提交仲裁的意思表示，表明当事人愿意接受特定仲裁机构的审理，接受仲裁机构作出的合法有效的仲裁裁决的约束，并承诺自觉履行裁决的义务。

2. 仲裁事项

仲裁事项是指提交仲裁的争议范围。它明确了当事人同意将怎样的争议提交仲裁，是直接关系仲裁机构管辖范围的重要内容。只有在有关的争议事项范围内，当事人才赋予仲裁机构管辖权。仲裁机构只能审理仲裁事项内的争议，并作出相应的裁决，否则属于越权审理，仲裁裁决不能发生法律效力。在当事人申请执行有关仲裁裁决，或者申请有关国家的法院承认和执行仲裁裁决时，法院将考察仲裁裁决是否符合仲裁事项规定的范围。只有属于该范围的裁决，法院才予以执行；超出该范围的，法院将不予执行，因为这种裁决在程序上不合法。

3. 仲裁地点

仲裁地点是仲裁协议的一项重要内容，它密切地关系涉外仲裁审理所适用的程序法律和实体法律。

从程序法上讲，当事人在仲裁协议中规定了仲裁机构及仲裁规则时，仲裁的进行应遵循该仲裁规则；如果当事人没有约定仲裁规则或选择的仲裁规则对仲裁程序中的某个问题缺乏规定或规定模糊时，仲裁程序的进行就需要引用仲裁地点所在国的仲裁法律或其他程序法律加以补充。程序问题适用仲裁地点所在国的法律体现了国际私法中"程序法适用法院地法"的一般原则。从实体法上讲，对于解决争议适用的实体法律，如果当事人进行了约定，则遵循约定的适用法律；如果当事人对此没有进行约定，则由仲裁机构按照一定的原则决定适用的实体法律。这类"一定的原则"通常即为冲突规则。由此看来，无论是从程序法的适用还是从实体法的适用而言，涉外仲裁的仲裁地点都有重要意义。

此外，除了法律适用的问题外，当事人对本国与外国的法律和实践的熟悉程度是不同的，不同的仲裁地点，进行仲裁的实际情况就不同，当事人需要选择更了解更可信的地点进行仲裁。

因此，实践中，仲裁地点往往是当事人商谈涉外仲裁协议的重点之一。一般来讲，当事人都会力争在本国进行仲裁。如果争取不到在本国仲裁，可以争取在第三国进行仲裁，或者在对方国家仲裁。在仲裁协议中，当事人就仲裁地点应写明进行仲裁的国家、城市。

（扫一扫　案例10-8　当心国外仲裁"陷阱"）

4. 仲裁机构

仲裁机构，即经当事人仲裁协议授权受理涉外争议案件并作出仲裁裁决的仲裁管辖机构。如前所述，国际商事仲裁有两种仲裁机构，即常设仲裁机构和临时仲裁庭。临时仲裁方式的运用，需要当事人在临时仲裁的协议中对仲裁的方方面面进行约定，即需要订明如何指定仲裁员、组庭人数、适用何种仲裁规则或自行规定仲裁规则，以及仲裁费用的分担等。

机构仲裁比临时仲裁更为方便、确定，因此国际商事仲裁一般都选择机构仲裁。我国的涉外仲裁都是机构仲裁，没有临时仲裁。实践中，仲裁地点和仲裁机构所在地往往是一致的。在约定仲裁机构的时候，当事人应当写明指定仲裁机构的名称的全称。如果仲裁机构和仲裁地点不一致的，应当在仲裁协议中予以明确。有些仲裁协议或仲裁条款规定的内容很笼统，只写明仲裁在某国(或)某城市进行，没有表明仲裁机构的名称。一般认为，选择在某一仲裁地点进行仲裁，即推定当事人默示地选择了该仲裁地的涉外常设仲裁机构。但有时该地点不一定只有一个仲裁机构，或者有其他情况，如果不予以明确，会使仲裁协议的管辖权产生法律漏洞，为双方当事人制造了提出管辖权异议的可能性。

5. 仲裁规则

仲裁规则是仲裁审理的程序规则，是仲裁机构审理案件的程序依据。其中包括了仲裁申请、仲裁员指定、仲裁庭组成、仲裁答辩与反请求、仲裁审理、仲裁裁决及仲裁费用等各方面的内容，同时被当事人和仲裁机构遵守。

一般来说，仲裁协议指定了某常设仲裁机构进行仲裁，就认为是接受了该仲裁机构仲裁规则的约束。中国国际经济贸易仲裁委员会仲裁规则即规定，选择该仲裁机构，则认为同意按照该仲裁委员会的仲裁规则进行仲裁。但是，有一些国家允许当事人选择他们认为合适的仲裁规则，而排除所选仲裁机构自有的仲裁规则。例如，瑞典仲裁法律即允许当事人不采用瑞典的仲裁程序规则，而选择其他国家的仲裁规则。因此，订立仲裁协议时，应当明确适用的仲裁规则。各国的常设仲裁机构都制定有自己的仲裁规则，国际上还有一些国际性和区域性的仲裁示范规则。

6. 仲裁裁决的效力

仲裁裁决的效力是指仲裁裁决一经作出，是否具有终局性，对当事人有无约束力，法院是否有权经当事人的起诉而重新审理的问题。仲裁优于诉讼的一个特点是仲裁的裁决是终局的，一旦作出，即具有法律约束力，当事人不得向法院上诉。正是基于这一点，仲裁才被当事人广泛采纳为经济贸易争议的解决方式，它利于争议迅速、及时地解决，避免因滥诉而耗费精力、时间。

根据我国仲裁法律规定，涉外仲裁的裁决都是终局的，具有法律约束力，当事人不得上诉，只能自觉履行裁决义务。除非发生法定情况，即程序不合法，或者裁决违背公共利益，法院才有权否定涉外仲裁裁决的效力。各国仲裁法律一般都认定仲裁裁决是终局的，对当事人具有约束力。仲裁裁决的效力是国家法律赋予的，当事人在仲裁协议中不能自行约定排除仲裁裁决终局效力这一强制性规定。但有少数国家的法律允许当事人不服仲裁裁决时，可以向法院提起上诉，法院有权依法撤销仲裁裁决。而且，即便像我国法律规定了仲裁裁决的终局性，当事人仍然可能提出诉讼并以种种证据证明法定情况的存在使得法院决定撤销或不予执行仲裁裁决。有鉴于此，当事人一般仍应在仲裁协议中明确约定仲裁裁决是终局的，对双方当事人均有约束力，以此来确认并强调仲裁裁决的终局性及对当事人的约束力。

三、国际商事仲裁协议的法律效力

仲裁协议是仲裁的基础，它的效力具体表现为仲裁协议对于仲裁当事人、仲裁机构、法院、主合同，以及仲裁裁决本身的作用和影响。它具体包含以下几个方面(见图10-7)。

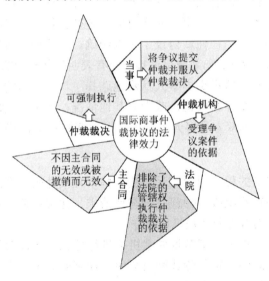

图10-7 国际商事仲裁协议的法律效力

(一)对当事人的效力

仲裁协议一经合法成立，就对双方当事人直接产生了法律效力，即当事人丧失了就特定争议向法院提起诉讼的权利，而承担了将争议提交仲裁并服从仲裁裁决的义务，除非当事人双方又另外达成协议而变更原仲裁协议。如果一方当事人就仲裁协议规定范围内的事项向法院起诉，另一方当事人则有权依据仲裁协议要求法院中止司法程序，法院应当驳回起诉。

(二)对仲裁机构的效力

仲裁机构和仲裁员的仲裁权来自于当事人通过仲裁协议的授权，仲裁机构只能受理有仲裁协议的案件，而不能受理没有仲裁协议的案件。有效的仲裁协议是仲裁机构或仲裁员受理争议案件的依据。同时，仲裁机构的仲裁权受到仲裁协议的严格限制，它只能对当事人在仲裁协议中约定的事项进行仲裁，而对仲裁协议约定范围以外的任何事项都无权仲裁，否则，即使作出裁决对当事人也没有约束力。

(三)对法院的效力

仲裁协议对法院的法律效力，是其最重要的法律效力的体现。仲裁协议对法院的效力主要表现在两个方面：首先，有效的仲裁协议排除了法院的管辖权。法院不得受理有仲裁协议的争议案件；其次，有效的仲裁协议是法院执行仲裁裁决的依据。仲裁协议具有排除法院管辖权的法律效果，但并不意味着仲裁协议的效力完全脱离法院的管辖。如果一方当事人拒不履行仲裁裁决，另一方当事人可以向有关国家法院提交有效的仲裁协议，申请强制执行该裁决。这说明，仲裁协议在排斥法院管辖权的同时，往往还依据法院的司法权威和保障。

(扫一扫 案例10-9 仲裁管辖权争议案)

(四)对主合同的效力

仲裁条款与主合同可以发生分离，仲裁条款的效力不因主合同的无效或被撤销而无效，这一点也称仲裁条款的可分割性。许多国家甚至国际组织都对此作了规定。比如，联合国《国际商事仲裁示范法》规定：仲裁条款独立于合同其他条款，仲裁庭作出的合同无效的决定不应在法律上导致仲裁条款的无效。我国《仲裁法》明确规定：仲裁协议独立存在，合同的变更、解除、终止或无效，不影响仲裁协议的效力。

美国和英国均出现了采用仲裁协议独立原则的典型判例。美国1967年首家涂料公司诉弗拉特和康克林公司案(Prima Paint v. Flood and Conklin Mfg Co.)中，最高法院的判决，创立了因欺诈而签订的合同中，仲裁条款仍然有效的判例。美国上诉法院第二巡回法庭及美国联邦最高法院均认为根据美国联邦仲裁法，仲裁条款应从其所置身的合同中"分离"(Separable)出来。从其有关判决来看，将合同通过欺诈取得和仲裁条款通过欺诈取得区分开来，只有在充分证明仲裁条款本身也是通过欺诈取得的情况下才能确定其无效。

(五)对仲裁裁决的效力

当事人在仲裁协议中一般都会规定双方承认仲裁裁决的效力，承诺主动履行仲裁裁决。对于一方当事人不履行仲裁裁决的，另一方当事人可以向有关法院申请强制执行。申请强制执行时，除提交裁决书外，通常还必须提供仲裁协议的正本或经正式证明的副本。1958年《联合国关于承认和执行外国仲裁裁决公约》第四条规定，"为了使裁决能在另一缔约国获得承认和执行，申请人应该在申请时提供：正式认证的裁决正本或经正式证明的副本；仲裁协议正本或经正式证明的副本。只有有效的仲裁协议才具有上述作用"。我国仲裁法律也有相应的规定。

小思考

A 公司以欺骗的手段诱使 B 公司与其订立了一份买卖合同，并约定有仲裁条款。事后 A 公司以伪造的议付单据骗取了 B 公司的货款。B 公司在了解事实真相后，向所在地法院起诉。A 公司抗辩法院无管辖权。A 公司的抗辩是否成立？

第五节　国际商事仲裁程序

国际商事仲裁程序是指当事人提请仲裁和仲裁机构进行仲裁所经过的步骤。根据各国法律的规定，国际商事仲裁程序主要包括仲裁申请和受理、答辩和反请求、仲裁员的选任和组成仲裁庭、审理、保全和裁决等几个环节(见图 10-8)。本节主要根据我国《仲裁法》及现行的《中国国际经济贸易仲裁委员会仲裁规则》，对国际商事仲裁程序予以介绍。

一、申请和受理

(一)申请

仲裁申请是仲裁机构受理案件的直接依据，是开始仲裁程序的一项必要的法律手续。

(扫一扫　相关链接 10-5　申请仲裁的条件)

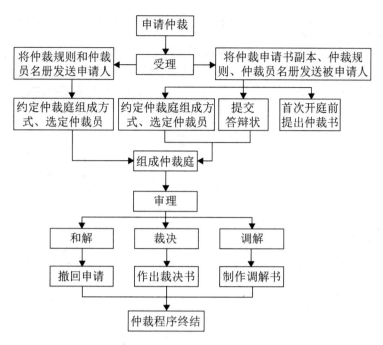

图 10-8　仲裁的基本程序

当事人申请涉外仲裁的，根据《中国国际经济贸易仲裁委员会仲裁规则》的规定，需满足如下具体要求。

1. 提交仲裁申请书

仲裁申请书的内容应包括以下几项。

(1) 申请人和被申请人的名称和住所，包括邮政编码、电话、传真、电子邮箱或其他电子通信方式。

(2) 申请人所依据的仲裁协议。

(3) 案情和争议要点。

(4) 申请人的仲裁请求。

(5) 仲裁请求所依据的事实和理由。

仲裁申请书样本如图 10-9 所示。

2. 提交仲裁申请书时，应当附具仲裁申请人请求所依据的证据材料及其他证明文件

根据"谁主张，谁举证"的原则，申请人提出申请，必须有证据支持。申请书应当附具与仲裁有关的合同、仲裁协议及相关证据。其中证据包括书面证据、实物证据和视听证据等。书面证据和证明文件均应一式 5 份。如被诉人一方有两个或两个以上的当事人的，所附材料应多备相应的份数。

3. 按照仲裁委员会的仲裁费用表预缴仲裁费

仲裁费的计算是按争议金额的大小采取百分比递减的方法计算的。中国国际经济贸易仲裁委员会仲裁费用如表 10-2 所示。

仲裁申请书

申请人:

住所地:

通信地址: 邮编:

法定代表人或负责人姓名: 职务:

联系电话: 传真:

委托代理人:

被申请人:

通信地址: 邮编:

法定代表人或负责人姓名: 职务:

联系电话: 传真:

委托代理人: 单位: 联系电话:

依据的仲裁协议:

请求事项:

    (1) 要求解除合同（履行合同）;

    (2) 要求赔偿损失　　人民币元（利息为　　）;

    (3) 承担律师代理费、办案费、仲裁费共　　人民币元

事实与理由:

  此致

  ××××仲裁委员会

申请人（签字盖章）
年　　月　　日

附件:

  （1）仲裁协议_____份_____页/件;

  （2）仲裁申请书_____份_____正本_____副本, _____页/件;

  （3）证据_____份_____页/件, 其中_____原件_____复印件。

图 10-9　仲裁申请书样本

表 10-2　中国国际经济贸易仲裁委员会仲裁费用

争议金额(人民币)	仲裁费用(人民币)
1 000 000 元以下	争议金额的4%，最低不少于 10 000 元
1 000 001～2 000 000 元	40 000 元+争议金额 1 000 000 元以上部分的 3.5%
2 000 001～5 000 000 元	75 000 元+争议金额 2 000 000 元以上部分的 2.5%
5 000 001～10 000 000 元	150 000 元+争议金额 5 000 000 元以上部分的 1.5%
10 000 001～50 000 000 元	225 000 元+争议金额 10 000 000 元以上部分的 1%
50 000 001～100 000 000 元	625 000 元+争议金额 50 000 000 元以上部分的 0.5%
100 000 001～500 000 000 元	875 000 元+争议金额 100 000 000 元以上部分的 0.48%
500 000 001～1 000 000 000	2 795 000 元+争议金额 500 000 000 元以上部分的 0.47%

续表

争议金额(人民币)	仲裁费用(人民币)
1 000 000 001～2 000 000 000	5 145 000 元+争议金额 1 000 000 000 元以上部分的 0.46%
2 000 000 001 元以上	9 745 000 元+争议金额 2 000 000 000 元以上部分的 0.45%，最高不超过 15 000 000 元

注：申请仲裁时，每案另收立案费 10 000 元，其中包括仲裁申请的审查、立案、输入及使用计算机程序和归档等费用。

(二)受理

受理是指仲裁机构接到申请人的仲裁申请书后，就其形式要件进行审查，然后决定对其立案审理的程序。仲裁机构审查的关键是对仲裁申请的形式审查，其中包括审查申请人与被申请人是否订立有仲裁协议，是否与所发生争议的有关合同当事人一致，争议问题是否属于受案范围，仲裁申请书是否符合基本要求，是否缴纳仲裁费用等。仲裁机构受理仲裁申请后，应将仲裁通知、仲裁委员会仲裁规则和仲裁员名册各一份发送给双方当事人；申请人的仲裁申请书及其附件也应同时发送给被申请人。被申请人应在一定期限内作出答辩并提交有关证据材料。

(扫一扫　相关链接 10-6　答辩和反请求)

二、仲裁庭的组成

在国际商事仲裁中，当事人最重要的权利之一就是有权指定仲裁员审理案件。仲裁委员会审理案件，仲裁庭采用以下两种组成方式，即合议制与独任制。

(一)合议制仲裁庭

双方当事人各自在仲裁委员会仲裁员名册中指定或委托仲裁委员会主任指定一名仲裁员，之后，双方可以再行协商一名首席仲裁员或由仲裁委员会主任在仲裁员名册中指定第三名仲裁员担任首席仲裁员，组成仲裁庭共同审理案件。

(二)独任制仲裁庭

双方当事人可以在仲裁员名册中共同指定或者共同委托仲裁委员会主任指定一名仲裁员，由其单独审理案件，称之为独任仲裁庭。

双方当事人没有在仲裁规则规定的期限内指定仲裁员的，由仲裁委员会主任指定。

根据《中国国际经济贸易仲裁委员会仲裁规则》，申请人和被申请人应各自在收到仲裁通知后15天内选定或委托仲裁委员会主任指定一名仲裁员。当事人未在上述期限内选定或委托仲裁委员会主任指定的，由仲裁委员会主任指定。

(扫一扫　相关链接 10-7　仲裁员的回避)

三、仲裁的审理

涉外仲裁审理包括开庭、调查事实、收集证据、和解及调解等主要步骤，有时还要采取临时性的保全措施，以保护当事人的利益。

(一)开庭

仲裁审理的方式大体上分为两种：一种是口头审理，又称开庭审理；另一种是书面审理，又称不开庭审理。各国仲裁立法和仲裁规则一般都规定，当事人双方可自由选定口头审理或书面审理；在当事人没有作出约定时，则采用口头审理的形式进行。开庭的，不公开进行，以适应商务活动的需要。双方当事人要求公开审理的，由仲裁庭决定是否公开审理。仲裁庭确定第一次开庭日期后，于开庭前20天通知双方当事人。当事人有正当理由的，可以请求延期，但必须在收到开庭通知后 5 天内提出书面延期申请，由仲裁庭决定。仲裁审理应分别在北京或分会/仲裁中心所在地开庭审理；如仲裁庭认为必要，经仲裁委员会仲裁院院长同意，也可以在其他地点开庭审理。在开庭审理时，一般先由首席仲裁员宣布仲裁庭组成。如果当事人无异议，则首席仲裁员宣读双方当事人出席人员名单。双方当事人若对对方出庭人员有异议均可提出，如无异议，由首席仲裁员宣布正式开庭。一般由申请人先陈述案情，讲明事实，然后由被申请人答辩、陈述案情，再由仲裁庭提问，然后双方当事人辩论，最后由仲裁庭总结开庭情况。

双方当事人约定并经仲裁庭同意或仲裁庭认为不必开庭审理并征得双方当事人同意的，可以只依据书面文件进行审理。不公开审理的案件，双方当事人及其仲裁代理人、仲裁员、证人、翻译、仲裁庭咨询的专家和指定的鉴定人，以及其他有关人员，均不得对外界透露案件实体和程序的有关情况。

(二)调查事实和收集证据

当事人应当就其申请、答辩或反请求所依据的事实提出证据加以证明。仲裁庭认为必要时，可以调查事实、收集证据，包括向当事人调查、通知证人到场作证、向专家咨询、指定鉴定人进行鉴定等。

(扫一扫 相关链接 10-8 保全措施)

(三)和解

和解是当事人在仲裁庭之外自行协商解决争议，或者是仲裁庭通过说服教育和劝导协商，使当事人双方在互相谅解的基础上解决争议。双方当事人经仲裁庭调解达成和解或自行和解的，应签订和解协议。当事人经调解达成或自行达成和解协议的，可以撤回仲裁请求或反请求，也可以请求仲裁庭根据当事人和解协议的内容作出裁决书或制作调解书。

四、仲裁裁决

仲裁裁决是仲裁庭按照适用法律及其仲裁规则审理案件，根据查明的事实和认定的证据，对当事人就双方争议提出的请求事项作出予以支持、驳回或部分支持、部分驳回的书面决定。仲裁裁决就其内容和效力而言，可以分为中间裁决、部分裁决和最终裁决三种。

(一)中间裁决

中间裁决(Interim Award)，又称临时裁决，是指对整个争议案件已部分审理清楚，为了有利于进一步审理和作出最终裁决，仲裁庭在某一审理阶段作出某项暂时性的裁决。中间裁决的范围很广，它是暂时性的，仲裁庭可以作出修改。此外，中间裁决的性质虽不是终局的，但它毕竟包括了仲裁庭要求当事人作为或不作为的决定，当事人也应遵照执行。如果一方当事人拒不执行中间裁决，那么由于该方当事人原因造成的后果，通常由该方当事人承担。

中间裁决比较普遍地应用于下列情况：在国际贸易纠纷中要求当事人合作和采取措施，保存或出售容易腐烂、变质、贬值的货物，防止损失的进一步扩大；要求当事人合作和采取措施，为仲裁庭亲自监督或委派专家监督下的设备调试和试生产提供保障条件，调试的结果，往往成为判断设备品质好坏的重要依据；要求当事人合作和采取措施，组织清算委员会对合资企业的债权债务进行清算，为责任划分和损害赔偿的确定打下基础。

(二)部分裁决

部分裁决(Partial Award)是指对整个争议中的某一个或某几个问题已经审理清楚，为了及时保护当事人的合法权益或有利于继续审理其他问题，仲裁庭先行作出的对某一个或某几个问题的终局性裁决。

部分裁决通常是在考虑到案件的实际情况和迫切需要而作出的裁决。它比较普遍地应用于下列情况：双方当事人争论不休的有关合同是否成立、是否有效的问题；确定适用法律的问题和损害赔偿的原则问题；就某一项请求或反请求而言，它是否成立；在计算错综复杂的损害赔偿金额之前，当事人责任大小的划分；在比较复杂和耗时较长的仲裁案件中，违约一方向守约一方先行支付赔偿金额；一方当事人承认同意了另一方当事人提出的某项申请或反申请索赔要求，需要以部分裁决予以确认。与最终裁决一样，部分裁决是终局的，在法律上具有强制执行的效力。

(三)最终裁决

最终裁决(Final Award)是指整个案件审理终结之后，仲裁庭就全部提交仲裁的争议事项作出的终局性裁决。最终裁决一经作出，除了并不多见的裁决更正、修改或补充外，整个案件的仲裁程序即告结束。

五、承认与执行

国际商事仲裁裁决的承认(Recognition)与执行(Enforcement)，是指法院或其他法定的有权机关承认国际商事仲裁裁决的约束力并予以强制执行的制度。仲裁裁决多由当事人自觉履行，只有在当事人拒不履行时，才由对方当事人请求有关国家的法院予以强制执行。各国在承认和执行仲裁裁决时，一般都区分内国仲裁裁决和外国仲裁裁决，并采取不同的态度和适用不同的条件。

(一)对内国仲裁裁决的执行

各国对内国仲裁裁决的承认和执行一般都规定了比较简易的程序，与本国的纯国内商事仲裁裁决的承认与执行几乎一样。一般是由获得有利裁决的一方当事人向有管辖权的法院提出申请，法院收到申请后即对仲裁协议和裁决作出审查，审查合格后，即发布执行该裁决的命令，予以强制执行。

我国《民事诉讼法》(2017年修订)第二百七十三条规定：一方当事人不履行仲裁裁决的，对方当事人可以向被申请人住所地或财产所在地的中级人民法院申请执行。但第二百七十四条第一款同时规定：对中华人民共和国涉外仲裁机构作出的裁决，被申请人提出证据证明仲裁有下列情形之一的，经人民法院组成合议庭审查核实，裁决不予执行。

(1) 当事人在合同中没有订立仲裁条款或者事后没有达成书面仲裁协议的；

(2) 被申请人没有得到指定仲裁员或者进行仲裁程序的通知，或者由于其他不属于被申请人负责的原因未能陈述意见的；

(3) 仲裁庭的组成或者仲裁的程序与仲裁规则不符的；

(4) 裁决的事项不属于仲裁协议的范围或者仲裁机构无权仲裁的。

(二)对外国仲裁裁决的承认和执行

由于对外国的国际商事仲裁裁决的承认和执行会涉及本国的国家利益和有关当事人的利益，各国对承认和执行外国仲裁机构的仲裁裁决大都作了严格的限制，其程序也比较复杂，具体要求和做法不一。为了解决各国在承认和执行外国仲裁裁决问题上的严重分歧，从 20 世纪初开始，国际社会就谋求建立一个统一的、比较完善的承认与执行外国仲裁裁决的国际制度。1958 年在纽约签署的《承认及执行外国仲裁裁决公约》(United Nations Convention on the Recognition and Enforcement of Foreign Arbitral Awards，简称《纽约公约》)是目前有关承认和执行外国仲裁裁决的一个最全面、最有影响的国际公约。根据联合国 2019 年 7 月 19 日讯，巴布亚新几内亚独立国(Independent State of Papua New Guinea，下称"巴新")已向联合国交存了加入《纽约公约》的申请书，正式成为《纽约公约》第 160 个缔约国。《纽约公约》于 2019 年 10 月 15 日对巴新正式生效，而巴新的加入也成为纪念《纽约公约》生效(1959 年 6 月 7 日)60 周年的重要标志。我国于 1986 年 12 月 2 日加入了该公约。

小贴士

我国对《纽约公约》的保留

我国在加入《纽约公约》时，提出了两项保留，一是仅适用于缔约国间作出的裁决，二是只适用于商事法律关系所引起的争议的裁决。

《纽约公约》主要规定了承认和执行外国仲裁裁决的程序、条件，以及拒绝承认和执行外国仲裁裁决的理由。

关于执行的程序，《纽约公约》第三条规定："(1)各缔约国均应承认其他缔约国作出的仲裁裁决；(2)应依援引裁决地的程序规则及公约有关条件予以执行，即缔约国负有责任依其国内程序规则强制执行，但执行条件不得违反公约的规定；(3)各缔约国在承认和执行适用公约规定条件的裁决时，不得比承认或执行内国仲裁裁决附加更为严苛的条件或征收更高的费用。"《纽约公约》应实施非歧视待遇，尤其是国民待遇原则。

关于申请执行的条件，《纽约公约》第四条作了简要的规定，即申请人应提交：①业经证实的原裁决正本或相应副本；②业经证实的原仲裁协议或相应副本；同时，应将上述裁决及仲裁协议翻译成执行地国的官方语言。

关于拒绝执行的理由，《纽约公约》第五条列举了下述六种情形：①仲裁协议无效；②违反正当的仲裁程序规则；③仲裁员(庭)超越仲裁权限或范围；④仲裁庭组成不当，即仲裁机关之组成或仲裁程序同当事人间的协议不符，或者当事人间未订此种协议时，又与仲裁地国的法律不符；⑤裁决不具有约束力或已被撤销；⑥违反公共政策。这与我国《民事诉讼法》上规定的不予执行的涉外裁决的理由比较接近。

《纽约公约》就承认与执行外国仲裁裁决的程序只是作了一个原则性的规定，因此，具体规定仍需依据各缔约国的国内法。根据各国的立法，目前承认和执行外国仲裁裁决的程序规则主要有以下三种。

1. 将外国裁决作为司法判决

采取这一原则的国家对待外国仲裁裁决的态度和方式与对待外国判决的态度与方式一样。目前，采取这种做法的国家主要有意大利、西班牙、葡萄牙、土耳其和东欧一些国家，以及埃及、伊朗、菲律宾、泰国和印度等国家。此外，拉丁美洲的大多数国家也采取这一做法。

在承认和执行外国仲裁裁决以前，这些国家一般要求该裁决在其作出国是可执行的，并要求裁决地国对该裁决予以确认。经确认的裁决由执行地国法院审查后签发执行令，再予以执行。一些国家要求发给执行令的法院对外国仲裁裁决从形式和实质内容两方面进行全面的审查，另一些国家则仅仅审查外国仲裁裁决是否违反了法院地法的基本原则。总的来说，在这些国家申请承认与执行裁决是比较困难的。

2. 将外国仲裁裁决作为合同之债

适用这一规则的主要是英美法系国家。这些国家把外国仲裁裁决看作是在"普通仲裁"中作出的裁决，执行外国仲裁裁决要由当事人基于外国裁决提起一个普通民事诉讼。这一做法的理论依据是 19 世纪中期在英美等国盛行的债务学说。该学说认为，当具有合法管辖权的外国法院已判决一方当事人应支付另一方当事人一笔金额后，支付这笔金额就成了一种法律上的债务，可以通过契约债务诉讼使其在本国履行。基于这种理论，在这些国家申请执行外国裁决的唯一途径是通过债权之诉将外国仲裁裁决转化为一个新的内国判决，只有这样，裁决才能被执行。

3. 将外国裁决视同本国裁决

采用这一规则的有法国、德国、比利时和日本等国家。这些国家都把适用于内国仲裁裁决的执行规则扩大到对外国仲裁裁决的执行上。其执行外国仲裁裁决的方式与执行本国仲裁裁决基本相同，即由当事人向执行地国家的法院或其他有执行权的机构提出申请，由其进行审查，审查合格后发给执行令，然后由该内国法院或有关主管机构按照执行内国仲裁裁决同样的方式和程序予以执行。

国际商事仲裁裁决的承认与执行如图 10-10 所示。

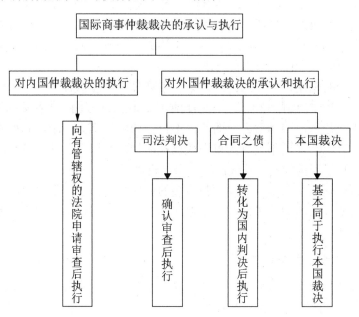

图 10-10　国际商事仲裁裁决的承认与执行

主要参考文献

[1] 沈四宝，王军，焦津洪. 国际商法[M]. 3 版. 北京：对外经济贸易大学出版社，2016.

[2] 雷·奥古斯特，等. 国际商法[M]. 6 版. 北京：机械工业出版社，2018.

[3] 韩宝庆. 轻松应对出口法律风险[M]. 北京：中国海关出版社，2011.

[4] 屈广清. 国际商法[M]. 大连：东北财经大学出版社，2004.

[5] 曹祖平. 新编国际商法[M]. 北京：中国人民大学出版社，2015.

[6] 张圣翠. 国际商法[M]. 上海：上海财经大学出版社，2012.

[7] 王玲，郑敏. 国际商法[M]. 北京：清华大学出版社，北京交通大学出版社，2004.

[8] 马树杰，等. 国际商法[M]. 北京：清华大学出版社，2006.

[9] 王中，王晓菡. 外贸法律实务[M]. 2 版. 北京：对外经济贸易大学出版社，2009.

[10] 朱羿锟. 商法学——原理·图解·实例[M]. 2 版. 北京：北京大学出版社，2007.

[11] 赵相林. 国际私法[M]. 修订版. 北京：中国政法大学出版社，2002.

[12] 慕亚平，周建海，吴慧. 当代国际法论[M]. 北京：法律出版社，1998.

[13] 姚梅镇. 国际经济法概论[M]. 武汉：武汉大学出版社，1999.

[14] 李飞，王学政. 中华人民共和国公司法释义[M]. 北京：中国市场出版社，2005.

[15] 王利民. 民法学[M]. 上海：复旦大学出版社，2004.

[16] 马俊驹. 民法案例教程[M]. 北京：清华大学出版社，2002.

[17] 孔祥俊. 合同法教程[M]. 北京：中国人民公安大学出版社，1999.

[18] 崔建远. 合同法[M]. 4 版. 北京：法律出版社，2007.

[19] 陈岩，刘玲. UCP600 与信用证精要[M]. 北京：对外经济贸易大学出版社，2007.

[20] 苏宗祥，徐捷. 国际结算[M]. 6 版. 北京：中国金融出版社，2015.

[21] 王小能. 票据法教程[M]. 2 版. 北京：北京大学出版社，2001.

[22] 韩宝庆. 国际结算[M]. 2 版. 北京：清华大学出版社，2016.

[23] 李华根. 国际结算与贸易融资实务[M]. 2 版. 北京：中国海关出版社，2018.

[24] 王保树，崔勤之. 中国公司法原理[M]. 最新修订 3 版. 北京：社会科学文献出版社，2006.

[25] 施天涛. 公司法论[M]. 3 版. 北京：法律出版社，2014.

[26] 徐睿，杨俊. 浅析我国产品责任法律制度的完善[EB/OL]. 龙剑网，http://www.longjianwang.com.

[27] 杨荣珍，蔡春林. 国际知识产权保护与贸易[M]. 2 版. 北京：北京师范大学出版社，2017.

[28] 杨良宜. 提单和国际商务仲裁[EB/OL]. 中国集运，http:/www.j963.com.